spot

context is all

SPOT 23

十載遊記

現代西方對古東亞的第一眼：麻六甲海峽、中南半島、臺灣與中國

The Straits of Malacca, Indo-China, and China, or, Ten Years' Travels, Adventures, and Residence Abroad

本書中文譯文及圖片由 Éditions René Viénet 授權使用。

作者：約翰．湯姆生（ John Thomson）
譯者：顏湘如、黃詩涵、黃逸涵（附錄）
特約編輯：許景理
責任編輯：張雅涵
封面設計：呂瑋嘉
美術編輯：Isabelle、何萍萍
製表：許慈力
校對：呂佳真

出版者：英屬蓋曼群島商網路與書股份有限公司臺灣分公司
發行：大塊文化出版股份有限公司
臺北市10550南京東路四段25號11樓
www.locuspublishing.com
TEL：(02)8712-3898　　FAX：(02)8712-3897
讀者服務專線：0800-006689
郵撥帳號：18955675　　戶名：大塊文化出版股份有限公司
法律顧問：董安丹律師、顧慕堯律師

總經銷：大和書報圖書股份有限公司
地址：新北市新莊區五工五路2號
TEL：(02)8990-2588　FAX：(02)2290-1658
製版：中原造像股份有限公司

初版一刷：2019 年 2 月
定價：新臺幣 500 元
ISBN：978-986-96168-6-7
Printed in Taiwan

十載遊記

現代西方對古東亞的第一眼
麻六甲海峽、中南半島、臺灣與中國

THE STRAITS OF MALACCA, INDO-CHINA, AND CHINA, OR, TEN YEARS' TRAVELS, ADVENTURES, AND RESIDENCE ABROAD

約翰·湯姆生 John Thomson 著
顏湘如、黃詩涵 譯

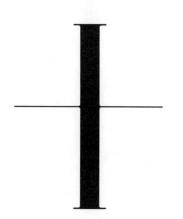

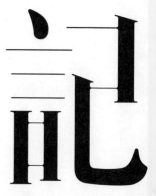

不容錯過的永恆影像：

約翰．湯姆生鏡頭下的福爾摩沙

謝佩霓（藝評人、策展人）

二十世紀第二次世界大戰之後，整個世界進入傳媒時代，大眾傳播勢如破竹，對現實生活的滲透力、感染力、影響力、制約力與日俱增，至今仍然勢不可遏。姑不論傳媒席捲的功過，如此劃時代的轉變，確認了人類歷史記載，從此由純文字配圖的傳統方式，丕變為以靜態、動態實拍影像為主。翻天覆地的影像革命方興未艾，進階有聲有影的全紀錄，藉由使用便捷的載具與無遠弗屆互聯網，在千禧年交替之際席捲全球。唯一弔詭的是原本源於求眞求是產生的影像，因爲修圖軟體之強勢進化，影像倫理卻無法及時建立，這一波的影像革命，反倒失去了透過聲光影像取信於人的能力。

改由影像重現、構建歷史之必需應毋庸議，若然，試問臺灣究竟何時進入世界影像史？答案自然就是一八七一年四月二日約翰．湯姆生（John Thomson，一八三七—一九二一）從廈門搭輪船抵達高雄，上岸架妥雙鏡頭蛇腹相機，以玻璃版底片拍下打狗港的那一刻開始。這一幅相片，本該是所有臺灣人念茲在茲，再熟悉不過的歷史映像，目前卻僅限於極少數人知悉。

如今以藝術紀錄片大師見稱的黃明川導演，當年以專業攝影家的身分旅居海外，在遍覽美國國會圖書館相關著作之後，在一九八五年發表於《雄獅美術》的劃時代力作《臺灣攝影史簡論》，可謂開啓建構臺灣影像史的首發，迄今影響絕深。在論述中，他視湯姆生（該文譯作湯姆遜）的實質表現「最傑出」，完勝洋商買辦的業餘水準與商業動機，因此正式認定他是臺灣攝影史發展的伊始節點。

湯姆生爲我們留下的攝影作品之所以彌足珍貴，不只是忠於原貌紀實呈現，更是他付諸高度的人文關懷與同理心，鞭辟入裡地闡釋了純粹影像難以捕捉人性人情的複雜多樣。更因爲他的人文底蘊與美學素養深厚，佐以精湛的技術駕馭實景拍攝掌握當下，再現出的質感、美感、品味藝術表現俱全。湯姆生的攝影成就，集廣度、深度、高度、容度與態度於一身，完全應證了蘇珊．桑塔格（Susan Sontag）所謂「攝影是當意識有意獲得某物的理想手臂」。較之其生時的當代人，湯姆生絕無僅有，如今絕大多數追隨者，只能望其項背。

二〇一二年高雄市立美術館推出了一項特展，名爲《玻光流影：約翰．湯姆生世紀影像》，以「世界看見臺灣的第一眼」破題，呈現攝影家鏡頭下的福爾摩沙及亞洲行旅爲策展脈絡。時任館長，雖說此展爲彰顯高雄在地文脈量身訂製，但之所以直接與英國威爾康文獻庫（Wellcome Archive）協商，請其授權高解析原尺寸圖檔，倒是本於美術館是史觀進駐的空間，從而帶著爲全臺灣以全新觀點寫史的決心，排除萬難辦理成之不易的展覽。威爾康文獻庫及附屬圖書館舉世聞名，乃寰宇首屈一指的傳統攝影重鎮，可謂攝影界的故宮。湯姆生的部分收藏尤其完整，從玻璃版原版底片、原版印樣、手工作品集、親筆手札、原始史料文獻一應俱全。

湯姆生用攝影記錄所見、所聞、所感、所思，爲世界開啓了一扇扇窗口，助世人得以一窺神秘的遠東。之於臺灣，福爾摩沙系列自然至爲珍貴。島上的風土、人情、事故人情世故的眞實面貌，在他多元是腳多元視角的見證下，首度納入時人眼簾，臺灣自此也才正式晉升有圖可徵的影像信史之列。

在此之前，福爾摩沙只是一則則傳說。優越感作祟染指之下，停留在充滿異國情調的光怪陸離，充斥形形色色不痛不癢的表象描述。不涉實證，這些穿鑿附會成虛妄浮誇的貶抑想像和偏頗描述，甚至淪爲未曾踏足臺灣島、未嘗接觸臺灣人的野心家招搖撞騙的工具，以滿足當時西方獵奇渴望的瘋狂異想。多虧才思捷敏如湯姆生，透過全觀式的優質照片與鉅細靡遺的翔實筆記，這才讓臺灣終於立體化、量感化、眞實化。

作爲英國皇家攝影學會、皇家地理學會的一員，湯姆生行萬里路攝萬象的過人處，不僅因爲他博聞強記，學貫文史哲，深諳地理學、植物學、人類學、建築學、水利工程等。追究起來，筆者認爲他之所以獨具慧眼慧心，其土生土長愛丁堡人的身分至爲關鍵。愛丁堡作爲蘇格蘭首府，亦以自由主義著稱，嚴格說來，湯姆生斷不是「English English」。儘管歷史上蘇格蘭與英格蘭之間互爲頡頏，夙來形成微妙共生狀態，但是本質上民族性非常不同。即使隸屬大英帝國，蘇格蘭不可折衷的自明性，確立了兩者和而不同的發展。

正是本著從邊緣透過冷眼旁觀，參與中心與集權的本能慣性驅使，湯姆生才能拍下與眾不同的動人映像。留下的札記之所以歷久彌新，歸因於他關切了少數、弱勢、底層、女性等等超越當時的核心議題。與他同期的旅行探險家的攝影，難脫建立視覺檔案的直白無感，或者標榜異國情調的矯揉作態。湯姆生成長於英皇國屬地的生身背景，賦予了他敏銳細膩的心眼，選擇相對觀點，冷靜精確執行擺拍。他以鏡頭陳述的不只是作爲蒐羅異域風土民情眼見爲憑的佐證，或是擁有攝像權者無意識的本能反應，更是在認同他者尊重歧異下，欣賞並且呼應多元並存的具體表述。

當他初遇在廈門採購而在南臺灣行醫的馬雅各（James Marxwell）醫師，也正是因爲十多載再聞鄉音而認親；一見如故的馬雅各醫師也是愛丁堡人，被長老教會派遣宣教。由於福爾摩沙原本是湯姆生不敢奢望的行程，有賴馬雅各安排這才成行，可惜只有短短兩週。馬雅各醫師熟諳南臺灣方言，以偏鄉醫療行腳深得人心，加以攏通族語的管家東（Tong，即東哦氏）隨行，讓行路難又風塵僕僕的湯姆生，得能以非常的效率，一路從打狗上岸造訪鳳山，繞道安平港瞻仰熱蘭遮城，遍覽南臺灣特殊的地形地貌，經由內門、木柵，最遠抵達荖濃溪盡頭的甲仙、小林、六龜的這些原鄉，與漢人、客家人、西拉雅族乃至於「斜坡上的人」（kacalisians）相遇，留下他們不可逆的歷史容顏。

湯姆生在關於臺灣紀行的筆記裡明白寫著，與之前旅居亞洲各地的其他人迥異，福爾摩沙人民相較之下秉性純良開放：「充分流露出良善、坦率與誠實的氣息」（wearing an air of perfect good-will, frankness, and honesty），發自肺腑的評語，實可謂對島民民族性最大的恭維。

當年展覽的圖錄打破紀錄，榮獲國際重大設計獎的大滿貫，從Good Design、Red Dot到IF莫不掄元，開啓了世界看見臺灣官方展覽圖錄新頁的新篇章。爲了籌備展覽，有幸細讀他的著作，感嘆無法普及。殷殷期盼了這許久，湯姆生《十載遊記》終於在臺灣正式出版。掐指一算，距當年湯姆生遠渡重洋抵達南亞已經將近一百六十年，距此書的首刷發行，已經超過一百四十年，而距他按下快門拍攝臺灣的那一刻，將近一個半世紀已經過去。

當許多新臺灣人的母親來自《十載遊記》記述的國度，這本書特別意味深長，理應成爲你我必讀書單之一。臺灣如今已被認證爲南島文化語族共同的原鄉，遺憾的是我們自己人卻鮮少知曉，猶如湯姆生的這一批福爾摩沙的照片一般，儘管關鍵至極，卻乏人問津。衷心希望不久的將來，一綱多本的歷史課本裡，都必定會收錄湯姆生拍攝福爾摩沙的照片，而且無論課綱如何修繕，這些照片都會永存，構成臺灣子民永世共享的永續記憶。

非洲肯亞有座山巔，以湯姆生之名命名，紀念他踩踏無人之境的居功厥偉。筆者不奢求中央山脈某峰以其命名，但求有識者皆能見其所見，感其所感。

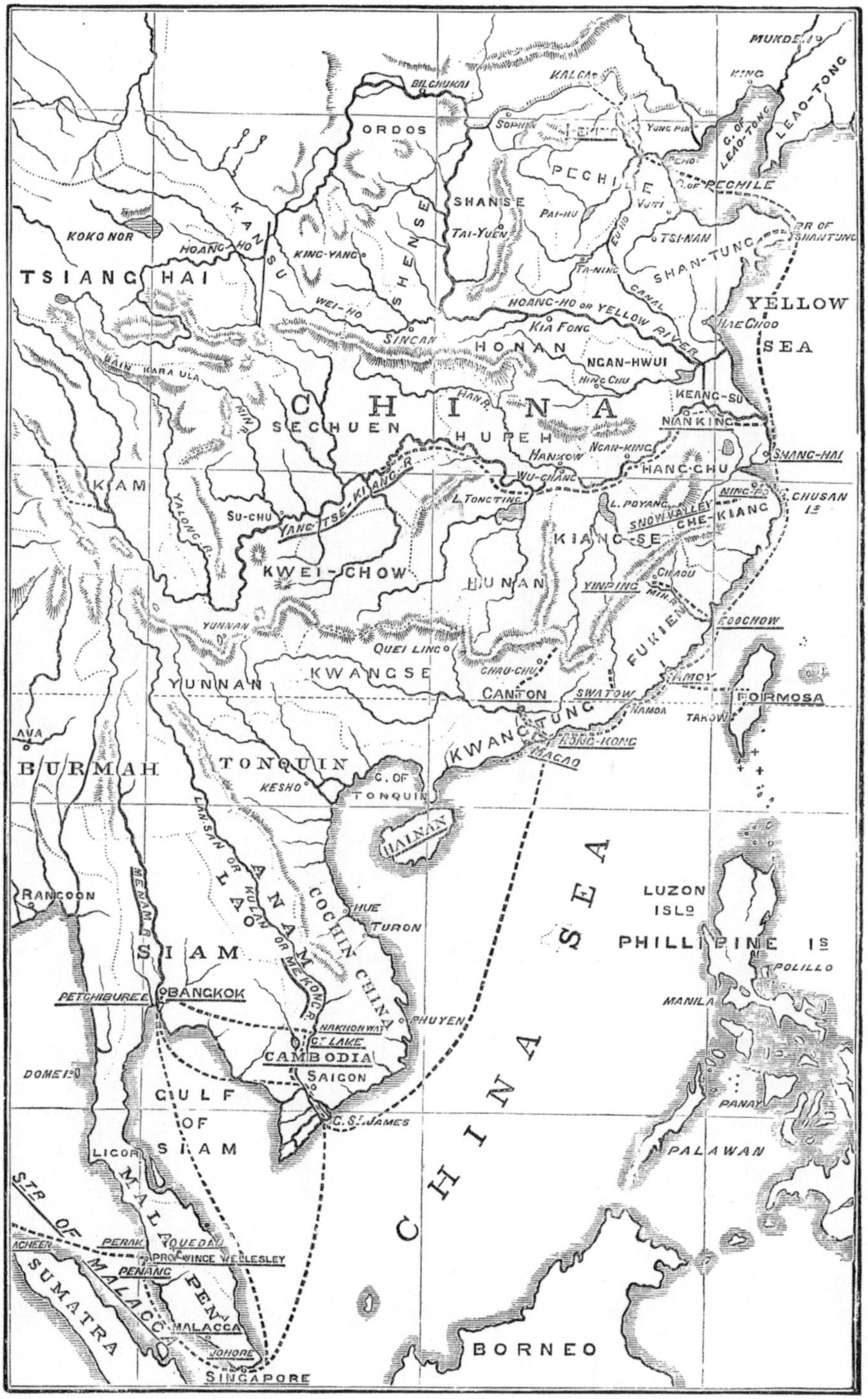

作者湯姆生的航行軌跡

目錄

前言

有些讀者對於我足跡所至的遠方，以及那些居住在遼闊中國的廣大人民，深感興趣；透過蒸汽動力和電報通訊，這些遠方地區與我們自身的關係正日趨密切——相信這些讀者爲數不少，以下我就是要向他們致上我遊歷的回憶。

我極力向讀者傳達我在那些年的旅途上所體驗到的樂趣；但同時，我也立志向讀者反映實情，呈現中國及其居民的樣貌，這形象就算不是十分愉悅，但至少非常忠實。而關於中國的子民，我要談的不僅包括那些留在中國本土上的，還包括住在我們殖民地的，還有居住在其他地區的；他們隨著海外移民活動徙往四方。

自那位偉大的威尼斯旅行家以來，這個地區在歷史上，恐怕找不到比此刻更令人興味高昂的時期。文明似乎終於在遙遠的東方露出曙光，初升的幾道光芒掠過小島國日本，並滲透到中國大陸的邊緣；雖然幾個世紀以來的黑暗還籠罩中國城都不去，但烏雲正在緩慢消散，並且心不甘情不願地降伏於湧至岸上的光明。但這些也極可能隨著一觸即發的戰爭，而消失在九霄雲外。

很明顯地，中國再也無法不受干擾地長久蟄伏於現狀，它備受推崇的無爲政策已經帶來洪水、飢荒、瘟疫和內戰。其勞苦大眾的痛苦，再也沒有比此刻更深了。河水氾濫沖毀了他們肥沃的平原，馬路變成了水道，中國無法阻止廣大人民哭喊糧食的喧囂之聲。統治者基於一種盲目的驕傲，正在武裝一支乞丐般的軍隊，來保衛一些不值得捍衛的東西。而日本——聲稱是基於它的權利以及人類的福祉——已經對中國的固有領土派遣了一支小型卻有紀律的軍隊。

附帶一提的是，除了提供一本愉快而好讀的作品之外，我也盡可能呈現完整可信的資訊。我在本作品的後段重複了一些已經在《中國與中國人影像》（*Illustrations of China and Its People*）裡介紹給讀者的篇章，將其擴寫詳述。我認爲這些段落頗爲重要，但前作篇幅龐大、所費不貲，因此尚未廣及於許多大眾讀者。

約翰・湯姆生　於布里克斯頓（Brixton）

一八七四年十一月

第一章

麻六甲海峽。荷蘭人在蘇門答臘亞齊的軍事行動。檳榔嶼的山丘、植物與花果。檳榔嶼的吉寧人、馬來人與中國人。中國人的職業。海外的華人。早期葡萄牙人的後裔。殷勤款待。舞會上的一條蛇

一八六二年間，蘇伊士運河尚未完工，不少人對這項工程抱著十分懷疑的態度。他們以為，想在變幻莫測的遼闊沙漠中闢出一條航道，連接兩個海洋，只不過是出於滿腔熱忱而幻想出來的渺茫計畫。因此我首度離開英國時，只得走舊時的陸路，讓雷賽布先生[1]繼續留在埃及的塵沙中，為他的聲名奮鬥。這條路徑可說是現代旅人的必經之途，無須多加介紹，我甚至不必多費唇舌描述錫蘭加爾（Galle）的山陵、棕櫚和肉桂樹林，這一帶位於前往印度的航道上，如今已是眾所周知。一八六五年，我第一次返回英國，假如當時健康狀況允許的話，我原打算順道深入錫蘭島內陸，探訪印度教或佛教的古老石材建築，並和我剛剛才在柬埔寨內地造訪過的古城、廟宇與宮殿等遺跡加以比較。可惜這項計畫無法付諸實行，於是我在錫蘭的見聞便僅限於加爾港和鄰近山丘等狹小範圍——這樣的命運倒是和搭乘半島東方輪船公司（Peninsular and Oriental Line）輪船的遊客相同。因此，在我介紹讀者或許還不熟悉的人民與風土之前，務必請大家隨著我再往東走，前往我曾經待過幾年的馬來群島與印度支那〔即中南半島〕本土。

其實，無論情況再怎麼順利，遠程的旅行對我而言總是漫長且枯燥。出國遠行的旅客厭倦了一望無際、平靜無波的大海景象，也厭倦了在頂級豪華郵輪的白色帆布篷底下嬉戲調情，最樂意聽到的一句話便是「右前方有陸地出現了！」此時，大家全都會丟下手中的小說，拋開玩到一半的撲克牌、棋子和擲環遊戲的環圈，還有十幾個人會拿出單眼與雙眼望遠鏡，掃視著南方海天交接處那道模糊得令人沮喪的線條。那是亞齊岬（Acheen Head），從陸地吹拂而來的微風還帶著蘇門答臘蓊鬱海岸的熱帶氣息（這可能只是幻想）。亞齊正是荷蘭人以沉緩的氣勢再度痛擊馬來政權之處。他們任由這個傷口暴露撕裂，但只要時機一到，他們一定還會捲土重來，強占新領地。

荷蘭人統治爪哇後，爪哇島與荷蘭雙邊均得以受益——尤其以後者為甚——這點毋庸置疑，而隨著荷蘭人的主權在馬來群島緩慢卻穩定地擴張，新近被征服統治的省分必然也會有同樣理想的結果。在此同時，英國若不能小心保住與這些地區協商簽訂的權利，將有損我們與那些島嶼之間平穩且有利的貿易關係，早期當我國與這個地區的國家來往之際，這種情形便發生過不只一次。我們還可如此推想：亞齊矗立在蘇門答臘西北端，可以說是麻六甲海峽西方門戶的棟梁之一，如此重要的地理位置絕不能落入外國勢力範圍。因此我十分懷疑，當地政府會允許甚或鼓勵任何比荷蘭更強大、更不友善的主權勢力來併吞這塊土地。

輪船向東駛過海峽之後，很快便看見檳榔嶼：這是一個非常小卻也物產豐饒的重要島嶼，也是我們在海峽內第一個抵達的英國屬地。

檳榔嶼的風光明媚，有長條狀的黃金沙灘，還有熱帶植物生長茂密的山巒，也為我們在東方的殖民地提供一處休養生息的場所。此外，肥沃的沖積平原在幾年前還是寸步難行的叢林，如今卻已是徹底開發的庭園。林木蒼鬱的山巒高度超過海拔兩千呎〔約六百公尺〕，山中的林蔭小徑可通往世界上最美麗的幽靜勝地，可通往坐落於岩石、枝葉間的小木屋，亦可通往飛瀑，清涼的瀑布流水往下瀉入自然形成的花崗岩水池。此地居民能在棕櫚樹和樹蕨濃密的枝葉下泡水，而且山居氣候非常溫和，隨時都能只穿著輕薄的衣服。

檳榔嶼的山巒之中，有許多山腳地帶以及將山嶺分隔開來的谷地都已經開墾，並種植了可可、檳榔、棕櫚、肉豆蔻和各種果樹，還可見到小片小片的荖藤園與甘蔗園。這些地區的土壤比低處平原的土壤更深、更肥沃，至於在高山頂上，由於氣溫夠低，因此可以栽種歐洲的蔬菜與花卉。上山前往政府的木屋途中，在種類繁多、生長濃密的棕櫚樹、開花灌木，以及糾結雜亂的叢林裡，最令我印象深刻的，要算是高大美麗的樹蕨了，它們在海拔一千六百呎〔約四百八十公尺〕左右的高度長得極好。這類樹蕨直立於矮林之上，光禿、呈細纖維狀的莖幹有十五至二十呎〔約四點五至六公尺〕高，上頭纖細的複葉向上、向外捲曲散開，形成一大片弧度優美、色調柔和的綠葉華蓋，直到距離主幹大約八或十呎〔約二點四或三公尺〕，葉尖才顫巍巍地一一垂下來。

從未造訪過熱帶山區的人一定不敢相信，日出後不久，剛醒來的甲蟲與樹居昆蟲所發出的聲響，大得足以蓋過幾步之外一頭牛的哞叫或是一頭老虎的吼聲。那種聲音簡直就像一百架布拉福（Bradford）

紡織機運轉時震耳欲聾的轟隆聲。有一種當地人稱為「喇叭手」的甲蟲，鎮日揮動著翅膀製造嗡嗡的響聲。我知道有一棵樹上棲息了一些「喇叭手」甲蟲，便小心翼翼地走上前去，不料聲音突然停止了，警訊在樹林間傳播開來，這首森林樂曲便戛然而止，直到我走回原來的路徑後，樂聲才又重新響起。

山中有種昆蟲非常奇怪，像極了灌木的小樹枝，有一次我走在小徑上，拾起一樣看似枯枝的東西，沒想到它就在我手裡蠕動扭曲起來，最後我把它扔到地上，那東西便以一種類似抽搐的奇怪動作，十分迅速地鑽進矮林裡去。這種昆蟲的腳就像從主幹岔出來的細枝，而這種會移動的植物可能隨時都近在眼前，但我卻怎麼也找不到。我在檳榔嶼的山裡還看過葉子蟲，這類昆蟲擬態成植物的葉子，以便保護自己不受傷害。這些類似樹枝與樹葉的昆蟲都屬於直翅目。前者大都長得很像枝竹節蟲，只不過似乎更長、更瘦，顏色也更深。狀似枯枝的昆蟲是一種竹節蟲，而有如樹葉的昆蟲我想應該是葉竹節蟲。此外，在陽光燦爛的森林裡，還可見到許許多多各個種類、各種顏色的蝴蝶與飛蛾，在林木與開花灌木間鼓翅飛舞。牠們的體型大小不一，小的翅寬不到一吋（約二點五公分），大的可達十至十二吋（約二十五至三十公分），例如皇蛾便是如此龐大。

無論在島上任何地方，花朵與開花灌木或開花樹木都很少，顏色也不吸引人，和風景畫家所描繪的東方森林或叢林全然不同，若是預期想看到那種色彩繽紛的熱帶野林，自然是要失望的。到了燠熱平原上，我們才在外國居民的庭園中見到種類繁多的當地花卉，大都呈現亮麗的原色，在我看來，這正是熱帶花卉的特徵。其中又以紅色與黃色為數最多，至於混合兩種原色以上（綠色除外）的花卉，雖然為我們家鄉的庭園增添無數柔美之感，但在這充滿陽光的土地上，卻顯然少之又少。

也許我們的科學家能夠爲此提出解釋，告訴我們：東方太陽的熱度是否會使開花植物特別容易吸收太陽光譜中的某些顏色？而植物這種選擇性的親和，是否果眞受氣溫影響？此外，熱帶鳥類的羽毛大都呈鮮豔的紅、黃、藍色，以及未開化的東方民族特別偏好紅、藍、黃色等現象，是否也能做同樣的解釋呢？即使在中國，我們也發現紅色象徵著喜氣（如新娘嫁衣），在印度、中國與所有佛教國家，僧人的僧袍也都是黃色，而印度與印度支那的某些民族，甚至視金黃色肌膚爲女性最美的表徵。同樣地，在中國，藍色代表淡淡的哀傷，而白色或無色則是最深沉的悲痛。無論如何，我相信我們歐洲庭園與樹林裡的花，種類之多、色彩之美，絕對足以傲視我所造訪過的任一熱帶地區。我們的花卉不僅色彩更豐富，也由於地處溫帶，自然女神似乎竭盡所能地製造出千變萬化的濃淡色調，並糅合極致的優雅與美態，來迎合全世界最文明的民族的善感之心。

檳榔嶼也和馬來群島大多數島嶼一樣，樹葉繁茂而濃密，比較值得注意的是樹葉多變的形狀，而非不同的綠色色調。這個地區的雜草與叢林生長非常迅速，因此莊稼人必須勤於整地，以免草木蔓延到最初開墾的土地上來。我曾經在威士利省（Wellesley）看過一片荒廢一年左右的甘蔗園，已經完全變成叢林。將來，倘若英國人或是來此開墾的中國人放棄檳榔嶼，此島將在轉瞬間恢復到寸步難行的叢林面貌，就和萊特船長（Captain Francis Light）於一七八六年登陸此地所看見的景致一樣。關於萊特船長，至今還流傳著一個有趣的傳說。據說他爲了清除部分叢林而突發奇想，在槍管中裝上銀幣，然後把銀幣發射到密林之中，他以爲馬來人或許會爲了尋找錢幣而清除這些草木。[2]

檳榔嶼植物生長的速度確實十分驚人。我曾親眼見到嫩竹筍在一夜之間拔高超過四分之一吋（約六公釐），[3]因此竹筍的生長絕對是肉眼得見的。攀緣的藤蔓與叢林的樹葉長長地垂掛在岩石上，並順著黃金沙灘蔓延，長得足以讓古代的海神納普敦（Neptune）做一千頂綠葉冠。

有許多植物不需要一丁點土壤就能蓬勃生長。像蘭花當然就靠空氣存活，但我還見過林中樹木根植於光禿的岩石上，而且就像長在肥沃的沖積土壤中一樣欣欣向榮。檳榔嶼山中的木材大都相當堅硬耐用，由於密度很高，所以很容易就會沉入水中。馬來人和中國人總是利用這種木材製造帆船的錨，至於竹與藤則用來製作繩索，其中還甚至經常可以看到現成的索具。

檳榔嶼大約有一百種不同的水果，其中又以榴槤與山竹最有名，這應該也是馬來群島中最美味的兩種水果了。此

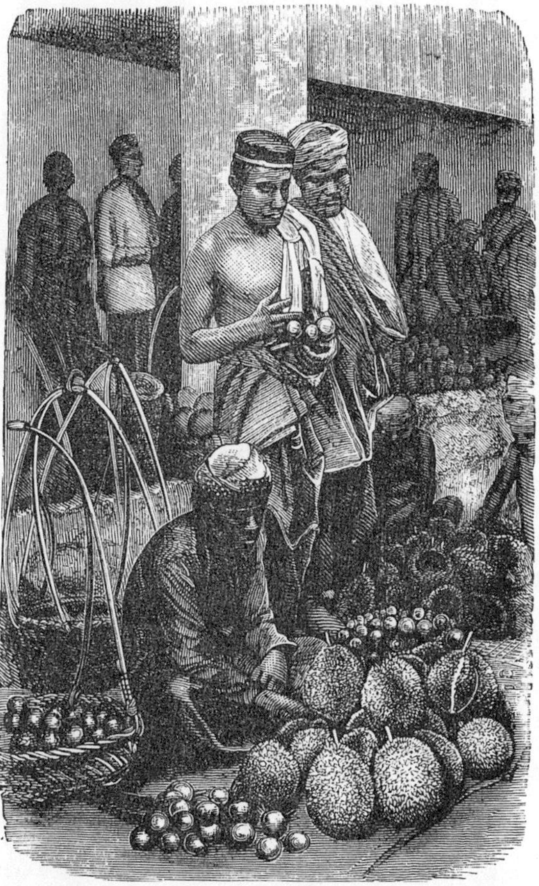

賣榴槤的馬來人

外，如鳳梨、番荔枝（即釋迦）、芒果與石榴等等，皆已是眾所周知，無須多加形容。大蕉很可能是最有益、散布最廣的一種熱帶水果了，品種多達三十多種，其中因顏色得名的黃金蕉雖然體型極小，卻理所當然是最珍貴的。

我待在檳榔嶼和威士利省的十個月當中，主要便是攝影——這是我所喜愛且有利可圖又富教育意義的活動。當我在島上與鄰近大陸遊歷時，一連串迷人而具有特色的風景人物，不但滿足了我旅遊的興致，更讓我滿載攝影作品而歸，這些照片在歐洲居民當中銷路一向很好。我訓練了兩名馬德拉斯[4]男人——當地人稱為男孩——充當助手，當時中國人並不願意參與這種未經人手就能複製出物體形象的妖術。而且他們這些「orang-puti」（白人）知道自己的手指和寶貝的長指甲會染得跟「orang-etam」（黑人）一樣黑時，也立刻就退縮了。相反地，我找的吉寧人[5]從頭到腳都像是在陽光底下曝晒過的硝酸銀的顏色，即使他們也不願意自己的手指變色——因為他們更以自己美麗的膚色為傲——我卻毫不費力就能找到膚色黝黑的黑人來幫忙，因為這座小島融合了許許多多的種族，而且也具有各式各樣的信仰形式。

此地除了擔任政府官員、專業人士與經商的英國居民之外，還有早期葡萄牙探險家、中國人、馬來人、祆教徒、阿拉伯人、亞美尼亞人、吉寧人、孟加拉人與非洲黑人的後裔。除此之外，歐洲商人也分屬不同國籍。下了輪船，並不容易感覺到自己已身在馬來島嶼。我們看見一、兩名馬來人蹲在樹下賣甘蔗，但也有許多吉寧人幫人撐船、駕出租馬車。這些吉寧人皮膚黝黑、積極靈敏，瘦巴巴的腿看不到一點小腿肚，但他們卻能跟在矮小的馬旁邊跑上一整天，絲毫不顯疲累。這些男人全身塗滿油，亮得有如上漆的銅器，可能因爲塗了這身油，他們才能如此靈活。他們全都會說馬來話，有幾個還懂點英語。我記得其中有個人急著拉生意，說只要一塊錢隨便上哪都行，下地獄也行。但我拒絕了，因爲光是看到他的樣子，就好像已經面對著黑魔王，或是他的洗衣奴了。

在西北角面對著大陸本土的檳城，有一個吉寧人的市場，販賣各式各樣的外國商品，價格也幾乎不會比在製造國來得貴。此外，還有一些酒店和出租公寓。城裡的中國人也很多，有商人、店家和手工藝匠，都是來自海南島、廣東與福建幾個地區的移民。這些人是東方最成功的商人與最刻苦耐勞的勞動者，我們在馬來西亞的屬地不能沒有他們，但他們卻也是難以駕馭的社會成員。我只需說一句話就能概述他們的好處了，那就是凡是歐洲人需要的東西他們都能做出來。而在貿易方面更是少不了他們，因爲外國商品所銷往的各個島嶼，幾乎都和他們建立了良好關係。他們委託人在蘇門答臘、婆羅洲與印度支那

馬來男孩

本土上，和當地人進行以物易物來收集貨品，他們和這些當地人通常同時維持著社交與商業關係。如此一來，從檳榔嶼外銷到英國與其他國家的商品，都得經過中國仲介之手。

此外，幾乎所有東方港口的歐洲商人都覺得有必要雇用一名中國買辦，買辦不僅是負責爲公司付款、收款，同時還要負責鑑定收取的銀元的重量與純度。買辦底下有一些助手稱爲「銀師」，專長就是辨識銀幣眞假，他們在這方面眼光之銳利實在令歐洲人感到不解，因爲銀師只要瞄一眼，就能從成堆的銀幣中挑出可疑的假幣，而歐洲的專家卻未必看得出來。不過，稍後我們會提到，有一些銀師其實是在中國的僞幣製造者與銀匠手下訓練出來的。買辦雇用苦力來裝卸船貨，並在下屬的協助下，經常扮演掮客角色來爲公司進行買賣。他們還可以幫忙打聽中國公司的情形，並替雇主找來辦公室與家裡的僕人，而僕人的行爲則由買辦全權負責。關於這點，通常不會有問題，因爲在他們身邊以及他們雇用的都是自家人，對老大哥絕對忠心不二。然而，我深信買辦等人之所以如此忠誠，不只是受制於所屬幫會的可怕影

中國苦力

響力，也受制於中國人向來十分重視的緊密的家族關係。

因此，我們不得不承認買辦必須具備絕佳的生意才幹。他們確實以特有的方式建立了東方生意人的典範，而我們得以在這些島嶼上行商營利，也多虧了他們這樣的人。一般說來，買辦絕對值得信賴。他們生活節制，隨時隨地精打細算，但他們永遠一副好逸惡勞、肥胖的有錢人模樣，誠如華萊士先生（Alfred R. Wallace）所說：「一年比一年更有錢也更胖。」

到檳城的街上走一趟，更能令人感覺到中國勞工在檳榔嶼所占有的重要地位。我們看到木工、鐵匠、裁縫等各種各類的手工藝匠，在開放式的商鋪或路邊的樹蔭下，勤奮地工作。整座島嶼上也都一樣，散布各地的中國人或是墾荒，或是耕耘自己或他人的田地。有些人已經定居當地多年，娶了在地女子，豪華的大宅四周圍繞著果園與花園，而其他以勞力謀生的中國同胞，則住在以竹子和棕櫚葉搭蓋的簡陋小屋，屋邊有一小塊菜田或胡椒田。就表面看來，後者可說是地表僅見最吃苦耐勞、最勤奮、最知足的耕耘者。但稍後我們就會發現，他們並非毫無野心。

這些離鄉背井的華人在一個比較開放的社會中，享受著保障與繁榮，同時也似乎發展成一個新族群。擺脫了專制政府的鐐銬與桎梏，他們的精力有了充分發揮的餘地，辛勤也獲得很高的報酬。但由於中國人一向熱中於結黨組會，而致使他們陷得太深。他們首先將內部結合起來，盡可能地彼此幫助，等到時機成熟，便壟斷買賣、操控市場。當他們覺得組織的力量夠強大時，便訂定法規來約束並保護會員，同時與當地政府相抗衡，原本單純以營利爲目的的行會，於是演變成半商業、半政治的組織。有好幾次，這些組織曾企圖掙脫原本就不牢固的束縛，並因而威脅到一些權勢較薄弱的州政府。在霹靂（Perak）發生的動亂便是這個趨勢最新發展的結果，在此之前，檳榔嶼和其他地方也都發生過多次類似的反抗行動。

危機還不只如此，移民之間的仇恨也隨之飄洋過海而來，他們的腳才一踏上異國土地，衝突便立刻爆發。因此，不久之前，在檳榔嶼就有兩個中國幫會，如果我沒記錯的話，一個是海南幫，一個是福建幫。據說在中國歷史上，這兩省早期都曾是獨立之邦，所說的方言更是迥然不同，福建地區下層社會的人甚至會把廣東人當成外國人。有一回我造訪檳榔嶼的某個村莊，村莊前一晚正巧遭到尋仇的幫派燒殺擄掠，政府必須採取強硬措施才能平息這些派系鬥爭。

等到了華疆（「花之國度」，也就是中國），我們就會發現，這類的村落鬥爭，中國南方的清朝政府有時是無力，有時則是無意鎮壓。例如在汕頭一帶，直到大約三年前，官府才以大規模的屠殺鎮壓住村落的派系，這不禁讓人回想起一六六三年（爪哇王國統治時期），中國人意圖推翻荷蘭人在爪哇的政權而草菅人命的情況。一位出生於爪哇的歷史學家如此形容中國人：「他們愈是富裕，便愈貪心，爭鬥也便隨之而來。」[6]因此，在這些島上，應付中國移民向來是一大難題。史坦佛·萊佛士爵士（Sir Stamford Raffles）在他開明的治理期間，發現了一個現象，而最近發生的一些騷動——我在另一章節會特別提出——也只是再次證明他的說法：「中國人的優勢必須小心地加以提防，並予以約束。」[7]

近幾年來，美國政府也不得不開始留意這個問題。他們若不能擋住已經開始湧向美國海岸的中國移民潮，就必須修改憲法，採行一種較不自由卻可能較爲明智的特殊行政體制，以便及早做好防範。這些華人雖然引進了勤奮的習性和最低廉、最有效率的勞力，卻也同時帶來了粗暴的性情、令人難以接受的宗教，以及一些可能玷污全人類的重大惡習。在檳榔嶼，中國人在他們所從事的各行各業中，幾乎難逢敵手，顯現的惡行也比較輕微，因此這個難題較無燃眉之急。這裡的中國人受到適度的約束，可說是最有用、也最不可少的社會成員。的確，他們抽鴉片，他們信口雌黃，而且只要一逮到機會就會不老實、耍伎倆，但儘管如此，那些爬到一定地位、值得信賴的人，卻完全捨棄了這些惡習，或者也可能是以中國人特有的技巧加以掩飾罷了。

如果讀者有機會到檳榔嶼定居，首先認識的就是一名中國承包商，他會與你簽約爲你做任何事。從他的穿著，你會覺得他是個工資不貴卻手腳俐落的人。他先讓你挑選設計圖樣，然後在約定的期間內爲你蓋一棟房子，倘若逾期便罰款。他會給你一份詳細的清單，小至一根螺絲釘都記載得明明白白。他有個兄弟能爲你製造任何家具，無論是依圖或依實物都行。他還有個兄弟能爲你與你的夫人剪裁各式服裝，另外還有個親戚可以幫你找僕人，並簽

中國承包商

約為你供應市場上所有當地與歐洲的美食，條件是每個月必須按時發餉。

事實上，外國居民能在這遙遠的島上擁有一個歐式住家，享受這一切舒適與豪華的生活，幾乎都得歸功於中國人。中國管家阿宏遵從主人吩咐，每天都在餐桌上擺滿豐盛的食物，並準備精選的水果與美麗的花卉，這是主人大方好客的象徵，而大方好客也正是英國商人在這偏遠角落裡最大的驕傲。

島上有許多馬來人，比中國人還多。然而，要描述他們的職業卻是困難得多，因為他們既不做買賣也不從事任何行業，他們當中並沒有商人。有些人受雇到農地裡捉甲蟲、修剪樹木、耕作土地。但大體上說來，馬來人都盡量不工作，有人擁有一片小園子，用來種果樹，有人則是水手，擁有遠洋帆船供中國人進行交易。不過，我記得自己從未見過任何純正的馬來商人。島上到處都有馬來村落，村裡就是幾間簡陋的小竹屋和兩、三簇果樹。這些村落大都靠海，他們住在海邊，偶爾捕魚，大部分時間都在睡覺，但是我想他們不論睡著或清醒，都隨時嚼著添加了石灰與荖藤的檳榔，嚼得嘴巴鼓鼓的、嘴唇紅紅的，牙齒上還有一層黑垢卡得牢牢的。

居民之中，還有另一個階級是歐洲人的直系或混血後裔。其中有一部分人雖然自稱擁有歐洲血統，膚色卻比當地土著還黑，而且可以說在任何一方面都比不上他們。上島才不到幾天，就有一個看似發育不全的人來跟我搭訕，並自稱是葡萄牙裔。在那張黑黝黝的臉上，最特殊的一點就是五官表情毫無善惡之分。他的服裝混合了歐洲、中國與馬來的風格，十分怪異卻也頗具特色。他頭上戴著一頂直筒粗呢帽，只不過因為帽子太大，所以用一塊紅棉布當作楔子塞住頭與帽子間的細縫。由於我是外來的人，他便禮貌性地想介紹我給他的朋友認識，據他所說，他們也都是歐洲人。我感到很困惑，究竟他哪一點像歐洲人呢？最後不得不下個結論：就是那頂呢帽吧！

自然學家指出，動物或昆蟲長期居住在某個區域之後，外貌往往會改變，但我們還是能從所屬族群的某些特徵辨識出這些動物來。我覺得這個理論亦可適用在此：長期定居的結果，使得葡萄牙人的後代已經毫無上一代的外貌特徵，唯一例外的，就是那頂恆久不變、端莊體面的呢帽。另外，我還發現一個早期葡萄牙探險家所遺留下來的影響：「Da Costa」的名稱，這也正是我那位矮小朋友的名字。「Da Costa」指的是經常出現在馬來島嶼及印度支那與中國大陸沿海一帶的一種人，也就是亞洲人與歐洲人一而再、再而三混血而成的人種。

話說回來，在這些地方也有一大群非常尊貴的人，他們都是受過教育的歐洲後裔，或是擔任公務員、專業人員，或是從商，在社會上占有的地位確實值得自豪，而他們的妻女也大都為上流社會增添不少光彩，她們的美麗無論到哪裡都必定能受到稱頌。然而，這份美麗卻難以持久，就像園中早熟的花朵傾注所有的生命力綻放

歐洲人與當地人混血的新住民

出繽紛色彩，但一時綻開過後便隨即凋零枯死。

這裡的男人臉色大都很黃。有個人在我腦中留下狡猾的印象，我記得很清楚。他曾在加爾各答求學。當時的我還缺乏經驗。在檳榔嶼山腳下的某個浴場，這位先生主動上前攀談，甚至熱情地邀請我參加晚宴。在那場宴會上，我還遇見他的一、兩位朋友，膚色也和他一樣蠟黃，而且食量驚人。

晚宴的氣氛整體說來還算愉快，對我而言也很新奇。但是兩、三天後，我竟收到整個筵席的帳單，讀者應該可以想見我的驚訝吧！

在我所有參加過的宴會當中，最奇特的經驗莫過於看到一條十五呎（約四點五公尺）長的蛇被抬進滿是舞者的廳堂。這件事發生在曾於蘇格蘭求學的C先生所舉辦的一場舞會上，事情經過是這樣的。我這位朋友住在一個小農場裡，長時間以來，農場夜裡經常遭蛇侵襲，令他深感困擾，蛇不但吞掉他的一頭豬，也漸漸吃光他飼養的家禽。他請了幾名土著負責守夜，剛剛才在樹叢裡抓到這條全身蜷曲、處於昏睡狀態的蛇。這些馬來人平時除了打架和瘋狂殺人之外，很少興奮得起來，現在知道蛇正在消化一頓大餐並無危險，便一陣狂喜，決定把戰利品放到主人腳邊。他們抓住蛇尾，配合著歡樂的舞曲音樂，咚、咚、咚……把蛇拖上寬寬的階梯，衝進客廳，將這條龐然大物攤在地上。

那條蛇動也不動地瞪著四周陌生的景象，說不定還幻想著更豐盛的一餐，只可惜現在渾身使不上勁，無法將圍觀者牢牢地纏繞致死。有幾位男士敏捷異常地退得遠遠的，有些人則拿一堆椅子當擋箭牌，躲在後頭耀武揚威，不過倒也有幾個人站在原地，扶持著嚇得花容失色的女伴。而此時，那不速之客已經被拖到底下的庭院去，等著爲自己所犯下的罪行贖罪。

註解

1 譯註：斐迪南．雷賽布（Ferdinand M. Lesseps），提出蘇伊士運河計畫的法國企業家，人稱「蘇伊士運河之父」。

2 原書註：Cameron, *Our Tropical Possessions in Malayan India*.

3 編註：此處疑似原書筆誤，竹子一天平均可長十八公分，故此處或應寫為四分之一呎，約七公分。

4 編註：馬德拉斯（Madras），印度東南部大城清奈（Chennai）舊稱。

5 編註：吉寧人（Kling，或作 Keling），在東南亞部分地區指的是有南亞血統的人，主要指稱印度人，但有時也包括巴基斯坦人和孟加拉人。

6 原書註：Raffles, *History of Java*, ii. p. 233.

7 原書註：同上，頁二五三。

第二章

造訪吉打。米登失蹤。拉惹的花園。威士利省。甘蔗與木薯的栽種。農工。逃離虎口。野人。威士利省探險記

有一位檳榔嶼的軍官正要搭乘官方的小汽船前往拜見吉打（Kedah）的拉惹（Rajah，即統治者），便邀我同行。原來，有幾名令人髮指的罪犯逃離了拉惹的管轄地，尋求英國政府庇護，並到處殺人搶劫，他的任務便是將這些逃犯交由拉惹善加監護。吉打就在海峽對岸，距離不遠，沿著檳榔嶼海岸往北大約六十哩（約九十六點五公里）。

我們中途停靠了眾多小島之一的「Pulo Tulure」（蛋島），而在這許多小島當中，烏龜也只選擇這座島來儲藏龜蛋。在蛋島上，有一間獨立小屋，靠近海岸邊住了兩個馬來人，負責照顧烏龜，並一袋袋地撿拾烏龜在特定季節產下的蛋。一張松木桌和幾只粗布袋，似乎便是小屋裡的所有家當。那兩名馬來人以阿拉的名義發誓，一本正經地說烏龜一產起蛋來誰也阻止不了。他們說烏龜先是在沙灘上下蛋，一顆顆蛋布滿沙灘，晶瑩剔透有如珍珠，接下來住在小屋裡的人就得蹲到桌上去，好讓烏龜將剩餘的貢品產在四支木桌腳之間。據馬來人所說，這些來自深海的奇怪動物下蛋的整個過程，非常安靜且井然有序。

他們甚至還說他們和烏龜之間已經建立起某種交情，如果島上來了陌生人，想要從他們忠誠的拉惹手中奪走這深海貢品，烏龜之間會互相通報，最後連一顆蛋都不會下。「Banyak pandie, orang Malaiu!」（狡猾的馬來人！）我的吉寧僕人如是說。

他們賣給我們一袋蛋，當地土著視之爲人間美味。蛋形渾圓，約莫比一般鴨蛋大一些，外殼堅硬，呈略微泛青的乳白色。

烏龜對這座島竟有如此堅定不移的偏好，著實令人稱奇。儘管大量的蛋被人取走，烏龜仍從未捨棄此地。

撿拾烏龜蛋的工作對馬來人是再適合不過了，因爲這些有市場銷路的好東西會自動跑到他們腳邊來，完全無須費力，也不用成本。種稻要出勞力，稻子成長的時間又長，長成了還得收割。就連供應食物與燃料的椰子樹，也需要多年的時間才能昂揚挺拔，讓珍貴的果實落到主人的腿上。可是烏龜會主動把現成的食物送到面前來，對這些好逸惡勞的馬來人來說，簡直是如獲至寶（這點毋庸置疑）。

我們造訪蛋島時，看到一些烏龜在四周游水。淡綠色的海水清澈透明，海中數十呎深處岩石上的植物與各色珊瑚都能一覽無遺，那種鮮豔亮麗的情景只有五彩繽紛的熱帶花園堪與比擬。有個馬來男孩行動靈敏且輕而易舉地爲我們抓來一隻巨龜。他悄悄溜入水中，繞了一圈游到毫無防備的獵物身後，然後一把抓住龜殼翻轉過來，就讓牠這樣飄在水面，毫不費力便可推上岸來。

在吉打的某天早上，我的僕人米登（Miden）失蹤了。他早早便上岸去，我焦急地等了幾個小時，仍不見他的蹤影。最後我失去耐性，便和朋友一塊上岸尋找，許久後，才在村子的一間賭場裡找到他，他正在和人大聲爭吵。

我立刻把他拉出賭場，但也遇到不少阻力，因爲那裡面全是馬來人，他們正爲輸贏而激動不已，因此個個緊握著波狀短刀打算對抗這突如其來的干擾。不過聽了我平心靜氣的解釋，加上我朋友和船上一群人的出現，眾人才恢復秩序。這時候，我發現米登似乎有些異想天開——印度人常有這種現象——竟把自己幻想成重要人物，也就是社會階級最高的印度僧侶。馬來人向來十分注重名譽，便立刻承認在當時的情況下，我絕對有權干預。談和之後，他們爲了展現善意，便隨意地與我們交談，並讓我觀賞他們的波狀短刀。這些短刀的刀柄大都雕刻得十分美麗，由鋼鐵合鑄的刀刃從刀柄處開始成波浪形狀，刀尖有毒。

讀者們想必都知道在馬來部落間，「瘋狂殺人」的情況並不罕見，但幸好我從未親眼見到這種殘忍的報復行動，有時光是一個瘋狂的馬來人，就可能殺死身邊所有人。當一個盛怒的馬來人訓練有素地揮舞致命短刀，不分青紅皂白地殺人時，我實在想不出還有什麼人會比他更可怕、更像惡魔。然而，處於正常狀態的馬來人卻是所有亞洲人當中，最平易近人、最溫和、最心軟的了。

吉打的拉惹是個年輕人，也是他族人的優秀典範。他的相貌充滿睿智神采，而自從我造訪那日起，他確實也證明了自己是個賢明而謹慎的統治者，不論是受他統治的人或是外國的盟友，都對他有很高的評價。就像前不久，拉魯（Laroot）的動亂幾乎就要蔓延開來，多虧他當機立斷採取行動，才成功平定了海盜的劫掠，至少在他統轄的領地是平息了。他居住的官邸是一棟規模不太大的磚砌建築，從這裡有一條長約數哩的大道通往拉惹休閒遊樂的花園。這些花園雖然範圍不大，但所能欣賞到的各式各樣花果，以及園藝設計之優雅，卻是我在東方所見過最出類拔萃的。

在某個柑橘園中，樹上果實累累，若非粗大的竹樁支撐著，樹枝恐怕早已折斷。清新的空氣裡，散發著柑橘的芳香以及盛開蓮花的甜甜香氣。拉惹曾試著栽種葡萄，但沒有成功，雖然葡萄樹上結出了葡萄，卻怎麼也不成熟。他派遣一輛歐洲製的馬車，載我們前往這美麗幽靜的地方。

搭汽船順吉打河而下時，我們發現二十來隻小鱷魚正一隻接著一隻逆流往上游，幸運的是我們中途又瞥見數量多了一倍的大鱷魚，攤著巨大身軀在一塊狹長的沙地上晒太陽。這些鱷魚色澤晦暗，脊柱呈鋸齒狀，若不就近細看，很難從岸邊成堆的椰子枯葉中辨識出來。

威士利省位於馬來半島本土上，與檳榔嶼隔水相望，長約三十哩〔約四十八公里〕，寬約五至十一哩〔約八至十七點七公里〕。該省是目前麻六甲海峽中，物產最豐富的地區，每年糖、木薯粉與白米的外銷數量十分可觀。威士利鄰接吉打，原是拉惹的領地，於一八〇〇年由英國政府收購。居民以馬來人為主，但辛苦費力的工作大都由中國勞工或來自科羅曼德海岸（Coromandel）的吉寧人來做。

是中國人首先栽種甘蔗並提煉大量蔗糖，使其成為主要外銷品的，但歐洲科技早已取代中國人粗糙且較不專業的製糖技術，歐洲人更投注鉅額資金開闢蔗園，除非擁有高超技術與龐大財富，否則幾乎無法與之競爭。

歐洲人的蔗園範圍廣闊，而且涵蓋了本省最主要的耕地。每處蔗園的耕作面積約有數平方哩，在園區的某個角落通常會有蒸汽壓榨廠和糖廠，廠內並隨時聘有一班能力卓越的歐洲技師。

威士利省進口了各種不同品種的甘蔗，但不論成長情況或是榨汁量的多少，都不如著名的土產甘蔗（只有模里西斯的品種除外）。據說當地共有六種品種，我曾在叢林裡見過其中一、兩種。甘蔗種植後，需要數個月才能成熟，但只要可能，輪作的時間總是計算得恰到好處，因此糖廠永遠不會歇工。此外，馬來人與中國人也種植了大量甘蔗，然後再以每英畝的明定價格賣給糖廠進行加工。

我在威士利省所見到的農場經營者與技師，大都是身材魁梧壯碩的蘇格蘭低地人。我總共和他們相處六個星期，當我回想起那段充滿刺激與歡樂的旅遊時光，仍感到十分愉快，也感謝他們讓我體會到我的同胞以好客聞名是多麼地名副其實。

除了甘蔗之外，農場經營者還在較不肥沃的土地上種植木薯這種生命力很強的植物，幾乎在任何土壤都能生長，而且所需的人工與肥料也比甘蔗少。在某些地區，農民會輪流耕種不同作物，或是甘蔗收成後再種植木薯，好讓土地休耕一段時間。

木薯會往上長出一些長長的木質莖和大大的青綠色葉子，不過木薯粉則是由根部取得。木薯的根部像極了印度薯蕷，也像一個巨大的馬鈴薯，其外觀與加工製造出來的雪白可口食物全然不同，就好像煤炭全然不同於它所激起的火花，焦油全然不同於它所提煉出來的亮麗染料一樣。農民將成熟的根部挖起送到洗滌廠，藉由機器以水刷洗乾淨。這道手續完成後，再利用一種精巧的設備將根部送進磨碎機，研磨成棕褐色漿液，接著漿液會順由導管流入凹槽，木薯粉在此與纖維質、薯皮分離後，隨即送入水槽。

水槽中有工人半身浸在溶液裡，以腿攪動。攪動完畢，木薯粉會沉澱到槽底，然後將水抽乾。這沖洗、沉澱、洗淨等程序重複數次之後，再將木薯粉置於鐵盤上晾乾——與製茶的乾燥過程類似——最後包裝成一塊塊的木薯粉即可上市出售。

威士利省的農場經營者生活十分艱苦。他們有許多問題要克服，不只是管理產業，還要應付不得不由外地引進的勞工。此外，作物即將成熟的那段時間，也會讓他們倍感焦慮，因為只要一陣突如其來的雨就可能導致甘蔗開花，這種景象或許賞心悅目，但對地主而言，豐收的期望就此泡湯，這豈不令人深感痛惜。不過，蔗農們頂著一張黝黑的臉龐和一副寬闊的肩膀，倒是很少顯現出憂慮不安的模樣，他們每個人都能欣然接受這瞬息萬變又不可預知的命運。

對他們來說——其實對訪客來說也一樣——一年之中最愉快的季節，應該就是當鮮嫩的甘蔗從深深的犁溝裡冒出翠綠葉片的時候了。這個時節的清晨露水溼重，有些在每片葉子上閃爍不定，有些則在路邊矮樹叢的蜘蛛網上熠熠然如白霜一般。接著黎明伸出粉紅指尖，掀開內陸山巒的迷濛面紗，一陣涼風吹來更叫人神清氣爽。此時，農民帶著獵槍精神抖擻地開始日常的消遣活動。這個季節裡，鷓鳥特別多，槍法不錯的人在回家吃早餐以前，至少都能獵到二、三十隻。

有一天清早，我和友人T一同出獵，他是出名的神槍手，只要他一開槍便從未失手。非但如此，除非他有把握連續打下兩隻獵物——一槍打下一隻——否則絕不開槍。有時候，獵人會遇上較難對付的獵物。例如孔武有力的B先生，就曾經不幸意外地遇上一頭野豬。B的裝備不夠齊全，野豬被他打傷後，立刻獸性大發向他衝來，並一口咬住他的手。B經過一陣激烈掙扎，終於將野豬拖到一個深水池，把野豬的頭壓到水裡，逼得牠不得不鬆口，但此時他的手掌心已經被野豬的長牙戳破一個大洞。

早期獵象也是個不錯的消遣，但由於大象經常出沒的叢林與森林，逐漸被花園與耕地所取代，大象數量也隨之迅速削減。不過，在半島最荒涼、最北部的這些地區，仍可見到大象、老虎、犀牛、鹿、豬與其他野獸的蹤跡，尤其是在中國人開墾的小片土地上，或是有小小的馬來村落零星散布的原始林和叢林之中。在這些稀稀疏疏的馬來與中國聚落間，有羅馬天主教的傳教士在此傳教。

我曾經無意中遇見一位這樣的傳教士，他腳上穿著草鞋，獨自徒步前往「Bukit Mer-tagrim」（尖尖的小山丘），要去探望一個在山腰上開墾卻生了病的信徒。他所經之處常有野獸橫行，我問他難道不怕老虎，他竟指了指手中的中式陽傘——他唯一的武器——信誓旦旦地說，他有個朋友就曾經在離我們所站之處不遠，用類似的

馬來人的茅屋

器物驅走一頭老虎。然而，那名勇敢的教士戰勝老虎之後，卻因爲刺激過度而送了性命。我從朋友口中得知，他與當地人共同生活多年，可以說是屈己從人，而他自己也在這份辛苦、卑微但有益於人的工作中漸漸衰老。

在我旅行途中，遇到過不少這樣的人，儘管我並不認同他們所傳揚的宗教信念，卻十分欽佩他們犧牲自我的精神。基督教傳教士也幾乎到處都碰得上，其中許多人也和羅馬天主教傳教士擁有同樣的熱忱，但是他們的主要活動範圍卻大都在歐洲人聚集的港口與市鎮，反而很少到他們理應致力傳教的內陸地區。

我先前已經提過，耕作農地、種植甘蔗與生產蔗糖等種種過程中所聘雇的勞工，主要來自馬德拉斯轄區內的科羅曼德海岸。通常勞工會事先在此簽訂契約，然後根據契約爲地主工作一段時間，並領取固定月俸。契約到期之後，苦力可以自行選擇續約或是回到自己的家鄉。有不少人都選擇留在農場上，這也證明雇主對待他們還算不錯。農場經營者也會雇用中國人，但人數很少，因爲苦力由中國富人成批引進後，只能透過領班簽約雇用，而且是根據耕作面積談定價錢。中國人比較強壯、比較健康，也比較努力，可是他們對伙食的要求較高，也或許不能像印度土著一樣在烈日下長時間曝晒，再加上他們的工資實在太高，以至於無法與吉寧人競爭。除此之外，農場經營者通常不太可能按量計酬，而且受商幫控制的中國工人也不像農地裡那些黑皮膚的工人那麼好支配。

在威士利省有許多馬來人，但他們並不在農地裡工作，事實上，有高達二十分之一的馬來人口，幾乎難以斷言他們究竟以何維生。他們身為回教徒，因此施行割禮，並經常做禱告。至於他們的餘生似乎就是用來撫養一大家子，讓家人遵循父輩的典範，懶散地等待大自然發揮博愛的精神，來供應他們賴以生存的食糧。馬來男人在自己國家裡可稱得上紳士，他們不屑買賣，唯一的驕傲便是隨身帶著那把刀柄精美、刀尖有毒的波狀短刀。他們的部分祖先不管是在陸地或海上，都頗能善用這種短刀。

內地山區裡，有一些長髮蓬亂、性情膽小的族群，他們會講述一些馬來人侵襲的經過，而每當俯望先祖遭驅逐的平原時，眼神中也仍充滿渴慕。而馬來人向我們提起這些所謂的「Orang Bukit」（山民）、「Orang Outan」（野人）、「Orang Anto」（幽靈人）時，卻也信誓旦旦地說他們全都長了尾巴，還會把毛茸茸的尾巴末端浸泡達馬樹脂油之後點燃，然後頂著熊熊火光衝進馬來人的小村莊，到處縱火破壞。馬來人的這則傳說，靈感顯然是來自印度史詩《羅摩衍那》（*Ramayana*）中的猴神。

我要利用這個機會向讀者保證，以上所提到的原住民族人絕對沒有長尾巴，而且據我所知，甚至沒有尾巴退化的痕跡可以證實物種進化或是人類自然演化的理論。即使假設他們的祖先長有尾巴，那又為什麼在經過演變之後，子孫便不再擁有這樣的裝飾呢？大約兩百年前的傳教士所寫的故事若值得信賴，那麼當初這一帶的猿猴的尾巴，可是相當有用的附肢。[1] 因為據說這些行動靈巧的猿猴，會把尾巴伸進螃蟹洞裡，一旦有哪隻倒楣的螃蟹不小心勾住猴子的這條「釣線」，就會被拖出洞外。

根據我的觀察，野獸大都已被驅出省境，因此數量遠不如我所預期的多。可能有人在農場居住多年，卻從未成為老虎追獵的對象，幸運的麥克納先生便是一例。

農場經營者的住所當然相距很遠，但是他們每個星期都會輪流到其中某家去聚會。這樣的聚會稱爲「綿羊之夜」，顧名思義，當晚他們會宰殺一頭綿羊——如果弄得到的話——大快朵頤。早期的農場經營者都是單身漢，聚會的氣氛卻也因此更加熱鬧。他們當中有許多人爲了吃這頓飯，得要長途跋涉；有一回，大餐結束後，大夥聊天唱歌直到深夜，最後主人在客人臨走前，請每個人喝一杯威士忌，除了驅寒也順便提振精神，以便隨時提防四處遊蕩的犀牛、野人或老虎。當麥克納騎上他那匹可靠的馬，往回程走的時候，已經接近黎明時刻，天色十分昏暗。

自覺與所有人、甚至所有猛獸都能和平相處的麥克納，慢慢騎著馬，一面欣賞著道路兩旁的紅樹林裡，螢火蟲一閃一閃地點亮夜燈。但不久後，道路變得更暗，當他的小馬唐納轉進一條通往溪流的叢林小徑時，也不禁不安地豎起了耳朵。唐納在空氣中嗅了嗅，便連忙加快腳步，雙耳緊貼在後，鼻孔張大，鬃毛豎立。馬兒向前飛奔，後來全速追趕的老虎發出憤怒的吼聲，才終於讓麥克納意識到自己的處境危險萬分，他一想到身後的獵獸正快速逼近，並可能隨時伸出無情的餓爪向自己撲來，不由得膽戰心驚。此時偏又是進退維谷：前有冷冽的溪流，後有老虎熾熱的氣息。他把帽子往後一丟，爭取到一點時間，接著唐納縱身一跳，躍過溪流，老虎嗅不到他的氣味，麥克納也因而得以安全回家。

每當提及這段經歷，他總說自己是九死一生。然而，人生在世最頑強的敵人卻往往是那些與你稱兄道弟的人！麥克納的朋友就壓根也不相信他逃離虎口的故事，至於小馬之所以驚恐倉皇地逃回家來，他們都認爲是因爲剛好有一小根竹刺插進馬鞍繫帶底下的緣故。

被老虎狂追

在我造訪某處農場期間，有一隻雌虎帶著小老虎躲藏在距離房舍不遠的叢林裡。這兩頭老虎不斷在鄰近的村莊裡劫掠牛隻，夜裡還不時會聽到虎嘯。

我在威士利省唯一的不幸遭遇，發生在一個暴風雨的日子，當時我正要前往肯恩先生的農場，這也是所有農場之中最偏遠的一處。肯恩先生的農場坐落在一道山脈的山腳，據說那裡住著一支野蠻部落，我的僕人達力（Talep）很好奇想看看「野人」的模樣，我便讓他陪我一道去。我們挑了一個風和日麗的上午，從檳榔嶼搭上一艘馬來船，然後找一個最便於前往目的地的村落上岸。在村子裡，我們租了兩輛貨車，各由一對黑色水牛拉著，從這裡出發還得走十二或十五哩〔十九或二十四公里〕路才能到達我朋友的農場。達力帶著行李坐在前面的牛車，我坐在後面那輛，最初的一、兩哩路上，我只顧著欣賞沿途森林與叢林的美景。

我們一開始便要經過一個紅樹林沼地，而這一大片土地不久前仍爲大海所覆蓋。這些縱橫交錯的水筆仔似乎是藉著彎彎曲曲的根，將一波波浪潮所帶來的淤積物攔截下來，最後便形成堅硬的土地，也就是我們當時所走的路。不久，我們離開沼地走上大路，不時都能在枝葉濃密的熱帶樹叢中，以及香蕉樹與椰子、檳榔的大葉底下，隱約看見一個馬來村落。

這時候，天空忽然烏雲密布，原本耀眼的日光也變得微弱昏暗。棕櫚樹在微風中不安地搖擺著，樹林在暴風雨來臨之前發出蕭蕭颯颯的聲響，還有一群水鴨一飛沖天，並在黑暗中尖聲嘎叫。

達力見狀便要車夫停下來，讓他們在牛車上多鋪一層樹葉。「再過幾分鐘暴風雨就要來了，我們已經做好萬全準備，盡力不讓雨淋溼。」他說。然而，我們卻很快就發現到，車上蓋的那些棕櫚葉根本不能防水。

道路愈來愈暗，幾乎有如黑夜降臨一般，沒多久，雷電一記接著一記在樹葉間閃出上百種詭異色調。轟然雷聲震撼著大地，隨後回音隆隆響徹整個樹林。有一股強烈的塵土味預示著大雨即將來臨，而且沿路都可以聽見模糊的嘩嘩聲，但雨還是來得太急，前一刻我們才剛留意到雨要來了，下一刻大雨卻已經像一大盆溫水似的傾倒而下。車頂上的遮蔽毫無作用，雨水還是像蓮蓬頭的水一樣不停灌入。至於大水牛，依然在暴風雨中跋涉前進，毫不在意。但我卻不斷大喊著要車夫小心溝渠，因爲整條路上漲滿了水，車軸以下都陷在泥巴當中，只能勉強拖行。只要還有路樹作爲標竿，車夫就能繼續保持在道路中央，可是一旦將這些高大的路標拋到身後，我們便只能在泥濘之中摸索掙扎，而且兩旁還各有寬六呎（約兩公尺）、深也約莫六呎的溝渠。

由於天色太黑，看不了太遠，大雨淅瀝嘩啦把紅色污水都打成了泡沫。我的車內變得又溼又滑，當車子陷進被水淹沒的道路時，我只能無助地隨著車身左右滑來滑去。正當我使盡全力想讓自己固定在某個角落時，忽然聽見噗通一聲和一陣模糊的呼喊聲。達力、牛車、行李，全都掉進溝渠裡去了。我急忙涉過泥水來到出事的地點。車夫已經跳下去將溺水的達力救起，不過看達力的樣子似乎還不算太糟。

車夫接著開始動手為牛解開套具，然後趕牛順著溝渠往下游，我都還來不及阻止，他的另一名同伴也帶著另外兩頭牛隨他而去。我全未料到他們會有如此冷靜大膽的舉動，本想對空開幾槍讓這兩個無賴恢復理智，只可惜我的槍泡在水裡。他們要到最近的一個小村莊過夜。馬來人相信神是慷慨的，因此總是抱持最大的耐心等待祂的施捨。他們也相信命運。牛車之所以在水溝中翻覆，這是「Tuan Alla poonia krajah」（阿拉的旨意），而這些人認為與命運對抗只是白費力氣，所以他們必能安然入睡。一想到這裡，儘管情況十分嚴重，我卻再也忍不住開始放聲大笑，原本已經悶悶不樂的達力因而更加驚慌，他深信自己撞鬼了。

我們非得想個辦法脫困，不能乾等著上帝驅走大雨或把牛車拖出溝渠。但毋庸置疑地，光憑我們的力量同樣無法完成這兩項工作，也不可能把剩下那輛車拖到我朋友的農場去。

更慘的是我的筆記本和路線圖也都淹沒在水裡，而我們倆卻誰也不想爬下溝渠。天色漸漸暗了，黑夜顯然即將到來，我們扯開喉嚨大喊，喊得嗓子都啞了，最後總算聽到有人答聲。於是達力跟在我後面，我們一起往聲音的方向走去，來到一處甘蔗園時，我又停下來大喊，希望再聽到回聲。不一會，我那經營農場的朋友便跑上前來迎接我們，聽了我們悽慘的遭遇之後還開懷大笑。至於我們那兩個無賴車夫，他說他知道他們人在哪裡，但由於車夫怕他發怒，已經連夜逃走了。

最後，我們在主人舒適的屋內安頓下來，且受到他熱情款待，我很快便將當天的險境拋到腦後。

我們的話題大都圍繞著故鄉與家園打轉，當我們準備休息時，早已過了午夜。肯恩先生點亮一盞燈，帶我到房間去。他走到房間角落，打開五斗櫃抽屜，拿出一把手槍和一柄匕首，然後神色凝重地交給我，要求我把其中一樣武器放在枕頭底下，另一樣放在伸手可及之處。他又偷偷告訴我說：夜裡若不隨身帶著武器，他總覺得不安穩，因爲前一任農場主人和他的妻子就是在這棟屋子裡，被附近山地部落的人給殺死的。對一個身心俱疲的人說這些話，可眞是體貼呀！而我便像個戰士一樣全副武裝上床睡覺，好個新奇又出乎意料的感覺。

我很快就沉睡入夢，我夢見自己被蠻族俘虜，可以從兩種死法當中挑選一種受死。如果我不願意被生呑活剝，也可以選擇被肢解煮熟了再吃。正當這些食人族要來抓我的時候，我驚醒過來，卻看見肯恩拿著出鞘的匕首俯身站在床前，刀刃在微弱的燈光下一閃一閃的。接著他把我拖下床，喊道：「跟我來！帶著手槍和匕首跟我來，不用換衣服了。山地人找上門來了。」我匆忙穿上鞋子後，一頭栽入漆黑暗夜之中，但很快便看不見走在前面的友人。我還聽見他的聲音喊著：「到火場去！到火場去！天哪，他們在燒苦力的房子！」我盡可能沿著直線往最近的火光走去，一路走得踉踉蹌蹌、手忙腳亂，一下走進田地裡，一下又是泥淖。最後終於來到一棟房子前面，並聽到有人痛苦呻吟。

我發現那棟建築已經坍塌，有一端著了火。我對著傷者呼叫，他用馬來語回答說他是遭人殺傷。正當我費力地朝他走去，忽然被一具龐大而溫暖的軀體絆倒，緊接著肋骨又被戳了一下，我這才驚覺到原來棚子裡躺著一頭巨大的水牛，而自己差點就被牛角給刺穿了。至於那個自稱遭殺傷的男人，其實只是被一根掉落的屋椽砸到，輕微瘀傷。後來我們發現這一切根本是虛驚一場，因爲入夜後暴風雨的聲勢突然增強，吹倒了苦力的住屋，房子大概也因此著火燃燒起來。儘管過程驚險，我們卻無大礙。所以就算我得大費周章抓下身上那許多水蛭，但隔天還是睡得很熟，絲毫不受影響。

在離開這個怪異偏僻的地方之前，他們帶我去看一條被圍堵在鄰近溪流的巨大食人鱷魚。聽說有名工人在岸邊替孩子洗澡，這隻巨獸突然一口咬住嬰兒，然後便消失不見。警訊傳開之後，所有的苦力聚集起來，將溪流的兩處堵住，再利用一個裝了釣餌的鉤子才終於困住鱷魚。

我在本省的另一處偶遇一位農場經營者，他可眞是個與眾不同的怪人，我且稱他爲貝利先生。他獨居，我們便找了幾個人一起造訪他的農場。農田裡到處路況都很差，而且愈接近他的房舍愈差，我們還不時跌入塡滿木頭和垃圾的深坑。每遇到一個洞，貝利先生就說這個洞很可怕，恐怕是整個農場上最可怕的洞了。「不過，」他說：「一聽到你們要來，我才剛剛倒了一車的柴火進去，讓它不那麼可怕。」

貝利先生是個中年人，經常帶著陰鬱的臉色，但還不至於令人感到不快，他說起話來有濃濃的蘇格蘭口音。他用遺憾的口氣不帶勁地對我們說，他正在修理引擎的供熱電阻絲，因爲他沒有修車技工。接著他請我們進屋，屋裡的感覺有點孤單淒涼。可是當貝利踏上陽臺時，卻說：「等一下，我替你們介紹一個朋友。」我們只好停下來，讓主人獨自走到前廊去。我們看見他伸出手來，輕輕地、溫柔地吹了幾聲口哨，便有一隻鳥鼓著翅膀從枝葉間飛出來，停在他的手指上。

貝利對我們說：「這隻小鳥以前有個伴，牠倆每次聽到我吹口哨，就會飛到我身邊吃東西。可是母鳥不見了，我已經好幾個月沒看到牠。牠死了，留下這個小夥子讓我照顧，我每天早上都會餵牠好吃的小東西。」這一幕很怪異也很感人。雖然貝利能心平氣和地接受我們對他孤僻性格的揶揄，但無論我們怎麼勸他，他也不願重拾較爲自由、健康的生活習性。總而言之，他是一個性情溫和內向的人，但是他究竟用什麼方法馴服在他園子裡的雜草與果樹間築巢的鳥？這點還是令我們深感困惑。

註解

1 原書註：Herman Moll, *The Oriental Islands*, i. p. 415.

第三章

中國行會，其組織與影響。移居海外的中國人。請求解除女性移民的限制。霹靂的動亂。中國人的錫礦業。麻六甲。新加坡。其商業與人民。製作鱷魚標本。馴馬師。中國竊賊。內陸風景。外僑宅第。消遣娛樂。叢林的一夜。鑄造黃銅器。樹人

定居異鄉的中國人，無論就個人的生存或團體的凝聚力而言，幾乎都少不了行會與幫會。若非如此，我們在麻六甲海峽的殖民地又何必容忍這類的組織存在？因爲這些組織從過去到現在一直是當地的亂源，令政府十分頭痛。中國人自認爲創立這些組織是爲了幫助同胞在商業界團結一致，並且在政治上共同對抗官方的權威，必要的話，甚至可以挑戰我們的法律。然而不能否認的是，這些行會用來規範會員所訂定的教條，有一些確實體現了最高的道德標準，但也有部分極不可取，以下便是一個很好的例子，而從這個例子也可以知道，我們的官員——無論是在麻六甲海峽或中國——在查案時爲何屢屢受挫。1

「會中兄弟若行凶殺人或搶劫，不得予以告發，但亦不得協助其逃亡或阻止執法官員將其逮捕。」

我們再看看另一個類似的規定：「假如犯錯或違法，必須到行會中接受懲罰，而非向官方投案。」從以

上兩個實例，我們可以約略窺見中國幫會包庇罪犯、阻撓執法的企圖。根據我這十年來的經驗，我相信在上述第一條教規的規範下，中國幫會的會眾即使上了法庭，顯然也不得揭露會中兄弟犯罪的事實。此外，由於中國人認爲替朋友做僞證是一種講義氣的表現，再加上在我們的法庭上做僞證又沒有刑求拷問之虞——刑罰向來是中國人的逼供利器——他們更能肆無忌憚地說謊。這個萬能的幫會便是藉此包庇會眾的罪行，也讓中國人出庭作證的證詞變得毫無意義。

在大清帝國的每個省分，都有仕紳之流結合起來對抗專制政府的欺壓，中下階級也會組成幫派與行會以制衡地方官員與仕紳的權力，並增進自身的商業與社會利益，而以上所提的幫會便與這些組織十分類似。無論多麼貧窮的中國人，都絕對相信自己的國家、政府與人民要比其他的國家、政府與人民優越許多，因此當他們移民到異鄉，便會立刻與同胞正式結盟，來抵制他們打心裡視爲野蠻殘暴的法律與習俗。他們不相信有所謂自由、純正的行政體制。或許，即使他們在英國殖民地或美國待上數年，仍無法擺脫這種感覺，甚至仍深信自己在國外的成就，都得歸功於某個強有力的幫派或行會的保護與影響。

一八七二年對新加坡造成威脅的動亂，罪魁禍首其實就是這類組織。因爲每個幫派都會雇用不少「打手」，而那次事件中主要的暴徒也正是這些「打手」。

這幾起暴動的導火線是因爲新加坡首度執行一條新法令，用以規範沿街叫賣的小販，而中國人卻認爲小販受到壓迫。在新加坡與其他東方國家的華人社會裡，這些小販即使不是清白單純，至少也很有用，如今他們的生計前景受到剝奪，自然感到委屈，有些人甚至起而對抗警察粗暴的取締行爲。在城內的許多地區，小販的問題都由打手接手，關於這些打手，居留新加坡多年的一位中國老紳士「黃埔先生」[2]如此描述道：「他們以掠奪侵占維生，並時時尋隙以便施展身手。每個幫會一定都有很多打手，但我無法確定究竟有多少。我想付錢給他們的應該是幫會和妓院。他們是正式受雇的打手，每個月的酬勞很高。一遇上動亂，這些人就會成群結隊出去強取豪奪，至於是不是聽命於首領，我不敢說，也許是他們自作主張也不一定。」

我從這份報告的內容推測，目前這樣的人很多，所以才會被驅出華南的汕頭一帶。我在前一部著作[3]中，已經提到廣東省部分地區的動亂情況，以及現任兩廣總督瑞麟為了恢復秩序所採取的強硬手段。但有一些目無法紀的流氓逃過了瑞麟的懲治，來到新加坡與其他英國屬地定居，並在行會羽翼的保護下，經常可以找到搶劫甚至殺人等高報酬的工作。

打手在英國殖民地能有機會逞凶鬥狠，而且機會甚至比在他們那個腐敗政府統治下治安混亂的國家還要多。這點乍看之下似乎很奇怪，但任何到過中國並能以客觀態度觀察的人，想必都會同意我的看法：這些蠻族統治者無論在其他方面多麼落後，只要當他們不嫌麻煩（除非是民眾暴動），還是很懂得如何以強硬作風對付並鎮壓盜匪。正因為如此，當地的不肖之徒常常被迫移居到律法較為寬鬆的地方尋求庇護。

中國的治安得以維護有一個重要因素，那就是中國人對父母親有一種盲目的尊敬。倘若兒子犯罪潛逃，雙親必須代他受罪。這條法令即使在外國實施，對移民也沒有影響，因為他們的妻子和雙親幾

來自廣東省的中國勞工

乎都不在身邊。光憑這一點——也就是說，沒有中國人最重視的家族關係的牽絆——也難怪我們的殖民政府在懲治這些人的罪行與惡習時，會遭遇這麼大的困難。此外，別忘了還有一點：一個中國惡棍若在中國城市裡欺負自己的鄉親，可能很快就會被治罪（除非他能賄賂官員脫罪），可是若在新加坡這樣的城市裡，卻反而會得到同胞的幫助與支援。因爲他在這裡欺負的是外族人，他所要逃避的只不過是「洋鬼子」官員的制裁，而中國人向來是隨時隨地都很樂意和這些官員作對。

中國移民之中有少數娶了馬來女子，從此定居麻六甲海峽，但大多數仍是單身。萬一有人無法完成返鄉的心願，客死他鄉，他的朋友便會用盡死者的積蓄，將他的遺體運回中國，讓他得以和祖先合葬。因此，我們會發現生者與死者在海峽殖民地與華疆南部省分之間，來來往往川流不息。

當然，我們應該可以在條約中加上一些條款來改變這一切，進而改善我們熱帶殖民地上中國移民的社交狀況與品德。在中國某些地區，婦女人數遠比男人多，因此，仍有許多小女孩成爲父母親的犧牲品。當地的人口販子每年會從過多的婦女人口當中，拐騙一小部分人，用幾塊錢的代價買下她們，再偷偷載運到中國人群集的外國港口，關在鴉片煙館或妓院裡，逼她們賣淫數年爲自己贖身。這種卑劣的人口買賣行爲，就跟中國人的一切行爲一樣，早已組織化，並受到各港口所成立的幫會保護。

我深信，只要中國政府同意，再加上基督教國家的法令所能帶給勞工的安全感與未來榮景，那些通常會把妻子家人留在中國家鄉的苦力們，一定很樂意帶著家人一起離開。此外，也應該鼓勵婦女自由移民，其實中國婦女不僅是絕佳的家僕，也是農田裡的好幫手，而且她們也會很快在男性同胞當中找到勤奮的伴侶。這項計畫還能同時抑止中國境內移民潮興盛的地區不再濫殺女嬰。

先前，我已經提到過中國幫會在霹靂的鬥毆事件。霹靂是馬來西亞的一州，位於吉打南方，其海岸線與威士利省交接。當地的錫礦久享盛名，也吸引了許多中國人前來採礦。因此，擁有這些礦場的中國人似乎便自以爲財大勢大，可以爲所欲爲，而不把當地政府放在眼裡。

近日來的一連串動亂，首先是發生在拉魯礦場的一條小溪邊。有一個中國幫會自作主張將溪流改道，致使下游礦場無法利用溪水淘洗錫礦。受害的行會向霹靂官方告發，但是曼特里（Muntrie）——

比拉惹低一級的統治者——既無法仲裁調停，也無法以武力擺平爭端，於是這些中國人便將他驅逐出境，自行以武器火拼來解決問題。

我國所簽訂的合約中，除了要求自身的商業利益之外，還承諾在內亂事件中，保護霹靂的蘇丹和拉魯的曼特里。因此，現任海峽地區的總督安德魯·克拉克（Andrew Clarke）爵士便採取行動，以求恢復暴動省分的秩序，其中有一個參與爭鬥的幫派被對手逐出省區，暫時以打家劫舍度日。最後，當地終於恢復平靜，也插上了英國國旗，直接受英國保護。雙方並簽訂臨時條約，由一名派駐當地的英國軍官與拉魯的曼特里共同治理地方。這一切結果似乎頗為圓滿，但願海峽總督採取的果決手段，能獲得英國政府的認同與肯定，鎮壓打劫與暴動對貿易畢竟還是很重要，而且本地生產並由我國在檳榔嶼的商人經手的金屬礦財富，也值得堅守。霹靂州沿岸約五哩（約八公里）寬的狹長地帶，如今已割讓給我方政府，想及威士利省有大量外國資金與機器投入蔗糖的生產，眞希望那種榮景也能在此出現。

霹靂州的錫礦完全掌握在中國人手中，但引進現代化的採礦設備卻還有很大的空間。我們最近從《檳城官報》（*Penang Gazette*）的一位作家口中，約略得知了中國人採礦的方式。當華人開始探勘金屬礦時，會先在椰子殼內裝入半滿的泥土，用水淘洗過後，假如殘餘的金屬渣體積相當於兩根手指大小，他們就會認定這個礦場值得開發。

然而開礦時，他們只會挖鑿一個頂多十五或二十呎（約四點五或六公尺）深的豎坑。他們當然不可能冒險再往下鑽，因為靠著那架簡單靈巧的鏈泵，已經抽不到洞裡更深處的積水。一旦豎坑的深度超過機器所能及的範圍，他們便會停止，從來也沒想過要挖掘坑道。

一般中國礦工一天的工資大約一個先令，而免費運往檳榔嶼的純金屬，每英擔（五十公斤）的利潤則大約是三英鎊十先令。

我在麻六甲瀏覽了一下，發現此地既不有趣也無利可圖，因此只稍作停留。麻六甲是一個如夢境般古色古香並有著荷蘭風貌的古城，在這裡可以享受到甜美的水果，以及早期葡萄牙與荷蘭殖民者後代子孫親切熱情的款待。

熱情的單身漢若是有心，或許能在這充滿陽光的地方找到一個美麗迷人的妻子，但若無意結婚，就不要在此久留，除非他能抗拒那溫柔的黑眼珠、烏黑的髮辮和苗條優雅的身材的誘惑。在這裡，「閒暇」似乎端坐在每戶人家的門前，昏沉沉如平靜的大海，懶洋洋如巨大的棕櫚，棕櫚樹上寬闊的葉子，還在一棟棟飽受風霜卻仍整潔美觀的老屋上頭輕輕搖擺。隨著每一季到來，大自然總會捧著各種成熟香甜的水果，往街上丟擲，小徑上撒滿又大又美的鳳梨，但卻連在路邊懶散晃蕩的小肥豬，都不屑低頭去吃。在這個地方，你或許可以平靜、愉快地虛擲一生。

這些都只是一時的印象，其實麻六甲還是可能有所發展，使麻六甲海峽在各方面都名副其實。單就歷史觀點而言，麻六甲無疑是個有趣的地方，這裡曾經是某個馬來西亞君主國的所在地，而當十三世紀柬埔寨帝國已然沒落之際，這個君主國可能十分強盛。後來，這座城市又成為早期葡萄牙人所建立的主要商業中心之一。

就目前所知，新加坡並無古老而吸引人的歷史。我從中國與歐洲的舊地圖推測，最初的「Singapura」是馬來半島上的一塊領地，而不是現在名爲新加坡並篡奪其歷史地位的那座島嶼。相信讀者們都知道，新加坡的竄起乃是因爲萊佛士爵士將它提升爲一個重要的商業與政治中心。

才不過幾年前，這裡也和東海其他數百座島嶼一樣，是一片叢林遍布的荒涼景象，只有沿岸地帶零星散布著一些漁民小屋。但其近年來的發展歷史，已經無需我詳加敘述。一八六一年，我第一次見到這個殖民地，其歐洲城鎮的風貌便已令我驚訝萬分，此後更是每年在橋梁、倉庫與政府建物方面展現長足的進步，一排排壯觀的船塢也逐年穩定增建。這短短幾年內，此地歷經了奇怪的沉浮變遷。有一度，港口與停泊碼頭擠滿了橫帆帆船、中國帆船和馬來帆船。但如今倘若將這些視爲港口貿易的實際指標，我們應該可以立刻斷言此地的商業已經迅速沒落，因爲無論在哪個季節，都已看不到那麼多船隻。可是我們也不能忘記一點：雖然長期定居在這些偏遠地區的人可能不易察覺，但那段期間內的進步與發展，確實十分快速而驚人。

一條海底電纜將新加坡與英國的距離縮短爲幾個小時，而蘇伊士運河的啓用，加上新成立的汽船航運公司投入中國貿易，也大幅淘汰了原本經由好望角長程路線將中國與新加坡產物送到英國的快速帆船船隊。由此可見，中國帆船的式微可能也因爲行駛於中國海域的汽船，爲當地與外國貿易提供了更多選擇。於是，中國人與日本人便也漸漸學會如何善加利用這自動送上門來的好運。他們搭乘歐洲汽船旅行，也利用歐洲汽船載運貨物。還不只如此，如今他們更開始成立自己的汽船航運公司。而新加坡貿易除了在異常不景氣期間，也繼續穩定成長，自從當地由海峽殖民地晉升爲殖民部之後，貿易據報成長了二成五。

在商業廣場上——這是新加坡的商業中心，買方與賣方大都聚集在此——遊客會看見各式各樣、各種國籍的人，其中最醒目的應該是來自印度馬拉巴爾海岸（Malabar）、有如黑色銅像般的吉寧人了。他們或是靜靜地站在馬車旁，或是從深邃的樹蔭中衝出來，跑到他們用老鷹般的銳利雙眼盯了許久的某間倉庫前面，展示自己那匹活力充沛的小馬和整潔的馬車，只希望能有人雇車。這時候，至少會有六、七個同伴一塊蜂擁而至，要是其中有人較幸運載著眾人覬覦的標的匆匆奔過馬路，其他人就會嘰哩呱啦地發洩失望情緒。這些乘客可能是穿著白衣的歐洲人，想要利用剩餘有限的時間，好好參觀一下島上爲數不少、距離也都不太遠的美景勝地。

且讓我們想像自己身歷其境的情景。廣場上響起一陣喧囂，也只有吉寧人爭吵時能發出如此嘈雜的聲音。這些車夫由於希望落空，互相用土話爭執起來，過路行人聽不懂只覺得噪音震耳欲聾。吉寧人幾乎從來不使用拳頭，但他們的語言卻是滿懷怨恨者最完美的利器。有一回在碼頭上，我看見有個英國船員上岸來休假。一群吉寧車夫立刻將他團團圍住，當他發現即使用英語連聲謾罵也比不過吉寧人的豐富辭彙，又發現其中不到六、七個人膽敢起身對抗他的鐵拳，於是他一把抓起最靠近他的人，猛力丟入海中。這是擺脫對手最溫和的方法了，那名吉寧人游到一艘船上，而船員傑克也隨即全盤掌控了局勢。

商業廣場上混雜著新舊建築，有商家店面、銀號與公司行號。歐洲人與中國人在此從事各行各業。

馬來半島的中國商人

但是一排排宏偉的新建築物的陰影，籠罩著較爲低矮、古老、掛有百葉簾的建築，這些都是在「美好的往日」裡建成的，當時移民可能每半年才能得到家鄉的消息，而且若有兩、三艘船從「香料群島」成功運來貨品，便可能讓船主大賺一筆。「那的確是一段美好的日子。」一位富裕但運氣不佳的老商人對我說：「當時我們就住在辦公室的樓上，社區雖小，大家都過得很快樂。但現在住在這裡幾乎就像是住在倫敦，汽船與電報讓我們每天都能和舊大陸聯絡。我們不再有星期假日。我們要夜以繼日地工作、寫信。」

他說的話與事實相去不遠。當我們沿著建築物中間那些長而陰涼的通道走，四面八方都能聞到香料的味道。走著走著會忽然看到一塊空地或一間倉庫，除了有一堆堆在微光中閃閃發光的錫塊，還有大量的胡椒、木薯粉、西谷米、馬來樹膠、藤與其他東方產品，等著中國苦力一刻不歇地運往船上外銷出去。這些苦力大如牛，就連看慣了搬貨景象的人也會感到吃驚。接下來我們進入辦公室，也許能和「Tuan-busar」（負責人）匆匆交談幾句，但隨時有郵件要注意、要到來、要送走，短小精幹的辦事人員全都各自坐在桌前，埋頭寫信。因此，無論交流多麼愉快，我們總覺得會妨礙他們工作，只得趕緊告辭。

我們再回到廣場上繞一圈，經過銀號敞開的大門，往內覷了覷。裡頭的中國銀師熟練地拿起硬幣一會敲、一會秤、一會數，源源不斷的叮噹聲幾乎震耳欲聾。再往前是一間大商店，一整排巨大的招牌上漆著店主的名字「文榮」。

文榮會親自招呼你，請你參觀他店裡各種高級的歐洲商品。他會請你賞臉，嘗嘗他那第一品牌的雪利酒，還會拍胸脯保證，他店裡的文具、衣物與馬具全都是英國一流廠商製造。

文榮是典型的中英混血店主，長得高大、相貌堂堂，但當他殷勤招呼你時，你的注意力卻不由得轉向剛剛停在門口的那輛雙駕馬車。你也會驚訝地看到，打烊時間一到，文榮點起一根雪茄，爬上馬車，讓馬來車夫快速載往鄉間的某棟華麗別墅。這個時候，苦力們也下工了，而即使在這些衣不蔽體的勞工當中，也有不少人始終抱著希望，希望有一天也能和文榮一樣穿著絲綢、駕乘馬車。

接下來，我們在一陣鈴聲的召喚下穿過廣場，原來馬市要開張了。剛結束一天工作的商家與助手三五成群地在旁圍觀，瞧他們臉上的神情，彷彿倫敦著名的賽馬拍賣行塔特薩爾（Tattersall）裡的行家似的。一艘澳大利亞船剛剛運來整船託售的馬匹。此時，馬全都拴在樹下，有幾匹堪稱俊美，只是長途跋涉之後，略顯無精打采。馬來或吉寧馬夫把馬一匹匹牽出來亮相，每匹售價從二十到兩百元不等。

我還記得有一位在某座島上擔任過法官的雷利先生，便曾在這類市場上買了一匹瘦得只剩皮包骨的馬。然而，他憑著一股獨特的膽識，保證在三個月內要讓這匹駑馬變成駿馬，還在馬廄旁蓋一座小小的雜技場，用心加以訓練。他想要證明優裕的生活與耐心的照顧，對於鍛鍊並美化一隻疲憊而憔悴的動物有多麼大的助益。幾個星期後，我這位樂觀且充滿熱忱的朋友再次請我去看那匹馬，因為他認為馬已經餵飽了。的確，馬的頭和胃似乎是變大了些，食量也大得驚人，但我卻不得不承認現在的牠比當初易主時更不像一匹馬。最後，那匹馬應該是因為消化不良而死的。

雷利對動物常有一些異想天開的舉動。有一次，我還看見他在製作一隻長逾十二呎〔約三點七公尺〕的鱷魚標本。當時我剛從他家裡出來，一時心血來潮，便順道走進法庭。雷利坐在席上，遠遠地看到我，便要我坐到他身邊。「哎呀，」他說：「我已經在這裡耗了一個小時，絞盡腦汁想讓這個滿口謊言的混帳吉寧人說實話。他是一件重要案子的人證，我覺得在剛才這半小時裡，他確實有一吐為快的衝動，也曾一度體驗到前所未有的誠實感受。但這番天人交戰卻讓這個無可救藥的笨蛋驚慌不已，他流了滿身汗，空氣裡全是汗臭味。」

「庭丁，趕快把門打開！」友人顯然一心想從黑皮膚的證人身上看到一線曙光，卻又等得不耐煩，只見他在面前的紙張上畫下證人那張油亮的臉，畫得很巧卻也很醜。

案子只得改日再審，休庭後，我們來到法庭後面的一塊空地。空地上，有一隻鱷魚被撐開平放在支架上，滿口利牙的嘴巴張得大大的，我從來沒見過這麼大的鱷魚。「我將這隻鱷魚做成標本，」雷利說：「打算送給我弟弟作爲客廳擺飾，因爲他也和我一樣，很喜歡收集平日難得一見的稀奇寶物。這傢伙會吃人，絕對錯不了，但今天卻沒辦法把這隻畜生塡塞滿。我很想叫一、兩個警察爬到鱷魚的肚子裡去。反正也不會有人替他們難過。可是……你的手杖借我一下。我最後塡塞進去的東西還卡在喉嚨裡呢！」我便把手杖借給他，但也從此一去不返，它就卡在那個曾經讓許多美味小食物消失不見的地方。雷利雖然試圖拉住，卻反而愈往裡頭推，最後手杖便和塡塞物全都融合在一起了。

我在前面提過，有些澳洲馬非常俊美，但其他大多數卻都是長相醜陋、惡性難馴的劣馬。我曾經買過一匹，試圖馴服，但這隻胸肌發達、四肢纖細的畜生，就老是翻白眼，還會把背拱得像駱駝一樣好把上頭的人摔下來。我請了一位馴馬師庫格曼先生，要讓馬改掉這種惡習。

庫格曼先生是個很厲害的人，據說他從來沒有自馬上摔下來過。我曾看過他拉起馬的前腳，讓馬直立著倒退上車。他不顧我的善意警告，一轉身就騎上我的馬。經過半小時的奮戰，他終於騎著汗流浹背的馬，慢步跑出馬廄，悠哉地沿著道路騎去，似乎已將牠馴服。又過了半小時，他們回來了，卻見騎士的外套背後已經撕裂，臉上劃傷，全身傷痕累累好像摔得不輕。原來他們走到一條溪旁，遇見一群孟加拉洗衣工在岩石上搗衣，馬兒受了驚嚇往後退，結果往後跌了一跤，又滾了一圈，才重新站起來，不過人還騎在馬背上。所以呢，庫格曼還是可以繼續誇口說自己這輩子從來沒有自馬上摔下來過。

我不得不承認，我買澳洲馬的過程一直不太順利。有一回，我買了一匹還不太溫馴的栗色小馬，當我騎著馬在大道上散步，忽然有一輛馬車從轉彎處衝出來，結果一根車轅深深地刺入馬臀。不過，我請人將馬的傷口縫合，休養幾個星期後，小馬便又能上路了。蘇門答臘當地產的小馬，可以說是海峽地區所能見到最俊美的馬了。這種馬有著非常勻稱的美，頭大小適中，大大的眼睛、眼神柔和，曲線優美的頸子上鬃毛濃密。蘇門答臘小馬的胸肌發達、四肢纖細、馬蹄又圓又結實，而且精力旺盛，一旦脫韁自由行動，總要到精疲力竭才會停下來。

現在，請讀者們再隨我回到商業廣場，然後沿著貝特瑞路（Battery Rd.），來到滿布馬來舢舨和中國駁船的小港灣。從新建的鐵橋跨越這個港灣後，便來到海灘路與散步道，在這裡可以看到一些維護完善的歐式旅館，從庭園的樹叢中隱約探出一角。散步道沿著一塊綠油油的美麗草地繞了一大圈，草地可以作爲板球球場與遊樂場，而大道本身也是一處時髦的休閒場所，每到晚涼之際，移民的妻子家人便會搭上馬車，不停地在大道上來往穿梭，走上一、兩個小時。

在每天這樣的散步行程中，我們不但能遇見熟人，互相點頭招呼，還能同時做點溫和的運動並享受清涼海風，在熱帶地區想保持健康，這點很重要。馬車的規模與華麗程度都足以令人咋舌。目前，只要是有身分地位的人都不能沒有馬車，因爲住家之間的距離通常很遠，而且由於時勢所趨，馬車一輛比一輛昂貴，住屋也一棟比一棟華麗。總之，從外國居民豪奢的生活形態，我們多少可以看出時代如何變遷，並瞭解他們爲何不能像昔日一般輕易而快速地累積龐大財富。

也許這樣的轉變根本無須懊悔，因為——至少我這麼覺得——全世界再也找不到這麼美麗的住家了。因此，居民是抱著常理心來看待的。他們可能會在島上長住，所以決定盡可能地快活度日。沒錯，他們華麗的車馬陣仗必然會引發競爭的心理和虛榮心，但是人與人之間少了這兩種心態，這個世界將會變得枯燥乏味。

我們從廣場重新出發往另一個方向走，進入土著區，也就是吉寧人市集，這裡的商店出售棉毛製品、刀叉以及各種玻璃與五金商品。中國的工匠與零售商人就住在對街，凡是你需要的物品，幾乎都可以在這裡訂製。

這些中國人非常不雅觀。其中許多人幾乎是一絲不掛，少數幾個壯碩一點，總會很樂於展示他們肥嘟嘟的身軀，自以為能引來羨慕的目光。在中國人眼中，「圓臉」與「大肚」是最上等人的象徵。這種人一定善良、富有、充滿智慧，而且長壽。因此他們會刻意向神情豔羨的同胞們袒胸露肚炫耀一番。於是中午時分，他們的穿

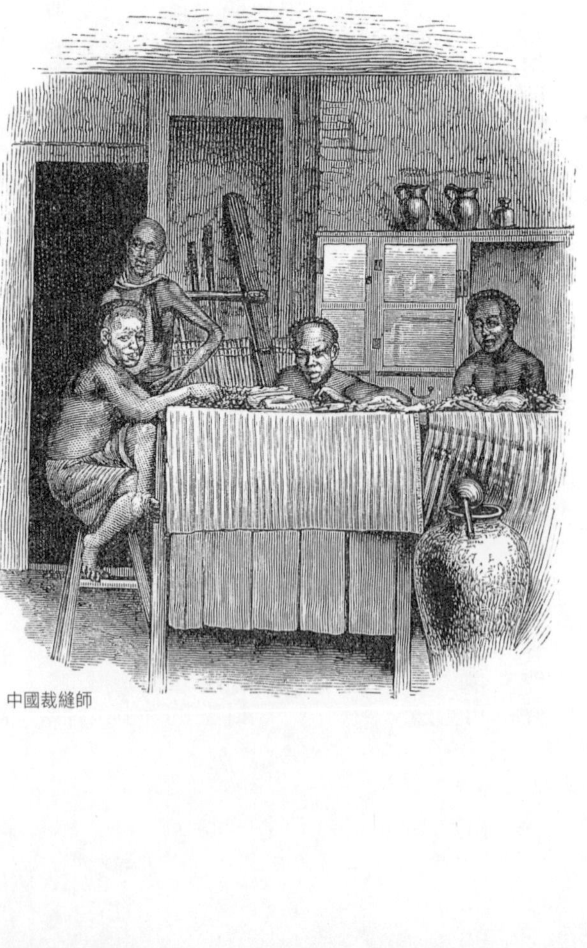

中國裁縫師

著就是一雙草鞋，和一件長約六吋（約十五公分）的棉褲，假如天氣涼爽，肩上會披一件敞著前襟的白棉外衣。不過，且讓我們停下腳步，瞧瞧這間裁縫店。

一條長桌置於廳房正中央，桌上覆著一張白草蓆，十幾個人蹲在桌旁，正忙著縫製各式各樣的服飾。這些勤奮的裁縫也和肥胖的雇主一樣赤條條的。這些人爲他人縫製衣裳，自己卻什麼也不穿。雖然中國也生產類似的縫衣針，但他們手上拿的是英國製的，而且他們縫紉的方向是往外而非往內，和我們的習慣不同。

新加坡的中國人遠比馬來人多，因此，比起在馬來人較多的檳榔嶼，本地華人的地位較爲崇高。如果新加坡的華人之間爆發激烈衝突，我想只要武裝起馬來人——他們可是一等一的打手——或者唆使某個幫派去對付另一個幫派，應該就能輕易壓制下來。目前，有一些華人位居要職。有一人是立法諮商會的非正式會員，也有人是保安官，還有人經營種植鴉片與生產烈酒的農場。另外有更多人或是擁有遼闊的耕地，或是在商業上投注大筆資金，而這些人更應該讓中低階層的同胞養成平和與勤奮的習性，如此才對他們有利。

假使我們對中國人的宗族制度與中國行會一無所知，一定會覺得奇怪：我那個時期經常發生大宗的集體搶劫案，但較富裕的中國人卻鮮少成爲受害者。犯下這些強盜案的一幫惡棍，有時候人數多達上百，他們圍攻劫掠的向來都是外國人的住家。中國盜賊的手法非常老練，逞惡時總會用盡各種精巧的工具。我還記得有一次有個朋友家中遭竊，竊賊摸進主臥室後，從容地點了半盒火柴才把蠟燭點燃。他的耐心終於獲得回報，接著他以同樣從容的態度在房子裡到處搜括，甚至沒忘記看看枕頭底下，結果他找到了一把手槍和一只手錶。據說這些盜賊會使用一種獨門迷藥，使受害人失去知覺。我相信我朋友就是碰到這種情形，而且可能是家裡的僕人把迷藥放到他的床上。

中國人向來是為達目的不擇手段，從一件事就能推斷而知：有一個在社會上頗有名望的中國人，竟然利用某個機會，企圖以自己供應的麵包毒害香港所有外國人士。我還聽馬來人說，狡猾的中國竊賊看準下手的住家之後，從門口進入，然後撒出一把浸過迷香的米粒。迷藥的藥效會立刻讓屋裡的人陷入昏睡，等到他們醒來，竊賊早就從從容容把東西偷個精光了。這種作風最合中國人的口味了，因為你們要知道，中國人無論何時何地、無論做什麼事，都不喜歡慌張匆忙，如果可能的話，他們也會盡量避免突發與偷襲的狀況。只要稍有風吹草動，他們會馬上丟下偷來的東西膽怯逃走，而且甚至會脫掉褲子以便逃得快一些。

倘若要進行風險較大的竊案，他們會赤裸上身，全身塗滿油，盤起髮辮往腦後紮成一個髻，並在四周插滿細針。以下是我一個朋友遇上一名中國盜賊的驚險故事。午夜時分，燈已經熄了，窗子開著通風，友人躺在床上還沒睡著，忽然看到一個黑影爬過窗檻進到屋內。他一直保持不動，直到竊賊以為安全了，偷偷溜到房間中央時，他才猛然跳下床抓住來人。他二人身材都很壯碩，於是展開一場激烈的扭打，不過竊賊占了優勢，因為他身上只塗一層油沒有穿衣。最後，他像泥鰍似的掙脫對手的掌握，縱身往窗外一跳，眼看他就要跳落到底下的花園，友人仍不放棄，奮力伸出手去，想抓住他的長辮子。不料辮子上插滿了針，哎呀！一扯一落之下，假辮子立刻應聲脫落。這個歐洲人手裡多了一樣無用的戰利品，而髮辮的主人則是無功而返。

新加坡島內地的地形不像檳榔嶼那般險峻，這裡的最高峰武吉知馬山（Bukit Timah）也只有海拔五百呎〔約一百五十公尺〕高。但是，新加坡獨特的美卻是少有島嶼可以匹敵。幾座矮丘使得景致更富變化，還有又寬又直的公路在山巒間的平野上向前延伸。走在這些公路上，常常可以見到路旁有綿延數哩的果樹，或是常綠棕櫚樹所延伸出來的綠色隧道，從這些林蔭大道上，還可以望見遠處山坡或山頂上，外國僑民住家的紅瓦屋頂。通往這些歐式住宅的道路又長又美，總能贏得陌生訪客的讚賞。住宅的四周仍是同樣濃密的綠蔭，此外還有修剪得方方正正猶如石牆的野生天芥菜樹籬，總之是一道結結實實卻又開著金色、紫色花朵的綠葉壁壘。

在這些樹籬裡面，寬闊低垂的香蕉葉輕輕搖晃，為底下熾熱的小徑搧涼，而頭頂上，棕櫚樹梢間則有涼風習習。一座精緻的花園、一片修剪整齊的草坪和一方草地槌球場，都是住宅周圍常見的景致。

每天大清早，這個地方總有一種說不出的魅力。空氣涼爽，令人心胸舒暢。我們在一群特意留下沒有砍伐的林木間，看見盛開的蘭花從樹枝上垂掛下來，鼻中聞到的全是這美得離奇的植物所散發出來的濃郁香氣。頂上的枝葉間和下方的灌木叢中，傳來鳥兒不成調的啁啾或嘎叫，灌木上還有旋花屬植物開出上百朵花，妝點得色彩斑斕。四下裡放眼望去，要不是蘆薈的細莖自重重劍葉中挺出，將白色的筒狀鐘形花撐得高高的，就是深橘色的鳳梨從環狀的綠色肉質葉片裡探出頭來，吐出它成熟的香味。

轉過小徑的最後一個彎，我們終於來到屋前一段寬廣的階梯前。瓦頂寬簷的屋子四周，環繞著一道很寬敞的走廊，廊上有著一排傳統規模的灰泥磚柱，廊柱之間還有木質堅硬、漆面光亮的雕花扶欄。廊外屋簷掛著遮陽的藤簾，簾子可依日晒的位置捲起或放下。階梯上，屋前的碎石路旁，處處可見插滿了花的中國花盆。在一側，有一大片深綠色的枝葉爲屋子遮蔭蔽日，另一側，我們可以從綠葉掩映間，看到旭日射過山丘與谷地投下長長的影子，而遠方那群棕櫚遍布的島嶼正逐漸從瀰漫著晨霧的海峽水面上浮現，此時也淺淺地印著一道道金光。

假如平靜的感覺能透過感官深入內心，假如它能像乙醚一樣從一切大自然之美當中蒸餾出來，那麼在這樣一座島上，我們必定能獲得無他處可尋的幸福快樂。但是，這裡也和世界其他地區一樣，儘管大多數居民過著舒適的生活，儘管空氣香郁、自然資源豐沛，卻仍無法免除憂慮與痛苦。我在這裡就認識一些朋友，當初趁著年富力強，懷抱著無限希望離開心愛的故鄉，來到這遙遠的島嶼尋求發展。然而，他們臨死前卻得不到家人雙手溫柔的安撫，只能呆呆凝視著窗外晦暗的棕櫚樹，或是入夢去聽聽那些有如天籟般的熟悉聲音。

不過，新加坡的生活還有其他特別的缺點。例如天氣太熱，就連歐洲人這樣的體質最後都難免受影響。即使將溫度計置於陰涼處，全年的平均溫度仍介於華氏八十五度至九十五度〔攝氏三十至三十五度〕之間，如此高溫再加上其他影響，很容易引發各種嚴重的人體疾病和許多較輕微的不適感，而其中最令人頭痛的要算是痱子了。

既然中國人很耐熱，在這種地方應該可以盡情地享受生活。僕人住的地方蓋在屋後一塊長條地上，隱藏在樹林裡，我們走近後發現廚子阿新昨晚賭了一整夜，此時還在睡覺。他躺在一條板凳上，身子底下鋪了一張馬來草蓆，頭枕著一根木棍，看起來倒也舒適。房裡似乎聞到了鴉片的味道，不過這應該只是我們的錯覺，因爲據他所說，中國僕人從來不抽這種可恥的毒品。這裡面也有長長一座磚砌的灶和壁爐，一旁則是全副的鍋碗瓢盆，食具看起來都很乾淨。

中國廚子愛乾淨的這一點倒算他們的一大優勢，因爲我就曾經看見一名吉寧廚子用他身上唯一一小塊蔽體的布來蒸煮布丁，布頭的另一端還纏在腰間呢！廚子的助手（香港人稱之爲「larn pidgin」）[4]已經生了火，這時正在梳洗。他一定覺得很涼爽，因爲他除了那根辮子之外，身上光溜溜的，只見他忙著用一塊溼熱的毛巾擦拭身子。我們一走近，他便趕緊穿上衣服，露出愉快的神色。也許他早起是爲了看日出吧！一問之下，答案卻是否定的，他從來不看日出。他顯然以爲我們在揶揄他，便又補了一句：「我從來也沒聽過有誰會起來看日出。」

也許他是爲了欣賞景致？不是！但如果可能的話，他倒是想知道怎麼用一塊錢賺兩塊錢、兩塊錢賺四塊錢，我想他應該很快就會找到這個祕訣。下人房蓋得很不錯，也保持得乾淨舒適，因爲除了馬夫和園丁是布吉斯人[5]之外，其餘都是同屬海南幫的中國人。雜工已經起床開始工作，有一個人用胡琴彈奏著鄉音以解同胞的鄉愁。那把琴是用椰子殼做成，三分之二的殼面以蛇皮緊緊裹住，上方插著一根長柄和繫弦板。

我們的友人（也就是屋主）一早便出門騎馬散步，剛剛回到家，準備給我們最熱情的款待，等我們瀏覽過他的住處之後，便邀請我們一同進餐。屋裡的地板全都是光亮的實心木板，客廳與餐廳位於正中央，可由陽臺進入，兩廳之間以半個天花板高的絲質屏風隔開。左右兩側各有拱門通往臥室，拱門下方也隔著類似的摺疊式屏風，這樣的設計既可保有私密的空間又能通風。在其中一間臥室裡，主人用木架掛起一面大大的細薄棉帳，裡頭除了擺床，還容得下一張桌子、一具檯燈和一張安樂椅。這面帳子的入口可以緊閉起來，主要是用來防蚊，因爲只要一隻蚊子就足以讓人徹夜失眠。外面的房間都有長柄扇，而這個通風良好的臥室也不例外，每到炎熱的夜裡，就會有一名僕人在床邊坐一整夜爲老爺搧涼。在新加坡這種地方，能有一個僕人全天候地服侍，無疑是一大享受，但我卻也不得不斬釘截鐵地說，這種習慣以及與一個下等族類長期接觸所會產生的不良後果，在在使得軟弱的人性更加腐化。

有些年輕人原本對這類情事毫無所悉，一旦學會了調冰鎮紅酒與雞尾酒等高超技術之後，他們的熱帶教育很快就讓他們學會盡其所能地壓榨那些逆來順受的下人。只要學上幾句馬來方言，他們便會不時破口大罵，或是擺出一副忍無可忍的姿態，而他們抱怨的不外乎：「天哪！我怎麼會有你這種僕人？竟然不會幫我脫鞋、脫外套，不會替我準備洗澡水，不會伺候我上床，我無精打采的時候不會送上一杯雪利酒或苦啤酒，我疲倦的時候也不會調一杯雞尾酒！」

炎熱的氣候會讓人脾氣特別暴躁，我就認識幾個好好先生老是對下人發脾氣，一下子因爲一時衝動把人遣散了，一下子又去求他們回來。因此，即使身分最卑微的中國僕人，也會瞧不起部分僑民，因爲在中國只有極度沒修養的人，才無法控制自己的脾氣。

新加坡的僑民爲自己打造了許多娛樂設施。他們有專屬的俱樂部、保齡球場與壁球場[6]及賽馬場。野餐的機會極多，也經常在私人住家舉辦聚會，再加上劇院的表演與市政廳的音樂會，生活眞是多采多姿。

從前還有一個狩獵俱樂部，我曾經不只一次和俱樂部的會員去獵虎，但除了鹿之外，從來也沒遇過任何猛獸。新加坡向來以老虎聞名，但我在島上住了三年，卻只在野生叢林裡見過一頭老虎。住在班都里亞（Bendulia）時——這是我參與投資開墾的一座農場——夜裡經常聽到虎嘯，不過現在新加坡的老虎應該已經不像昔日傳說那般每天吃人了，甚至還根本不會正面攻擊人。

這裡的老虎通常只會突然從某處偏僻的田地旁衝出來，撲向正獨自彎腰忙碌的農夫，可憐這個落單的人便這麼遇害了。據當地人說，老虎幾乎總是從後方偷襲，我看過一名苦力的屍體，他就是這麼死的，雖然軀體還算完好，但血卻全流乾了，背後和腦後還留下幾道很深的不規則的爪痕。成群的山豬在叢林裡遊蕩，把墾荒華人種植的番薯和其他作物吃得精光，成了華人的心腹大患，卻也是歐洲人絕佳的狩獵目標。

我曾與人結伴獵山豬，在叢林裡過了一夜。我們用竹子搭一個小哨臺，離地十呎〔約三公尺〕高，架上一個不到六平方呎〔約零點五平方公尺〕大的平臺，上方再以棕櫚葉葺頂，林子裡有不少類似的高臺。我們一行四人，其中有一位美國紳士是整個海峽區最厲害的神槍手——至少號稱如此。我們選定叢林附近的一處空地，埋伏著伺機而動，這可說是這類狩獵行動中最有趣的一道儀式。這些山豬總是在夜裡成群結隊出外覓食，因此我們在地上散置許多鳳梨，然後以最大的耐心等待著好運降臨。

我們的穿著非常單薄，擋不住螞蟻不停叮咬，還有嗜血的蚊子在頸子和頭部苦苦糾纏，一會在頭頂上嗡嗡叫，一會飛進耳朵裡，以擾敵的方式協助螞蟻部隊成功入侵。若想成功獵到山豬，關鍵就在於保持安靜，但在此情況下卻簡直難以辦到。經過三個小時漫長而無聊的守候與無法言喻的痛苦折磨之後，我們終於聽到遠遠傳來動物噴鼻息與呼嚕呼嚕的聲音，這表示豬群靠近了。這些叢林野豬喜愛美味鳳梨的程度，絕對不下於市政官對鱉肉的喜愛。山豬聞到誘餌的味道，正朝著我們的方向而來。牠們逐漸接近，但警覺心並未鬆懈。只見眾山豬一會豎起鬃毛成方陣隊伍前進，一會發出呼嚕呼嚕的聲音，一傳十、十傳百，通知同伴止步。

我本來就知道山豬行動迅速敏捷，但如今我發現牠們更是有幸集勇敢與謹慎於一身，我想山豬若能抑制貪婪之心，應該稱得上數一數二的森林動物。只可惜呀！這回山豬仍未能記取昔日那許許多多的教訓，牠們軟弱的天性實在抵擋不了美食饗宴的誘惑！山豬群衝過前方叢林，朝我們飛奔而來。為了隨時能夠掃射空地，我們緊抓住來福槍，等待著敵人進攻。不料山豬喜愛美國人似乎勝過喜愛英國人，竟突然掉頭轉向衝往那位美國名獵手守候的地盤。

接著一記槍聲響起，一陣哀嚎、一聲悶哼，隨後便聽到我們的敵人慌忙轉向狂奔，啪嗒啪嗒的腳步聲又急又響。我們也匆匆趕到現場，以為至少會看到一隻山豬死在我們神槍手友人的槍下，但當下的景象卻令人錯愕不已，只見他抱著一隻腿坐在地上，以不堪入耳的話語恐嚇他那躲在樹後偷笑的土著僕人巴布不許再笑。剛才的情形似乎是美國友人尚未來得及瞄準，帶頭的那隻大山豬便撲上前來，衝過他的胯下，把正要開槍的他撞個四腳朝天，然後毫髮無傷地帶領部眾跑進叢林去了。

我們雖然失望卻仍不氣餒，決定繼續守候，希望豬群能返回。於是我們派巴布爬上小屋的竹梯放哨，以爲在這樣的姿勢下，他只要一睡著就會摔下來，我們這才放心地休息入睡。但當我們醒來時，太陽已經閃著熾熱耀眼的光芒。巴布像蛇一樣纏在梯子上，兀自熟睡著，而山豬也趁著無人打擾之際，在我們腳下吃了一頓鳳梨大餐。

在新加坡有一些馬來工人。其中有一位「Tukang Timbago」（即黃銅器工人）專門製作碗、茶壺和扁酒瓶，我經常到他店裡光顧。他鑄造黃銅的技巧非常特別，和我以前在其他地方看到的作法都不一樣。他先在一個類似製陶用轉盤的器具上製造出精細的模型：將一碗蜂蠟放到轉盤上旋轉，不到幾分鐘，他就能用手將蜂蠟塑成他要鑄造的容器的形狀，而且捏得非常非常薄。若要鑄造窄口容器，他會把蜂蠟模型分成兩半，稍後再黏合起來。接下來，他會裝上一些圓筒狀的小蠟管，作爲注入金屬溶液的導管。

蜂蠟模型完成後，他便開始在內外層塗上薄薄的泥土，等第一層泥土乾了之後再上一層，然後再上一層，依此類推，直到整個模型都包覆在泥土團中爲止。最後，將泥土團塊放進窯內烤硬之後，融化的蜂蠟模型也得以經由導管流出，如此泥土內部便形成了一個完美的鑄模。以此方法鑄造的容器表面異常光滑，厚度也相當均勻，只要再磨光一下即可使用。這種鑄造法所成就的超薄度、精確度與光滑度，實在是我前所未見的。

就許多方面而言，柔佛（Johore）都算是馬來本土最令人感興趣的州區。該州與新加坡隔著一條窄窄的水道，而就在當地的荒野林區與內陸山地裡，我們遇見了這一帶最最原始的人。這些「Jacoons」（即樹人）據說住在樹上，和「Orang-outan」（野人）或婆羅洲的麥雅斯人（Mias）很像。然而事實證明，這些僅存的原住民對州長的幫助，有時候比馬來人本身還要來得大。

馬來半島的樹人

柔佛的馬來州長不斷向英國鄰邦尋求善意的互動與建議，他並未將所有空閒的時間花在由來已久的賭博遊戲，或是花在鬥雞和妻妾身上，而是致力於轄區資源的開拓。他在新加坡對岸設立了蒸汽鋸木廠，因爲此地運送木材最爲便利，此外，他還架設一條鐵道，直通那片擁有全世界最上等木材的巨木林。他除了開墾新土地，爲勤奮的華人提供落腳定居的條件之外，還將他轄內廣大的原始林中無限量的木材外銷出去，不斷地擴充財源。可是就在他做這些事的同時，卻也將一支單純、樸實、極令人感興趣的族群

——也就是我剛才提到的樹人，趕出了他們習慣出沒的野地。

這些人住在內地野生的果樹林與灌木叢中，幾乎只依賴大自然維生。他們據說是這塊土地上眞正的原住民。道地的樹人有著蓬鬆的鬈髮和黝黑的皮膚，其實和我們在幾內亞看見的巴布亞人，在許多太平洋小島與中南半島的山區看見的土著，同屬一種人。我唯一感到遺憾的是未能多瞭解他們一點。在砍伐木材、開闢林道與架設鐵軌等方面，州長都是借助他們的力量，不過他們十分憎惡馬來人，所以彼此間並無往來。

註解

1 原書註：Cameron, *Our Tropical Possessions in Malayan India.*
2 譯註：即新加坡著名華商、僑領兼外交官胡亞基，又名胡璿澤。
3 原書註：即《中國與中國人影像》。
4 編註：Larn pidgin 在洋涇濱英語中是「學徒」的意思，larn 即英語中的 learn，pidgin 則對應 business，故 larn pidgin 為「學習工作、事業」之意。
5 譯註：布吉斯人（Bugis）為印尼蘇拉威西島的土著。
6 譯註：壁球是一種戴手套或持球拍對壁擊球的遊戲，類似手球，人數二至四人。

第四章

暹羅。湄南河。曼谷。佛寺。國王，護教者。傳教團體。佛教僧侶。住在小室內的僧人。國王造訪佛寺。棄屍場。中國投機者投資一具死屍。庫姆納隆哥。徵求發明家。為國王拍攝肖像。國王敘述剃度儀式。國王的請求。審案方式。賭博。水上人家。古都大城之旅。溪流生活。遊訪佛丕府

諸水之母湄南河河口附近幾哩長的河段，兩岸淨是低平的沖積平原，河道寬闊，水流平緩，乏善可陳。當我搭乘「昭披耶號」（Chow Phya）汽船造訪暹羅時，沿河遇到的第一座城鎮是北欖，我下船後認識了當地一名海關官員，並受邀造訪他的住處。

到了他家，我看見他身旁蹲著一群奴僕，還圍了六、七個小孩和六、七名妻子。那一幕留給我的印象至今仍十分清晰。他的住家與家人和我在馬來或中國族群之中所見迥然不同，卻也絲毫不失高雅細緻：楔形刺繡坐墊、長椅上鋪著編織精細的蓆墊、精緻的金銀器物與絲質衣物。男女的髮型相同，造型特殊清爽，好像在頭上擺一支馬鬃刷似的。不過衛生環境卻是亟待加強：房子裡充滿了令人難以忍受的臭魚和大蒜味，至於家人穿的衣服雖然手工精緻，但以西方人較為挑剔的眼光看來，卻是莊重不足。

從北欖到曼谷途中，我們遇見不少人，但絕大多數都在河裡划船或泡水。在霧氣蒸騰、蚊蟲充斥、有礙健康的沼澤之上，隨處可見散落的小村莊，這些村落有如一隻巨大的蚱蜢背向太陽做日光浴，又一面把腳伸進泥巴裡納涼。

離首都愈近，景象也愈顯得有趣多變。棕櫚樹、果樹與長著絨毛的竹子林，使得平原景色更加多采多姿；而當平原上的稻作半熟之際，則是一大片的鮮嫩油綠。我在一八六五年九月二十八日抵達曼谷，乘著汽船在朦朧的晨光中穿越這座水上城市。其他遊客對此地已多有描述，但由於我待了不少時間，倘若我個人對該城特色的見解與眾不同，還望讀者見諒。我之所以用「水上城市」這個形容詞，是因爲住家大都蓋在排筏上，而且乍看之下實在分辨不出陸地從哪裡開始、到哪裡結束。

在描述這些水上住所和這些有如兩棲動物的居民之前，我得提醒讀者，我是在黎明時分，凝視著一百多座各自獨立的廟宇的塔樓與尖頂，才第一次感受到這座東方城市的華麗壯觀。我向人詢問這些奇怪的建築使用什麼建材，爲何塔樓竟能如此珠光寶氣、金光閃閃。我承認當時有個念頭閃現：若有哪個強大的基督教國家掠奪了這些異教徒的神像、拆除這些有如夏宮般的廟宇，獲利該有多大！但我所得到的答案多少讓我改變了想法，原來這些廟宇的建材其實只是磚塊與灰泥，再以金箔、外國湯盤和一些彩色玻璃點綴罷了。

我後來聽說，幾年前有個商人從國外進口了一整船的瓷器，其中包括浴廁用具、餐具、點心用具和其他各種瓷器，卻許久都找不到買家，貨品一直囤積著。後來，他說服當地一名正在興建佛教寺廟的權貴，出錢購買他的存貨，並且向買主保證在歐洲的禮拜堂裡，洗手盆和其他較不具裝飾作用卻極具實用性的器具，都被視爲最講究的裝飾品。於是，這個頭腦簡單的虔誠信徒便開始專心致志地裝飾他的廟宇，不但在灰泥層中到處插上再普通不過的盤子，還在陽臺和護欄上裝飾奇奇怪怪的碗盤和蓋子。但是眞相很快就瞞不住了。那名商人也因此名譽破產，再也沒有暹羅人肯和他做生意。據說他始終沒有拿到貨款，而那批瓷器有一部分至今還嵌在灰泥當中，默默警惕世人奸商的下場。

暹羅的廟宇尖塔大都以華麗的玻璃、瓷器、彩釉鑲嵌裝飾，在陽光底下，閃耀出一種難以描摹的光輝燦爛。這些建築物通常是某位貴族生前或死後以其財產收益所建，以資紀念。參觀期間，我能數得出來的廟宇約有六十五座，其中附屬的僧侶超過九千人。曼谷是重要的佛教中心，這裡的佛教信仰比中國更純粹，因爲在中國，釋迦牟尼的戒律還混雜了道教、儒家思想，以及更早期的祭祀形式。所有暹羅人在任官職之前，都必須在廟裡至少待三個月，穿上黃色僧袍，並履行僧侶職責。

國王本身是大祭司，也是護教者。先王登基之前，曾在寺廟中修行了將近三十年，他在梵文與巴利語[1]方面的學問淵博眾所周知，便是這段期間認眞研讀佛教文獻的結果。到了人生後期，他開始專注於英語且進步神速，能夠輕而易舉地以英語書寫、對話，只不過他的用語奇特、措辭鏗鏘有力，因此他經常投書月報《曼谷記事》[2]的文章，總是一眼就能認出。他不喜歡他的英暹語手稿遭到刪改或訂正，因而創立了一間王室印刷廠，在此他的英語怎麼寫就得怎麼印，違者很可能被處死。

有一陣子，他以「Buddhist Champion」（佛教擁護者）的筆名，在《曼谷記事》發表了一系列書信，闡明自己的信念並加以辯護。對此，已故的布萊德利醫師（Dr. Dan Bradley）曾一一予以答覆，他一生在暹羅宣揚基督教義，聲望極高。國王在投書當中，聲稱佛教設置雕像並非爲了接受膜拜。這些始終保持著莊嚴安詳神情的雕像，純粹是爲了幫助信徒，讓他們的靈魂得以超脫日常生活的煩惱與紛爭，進而達到神像所顯現至高無上的祥和境界，也因此被視爲偉大的釋迦牟尼佛本身的主要表徵。

這一切對於有文化素養的佛教徒而言都沒有錯，但是在暹羅和中國卻有數百萬人民根本不知道佛陀是誰，只是一味盲目地崇拜偶像。國王承認廟宇中的「teveda」（天神）多少都帶有神話色彩，他不知道這些神祇是否確實存在，又肩負著什麼樣的責任。他說：「如果基督徒比其他教派的信徒更成功，如果他們更富裕、壽命更長、更幸福，而且不會變老、不會死亡、不會變窮，那麼我便同意基督教確實是一種神恩。但我尚未見到這樣的神恩，教我如何信服呢？」

他還有另一個論點不太容易駁斥，那就是基督徒本身便無法達成一致的信念。耶穌

暹羅的佛教僧侶

基督只有一個，卻有許許多多不同的派別；除了羅馬天主教會與新教之間存在著重大差異之外，新教徒在信仰上也有一些細微的區別。因此國王便以一個再自然不過的問題作結：他該如何判定哪個教派才是有理？

其實，佛教教義的分歧程度並不見得比基督教會輕微。不過，我忍不住要在此重申，在我所造訪過的佛教國家，基督教會間的門戶之見確實是達成傳教使命的一大阻礙。假如傳教團體能夠團結，假如他們能夠捐棄小小的歧見，同意依循統一的《聖經》譯本在當地傳教，那麼他們對於文化與權力階層的影響力將會更大，而不至於落到今日的地步。通常，最受尊敬的傳教士都有極高的教養與學識，即使在當地中低階層之間也一樣；這些人拋下家園與前程，長期忍受著痛苦，在這些未開化的偏遠地區默默耕耘，可說是做了最大的犧牲。

每間佛教寺院都有一名住持，由政府或寺院所屬貴族發給微薄的月俸。住持底下有比丘、沙彌和寺童，寺童在僧人的手下受教育，而僧人也是當地唯一的教師。年屆二十的沙彌，可以依照自己的意願成為比丘。當他重新再剃一次頭和眉毛，穿上全套的黃色僧袍，便正式成為比丘了。好吃懶做和性情怪異的人經常被送到寺院來。原因為何，他們自己心裡最清楚。

每間寺廟中僧人的多寡，全視鄰近居民的供養能力而定。每天早晨天一亮，總能見到僧人默默地排成一列，四處托缽化緣，否則便是盤坐在他們的小獨木舟裡，由寺童負責划槳，挨家挨戶去乞食。他們每到一戶人家門口，便停下來靜靜等待主人施捨他們賴以維生的米飯、蔬果，以及他們藉以排遣漫長閒暇時刻的「buree」（香菸）與檳榔。

他們的禪房幾乎就像牢房。有一位我熟識並經常往訪的僧人，平常只做三件事：研究文學、靜坐冥想，以及訓練一群白老鼠。這名僧人的房間單靠一扇小窗採光，窗戶上掛著一件骯髒褪色的僧袍，勉強能讓一絲陽光射進這冰冷的室內。他住處的一端有個簡單的木臺，上面覆著一床草蓆。這裡就是他夜晚睡覺，白天打坐冥想、反思己過的地方。

上方陰暗的角落裡，擺了一個籠子，他的小寵物就在裡頭不停地踩著踏車。他對這些老鼠極盡呵護之能事，因爲老鼠的白色皮膚對佛教徒而言有神聖的意義，據說，每個小軀體都可能負載著未來某個活佛的靈魂。

他的住所擺飾相當簡單，書架上幾本佛書，泥土地板上一、兩個銅碗或粗陶碗，加上一張蓆子，如此而已。這名隱士還喜歡畫畫，目前正在爲王室寺廟的內牆畫一些佛家傳說的裝飾壁畫。他的畫構圖優美、色彩鮮豔、圖像奇特，十分出色。有些人像是他從照片與我提供的一些圖畫中臨摹下來的，有時候他也會拿我的水彩顏料做試驗，不過大體上，他還是偏愛自己的或是中國製的顏料。

我猜想，暹羅的僧人絕大多數都不是傑出的學者。他們當然都會讀暹羅文，其中有些人也略懂巴利文；儘管他們口口聲聲說自己崇仰梵文，其實那只是由無知所衍生的崇拜，並非因爲眞正瞭解而興讚嘆之感。我是從一件事實發現這點的：在我造訪柬埔寨之後，有幾位非常著名的僧人翻譯了一、兩句刻在當地古廟裡的銘文。但儘管原文一模一樣，譯文卻全然不同。

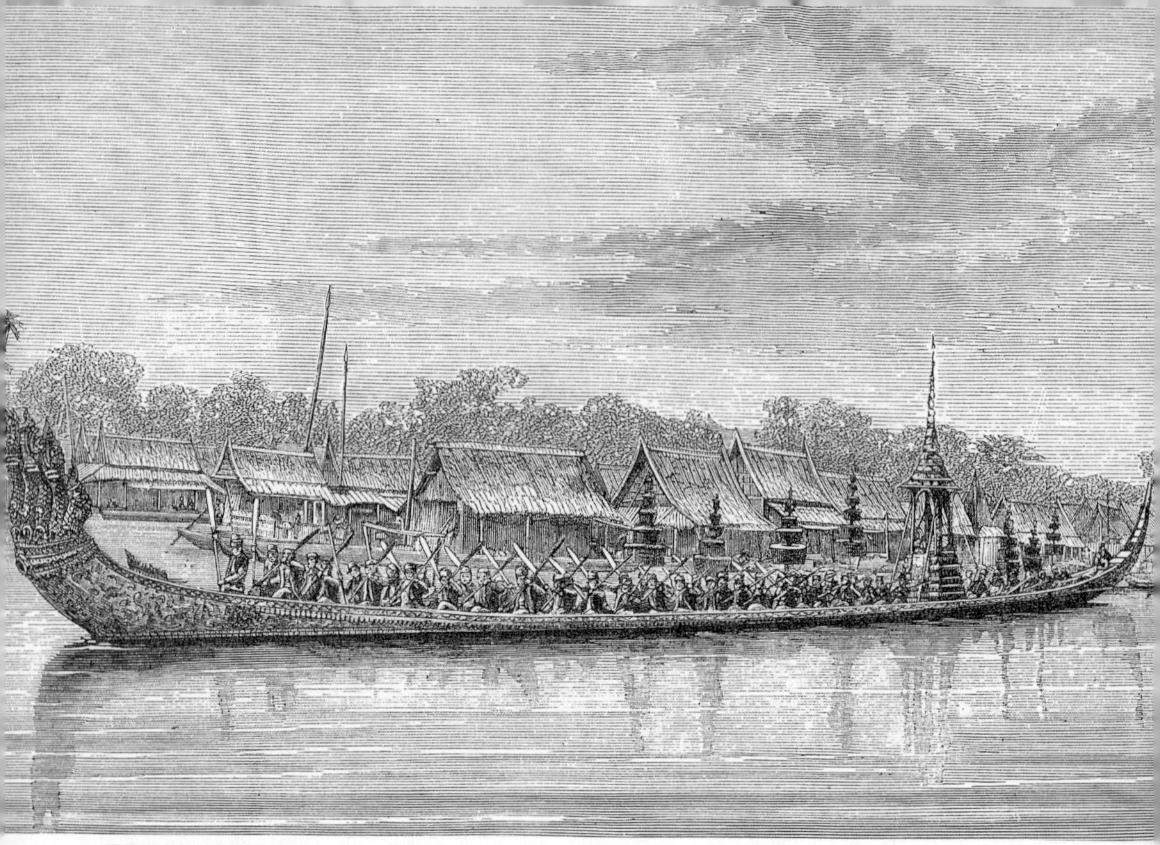

暹羅國王舉行儀式的大船

我旅途上的同伴甘乃迪先生（H. G. Kennedy），目前正在從事這些銘文的翻譯，他發現這些全都是古巴利文字，與爪哇的卡威語（Kawi）相當類似。其實，只要僧人不謹守佛書中語言的分際，便一定能解讀這些銘文的意思。先王就和他們不一樣；假如他曾經注意到這些銘文，我想即使他不能翻譯成英文，也絕對可以翻譯成暹羅文。

依照習俗，國王在每年十一月都要前往某些王室寺廟去供養僧侶。這個時候，民眾可以看到君主一身盛裝、披金戴銀地坐在由百來人划槳的大船上。跟在他後面的朝中大臣，聲勢也不遑多讓，遊行隊伍便如此浩浩蕩蕩地順著河流或運河網絡而下。這支「巡行」的船隊，是我在東方所見過最壯觀的景象之一。

但是我想無論是國王或輔王，都沒有去過金山寺（Wat Seket）或是該寺附近的地區。金山寺的主要建築是一堆未完工的磚瓦灰泥——我猜得沒錯的話，應該是用來象徵佛教世界的中心須彌山（Mount Meru）——在瓦堆頂上可以瞭望一大片棕櫚樹林和曼谷住家的屋頂。不過這處神聖建築最特別也最令人感傷的景觀，卻是它的後院，那裡有一些無人埋葬的死屍，棄置在外任野狗與禿鷹啃食。那個地方我去過一次。幾乎沒有人願意到此駐足片刻！

我們沿著一條林間小徑，最後來到一處砌了牆、原本打算用來收容死者的地方，正中央立著一間小小的停屍間，四周的走道上發黑的血跡斑斑，散落一地的人骨已經被太陽晒得泛白。空氣中瀰漫著一股腐屍的惡臭。突然間，光線一暗，原來是樹上一群禿鷹俯衝而下，有氣無力地拍動那雙乾硬如羊皮紙般的翅膀，鷹群啪嗒啪嗒飛過空中時，我們只覺一陣臭氣撲鼻。

接著，一群飢餓的癩皮狗狂吠著衝進圍牆裡來。野狗後面跟著一支由奴僕和送葬者組成的隊伍，緩緩沿著小路走上來，這些人抬著一副棺材，棺材上有一具裸體死屍。我們讓路給送葬隊伍通過，看著他們把屍體丟在地上，此時禿鷹一跛一跛地向前走去，一面發出急促而尖銳的鳴叫，一面將光禿禿的脖子伸到距離屍體幾呎處，一名送葬者揮動竹竿才讓鷹群無法更靠近。最後當送葬隊伍離開後，帶頭的禿鷹立刻衝上前去，先啄啄屍體的前額以確定人已無氣息，接著一瞬間便啄出死者的眼珠子。我們驚嚇之餘，急忙逃離現場，留下這群不祥之鳥圍著獵物大快朵頤，爭吵不休。這確實是我在曼谷唯一見到令人作嘔的場景。

有一天，我走過市區大街，看見廟門旁坐了一個中國人，腳跟前躺著一具裸屍。他的目的是爲了向信徒募集一點火化的費用。暹羅人都表現得很慷慨，因爲他們相信好心將來會有好報。但是，這個中國人卻是純粹爲了投機賺錢，而買了那具屍體。其實，他原本就該將屍體火化，因爲他付了大約半個克朗[3]給死者家屬，答應替他們處理屍體並送到寺廟火化。這名奇怪的殯葬業者利用這感人的一幕，募集到不少錢，不僅足夠買柴火，還賺進了豐厚的利潤。

我透過英國領事請求拍攝國王的宮殿。國王馬上就答應了，並且欣然指定一天要我順便拍攝他的肖像。國王要我在十月六日星期一，由在宮裡擔任主要占星師——亦即宮廷占星師的首腦人物——的親王庫姆納隆哥（krum-mun-alongkot）陪同前往他的住處。國王在信中寫道，他的皇弟「was well understanding of the work of taking photographs, and being with Mr. Thomson will have good opportunity to do according to his pleasure in and about this palace」（對攝影工作相當熟悉，與湯姆生先生在一起，他便有機會在皇宮內外一帶好好享受攝影的樂趣）。這眞是「暹羅王式英語」的最佳範例。

我發現庫姆是一個和善的老官吏，只不過有點喜歡吹噓自己科學學識的淵博。他身高約五呎四吋〔約一百六十三公分〕，五十三歲，但是他神形枯槁，看起來比實際年齡老得多。在家裡，他穿著一件輕薄的外衣，小得無法蔽體，並在腰際纏一條絲帶。他乾癟的四肢裸露在外，腳上穿著一雙繡花精緻的拖鞋。但其他時候——例如造訪我時——他的穿著卻隆重華麗許多，還會戴上一頂鑲滿金邊飾帶的歐式無邊帽。

暹羅王子與侍從

警務署長阿姆斯先生（Samuel Joseph Bird Ames）的一名馬來隨從穆罕默德．阿里，為我擔任翻譯，將暹羅語翻譯成馬來語。然而，有時候阿里卻聽不懂親王的話，因為他嘴裡經常塞著一顆檳榔。親王親切熱情，不會刻意擺出令人望之生畏的模樣。在他奇特的身影四周，環繞著一群畢恭畢敬跪坐一旁的隨從與奴僕。

他接待我們的房間裡擺滿了外國的機器、科學儀器和家用器物。某個角落裡有一臺電報機，後頭是一尊佛像。佛像的膝上放著一支暹羅笛（佛像此時正在進行維修，不受祭拜），還有一個鍍銀的咖啡壺顯然被強行移作其他用途。此外，還有鐘錶工具、車床、望遠鏡、吉他、手鼓、小提琴和手鋸，至於檳榔盒、弓箭、長矛、鞋刷、來福槍、手槍、溫莎香皂、[4]鼠肉醬、銅線和啤酒瓶，形形色色的事物也同樣混雜其中。

親王遣我到一個較小的房間去享用專為我準備的盛宴，用餐過後，我才到王宮門口與車夫會合。

在轉移話題之前，我不得不承認一點：這位王室占星師的發明天才，以及他為了瞭解外國器械而在家中設置研究的求知欲，確實令我驚訝。有一天，他將一個非常精密的六分儀拆解開來，想研究其結構，參透其中奧妙之後，他十分感激我能幫他重新組裝。還有一回，他帶著一個裝著聖旨的華麗金盒來找我，原來他的皇兄（他真是個愛開玩笑的人）下令要他找一個什麼都能發明的外國人，所以他想知道這樣的天才需要付多少月俸才夠。他說，國王希望傍晚散心的時候，能任意朝臣民開槍，但是槍枝必須經過特別設計，當子彈穿透皮膚半吋〔約一點三公分〕時就得止住。他只是希望藉此讓人民心驚膽戰之後，又能奇蹟似的活命。

我的貴族友人庫姆納隆哥能藉由觀察星空中的天體運行，占卜出該年是鼠年、豬年或羊年，稱得上是個非常傑出的暹羅天文學家，可是儘管他擁有不少西方的精密儀器，進步卻很有限，無法像我們這般精通科學。他的六分儀和四分儀總是調不準，他的經線儀總是不準時，他的望遠鏡鏡片也因爲氧化而模糊不清。某天我發現他正專心地研讀「湯姆生表」，[5]但卻拿反了，後來有人前來請他去爲御輦換新輪輻，他也就心灰意冷地放棄了。

我們彼此較爲熟悉之後，他將我介紹給家人認識。我想他有十六名妻子，不過我每次頂多都只見到十二位，其中有一些年輕貌美，但不僅舉止靦腆，神情也相當不快樂。他告訴我，要取悅妻子是件難事；她們都是十分端莊高雅的淑女，當她們發現原來外國人竟是如此不具危險性的動物時，驚訝之情全寫在臉上。

暹羅仕女

她們最常做的事就是刺繡，而她們的女紅也同時顯現出設計之美與手藝之巧。令我感到惋惜的是她們都抽菸、嚼檳榔，牙齒卡著黑黑的牙垢，嘴巴也因為血紅的檳榔汁而變得醜陋，而且她們還一定有個讓人不舒服的習慣，就是朝奴婢恭恭敬敬端在一旁的金盆裡吐檳榔汁。至於小孩子，好像都是叼著香菸出生似的。我就曾親眼看到一個小孩，剛吃過奶就開始抽菸。他們抽的香菸是將當地的菸草捲在一片乾的香蕉葉內，然後兩頭切齊。這種香菸抽起來很舒服，一百根只需要幾分錢。

再來說說王宮吧！在大門口前，我們看見一隊排列整齊的衛兵，當親王經過時，他們便舉槍敬禮。不一會，我們來到一處內院，遇見一群皇親國戚，只見他們在走道上對著我們的嚮導趴伏下來，其中有許多人似乎恨不得自己那肥胖的身軀，能在這個地位顯赫的人物面前消失不見。享用過一些美味的水果、糕點與美酒之後，據報說國王陛下正在做早課，我們可以利用他不在的時候，盡情觀賞晉謁殿裡的奇珍異品。

這座宮殿有一部分是外國的建築風格。有一段寬闊的大理石臺階通往晉謁廳。我們一進入，迎面便看見以黃金珠寶裝飾得閃亮耀眼的王座，矗立在後牆正中央。殿中使用的全是各式各樣來自中國、歐洲以及暹羅本地的器物；柱頂與柱腳間距離四呎（約一點二公尺），柱子外部包覆著光滑亮麗的黃銅。殿內一頭掛著真人大小的拿破崙三世與法國皇后肖像，另一頭則裝飾著一幅已故暹羅國王的畫像，畫工十分精緻。

忽然，一陣尖銳的號角聲預示國王即將到來，我們於是匆忙走下階梯來到殿外。國王從一扇宏偉的大門進入，我從未親眼見過神權君主，如今一見確實印象深刻。他大約五呎八吋高（約一百七十三公分），體態挺拔威嚴，臉色雖然有點憔悴，卻有種不苟言笑的嚴肅神情。他穿著一件潔白無瑕、長及腳踝的袍子，頭上沒有戴帽子。我正欣賞著國王這身簡單潔淨的裝扮時，他忽然開口請我走上前去，對我說他拍照的時候想要擺出跪地祈禱的姿勢。我依照他的要求調整機器，卻不免感到些許訝異，我本以為佛教徒不需要禱告，後來才發現這種想法錯了。

一切準備工作都在殿外空地上進行，空地也為此特別罩上天篷，鋪上地毯。正當我要拍照時，國王忽然又改變心意，一言不發便消失無蹤。我覺得很奇怪，以為自己冒犯了他，但其實這可能只是他又一次的惡作劇。我向親王求助，但他只簡單回答說：「國王做每件事都有他的道理，如果我現在去煩他，他今天早上最後一件事可能就是砍我的頭。」

這樣的結果當然不是親王殿下所樂見，我們只好耐心等著，最後國王終於再度出現，而且換上類似法國陸軍元帥的制服。這次，他全身上下看不到絲毫棉製品，連襪子也不例外。這張肖像拍得非常成功，之後國王換回王袍坐下，並請我按自己的意思幫他擺姿勢。我徵求親王的意見，他說：「你可以替他擺姿勢，不過你如果還想活命，千萬不能用手去碰他，尤其不能碰他神聖至極的頭。」

這可就難了。一個對態度禮儀有獨到見解的東方君主，該如何為他調整姿勢呢？何況連他的衣角都不能碰！我以簡單的英語告訴國王我想怎麼做，他說：「湯遜先生（國王的發音奇特，聽起來就像Town-shun），只要拍出最好的照片，你需要怎麼做就怎麼做。」他詢問我的國籍。我說我出生於愛丁堡。「啊！你是蘇格蘭人，而且會說我聽得懂的英語。我說英語的時候，這裡有些英國人竟然聽不懂他們自己的語言。」

拍攝結束後，國王謝過我便自行離去，接著庫姆納隆哥請我到一張擺滿各種當地與外國美食的桌旁，與他一同品嘗。其他皇親國戚也在親王邀請下，一同出席盛宴。

後來，我應國王之邀參觀了剃度盛典，暹羅人稱之為「So-Kan」。這個剃度儀式極盡婆羅門教聖禮之莊嚴、隆重與繁瑣，王儲朱拉隆功（Chowfa Chul-along-korn）首次剃去童年所留的頂髻，並正式登基。典禮持續了六天，於一八六六年一月六日結束。

在國王宮殿的庭園裡，有一個鋪砌了地面的大中庭，四周環繞著純暹羅風格、美輪美奐的建築，而且到處都有大大的榕樹和其他枝葉濃密的樹木遮蔭。在這個開花灌木點綴的庭園中央，國王下令造了一座假山，名為「喀來拉山」（Khrai-lat），山頂上立著一間小祠廟。廟裡安置著聖器，還有一張為現任帝王所擺設的王座，和一盆由梵天僧侶加持過的聖水。至於山丘本身，其實有一個堅固的柚木基樁，而整個外觀則是以薄薄鉛板搭建成的各式奇形怪狀的岩石洞穴，還挖了一處一處水潭。整座山丘都經過人工彩繪，並以苔蘚補綴，周圍還種滿了真花真樹，蓊蓊鬱鬱，即使再茂密的熱帶野林也要自嘆弗如。

在所有活動當中，最重要的應該算是每天下午陪著年輕王儲環行喀來拉聖山三回的遊行隊伍了，這無疑也是最引人注目的景觀。這支隊伍極其堂皇壯觀，皇族的重要人物穿著古代服飾依序排列行進，國王的數百名嬪妃跟隨在後，身上的絲綢五彩繽紛，而殿後的則是打扮成各國佳麗模樣的奴婢。其中又以英國淑女的模仿最為可笑，因為誇張的蓬蓬裙和西式髮髻與優雅簡樸的當地服裝相較之下，形成強烈對比，相信每個目睹的人都會感到突兀。此外，那一個個怪異的姿態，和那一張張用金色染成有如滿月般的臉，又怎能呈現英國最引以爲傲的淑女佳人形象？簡直比硬邦邦的荷蘭彩繪玩偶還不如。

整個遊行最吸引人的片段，就是一群穿著白袍的貴族小女孩，將孔雀毛或其他信物插在王儲的轎子前。有三名女子穿著金衣，在王座前翩翩起舞，點綴在衣服上的寶石光芒耀眼。我在現場拍攝的照片之中，有一張是國王接見兒子的情景，他讓兒子站在自己的右手邊，一同接受臣民伏身敬拜。李奧諾文斯夫人[6]最近出版一部關於暹羅的著作，書中採用了這張照片，卻誤將場景描述爲「接見公主」，她實在不該犯這樣的錯誤。

這個儀式過後，等在一旁的兩名女子引領著王儲殿下步下高臺的大理石階，底下另有兩名美麗少女，已經準備好用銀壺爲王儲浴足。隨後，他便前往附近的一所寺廟，以隆重的儀式剃除頂髻。接下來是以一種類似浴火禮奉獻聖山，僧侶們拿著點燃的小蠟燭，圍著聖山走三圈，連續走三晚。整場儀式冗長而乏味，我覺得最有趣的，是王儲在喀來拉山腳下的水槽裡進行沐浴淨身，但我想我是唯一親眼目睹這個婆羅門教重要儀式的歐洲人。

在這些古老的東方儀式上，有一點特別奇怪，那就是神聖數字三與九占了很重要的地位。例如持火繞聖山的次數是每天三回，連續三天，總共是九回。在中國祭壇的某些部分以及北京天壇的建築結構上，也都展現出對某些數字的神祕崇敬。在天壇，有三重梯壇、三重屋頂，至於階梯與欄杆若非成九之數便是九的倍數，就連梯壇與壇頂上每一圈鋪砌的石頭數目也不例外。

此外，在柬埔寨我們也發現相同的數字象徵，吳哥窟外圍有三條主要通路，每一側有三座大門，有三個梯壇通往中央尖塔，而刻在牆上的天女神像的眉毛上，也有三樣裝飾品。柬埔寨的許多大石像至今仍被當地人稱爲「Phrom」（也就是梵天），而我們也幾乎可以確定這座寺廟的三重迴廊，是供作僧侶舉行婆羅門儀式之用，就和暹羅的剃度盛典與其他慶典的形態相同。關於這點，下一章會加以詳述。

我從柬埔寨返回之後，參觀了輔王五個兒子的剃度禮。由於國王召見，我便陪同庫姆納隆哥親王在輔王宮殿的外庭等候國王陛下。我在那裡遇見了士兵、僧侶與天神隊伍，正往舉行儀式的寺廟前進。我們在這座寺廟的前庭耽擱了將近半個小時後，國王才出現，他向我走來並主動與我握手。他親切地詢問有關我們的旅程，並表示很高興得知我們平安歸來，但令他百思不解的是：爲什麼這兩個理智的英國人甘冒被野獸吞噬與罹患瘧疾之險，長途跋涉只爲了看一些年久失修的石頭建築？更何況，他已經允許我們自由參觀曼谷的宏偉廟宇。

我將我在柬埔寨拍攝的古蹟相片呈給國王看，他似乎非常訝異。「湯遜先生，」他說：「有什麼需要我幫忙的嗎？假如你願意的話，我可以送你前往新加坡。」也許他把我當成惡魔，想盡早將我驅逐出境。無論如何，他可能眞的認爲凡是不辭勞苦跑那麼遠去看那些荒蕪傾圮的古石材建築的人，最好還是以瘋子或危險人物來看待比較保險。結束談話之後，國王牽著我的手走到寺廟門口，然後向我敘述落髮的儀式。

我沒有想到裡頭的景象如此美麗，一時竟看呆了。牆上有實物大小的壁畫，鮮豔的色彩在朦朧的佛燈下變得柔和，最裡面有一個堆滿鮮花的錐形塔，塔頂擺著一尊金身佛像。地板全是大理石，中央有一個低低的香壇，上頭燃燒著幾根細小蠟燭。五位皇子身穿白袍坐在香壇左側，右手邊則是位高權重的皇族。國王的其他小孩以這五人爲中心，圍成數圈，其中有不少人美得出奇，而所有人全都靜止不動默不作聲。最後，彷彿是受不了耳邊單調音樂的壓力，地位最崇高的一位貴族拿起香壇上一根點燃的小蠟燭，遞給外圍的僧侶，接著僧侶一個傳過一個，直到蠟燭傳完一圈爲止。這個動作重複了三次，據國王告訴我，典禮上使用的器物都依據婆羅門教古禮予以淨化，也就是我在上文中提到奉獻喀來拉山時最引人注目的那個儀式。

隨後，國王問我是否認爲柬埔寨的古廟屬於暹羅。我說我認爲應該是，於是他答應在我離開他的領土前，會提供我一些相關訊息。後來，國王果然遵守承諾送我到新加坡，並且送我兩個金山竹和一個以黃金鑲嵌的精緻菸盒。他還寫了一封英文信給我，內容大致如下：

「希望您能允諾，無論到何處，不管是口頭上或在書籍、報章雜誌裡，都會聲稱儘管有柬埔寨與交趾支那等君主的侵擾，這八十四年來，馬德望與吳哥等省分始終隸屬於暹羅。這些地區的防禦工事都是暹羅政府於三十三年前興建。柬埔寨統治者不能自稱擁有主權，因為這些省分在八十四年前便已割讓給暹羅。」

由於篇幅有限，因此無法完整敘述我在暹羅的遊記與經歷。我不得不省略許多可能令讀者感興趣的部分，並且在我進到柬埔寨之前，盡可能簡略地結束這段主題。暹羅人的外貌特徵已經多有描述，因此我只需說他們比馬來人更像中國人，但另一方面他們的外表又有一種很純的印度特色，因此無法將他們和蒙古人（韃靼人）歸為一類。他們其實是印度支那人，而他們的政治與宗教制度、風俗習慣，也都帶著兩者混合的特徵。例如重要的宗教儀式乃源自於古代婆羅門教，而統治的方式與法令則大都取自中國。許多暹羅的地方官員也和天朝一樣，僅支領微薄的薪俸（或幾乎可以說沒有薪俸），而官員為了增加收入，便毫不掩飾地施行一種不成文的行賄制度，犯人在公堂上受審時，大筆的賄賂將是重要證物之一。

此外，暹羅也盛行一夫多妻制，比起中國人甚至有過之而無不及。鴉片在兩國都是奢侈品，而賭博則是主要惡習。我記得曾經在曼谷參觀過一位官員審理重大案件，我發現金錢在這裡和中國都有相同的影響力，只不過中國人收賄的手法較為巧妙，不僅由專門指派的下屬收賄，而且做得乾淨俐落，就連裝出一副道貌岸然模樣的官員，也幾乎要相信自己的公正廉潔。其實他心裡清楚得很，一小塊黃金悄悄地落到秤子上，立刻會使得司法天平失去平衡。但在暹羅並非如此。

在這裡的公堂上，我們看到只在腰間繫上絲布——這就是官服——的肥胖官員坐在一扇小窗邊，一隻鬆垮垮的腿蹺在窗邊上晒太陽，有個女婢在一旁搧風。他嘴裡塞著檳榔，偶爾會哼著鼻子問話。犯人被關在堂前一個類似牛欄的地方，而他們的親友則帶著水果、糕餅或其他農產品，一一爬過堂前，經過官員的座椅前面，還要呈上禮物以供檢視。倘若官員看中了某塊肥豬肉或其他美食，他就會啐一口痰，嘟囔一聲，然後朝始終留意著主人一舉一動的下人抬抬鼻子或下巴，下人便會知道要為主子留下這樣小東西。送禮的隊伍便經由一道大門進入官員的屋子，然後將禮物放到一個小市場的攤位上，經營這些攤位的正是那位公正無私的法官大人的家屬。在這種運作之下，我們可以肯定只要犯人的朋友又多又慷慨，就沒有什麼好怕的了。但我必須補充一句以便還政府與先王一個公道：惡行重大的人終究逃不過制裁。

我永遠也忘不了我在曼谷監獄看到的那一幕。由於劊子手就住在附近，因此我們前往監獄之前便先去拜訪他。他的樣貌很可怕，但他對自己壯碩的胸脯和結實的臂膀十分自豪，有多少不幸的罪犯都是他大刀一揮而結束一生！他的致命武器已經備妥，剛剛才擦拭得亮晶晶，只見他的手指沿著銳利的刀鋒輕撫——不，應該是愛撫——而過，笑了笑便消失不見。我望著他離去的身影，不由得倒吸了一口氣。我覺得他好像以專業的眼神在看我，而看的重點，當然是我這截比他平常砍的都要來得粗的脖子。

在監獄庭園的一角，有一些戴著重重腳鐐的人正在泥池裡做磚塊，其中有一、兩人還渾身舊傷。有些人已經關了好幾年，他們的情形讓我想起在寺廟牆上看到的佛家地獄景象。這裡充滿了絕望的哀嚎與腳鐐的匡啷聲。長凳上坐著一個涉嫌謀殺而被判死刑的婦女，她似乎受到特別優待，身上只有一條鍊子，將她和一個長相清秀的小孩鏈在一起，那小孩躺在她的大腿上咯咯笑著，努力想讓母親疲憊而憔悴的面容重展笑顏。後來據說她得以緩刑，有一部分原因就是孩子；我絕對相信這個傳言，因爲國王非常疼愛自己的孩子，而且虔誠的佛教君主向來認爲救人性命比取人性命更有功德。

暹羅人很熱愛賭博，也喜歡鬥雞下注，但或許不像馬來人那般不知節制，因爲佛法禁止胡亂殺生；

不過他們偶爾也可能陷得更深，我就曾經在曼谷一家賭場，看到一個倒楣的賭徒將家人一一輸掉賣作奴隸。在暹羅賭博的花樣極多，大多數都源自中國。其中包括有骰子、紙牌和骨牌。有時候他們只簡單地賭奇數偶數，有時候則賭未剖的榴槤或其他水果裡面籽的數目，此外還有歷久不衰的彩票，這是純中國的玩意。

曼谷至少有三分之二的居民，一生若非在船上便是在漂流於河面上的屋子裡度過。這些水上房屋都建在竹編的平臺上，竹子這種莖幹堅硬耐用的植物，在這個國家比比皆是，且牢固的竹節將竹竿長長的空心，自然切分成數個防水密室，特別有利於建造排筏。此外，竹子還能浸在水中經久不腐，即使竹竿某一段裂開了，也不會影響其他部分的浮力。可能只因爲這個原因，中國人便想出了利用竹子造船的方法。基部或排筏的竹子以縱橫交錯的方式逐層疊起，再以藤繫牢，直到有足夠的浮力能讓居所浮在水面時，便讓浮臺下水碇泊。竹筏下水後，四個角落分別以結實的藤索做成環圈套綁在木樁上，索圈會隨著水流上下移動，住家也會隨波起伏不定。

當竹筏定位之後，屋主便開始依個人的喜好或方式，以柚木或竹子在上面搭造房子。屋簷、窗戶、隔板和欄杆上，經常會雕花或上漆，彩繪與鍍金也相當常見，因而構成了一幅水上美景。至於屋子內部更是布置得妥善舒適，即便是再挑剔的人也會覺得這是個涼爽舒適的居處。從衛生觀點而言，這些水上住家也有許多優點。他們既不需要城市的工程師，也可省去複雜的地下排水系統——這可是歐洲納稅義務人一項沉重的負擔。同時，暹羅人也酷愛泡水，所以喜歡傍水而居。

這些水上住家大都靠得密密實實，一旦發生火災便很麻煩，所幸這類災禍不常發生。就在幾年前，一整排屋子的其中一間著火了，鄰居們立刻將繩索切斷，任由它燃著熊熊火光順流而下。不久屋子撞上一艘靠岸停泊的帆船，帆船隨即著火，最後化成灰燼。水上房屋對於駕船技術生疏的人而言，其實是一大障礙，尤其當河面狹窄、水流湍急時更是驚險。

記得有一次，我們船首的斜桅就把一間房子的屋頂掀掉一大半。那回剛好有一艘大汽艇可供我和兩名商人、一位工程師使用，我們便決定遊訪古都大城（Ayuthia）。我們準備了一張河流路線圖，三個人輪流掌舵，引擎則交由專業工程師全權負責。

第一天一切都相當順利，到了晚上我們來到一個淹水的地區，實在難以分辨主要河道。八點左右，天當然已經黑了，我發現船首正往遠方一座若隱若現的青山駛去。我們倒轉引擎改變航道後，總算避開障礙，可是當我們回轉船身觀察所在位置時，竟赫然發現自己置身於一片稻田中央。我們停在那裡等到天亮，才得以重返運河航道，不久便安全抵達目的地。我們先參觀野象圍欄和「Sala」（大看臺），國王總會定期前來觀看下屬驅趕野象，並將最優秀的大象保留下來。

之後我們又前往皇家象舍，在那裡通常可以看到十來隻身形巨大的象。河岸邊一根木樁上，拴著一頭水牛正在吃草，牠腳邊還有一頭小牛。水牛抬起頭來，定定地望著我們這幾張白臉，見牠如此凝神注視，我忽然決定要把牠拍下來。可是那畜生一看到相機和神祕的黑色帳幕，卻感到厭惡至極，開始露出猙獰的目光。「現在，請你們其中一人在我準備要拍照的時候，猛然將傘打開，我們就能拍到牠最威嚴的神態了。」我說。因此，同行的一位友人便小心翼翼地走上前去，砰一聲將傘打開。水牛再也受不了，頭用力一甩掙斷繩索，沒命地朝挑釁者衝去。一轉眼我看見雨傘主人跌進一坨象屎裡，雖然姿勢不太好看，卻也安全脫險。至於我的中國僕人早已跳入河中，直到我們告訴他有隻大鱷魚游在他的腳邊，他才趕緊爬上岸來。不一會，我們便啓程返航，順著大水船速飛快，只是掌舵需要格外小心。

不幸的是，就在我們即將進入曼谷時，船竟不聽使喚完全失控，先是撞進岸邊的蘆葦叢，接著又順著大水轉了個圈，流到河道中心，最後橫越到對岸，把我剛才所說那間水上住家的屋頂給掀了。我們找出空檔檢查船隻失控的原因，原來是舵鍊脫落。最後終於一切就緒，抵達碼頭之前再也沒有發生任何災難。

現在的暹羅和我造訪時期已經大不相同。國王與輔王已經雙雙過世，如今由他們的子孫接替執政。舊時的法令與令人不滿的習俗已成過去式，現今已然採行開放政策。奴隸制度已廢止，君王也明令廢除向高官跪拜的規矩。國王（即拉瑪五世）最近造訪了新加坡與加爾各答，他似乎並沒有忘記在當地考察的經驗。英國女教師李奧諾文斯夫人的教導，對這位年輕國王的人格形成想必有所影響，此外，經常與外國人交流加上他自己的雄心壯志，更使得他得以在暹羅史上成為功績顯赫的一代明君。一般人可能會認為他體內多少流著古代柬埔寨君主的血液，那些君王建造令人嘆為觀止的城市與廟宇，征服鄰國，創建一個強大帝國，而如今除了紀念他們的石碑之外，什麼也沒留下。

其實關於暹羅進步的原因，我們絕不能忽略那份半英語半暹羅語的報紙。布萊德利先生生前努力讓

《曼谷記事》發行多年，有幾次曾經陷入困境，這份工作若是落在某個不如他積極熱心的人手上，必然撐不過難關。我有幸曾與這位受人尊敬的醫師同行，前往暹羅南部的佛丕府。

一開始，我們先行經曼谷雅伊（Bangkok-yai）運河，然後左轉，沿著空邦龍河（Klong-Bang-luang）河岸前進。這些河流兩岸的居民所住的若非水上房屋便是吊腳樓，可以說都懸在河流上方。因此，我們從船上的窗口望出去，便可觀賞到城市低下階層的生活百態。我們看見那邊有個暹羅店主正懶洋洋地抽著香菸，他的多位妻子在一旁陳列販售他的貨品，有時還得照顧一群光著身子的小孩。這些孩子雖然成天離水不到一呎〔三十公分〕，卻似乎從未跌落過水中。

每戶人家的陽臺上，幾乎都能看見婦人或是懶懶地憑靠著，或是餵孩子吃奶，或是抽菸，或是睡覺。她們多半毫無姿色可言，不過大多數人都在暹羅禮節標準範圍內，盡可能做清涼裝扮：除了一條絲布纏在腰間、繞過胯下在腰後打結綁緊之外，她們唯一的裝飾就是那身橄欖色澤般的油亮肌膚了，而這些可都是害羞純潔的女子。另外一些陽臺上，則有一群群的人正沉迷於賭博。

最後我們經過一棟美麗的水上之家，那是某位貴族的女眷住所。木刻畫上雕的是他的兩名「Lakon」（舞伎），穿戴著節日慶典的面具與服飾。屋子正面有華麗的雕刻、彩繪與釉漆。一道裝飾木欄橫阻在寬闊的平臺前，但還是可以看見剛剛抵達的主人，正坐在船宅上聽樂師演奏，幾名女婢與妻妾則趴伏在他跟前。樂團的主要樂師正用「whong kong」（由小鑼組成一個圓圈的敲擊樂器）在演奏一首輕快的暹羅樂曲，其他樂師則以「cluae」（豎笛）與笙持續不斷地伴奏，偶爾還會攙雜著「Ranat」（木琴）的特殊琴音。

這些樂器合奏的聲音遠遠聽來，有時還覺得十分悅耳。但是暹羅的音樂似乎太空泛了，一點也不能振奮人心。一開始聽到幾個樂音，還以為接下來會有一段柔和的旋律，不料幻想一下子就破滅了，隨之而來的竟是一陣嘈雜，而那片段柔美的音符就像夜鶯聽到重獲自由的群獸狂吼，驚嚇過度而逃之夭夭了。

我們經過的岸上有幾座碾米廠，欠債的人就在裡頭做工還債。其中有些人會拖著鐵鍊來到水邊，一面泡水一面說笑，彷佛世上再也沒有人比他更快樂。

我們必須仔細研究潮汐對這一帶河流的影響，才能快速抵達佛丕府。例如，我們大約在潮水停止上

暹羅舞伎

漲的一個小時前離開曼谷，讓潮水將我們推進到班班（Banban），從這裡沓欽河（Tacheen）河水退潮又帶著我們急速前進了二十五哩（約四十公里），直到河口的馬克隆村（Ma Klong）。然後我們得在村子裡等上十二個小時。這裡是暹羅雙胞胎的出生地，但人們似乎已經忘記他們的存在。

我們在村子的廟裡看見一個畸形怪物，形狀像是長了兩隻腳的豬，由廟裡的僧人負責餵養照顧。除了豬之外，還有兩個可憐的傻子和一群飢餓的野狗，在廟外廣場上遊蕩。殺生是違反佛教信念的作法，因此許多廟宇便成了餓犬成群聚集的避難所，待到死去爲止。儘管僧人會拿剩飯剩菜餵狗，但分量從來都不夠，因此這些狗總像是活骷髏，皮膚上毛髮掉光了，還長了許多膿瘡。我丟了點食物過去，立刻引發一陣我前所未見的激烈爭奪。有一、兩隻戰得傷痕累累的可憐野狗，跛著腳離開戰場，很可能就是找個地方躺下來等死。

這群狗凶暴、飢餓、疾病纏身的情景，必定是佛家所說的地獄之一，讓生前有罪的人藉此贖罪。死者的靈魂再生後附於這些動物身上，從此忍受一生的折磨。僧人們——假如他們是好人——便會以慈悲的目光看待牠們的悲慘遭遇，並且謹記教訓，以免自己來世也落得如野狗般的下場。

我們在這裡遇到的傻男，常常邊敲打自己的頭邊喃喃自語：「問題在這裡……在這裡，再敲用力一點，就會出來了。」他已經這樣敲打好多年，手掌心和額頭上也都長了一塊硬如牛角的繭。至於傻女，在暹羅人看來是患了非常嚴重的瘋症，其實她只是拿了幾塊起不了作用的破布，極力想遮蔽自己的全身。就在離開馬克隆不久，我們注意到有一座圓錐形的小山，彷彿一再繞著我們打轉，這個地理奇觀其實是河流的蜿蜒曲折所造成的。

佛丕府是暹羅風景最美、物產最豐的一省。其首府與曼谷不同，房屋大都建於陸地上，有些外觀還頗有英國風。例如，這裡有成排的磚造小屋，還有一座石橋橫越河面，其寬敞堅固的程度足以負荷都會通衢的交通。這座新城的創建人是一個非常聰明的年輕皇族，他曾經隨同暹羅大使造訪英國，而在我停留暹羅期間，他已經是佛丕府的副省長。他甚至在城區二哩〔約三公里〕外一座高聳險峻的火成岩山頂，以溫莎宮爲藍圖，爲國王設計興建新的夏宮。

建造這座宮殿並不容易，無論是通往山頂的道路或是建築物本身的地基，都必須從堅硬無比的火山岩中開鑿出來。他在平原上鋪設一條鐵路，專門運送石材與木頭上山，還搭造一條鐵製水管將河水引至王宮。王宮那端的水管盡頭處，是國王專用的浴池，水由蛇口流入池內。此外還有個大看臺，國王可以在此觀賞摔角、賽跑、賽牛或其他戶外競賽。從拷汪宮（Khow Phra Nakon Kiree）可以看見一片平坦得有如撞球臺的平原，綿延不絕至少二十哩〔約三十二公里〕，而平原上幾乎淨是淡綠色的稻田。土堤將稻田隔成一塊塊四方形以利灌溉，田邊許多地方還種了高大的扇椰子。一方方水田裡的稻米，下半部浸在靜止不動的水裡。

遙望天際，只見一片濃密蒼鬱的糖棕林，往北約二哩〔約三公里〕處有一座火山「拷森」（Khow Sang），山中有許多大洞穴，當地人付出極大的代價才將石窟改造成佛寺。通往最大石窟的道路兩旁，有藤黃遮蔭，盛開的花也散發出清香，信徒便將這些花作爲供品，恭恭敬敬地置於佛掌上。這個石窟的洞口有一些自然形成、高達三十呎（約九公尺）的石柱，我們還測量出大洞穴東西寬一百八十呎（約五十五公尺）、南北長一百四十呎（約四十二點六公尺）。裡頭的地板經過鋪設，整個內部也改造成一座宏偉的廟宇，藉由屋頂上方一個舊火山口透光。天花板上垂下幾根巨大純白的鐘乳石，而岩石的縫隙與小室內則放滿了神像與供品。有部分地區擺放了大大的金身佛像。我不顧當地僧侶忠告，強行走進岩石的一處大裂縫，裡面的硫磺氣嗆得我差點窒息，只得趕緊往回走。

佛丕府附近有一些美麗的寮國村落，昔日有四、五千名俘虜被安頓在此，後來便定居下來。這些寮人替王田耕作免納稅，但其他各種名目的稅賦仍是沉重的負擔，有時候他們甚至必須為政府做六個月白工。國王的夏宮便是佛丕府的寮國俘虜所建，而興建期間他們還得自己想辦法維持生計。不過他們都很勤儉，有一種特殊的單純老實，雖然當時必定被壓得喘不過氣來，心情卻也很快就平復了。

看見夏宮建造得如此完美，不禁讓人懷疑這些寮國俘虜是否得到古代柬埔寨手工藝匠的遺傳。我想，他們在很多方面都比暹羅人優秀，這點幾乎是毫無疑問。他們長得比較高大，也比較好看，他們會織布，穿著也比較保守，只有雙腳裸露在外。他們比較吃苦耐勞，耕作的技術也較佳；他們的樂器製作精巧，民族樂曲更是柔和淒美。我造訪了其中一個寮國村落，眞可說是一次前所未有的愉快經驗。或許我們多少都會對那些被囚禁在他鄉的俘虜產生憐憫。

我和麥法蘭先生一同騎著副省長好意出借的王室駿馬出發。另外還有六個人替我扛負攝影器材。

有部分道路淹水，但每一吋可利用的土地都種植了稻米。道路兩旁全是氣味芳香的阿拉伯橡膠樹或木竹樹籬。木竹是一種布滿尖刺的植物，加上它韌勁十足，是絕佳的屏障。

由於河上的橋只是一根竹竿構成，我們決定不要冒險通行，還是涉水而過，最後終於抵達寮國村落，當地人俊美的長相給我留下不錯的印象。那裡的男人比暹羅男人高大、健壯，最窮苦的人穿著一身的深藍棉布，很像中國某些地區苦力的穿著，一件寬鬆上衣加上一條六、七分的長褲。有些婦女膚色很白，長得相當漂亮，她們把又黑又長的辮子整個盤到頭上，好像一個龐大壯觀的頭飾。她們的服裝包括一件繡花上衣或以長條布裹住胸前，再搭配一條她們自製、具有寮族傳統特色的紅、黃、藍（原色）三色條紋裙。

村裡的房屋都以粗大的柱子撐離地面五、六呎（一、二公尺）高，屋頂呈帳棚狀，覆蓋著長長的乾草。除了幾樣中國製造的物品之外，村裡所有的家用品都是當地人自製。從遠方眺望，這個隱藏在棕櫚與果樹林中的聚落，高聳於遼闊的平原之上，就彷彿海中的一座綠色島嶼。無論是附近一帶的稻田，或是住家旁的菜圃，又或是一小塊一小塊種植菸草、棉花的土地，都在在見證了當地人的勤奮不懈。他們用土產的植物和礦物替棉花染色，然後用自己的織布機織成布料供家人穿用。

當地有用來裝農產品的巨大竹籃，還有小型的草籃、上了清漆的木製器具、耙子、犁，以及其他各種農業用具。在我所有的遊歷經驗當中，再也沒有見過其他族群，比福爾摩沙的平埔番[7]更像佛丕府的寮國人，就連居住環境也一樣。但兩者比較起來，寮國人又進步一點，因爲平埔番只會耕作。這兩個原始聚落都有著同樣寧靜的環境，居民都很純樸老實，也沒有犯罪的情形。

記得在福爾摩沙的平埔番村落，我從來沒有看過監獄或是貧民。如今中國人快速入侵這個美麗島嶼，監獄與貧民想必很快就會出現，因爲他們的商業貿易與古文明習俗，將會破壞這個向來只以年齡與智慧區分階級的原始社會的秩序。他們原本位於豐饒山谷裡，有清澈山泉灌溉，有原始樹林遮蔭的簡樸住所，不久便將遭到狡詐與虛僞入侵了。

註解

1 譯註：巴利語（Pali），一種古印度語，現為佛教徒的宗教語言。
2 譯註：《曼谷記事》（*Bangkok Recorder*），泰國的第一份報紙，由英國人布萊德利創辦。
3 譯註：克朗（crown），英國舊幣制的五先令銀幣，相當於現行貨幣的二十五便士。
4 譯註：溫莎香皂（windsor-soap），一種美容香皂，通常為白色或棕色。
5 譯註：湯姆生表（Thomson's Table），計算月球距離的表格，航海者可用以確定船隻的經度。
6 譯註：李奧諾文斯夫人（Mrs. Leonowens），其回憶錄《安娜與國王》（*Anna and the King*）即電影《國王與我》的原著。
7 編註：本書原文寫法為「Pepohoan」，作者依照漢人稱呼平埔族原住民的方式記下發音。

第五章

柬埔寨探險之旅。挽巴功河。原野失火。一個外國水手。叢林河流的美景。水鳥。甲民。庫特向縣長編的故事。森林裡一場暴風雨。柬埔寨廢墟。其宏偉壯觀。暹粒。吳哥窟。其象徵意義。淺浮雕與碑文。七頭蛇。古都金邊。柬埔寨國王。宮廷餐宴。全豬。由陸路到貢布。海盜。穆罕默德的故事。化石船。沿暹羅灣北行之旅

我在暹羅停留數月之後，方才得以實現最初將我帶到此地的計畫。我的計畫是經由陸路前往柬埔寨，拍攝寺廟廢墟，並考察這個曾一度強盛的帝國的歷代君主所遺留下的古蹟。英國王家領事館的甘乃迪先生答應與我同往探險，我們於是在一八六六年一月二十七日啓程。我們原本打算沿著暹羅灣南下到尖竹汶，再越過馬德望省（Battabong）那片茂密山林。但是暹羅政府認爲這條道路太危險，行不通，因而拒發通行證。我們只好改採另一單調乏味，就健康而言也較危險的行程，經由溪流河道穿越內陸東南各省的燠熱平原與沼澤地。

我們搭乘一艘長形船，同行的除了八名暹羅壯漢，還有一位馬來人穆罕默德．阿里（Mohammed

Ali）、一位暹羅人庫特（Kut）和兩名中國男僕阿洪（Ahong）和阿昆（Akum）。我們沿著桑塞河（Klong Sansep）而行，這條小運河大約是在五十年前開鑿，由湄南河左岸岔出後，幾乎往正東方向流去，直到五十哩〔約八十點四公里〕處才匯入挽巴功河（Bang Phra-kong River）。這條河在曼谷外十哩〔約十六公里〕左右的塔帕寺（Wat Tam Phra）一帶，只有三、四呎〔約一公尺〕深，沿岸有些地方則長滿濃密高大的草，我們還得強行通過。此時是收割季節，桑塞地區的廣闊平原覆滿了金黃稻作。我們放眼所見，若不是成群割稻的農民，便是散落在稻田各處假扮稻草人的奴僕。

我們在小寺廟桑塞寺停留用餐，晚餐的歡娛氣氛加上十來隻飢餓野狗的長嗥助興，更增添不少樂趣。這些野狗嗥叫娛人的技巧與熱忱實在值得讚賞，即使沒有人喊安可，狗兒們還是欣然重複著精選段落。眞是一群快樂的狗，不過誠如我先前所說，這些遠離塵世憂苦、只爲佛教儀式奉獻吠聲的狗群，通常都是瘦得皮包骨，十足的苦行僧模樣。令人不解的是，爲什麼會有這麼多機靈的狗遊蕩到這些寺廟來？除非是眞的喜愛這些廟宇的與世隔絕、自由自在，但狗兒們卻可能在這裡餓死，或是餓瘋了自相殘殺。我們在這裡遇見一位美國船員。阿里第一個看見他，便說：「啊！Orang puti de blakang poko, ada（樹後面有一個白人）。」

船員說，他棄船是爲了走陸路到西貢醫院，將斷臂接回。他已經在這附近流浪多天，雖然受到一些當地人親切款待，卻深受蚊蟲叮咬之苦。遇到我們的時候，他簡直全身傷痕累累，斷臂也因發炎而更加腫脹。我們盡力讓他的痛苦暫時舒緩後，甘乃迪先生出面爲他說情，當地官員也答應將這名流浪漢送回曼谷。他好像是聽從一個深謀遠慮的朋友建議，才會在沒有食物、沒有護照、身上也沒有一毛錢的情況下，打算徒步走到四百哩（約六百四十公里）外的西貢。

我們第一夜在河上度過，正中蚊子下懷，屢屢遭受群蚊猛攻之餘，根本無法休息。我們試著想借寺廟睡一晚，還是沒有用。船員們幾乎也被擾得不得安寧，便主動提議熬夜划船，以便早點脫離蚊蟲叢生肆虐的沼澤地帶，順便趁著船不斷移動之際，享受一點涼風。這群隱形的敵人整夜在耳邊嗡鳴，就好像交響樂團調音時的刺耳雜音。掛蚊帳沒有用，把頭裹在毛毯裡也一樣，蚊子還是繼續鳴叫、繼續叮咬，直到吸血飽脹後才醺醺然跌落。

第二天早上，我們的手臉全都腫脹變形，疼痛不已，不過我們已經到達較寬的河面，總算無須再多受折磨。這一帶全是十呎（約三公尺）高的草原，有一處著了火，我們經過時正燒得猛烈。火焰在風勢助長下，劈啪亂響，一團濃黑煙柱沖上天去，後頭還跟著一群禿鷹，隨時準備朝無情大火的犧牲者俯衝而下。我們上了岸，到處去走走，卻是白累一場毫無收穫。阿里跌落一個深達頸部的泥坑，而我和友人則因涉過泥水，回船後不得不脫掉衣服來除去身上的水蛭。其實，我們是經過一段時間之後，才偶然發現水蛭的蹤跡。水蛭靜靜地吸附在肌肉上，也不會痛，只待稍後產生不舒服的搔癢感時，才會發覺。

挽巴功河的支流甲民（Kabin）河，是沿途風景最美的路段，世上再也找不到這般如夢似幻的美麗溪流了。進入那平靜的河面時，便彷彿進入一處只住著低等生物的世外桃源。兩岸邊上有些猴子自在遊走，有些則在樹梢頂上吱吱喳喳跟隨我們前進，而頭上頂著羽冠、全身雪白、翼尖粉紅的長腿水鳥，原本忙著捕魚，這時也停下來，神情嚴肅地瞪著這群陌生的入侵者。有些水鳥靠得好近，眼看幾乎就要被船槳撞倒，但爲了避開這番侮辱，牠們全都踩著從容莊嚴的步伐，走進鄰近的灌木林裡。

我們發出的第一記槍響使得周遭景致徹底改觀。森林中回響著驚恐的聲音，嘰嘰喳喳的猴群一轉眼便爬得不見蹤影，長腳水鳥也展開翅膀緩緩飛向九霄雲外，最後，只在藍天裡留下一道細細的弧線。我們試著製作一些珍貴水鳥的標本，其中還包括在暹羅地區爲數極多的一、兩類翠鳥，只可惜我們的砷皀不夠，乾燥設備也不足。突然間，我們來到一處寬闊的河道，河面上一片白，原來是一群正在捕魚的鵜鶘，有些嘴裡裝滿了魚懶懶地信步走著，有些則是飛掠水面，偶爾抬起細長的鳥嘴，嘴邊的魚鱗片在陽光下閃閃發光，看來這眞是個絕佳捕魚場，讓這些水鳥忙得不亦樂乎。

我們射中了兩隻鳥，其中一隻脫逃了，另一隻體積過於龐大，需要兩人合力才能抬上船來。我們的中國僕人在美食主義者庫特的巧手協助下，做出一頓美味的鵜鶘與鮮湯早餐。就在午睡前，阿洪還不忘讚嘆一聲：「哎呀！這鳥王肉眞是肥美極了，好像讓我享受到豬肉大餐一樣。」不熟悉中國低下階層的人，可能無法體會這短短一句話意味著多大的幸福。飽食一餐豬肉，然後睡一覺幫助消化，眞可說是中國人幸福的極致。

三十日早晨，在樹蔭下的最高溫是華氏九十一度〔攝氏三十二點七度〕，到了傍晚六點竟降到華氏六十八度〔攝氏二十度〕，奇怪的是，水溫卻保持在華氏八十五度〔攝氏二十九點四度〕。我們經過一個叫邦桑（Bang-Sang）的地方，這裡有一座專爲一頭神聖白象建造的宮殿，據說這頭象在前往首都途中，死在一場香檳晚宴上。白象的夭折被視為國難，暹羅所有虔誠的佛教徒都深感哀悼。

同一天傍晚，我們還遇到一艘載著黃檀木駛往北欖的中國商船。到了巴真（Prachim），我們前去拜會副省長，並呈上證明文件。這位老紳士恭敬地詳讀國王寫的信，而他的師爺——一名上了年紀卻不顯老的官員——卻把注意力集中在一瓶燒酒之上，若不是阿里夠機警，他恐怕當場就乾了。

這個地區被河流切出一條深深的水道，從裸露的河岸可以看出，平原是由薄薄的黏土與沙土層，層層堆積而成，在最底層我還發現到海洋貝殼。在暹羅境內旅行期間，我一再發現證據顯示，暹羅的平原是海底漸漸升高所形成，而上部交替更迭的薄層，則是至今仍年年氾濫的洪水，帶來稻作所需的沖積物堆積形成的。

在蘭亞威（Lan-yang-we）一間小寺廟裡，我們看見一位老僧正在剃頭刮臉，雖然沒有鏡子和肥皂，他依然神奇地辦到了。距離班哈雅考（Ban-hat-yai-kow）約一哩〔約一點六公里〕處，有一個寮國聚落，當地婦女正在織絲布與棉布，棉布的纖維長、質地佳，而前者則是柬埔寨與寮國特有的黃絲粗布。他們從來沒有見過白人，顯然把我們當成樹精（Yaks）和天神（Teveda）。暹羅神話中的天神和我們所描繪的大不相同，似乎比較像希臘神話李半人半羊的森林之神塞特（satyr），有些還有猴子尾巴和鳥爪。

我們在該月三十一日抵達了甲民港，這是我們一路上所見唯一有商業氣息的地方。不出我們所料，此地的貿易先驅果然就是從曼谷來的中國人。這些漢人做的是以物易物的買賣，他們攔下來自馬德望和偏遠內地的象隊，拿鹽和中國、歐洲的器物，交換獸角、獸皮、蠶絲、達馬樹脂、油、小豆蔻等物品，彼此間的競爭十分激烈。

甲民城裡找不到大象，接下來的陸路行程只好借助小馬和牛車。而我們也在這裡第一次體驗到時間延宕的痛苦。我們上午九點就到達甲民，但等到隨從和行李出現時已經下午四點，而且這時候才發現他們把烹飪器具留在船上，而我們連早餐都還沒吃呢！

我租了一匹小馬，立刻啓程前往六哩（約九點七公里）外的北欖。但是過程十分艱辛，因爲我的座騎不僅沒有馬鞍，還只有一小段繩索作爲轡繩。這匹馬隨心所欲地走，穿越荊棘遍布的叢林，最可憐的就是我的衣服和皮膚了。最後，就在天黑後不久，我遇到我們的另一輛馬車，便隨同返回甲民，但那裡還是沒有鍋子和燈。幸好，我們找到一個茶壺和一罐鮭魚罐頭，便靠著這兩樣東西將三餐一併解決。

我們前去拜會甲民首長，並送給他幾件歐洲物品作爲見面禮，其中有一個放了超迷你照片的小象牙望遠鏡，和一瓶香水。每逢正式拜會行程，庫特總會穿上他妻子的一件舊制服（她曾擔任國王女子騎兵衛隊軍官）。後來，我們還發現他想像力非常豐富，他告訴縣長說那張女王陛下的照片，是英國王室特別賜給他這名傑出首長，至於香水則是將一千位英國淑女的氣息收集起來，專門送給治理地方有功的首長作爲獎賞。縣長只說：「他無論如何也想像不到，因爲和他自己妻子的氣息實在差太多了。」他聞了聞，心裡不禁感到好奇：什麼樣的女人能夠呼出如此芳香的氣體呢？他也認爲我們的國家很奇怪，竟由女性統治，而且從他所問的問題，我可以確定他一度以爲我們是到暹羅來朝貢，希望國王能將我國納爲屬國給予保護。

他統治的城鎮和村落的人民，並不十分老實。我們在林間空地上的一個竹棚過夜，這個竹棚離地六呎（約一點八公尺）高，地板上有幾個裂縫大得足以將手腳穿過去，倒也方便得很。有一天清晨，我正打算穿上褲子，竟然眼看著褲子離奇地從其中一個裂縫消失不見。想想我對這些長褲一直都很不錯，棄我而去未免太惡劣，我想一定是受到哪個壞蛋唆使，果然不一會我就看到一個黑影溜過空地跑進森林去。總之，褲子是跑了，再也沒有回來過。至於當地的人則是編出一個荒謬的說法，說我的褲子的確被偷了，不過可能不是人類所爲。他們一致認爲肯定是鬼魅或老虎，而他們的說法當然應該採信。

我再次乘著牛車前往北欖，甘乃迪在當地安排我們的陸上行程，我便將船員解散了。一路下來，船員們表現良好，我們要出發的時候，有兩、三人還把我扛上肩頭，送回車上。

晚上我們在省長官邸接受款待，不但欣賞到寮國樂隊展現曲藝，還有一名寮國女子在笙與笛子的伴奏下，演唱一首淒美動聽的歌曲。

就在此時，我們的兩位中國僕人發現享用豬肉的機會愈來愈少，用餐時間也不規律，工作又艱苦，最重要的是我們愈往內地走，被虎噬的危險就愈大，因此便想稍作抗議。不過，在我們的威脅利誘之下，總算暫時安撫住他們，最後也說服他們繼續這趟旅程。

某天傍晚五點左右，我們終於帶著兩輛牛車和兩匹小馬，出發前往柬埔寨。我還另外雇用兩名苦力，專門負責搬運我的經線儀、六分儀與其他儀器。我們首先經過一個不甚茂密的樹林，不久來到林間小空地的一間廟宇，便在此停留過夜。第二天清晨三點再度出發，我們走在前頭，行李車在後面緩緩跟著。沒有多久，整個樹林忽然變得陰暗，一陣雷雨頃刻便落到我們頭上，大雨不斷下著，有一頭水牛突然受到驚嚇，車翻了，中國僕人和物品也跌得東倒西歪。聽到轟隆聲和騷動聲，我們急忙騎馬返回，在黑暗中盡力將人與糧食從泥水中搶救出來，然後繼續前進，直到八點。

這個時候，雨已經稍停，但當我們停下來休息時，阿洪發現他的盒子和所有貴重物品都不見了。後來找回了盒子，但裡頭的東西卻沒了。阿洪和阿昆又想不惜任何代價逃回曼谷，不過中途被我們給抓回來，並再次說服他們履行約定。自此以後，我們幾乎再也沒有理由埋怨他們，因爲在接下來的旅程當中，他們面對困境的勇氣與毅力，實在是我們始料未及。

夜裡露宿在林中樹下或曠野中；中途偶爾暫停下來，在叢林裡尋找修理牛車的材料（這些交通工具沒有用到一根釘子），或是在沿途的各個村落換上新車……我們就這樣拖著牛步在鄉野間走了一個月。不難想像的是，這段期間我們忍受了不少食物匱乏之苦，因爲大部分的食糧都在我們離開甲民時遭遇的那場暴風雨中流失或損毀了。我在班翁塔克隆（Ban-Ong-ta-Krong）罹患惡性瘧疾，全身疲軟無力，只好雇一輛小牛車來載我。甘乃迪讓我定期服用奎寧，加上他悉心照料，我復原得很快，不過還是有幾天無法下床。假如我們能照原先所預期在甲民租到大象，這趟行程便能節省一半的時間。

夜裡如果在外露營，我們總會用牛車和樹枝圍起圓圈，將牛隻安置於圈內，然後在中央生火。有時候在我們休憩地點附近，會出現一些野獸，我就曾經在過夜的竹棚附近射殺一隻大豹，並帶回了豹皮。

記得有一回我從睡夢中驚醒，聽到睡在我車下的阿里大喊，有隻獅子在附近走動。夜色漆黑，我卻仍依稀看得出幾步外有個黑黑的東西。牛隻也開始騷動，並不安地噴著鼻息。我舉起手槍，若非阿里一把抓住我的手，我已經開槍。他勸我不要輕舉妄動，萬一只是射傷牠，必定會引來猛烈的攻擊。而獅子一聽到人聲，便立刻竄進樹林裡去了。

根據李奧諾文斯夫人描述她的柬埔寨之旅，我想她應該跟我們走的是同一條路，但我不明白的是：果眞如此的話，她的大象怎能「踩著沉重卻又幾乎無聲無息的腳步，走過一片五彩繽紛的花海」？就繽紛花海的部分，生長在這一帶的旋花屬植物與其他花種確實美麗無比，但由於極爲稀有，因此非常珍貴。就我個人而言，我倒很希望這位觀察力敏銳、文筆又好的女士，能把她的旅程描述得更多、更詳細些。還有一點，不知道穆奧先生[1]的遺作是否由她協助整理？因爲其中有些關於柬埔寨遺跡的文字，和李奧諾文斯夫人傑作中節錄的片段相仿。例如，我們發現她在《暹羅宮廷的英國女教師》（*The English Governess at the Court of Siam*）三〇五頁寫道：

「聳立的寺廟猶如米開朗基羅一幅化石的幻夢（什麼是化石的幻夢？），比起希臘羅馬的遺跡，它的孤獨更令人印象深刻，它的姿態也更優雅、更栩栩如生。」

在穆奧先生作品第一冊二七九頁，對同一間寺廟的描述如下：

「其中一間寺廟——可媲美所羅門王神殿，亦可說是米開朗基羅前世所建——同我們最美的建築比較起來毫不遜色。它比希臘羅馬遺留下的任何古蹟都更雄偉……」

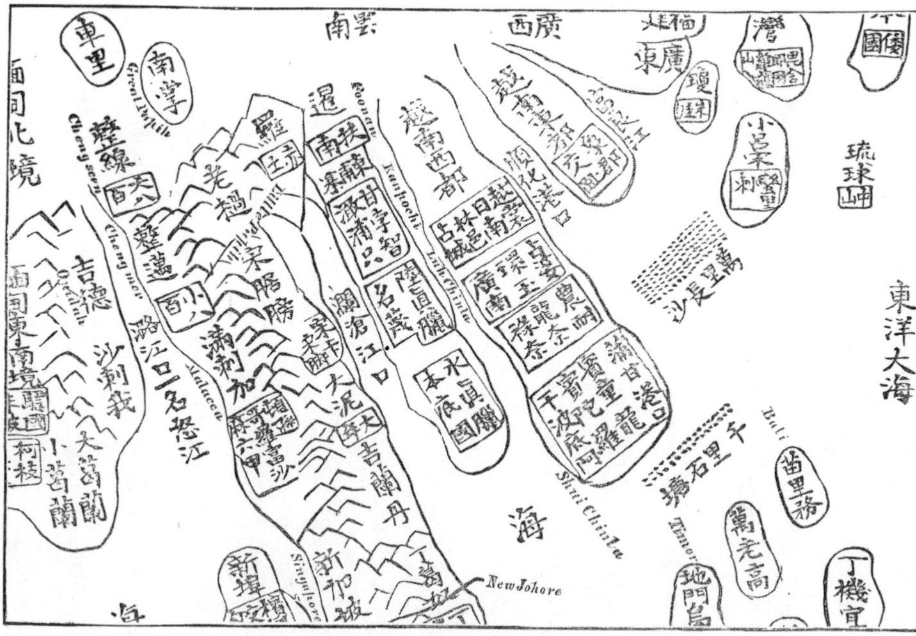

此地圖摘自《海國圖誌》。我先前所提到的中南半島各國，讀者可藉由此圖的中文名稱確知其位置，這同時也是中國地圖的範本，由此可知，中國人對於精準與細密的地理學毫無所悉，而我們都知道這是現代科學最重要的一環。

兩個片段稍有差異。其中一段只是將寺廟描寫爲某位大師的傑作，而另一段卻說它有如一個活生生的化石幻夢，也不知道是什麼意思。然而兩段文章中有些觀念的陳述，卻幾乎一模一樣，這種怪異的巧合若是發生在日常生活中，必定會讓人大吃一驚。無論如何，這位女作家還是很令我們失望，因爲她在描寫柬埔寨遺跡的時候，犯了一些重大錯誤。承蒙她的青睞，在作品中選用我的照片作爲補充說明，但假使她能把照片研究得仔細一點，有些錯誤就能避免了。

我們在詩梳風（Sisuphon）河上游看見了柬埔寨古文明的第一項遺跡，那是一間寺廟的廢墟，建廟所用的灰色磚石優美絕倫，無論質地或外觀都很像經過切割的岩石。河流邊仍有一道堅固的石砌擋土牆，裡頭有一段寬寬的階梯，階梯盡頭有條小路通往一座高起的土丘，上頭已長滿大樹。在這片濃密雜亂的樹林裡，隱約可見一棟古建築殘留的地基。我忙著測量土丘方位，其他人見我調整儀器，便認定我在尋找寶藏，因此一到牆邊立刻開挖，後來挖出了幾塊磚頭。

土丘中央有一面建在拱頂上的厚實磚牆，我們還在附近一間破屋下方找到兩尊雕工精細卻已殘破的石像。這些石像如眞人一般大小，塑造的比例極爲精確。其中一尊是無首男像，但我們發現他的頭連同石冠就掉在一旁的碎石堆中。石像的表情祥和慈悲，讓人聯想到印度神像。另一尊女像保存完善得多，無論是胸部曲線或是臉部表情，都顯示此乃出自名師之手。根據中國隋朝的史料記載，當時眞臘國[2]的女王嫁給一名印度人，也正是這名印度人教導人民崇拜聖天。這裡的殘壁上找不到任何碑文，但這兩尊石像很可能就是中國史學家所提及，於七世紀初掌權統治的國王與王后。

石雕的碎片隨處可見，也讓我們更加相信柬埔寨的古寺廟建築已臻文明巔峰。建築工藝上，一點也不粗糙、草率或簡陋。即使最簡單的牆面，磚塊也是一一仔細堆疊，那整齊平坦的表面，若是沒有灰泥固定黏合，也只看得到磚塊接縫處的一條細線。

然而，我們也不能一口斷定方正扎實、不偷工減料的建築，才能代表高度文明，否則將來我們十九世紀這些浮誇的進步與文明，只會被視爲夢幻泡影；至少我們國內的建築在設計上也會被視爲不切實際、不老實；而我們更只是爲了美觀，不惜仿造大理石與石材雕刻、以金屬片取代黃金、以彩繪與貼木皮取代堅固耐用的橡木。我們正逐步靠近的這些石城與精雕細琢的宮殿，是偉大的人力紀念碑，即使最偉大的現代建築也難以媲美，關於這些該怎麼說？古代旅者[3]曾告訴我們，在這些城內的宮殿，有從城門之上向下俯視、純金打造的雕像，[4]關於這些又該怎麼說？還有另一位中國史學家說，暹羅人早在三、四世紀，便以貿易、誠信與節儉而聞名。

關於他們的建築，既然毫無史料依據，我們只能說古代的柬埔寨人必定是利用奴隸或某種廉價人工，來建造城鎮與廟宇。但我先前說過，他們的建築有種一絲不苟的精準，雕刻當中——無論是石雕的柔和線條，或是每個優美的弧度，又或是每朵雕工精細的蓮花或百合——都在在展現他們對藝術的眞愛，而受盡鞭笞虐待、心不甘情不願的奴隸，或是意志消沉的僕役，絕不可能有這樣的熱誠。每一裝飾線條都是對藝術的執著，我們可以看出一位雕刻大師是如何熱愛他的職業，如何爲自己的工作感到自豪，又如何竭盡心力創造完美傑作。

但也不要期望太高。在塔沙威（Tasawi）河畔的但錫馬（Dan Simah），當地首長便要我們等著他找到適當船隻，才能渡我們過湖。其實在他門前，就有一艘可供我們使用的船，而我們依照慣例付錢之後，也立刻便上了船。

這項安排實在太過突然，首長一時間無法接受，換作是他，至少需要一個星期的時間考慮。他就這麼帶著迷惘的眼神看著我們搭船離開。他還沒明白過來其實沒什麼好擔心之前，我們的人已經將船划出視線外，不久便越過大湖洞里薩（原文作 Tale Sap，今作 Tonle Sap）湖口，進入暹粒溪，然後我們派遣阿里將拜會信送去給這個主要古蹟所在省分的省長。我暫時就不描述柬埔寨這個大淡水湖了，但我要提的是馬德望和暹粒（Siamrap）兩省，都是八十七年前柬埔寨人從暹羅人手中奪得的。

下午阿里回來時，帶來了省長願意接待的好消息。省長也確實對我們十分禮遇，還派了兩頭大象和五輛牛車分別來接我們和載運行李。象背上的拱形轎子，是高階人士專用的那種。我的友人在柯叻（Korat）曾有過騎乘大象的經驗，但我這卻是頭一遭。

那頭身軀龐大、眼神柔和的畜生，聽從暹羅語的命令，彎曲巨大的右前腳，然後將我從頭到腳仔細打量一番後，才鼓起勇氣準備把我捲到背上去。我先用一隻腳牢牢踩住象的膝蓋，接著牠用鼻子緩緩將我舉到脖子高度，一面讓我保持平衡，直到我整個人爬進轎內為止。這項任務完成後，大象開始穩穩地邁向目的地，看牠的樣子顯然對這一帶瞭如指掌。牠涉過水池和泥塘，同時也不忘留意頭頂上的樹枝，神奇的是，牠似乎能確知轎子的高度，假如有樹枝可能掃到轎子，大象就會停下來，舉起長鼻把樹枝扭斷，再繼續前進。

來到陡直的河岸邊時，牠會先坐下來，然後滑入水中，假如被蒼蠅叮得又熱又癢，牠也會全身浸到冷水中游水而過，只露出轎子在水面上。只要一有機會，大象就會用鼻子吸滿水，沿途可以用來解渴，也可以噴到身上，把毫無防備的蒼蠅淹死。牠踩著重重的步伐，足以安全無虞地跨越任何四腳猛獸所無法跨越的障礙。假如遠遠看到誘人的枝葉，大象會繞道過去，順便大啖一口。儘管如此，大象還是非常溫馴，看牠唯命是從，似乎是能聽懂主人的每一句話。駕馭人就跨坐在大象脖子上，溫和地指揮著，必要時才會使用釘棍。

高高在上的座位、直線通過樹林與叢林的路線，以及周遭景致的盡收眼底，一開始著實令人陶醉；但才過不久，我們就開始覺得要是頭能夠不再轉來轉去，要是能看到除了臀部以外的晃動軸線，一定很幸福。因此我們找了個藉口，跨下象背「腳踏實地」，但即使如此，晃動的感覺卻還是——或者似乎還是——持續了好一會。

那空暹粒（Nakhon Siamrap）的省長（Chow Muang）對我們禮遇有加，由於有一位寮國首長率領大隊人馬來到吳哥窟禮佛，因此省長安排一間房子讓我們住上兩、三天，直到寮國首長啓程返家。暹粒舊城顯得非常荒蕪破敗——據說是最近一次柬埔寨人入侵的結果——不過環城的高大石牆仍保存完善。這些防禦工事外圍有一條清澈溪流，往下注入大約十五哩〔約二十四公里〕外的大湖，雨季期間還可以充作航道。

抵達後的第三天早上，我們騎上小馬，離開城門，步上前往吳哥窟與昔日柬埔寨帝國首都之路。我們的馬小步慢跑了一個小時，通過一座廣闊的古樹林，來到寺廟附近，這裡有一些切割整齊的巨大石塊，如今已半沒入土中，使得我們十分難以前進。幾分鐘後，我們走到一段寬闊的石階前，兩旁有大石獅守護著，其中一隻被推倒在地，混在碎石堆裡。我的小馬越過這道障礙，幾個輕盈的跳躍便把我帶到長十字形的高臺上，那裡有幾座拱橋橫跨在護城河之上。這道護城河很寬，兩側都是鐵石混合、堅固無比的擋土牆。從石臺上所見到的景觀遠遠超過我的想像。廟宇的雄偉堂皇，讓我深感敬畏，就和我幾年後航行於揚子江上游兩岸高聳陡峻的石壁之間，有相同的感覺。

我內心之所以如此激動，其實是因爲吳哥窟與茅屋住家形成了極端的對比：前者以雷霆萬鈞之勢巍然挺立，儼然是叢林遍地的平野上一座雕飾的巨型金字塔，而茅草葺頂的小屋卻是居民目前唯一有意願或是有能力建造，原始而簡陋的建物。吳哥窟和大吳哥城與柬埔寨其他城市的多數建築一樣，都建在高高的石臺上，從最底下往上疊起三層方形平臺，最上層中央立了一座高達一百八十呎（約五十五公尺）的尖塔。外層圍牆圍起一個每邊將近四分之三哩（約一點二公里）長的方地，牆外還環繞著一條二百三十呎（約七十公尺）寬的護城河。這條護城河西側架設著通道（見上文），並有雕飾石階通往水邊，這很可能是爲了讓前來這座婆羅教或佛教寺廟的信徒，做第一次淨身沐浴之用。每側圍牆的正中央、面對羅盤的基本方位處，都有長長的拱頂獨石柱走道，外觀古典而引人注目。

我們從西牆的大門進入，經過一條同樣鋪設著整齊光滑的石塊的內部通道，抵達了廟宇正堂的西側。接著，我們爬上刻有美麗雕飾、兩旁亦有巨大石獅守護的石階，來到一個十字平臺，眼前就是廟宇的正門。廟宇的這一面長不下六百呎（約一百八十公尺），中央部分有大約二百呎（約六十一公尺）的範圍以牆圍起，分隔成多間小室，每一室中均有窗戶以利採光。每扇窗戶上有七根裝飾石櫺，大小樣式全都一模一樣。這些窗櫺上裝飾的似乎就是神聖的蓮花，而且以精細的手法反覆雕刻，竟彷彿是從一個模子印出來似的。每條走道的中央都有這樣的隔間，至於其他三分之二的空間全都是開放的柱廊，其後牆上則有淺浮雕裝飾，成爲吳哥窟的一大景點。

我先前已經說過，整棟建築由三層平臺依次遞升，而中央高塔就聳立在最高層平臺之上，周圍環繞

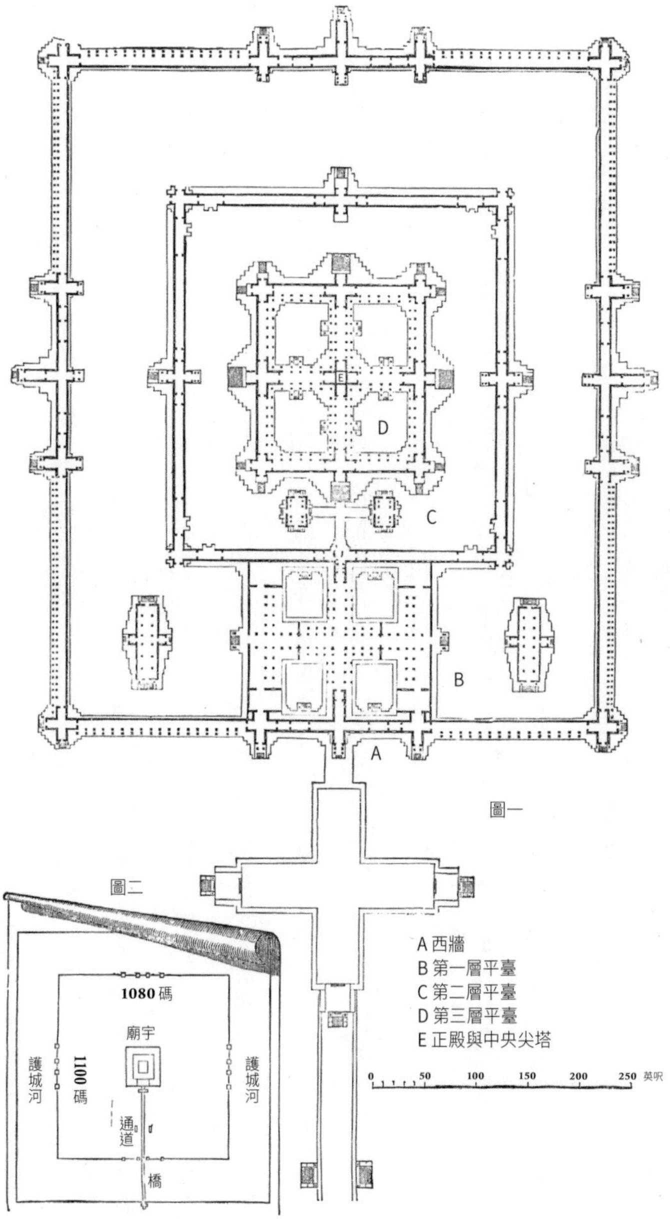

圖一：作者繪製的吳哥窟內部平面圖
圖二：吳哥窟外牆內部區域平面圖（編註：一碼為三英呎）

著四個較低或較小的尖塔，這整個結構很可能是用來象徵佛教世界的中心須彌山。只要想想須彌山周圍有七重金山圍繞，[5]這點就更明顯了，因爲中央塔外圍也有七重，而且聖山依於地輪、水輪與風輪等三輪（相當於三層平臺）之上，並聳立於海面。這部分的象徵意義表現於寺廟周圍的壕溝，的確，一到雨季，平原氾濫時，整座巨大的建築就會（像須彌山一樣）浮現在浩蕩的水面上。[6]

在爪哇許多古廟裡，也能發現具有相同象徵意義的建築。例如卡利薩里廟（Kalisari），[7]據說就是一棟分成三層的長方形建築，其他還有許多同樣的設計。在波拉波杜（Bóra Bódo）的古代佛教廟宇或紀念建築，我想就有與須彌山外圍七重金山相呼應的七層平臺（但沒有中央高塔）。不過，吳哥窟的三層平臺卻可能另有含義；至今仍沿用於暹羅王室剃度典禮中的宗教儀式與活動，可能正是這些平臺最初設計的原因。例如，在國王登基禮上，僧人必須連續三日繞著聖喀來拉山（Khao Khrai-lat，即暹羅的須彌山）走三圈。

三這個數字對許多不同宗教而言都很神聖，起因爲何卻是難說。在我們自己這個歷史還不算悠久的基督教信仰中有聖三一；上帝造物有三大最高原則；歐非斯（Orpheus）神話[8]裡有協商、光線與生命三元素；埃及人有歐恩（On）、伊西絲（Isis）和奈斯（Neith）；祆教三聖密斯拉（Mithras）、奧羅馬茲德（Oromazdes）和阿利曼（Ahriman）；印度教三大神梵天、毘濕奴和濕婆；在中國有天地人三才；佛教則有前世、今世與來世。我們還發現在北京舉行主要祭祀禮的天壇，有一個三層祭壇，一年當中會在特定時節舉行三種不同的祭祀，即大祀、[9]中祀與群祀。這座中國廟宇的象徵意義十分有趣，教士艾約瑟（Rev. Joseph Edkins）曾經加以仔細考察。[10]

再回到吳哥窟。古代中國旅者在敘述中提到早期一個關於拜蛇的傳統，[11]但他也說當時佛教在柬埔寨十分盛行。這棟大建築可能是爲蛇神所建（這是傑出的建築專家佛格森〔Prof. James Ferguson〕教授在看過我畫的平面圖、我拍的照片和我蒐集的資料之後，所提出的看法），但在我遊歷中國、看過守護佛寺大門的印度神祇以及寺廟中裝飾用的神話傳說之後，我這才相信吳哥窟是佛教建築，裝飾屋頂與陽臺的七頭蛇雕像之所以永受信徒崇拜，乃是因爲這條蛇曾經護衛過熟睡中的佛陀。佛陀誕生時，蛇（龍王）曾現身爲他灌浴；到處都有蛇與他交談、保護他、受他感化，而且佛滅度燒化後的舍利分成八份，[12]其中一份便交由蛇保管。[13]

蛇在中國佛教中扮演很重要的角色，若是陸地上的蛇象徵著人類大敵，但若是河神、海龍王卻又是重要的守護神。因此，守護吳哥窟的蛇只不過是古代佛經中記載，保護佛祖的自然力量。

然而，這個問題我無法在此評斷，只能交給專家詳加考證說明了。

我想，古代柬埔寨人留下的壯麗奇景，對於喜愛研究東方建築的人而言，眞是再豐富不過的資源。古代石城湮滅在瘧疾肆虐的樹林與叢林裡，儘管許多地方已經過探勘，但至今仍未發現的卻也不少。的確，沒有親自來過此地的人絕對無法估量柬埔寨古國的財富與資源，也無法想像戰爭的蹂躪、熱帶叢林的侵蝕破壞，加上目前半野蠻狀態的居民的無知與懶散，已經讓這個國家淪落到何等孤寂荒涼。曾一度輝煌燦爛的文明消失了，人民在某些方面也退化到接近低等動物的原始狀態，這似乎證明了人類會進化也會退化，而且很可能會退化成據說最早衍生出人類的簡單有機體。

吳哥窟迴廊牆壁上的淺浮雕非常有趣。總共分爲八個隔間，每間長約二百五十至三百呎（約七十六至九十一公尺），高六又二分之一呎（約兩公尺），在一個六又二分之一平方呎（約零點六平方公尺）的空間裡，所描繪的人或動物的平均數是六十。這些壁畫不僅技藝精巧，構圖也美，由此可見古代柬埔寨人的藝術造詣已經到達很高的境界。

壁上畫的大都是摘自《羅摩衍那》和

吳哥窟西側迴廊的內部

柬埔寨女子頭飾的古雕刻

《摩訶婆羅多》（*Mahabarata*）兩首史詩（據說是在四、五世紀時由印度傳到暹羅）的戰爭場面。畫中的軍隊排列整齊邁向戰場，原本五官清晰的容貌很快就在混戰中模糊了從戰士們衝過樂隊時的熱切表情與態度，我們可以看出音樂振奮人心的作用古今皆同。此外，畫中也有英勇生動的舉動與畫面：有一群人或是彎身爲受傷的同伴拔除箭頭，或是將傷患抬離戰場；有士兵營救主帥性命，有些將領伏在馬背上，衡量自己是否有與敵將單挑的勇氣；最後則是勝利的軍隊帶著戰利品離開戰場，許多的俘虜前後都有騎兵看守著。

所有淺浮雕當中最精彩的主題，應該要算是暹羅人稱爲「羅摩科恩」（Ramakean）的戰役了。這是《羅摩衍那》中的重要事件之一，柯曼（Charles Coleman）說：「希臘人有荷馬，而使得特洛伊戰爭的輝煌聲名流傳後世；拉丁人有維吉爾歌頌英雄伊尼亞斯；印度則有蟻垤，[14] 羅摩與猴子大軍的功績方得以永垂不朽。」《羅摩衍那》（現存最美的詩作之一）描述的是羅摩一生的際遇，與其對抗敵人的豐功偉業。

吳哥窟的雕刻描繪了羅摩一生當中的許多遭遇，例如他最後戰勝羅剎王羅波那（Ravana），與妻子悉多（Sita）團圓的故事。然而，這首詩的重頭戲卻是神猴哈奴曼（Hanuman）展現神力，幫助他完成許多大事之後，所發生的大戰場景。這些大事中，也包括建造現今位於錫蘭的亞當之橋（又稱羅摩之橋），首先他精挑細選了十座山，每座山周圍六十四哩（約一百零二公里）長，要將大山送往錫蘭時，他的手雖然不夠長卻是足智多謀，他把一座置於尾巴尖端，另一座置於頭頂，就這樣形成了那座著名的橋，而他的猴子大軍於是得以越橋攻入楞伽城（Lanka）。

另一室的壁畫主題是毘濕奴的第二化身，此神化身爲巨龜，背負著即將沉沒的神山。四臂的梵天端坐其上。水上有一條七頭蛇，盤繞著神山，並由壁畫一端延伸至另一端。右側的諸神與左側的諸魔

吳哥窟的古代柬埔寨淺浮雕

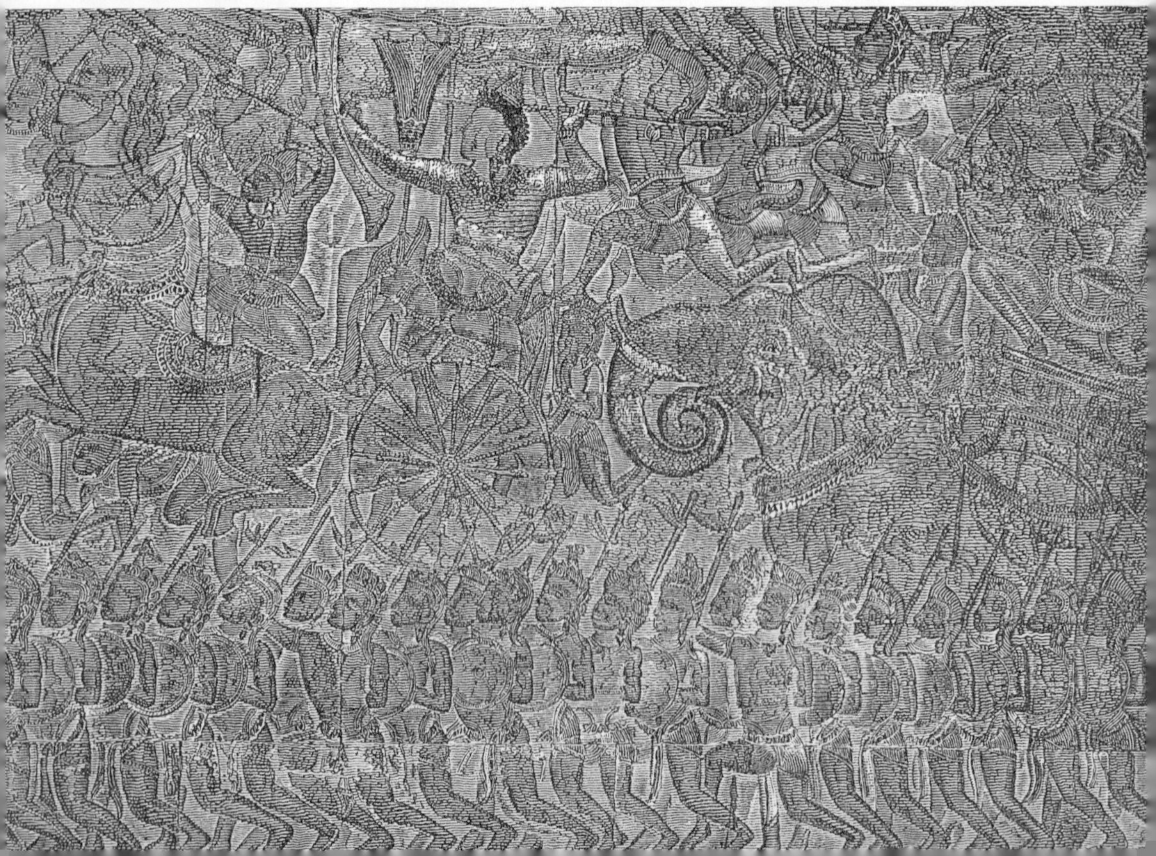

正在與蛇大戰。哈奴曼扯住尾巴，另有一群天神帶著繩索準備在大戰後用來綑綁大蛇。

參見附圖的版畫，讀者對戰爭場景的確實畫面會稍有概念，同時也能自行評斷這些雕刻的藝術，以及柬埔寨人的機械製作技巧，若非如此，他們怎能造出堅固得足以應付戰爭的激烈陣仗，卻又輕得足以奔馳沙場奪得制勝先機的戰車呢？

就拿車輪來說吧，必定是十分牢固，然而今人卻誰也造不出更輕、更優美的車輪。其中有一部分想必是用金屬造成，雖然沒有進一步的證據證明，但還是可以推斷出當時的工匠對金屬的使用已經相當嫻熟。不過，我們在另一幅圖上看見了刑具，除了鋸、刀、橇棍、楔、槌與鉢之外，還有一些必定是當時常見且至今在我們土地上也屢見不鮮的器具。

只有短短一章的篇幅，實在無法盡述我們遊歷柬埔寨期間蒐集到的所有資料。然而，在結束這個地區之前，我要說的是當地遺跡分布範圍之廣，其實已遠遠超出我們最初的推測，而且整個地區後來還分裂成幾個獨立國家。從暹羅、寮國和安南建築遺跡的相似程度，以及碑文也以同樣文字雕刻的情形看來，柬埔寨古王國國勢之強盛壯大，幾乎是毫無疑問。倘若能解讀刻在古廟內的文字，當能更加瞭解此民族的確切歷史。

我拓下了部分銘文，卻怎麼也找不到人翻譯。不過，甘乃迪先生已經可以解讀其中一些片段，我只能在此轉述他說的話：「總之，當時使用的書寫形式有三種，但我指的並非語言，我懷疑語言其實都一樣，而文字基本上也相同，根據更專業的人士告訴我，這些是天城體字母的變體。」關於翻譯上可能遭遇的困難，他說：「有一個特點值得注意，這很可能是那麼多人嘗試翻譯卻都失敗的關鍵所在。這些使用單音節語言的人，將巴利語或梵語的長音節名詞盡可能地縮短，於是 Indra（因陀羅）變成 In、Samanera（沙彌）變成 Nen、駱駝不再是 ushtra 而是 ut，而 akshara（文字）也變成 akson。可是在寫這些字的時候，通常會寫衍生字，再加上重音符號來標示字尾不發音。所以當我們檢視這些碑文時，就必須弄清楚雕刻者是否花費了必要的心力，將不發音的部分刻出來，或者他刻的只是簡化的口語單字而非書寫文字？[15] 果眞如此的話，有件事倒是十分稀奇有趣：在通往中國萬里長城的南口隘口的一座古拱門上，刻了一首佛偈，據偉烈亞力[16]先生說，其中至少有一段是以古代天城

居庸關南口隘口的古拱門

體字母寫成，而刻寫年代則是一三四五年。吳哥窟很可能就是在這段時期前後建成。後來我們又發現根據記載，古代柬埔寨人總會遣使到中國來，請求皇帝為他們的佛寺賜名，因此這座拱門的工事可能有柬埔寨的工匠參與，尤其我們還發現拱心石上甚至刻有柬埔寨廟宇最常見的七頭蛇雕飾。

總之，在這個純佛教建築之上，有一條七頭蛇的雕飾、刻了一首佛偈，還有幾種不同的語言。拱門下方印度諸神的淺浮雕，是我在中國見過最美的雕工藝術，而且比較像是出自於古代柬埔寨雕刻家之手，而非中國藝匠之作。

據中國史料記載，早期的柬埔寨極為好戰，許多鄰國都遭到併吞。例如，在《宋書》中便提到占婆王國（Sanbotsi，又稱占城）。該國毗鄰交趾支那，地處柬埔寨（眞臘）與爪哇之間，當時已擁有高度文明，兼容印度與中國的法令制度，並採用中文國書。而且，據說該國以巴利文字施行教育。

據載，該國國君於西元一〇〇三年派遣使節上書中國皇帝，自稟當時正在興建一座佛寺，希望成就功德為皇帝增福添壽。那座佛教建築可能就是吳哥窟，但根據其他資料顯示吳哥窟的建造年代卻又似乎較晚，有可能是在周達觀造訪（十三世紀）之後，因為他在書中並未提及。他於一二九五年到達柬埔寨，而柬埔寨帝國卻直到一三七三年才被暹羅人消滅（據安鄴先生〔Francis Garnier〕著作所述，一三九頁），當時的末代君主丟下未完工的寺廟，便逃往安南去了。

吳哥窟本身便有跡象顯示，在其建造過程中，柬埔寨帝國必定因遭受莫大災難而滅亡。總之，此處的建築始終沒有完成，我還在外圍某建物內發現幾根大略切割過的柱子。這些石柱倒是已經定位，只不過幾乎可以明顯看出工匠的進度是在何處受到阻撓而永久停頓。原訂的步驟是讓大致切割好的獨石柱就定位，然後再進行雕刻——如今我們的工匠要雕刻華麗的畫飾，也是採同樣方法。

不過，雖然我很樂意繼續這個主題，卻仍不得不告一段落，趕往下個行程。我們在吳哥城的廢墟、在原始叢林的邊緣和古樹參天的樹林間，停留了數天。在這裡，在我們的四面八方全都是特色獨具的巨大建築遺跡，光是一棟建築就涵蓋一大片土地，上頭還有五十一座石塔。每座塔都雕了一尊四面佛，於是便有二百零四張龐大如斯芬克斯的面容，朝著四方面露微笑，這也是佛教徒最愛描繪的表情，充滿純潔與祥和，而且每個慈眉善目的佛頭上都戴著一頂象徵崇

吳哥窟未竣工的石柱

高與聖潔的王冠。

在外側城門處，我經歷了一場現代的「猴子戰役」。在正門上方，矗立著一群次要的高塔，群塔中央有個較大的獨立塔，塔頂又是那古老神祇四具慈祥和藹的佛面。恣意蔓延的寄生植物把雕像團團圍住，有一部分甚至已經隱沒不見。我正想拍攝此景，忽然有一群長著白色髭鬚的黑猿，從高高的樹梢呼嘯而過，並在樹枝上搖盪晃動，企圖阻止我拍照。這時，有一幫正在協助如今已故的拉格雷船長（Captain Ernest Doudart de Lagrée）進行柬埔寨遺跡研究的法國船員及時出現，朝著那些調皮

柬埔寨古都大吳哥城內的雕像巨塔。上圖只是裝飾大吳哥城中心百因廟的五十一座石塔之一。

鬼一番掃射，只見猴子們抱頭鼠竄，直到缺舌猴語消失在樹林深處。

回到暹粒後，我們發現老友省長正忙著處理剛過世不久的副省長的火葬事宜。火化用的柴堆上方有一個很大的靈柩臺，臺頂上的尖塔讓我們聯想到哥德式教堂。另外還建了一座看臺容納約兩百名觀禮者。儀式一開始先是一隊僧人進場，後面跟著一支樂隊，接著是一些雇來的孝子殿後。這些孝子非常盡職，帶頭的人先發出一聲悽慘哭號，其他人便附和著此起彼落的啜泣聲。屍體焚化之際，民眾們便盡情宴飲，或者享受專門為他們提供的戲劇或餘興節目，其中還是以賭博最受歡迎。一位侏儒和一位巨人的趣味演化，贏得不少掌聲，最後則是一群漂亮的少女舞者，隨著當地音樂起舞，這也再次顯示了首長屍體的火化還不至於令人過度悲痛，差不多就像當我們的房子被燒毀，但確知人員平安、財物也都有保險的感覺。

根據當地人的信仰，他們認為去世的首長只是脫去舊軀殼，將來他可能會找到一副更好的軀殼，而更接近涅槃。我們基督教國家反對火化唯一合理的理由是，生者覺得讓心愛家人的遺體受此摧殘於心不忍，而寧可讓屍體在墓穴裡靜靜地、慢慢地腐爛分解，其實結果還是一樣，過程卻更噁心。還有人可能會問：如果我們的遺體將來有一天要重生呢？這些人應該是不相信人死後會重新化為塵土，經過不斷的分解、組合，進入活的動植物內，他們應該也不相信體內的氣體會散入空氣中，隨風飄到全世界。這種人顯然並不相信上帝是全能的，因為他們認為火化的過程多少會影響上帝最後的旨意。這個主題我無法多加討論，不過我認為在人口過多的城市，在墓園已經飽和並且危及居民健康的地區，實在沒有理由反對火葬這種快速分解屍體的方法。

第二天，我們騎上大象，前往暹粒三十哩（約四十八公里）外的「里奇」（Richi）山區，據說這裡是古代柬埔寨人的採石場。沿途我們又經過許多遺址，最令人驚嘆的是一條直通山腳的寬闊石子路，路況至今仍非常良好。陪伴我們同行的官員在森林的神廟裡獻上豐富的供品，希望能討橫行森林的惡魔歡心。接著我們直接坐到象背上，打算深入叢林密布的山區。

只可惜，騎乘在象背上的經驗雖然新奇，卻一點也不舒服。象背上的皮鬆垮垮的，坐在硬硬的脊椎骨上滑來滑去，難過極了。但既然不能架轎子，除了逆來順受、繼續前進，也別無他法。不久，我們發現四周叢林裡的高大樹牆將我們團團包圍，就連大象也無法穿越，最後只得掉頭，但無論如何，我們似乎看見了古代採石場的遺跡。這趟行程幾乎花了整整三天，之後我們才繼續往洞里薩湖口推進。

此湖在雨季期間會暴漲，也儼然積存了一潭逆流的湄公河河水。我們渡湖期間——大約是五天——發現水深不過三、四呎（約一公尺），可是雨季過後卻可能連岸邊上的林木都被淹沒。大湖四周有漁村零星散布，其中幾個不在湖岸邊上，而是由幾根插入湖底軟泥中的木樁撐起。這些村落的環境與外觀，讓我聯想起史學家對瑞士史前湖居的描述。整個村落的房屋都建在竹子搭起的高臺上，臺子也同時用來晒魚乾。沿洞里薩湖下行，進入連接湄公河的河流之後，我們發現沿岸的安南村落非常盛行魚油買賣。讓我們驚訝的是那麼多湖魚被捕後，竟全被送到安南村落裡熬成魚油。

這項買賣獲利不錯，也提供了數千戶人家的工作機會——這裡也只有他們如此勤奮。繞過河流一個急轉處，我們與歐洲文明世界又再度相逢，眼前出現的是一艘砲艇，正在等候拉格雷先生從暹粒返回。這番相遇既出乎意料也令人愉快，我更是衷心感謝那些熱誠招待我們上船的法國軍官。

三月二十六日，我們在磅清揚（Campong Luang）登陸，這是我們順流而下遇見的第一個重要商城。城裡住了許多馬來人，從城名多少可以看出端倪。其實溪流兩岸上的馬來聚落不少，但關於他們移居至此的年代，我問了幾位村長都得不到確切答案。他們仍保留自己的風俗習慣，有自己的族村長，也依舊信奉回教。

磅清揚的市集熱鬧非凡，放眼望去幾乎人人都是穿著講究、忙忙碌碌，好一副繁榮景象。

我們於二十七日晚上抵達金邊，直接將船停在市中心的皇宮外。這座皇宮底下恰巧是數條河流的匯集點，其中以湄公河最重要，其次便是偶爾將湖水吸乾，偶爾又將大湖填滿的那條河水，也就是我們沿途所經的河道。國王對我們極為禮遇，不但在皇宮庭園內為我們安排住宿，還多次邀請我們一同享用專為我們準備的歐式餐點。由於菜色非常道地，一開始我們還有些訝異，說穿了原來是國王雇用了一名法國廚師。

這幾餐著實吃得暢快無比，我們已經有好一段時間沒有吃過像樣的一餐了。如果我說我們在吳哥窟，為了一塊牛肉竟得買下整頭牛，我想讀者應該能明白，因為當時只想著要吃點營養的東西，卻又不懂得美國人如何從動物身上切下肉來，還能讓動物活蹦亂跳。那頭牛為我們供應了三餐美食，但我們卻也因為宰牛而被虔誠的佛教徒視為魔鬼。當時我們曾試著保存幾份牛肉，可惜並未成功。

國王招待我們欣賞宮女的舞蹈表演。然而，時間實在太長，最初的新鮮感一過，不免讓人感到疲憊不堪。至於國王，則近乎全裸地側躺著，一面嚼檳榔、一面抽菸，直到整個表演結束。老實說，繁雜的國事一定沒有爲國王帶來太多煩惱。

這位平易近人的君主爲了回報我們送給他的禮物，有一天早上竟派人送來一頭豬。他事前一定沒有徵詢幕僚的意見，否則不會做出如此不得體的舉動。

我們那兩個旅途勞頓的中國僕人，看到這個景象簡直按捺不住，一頭肥嘟嘟的豬就這樣免費奉送，全是我們的了。主人是不會吃的，他們心裡很清楚。他們幾乎是在不知不覺中便脫下外衣，磨刀霍霍，偶爾還會停下來微笑注視，渾然忘我地舔舔嘴唇。一連三天的大餐之後，那頭豬已經所剩無幾，但我們的中國僕人卻哀求我們付清工資，讓他們能夠留在這個有豬肉吃的地方。

我替國王拍了兩張照片，一張穿著當地的王袍，另一張穿著法國陸軍元帥制服。我記得國王打扮成元帥時，腳穿不進靴子裡，最後好像借了廚師的鞋子來充數。

有天晚上，河對岸某個馬來大村落失火了。情況似乎很嚴重，我們便趕緊渡河，看看能不能幫上什麼忙。不料，一到那裡竟看見馬來村民不論男女老少，全都平靜地坐在水邊看著火舌亂竄，我們的驚訝也就可想而知了。後來我們找到村長，請他帶領村民搶救一下財物，他卻只簡單回了一句：「Teda tuan.」（不了，先生。）「爲什麼？難道是他們自己放的火？」又是一句：「Teda tuan. Tuan Alla poonia krajah! Kinappa bullie baut?」（不是的，先生。這是眞主所爲！我們又能如何？）

後來這位老者告訴我，當火勢一發不可收拾時，虔誠的伊斯蘭教徒通常會任由大火延燒，因爲這是眞主懲罰祂鍾愛的子民最直接的方式之一。當最後一棟房子化爲灰燼，他說了一句：「讚美眞主！」接著居民們便開始準備在萬里無雲的天空下過夜。假如他說大火是魔鬼所爲，可能比較接近事實吧！

城裡有人告訴我們那是有人故意縱火引發的火災，縱火的人剛剛運了一大批竹子過來，假如大火將房子燒毀，竹子的需求量便會大大提高，他們的貨品也才能賣得好價錢。因此類似的大火經常發生，單純的居民一律歸咎於自己的罪惡，而投機取巧的中國商人卻也在自己一手造成的災難中，賺滿了荷包。官方知道這種情況，不過有些官員可能從這些不義之財當中收取了不少好處，便也不聞不問。

接受了國王以及磅清揚的法國軍官們親切熱情的招待後，我們騎上國王提供的大象，往貢布（Kampot）前進。五天行程所經過的地區全是鬱盛濃密的山林，和耕地遍布的沖積平原，但此時正值最嚴重的乾旱期，因此深受缺水之苦。位於金邊與貢布之間的地區，可能是目前柬埔寨國內最豐饒的一區。此地的稻米產量豐富，儘管米糧是當地人民的主食，卻仍有餘力大量外銷。棕糖是本地另一項重要經濟作物。此外，當地也產絲並製成色彩鮮豔的傳統布料，無論是色澤或是耐用度都有極高的評價。

在我們途經的平原一角，曾有一支叛軍遭敉平，主謀被擄後遭判處死刑，頭蓋骨至今還高掛在柱子上以儆效尤。白天裡高溫難耐，到了夜晚又溼又黏，還有濃濃的露水。有一回，步行了一整天之後，我們照例就地躺下露宿野外。天亮時，我醒過來朝同伴轉過身去，一時間只覺得四肢僵硬、疼痛不堪，而眼前仍熟睡的同伴頭上、髮梢竟然閃耀著千百滴的露珠。過一會，風溼疼痛消退了，但從此以後我們對於休息地點的選擇也更加小心留神。四月九日，我們穿越一道岩石隘路，兩旁山勢陡峭，有五、六千呎（一千五百、一千八百公尺）高，覆滿了常綠樹林。走出隘道便是貢布周圍的農地，而這趟路大約花了五天的時間。

貢布位於暹羅灣南端附近的海岸上，有一條小河通達，但河窄水淺，船隻航行不易，河口還有沙洲橫阻，因此商船必須在港口外的停泊處下錨。在貢布經商的生意人主要當然還是中國人。在當地種植稻米、糖棕和胡椒，成爲主要外銷產品的也是中國人。不過，此地的景氣已經衰退，而就在我們抵達時，據說港口也被一隊海賊船給占了，這些海賊和他們企圖掠奪的商人都同樣來自中國，只是省籍不同，商人大都是福建人，海賊則主要來自海南。我們的僕人之中有一名海南人，他打聽到其中有幾艘船要前往曼谷，便建議我們搭上他那些海賊同鄉的船。不過我們在貢布遇見一位年長的馬來首領，他向我們暗示此行恐怕凶多吉少，於是我們便婉拒了他的提議。

這位馬來首領擔任過柬埔寨國王衛隊軍官，曾不止一次以隨他多年的佩劍，協助鎮亂有功。我問他是否肯出價將佩劍割愛。只見他將刀刃彎到幾近對摺，然後一鬆手，劍鋒回彈到距離我喉頭一吋（約二點五公分）之處，然後回答：「不！放棄這柄劍就等於放棄我的性命。」在貢布有一個馬來聚落，據我瞭解，村裡的人似乎都是打手。但我們的友人穆罕默德——我都這麼叫他，卻不知道他的眞實姓名——跟我說了一個很長的故事，說他身負一項和平任務，此任務關係到整個王國的盛衰。他說：「我奉命前往偏遠山區尋找一頭白象，據說居住在山裡的『Orang-Outan』（野人）或『Orang-Bukit』（山民）曾經見到過。」

「這些野人是什麼人？」我問道。

穆罕默德對我的無知露出同情的目光，說道：「啊，我看你好像無所不知，沒想到你不知道這個。」

「穆罕默德，你親眼見過野人嗎？」

「沒有，不算有，也不算沒有，我看過他們從樹林間飛馳而過。他們的皮膚很黑，毛茸茸的，有他們自己的語言，和猴子一樣吃核果和野果，也會用弓箭射殺獵物。我可以帶你去看看。何況，如果你喜歡狩獵，那裡有大象、犀牛、老虎、鹿，還有許許多多山民賴以維生的野生動物。不只如此，既然你有國王親筆信函，只要給我十天時間，我還可以帶你到山那頭一個接近山頂的地方，看看聖潔的睡蓮池和一些大得可以載人的蓮花。那裡入夜之後，你會聽到水池邊有奇怪的聲音竊竊私語，還會看見詭異的亮光，那是『Orang Anto』（幽靈人）在餵食水裡的爬行動物。在山頂上堅硬的岩石裡，留有大大小小動物的足跡，有些直徑三呎（約九十公分）長，有些較小，有些是偶蹄，有些則有腳趾和趾甲，所有的腳印都很完整，就好像用黏土捏塑成似的。不過接下來才是我要說的重點，我以麥加先知的名義發誓，這絕對是眞的！」

說到這裡他做了個割喉的手勢，以證明自己所言不虛：「山頂上矗立著一艘石船。船上沒有桅杆，這倒是眞的，可是甲板上有一圈繩索，也是石頭材質。這艘船巨大無比，有些部分已經破損，但整體而言仍十分完整，誰知道它已經在那個地方待了幾萬年。」至於白象，他說他找不到，也沒辦法詢問那些山民。

我實在不知道應該如何看待這樣的故事。穆罕默德看起來不像個信口開河的人，而且他還用劍尖在沙地上畫出石船的大概輪廓。

或許他曾經在夢裡見過他所敘述的東西，同樣的故事一再反覆重述，到後來連他自己也深信不疑。或許他發現的才是眞正的諾亞方舟和亞拉拉特山（Mount Ararat）。也或許這根本只是根據《可蘭經》中洪水的故事，所揑造出來的。

總之，他自告奮勇要帶我們親臨現場，這個提議也很誘人，但我們還是認爲我們兩人都需要換個環境，因爲氣候炎熱、缺乏乾淨的水與營養的食物，已經讓我們的身體有些吃不消。因此我們雇了一艘船連同六名船員，循海灣而上，前往距離約五百哩（約八百公里）的曼谷。靠著一小張區域地圖和羅盤，甘乃迪和我不斷地注視留意著船行方向，總算不到五天便抵達湄南河口。

我們沿途登陸的幾個小島，除了蟲鳥野獸之外，杳無人跡。在其中一座島上，我們發現了大象的足跡，而且是最近才在這裡吃過東西。這個發現相當珍貴，至少有助於證明一個論點：這些島嶼原本與大陸相連，後來可能由於火山活動造成地層下陷才脫離。華萊士先生在遊歷過後，便致力於闡述本區的自然歷史，他也曾提出同樣看法。

在這些島嶼上，幾乎難得見到不毛之地，就算是最高處也披覆著常綠樹葉，還從海底長出茂密的巨樹、糾纏交錯的灌木和寄生植物，只不過偶爾有一、兩處光禿的紅色崖壁，從大片蔓生植物形成的簾幕裡向外偷窺。海灘上，大圓石和金光閃耀的細沙之間，藏著一池池清水，裡頭全是美麗的海生植物與閃亮的貝殼。島嶼四周水清如鏡，只見數噚[17]深的海床上有各式各樣的珊瑚、貝殼與植物，與島上風光爭奇鬥豔。

十八日晚上，我們以為船正駛向湄南河口，不料天色實在太黑，河岸又低，結果竟跑到河口以東約五哩（約八公里）處，我們不得不在此下錨停泊。那天夜裡天候奇差，浪潮洶湧，整夜下來眞不知道洗了幾次冷水澡。

翌日天一亮，我們又再次啓程，最後安全抵達曼谷。當初有幾個朋友還建議我們出發前先舉行一場告別式，順便帶著棺材一起上路，如今見我們平安歸來，莫不驚訝萬分。

註解

1 譯註：穆奧（Henri Mouhot，一八二六—一八六一），法國自然學家，於一八六一年發現吳哥遺跡。
2 原書註：見中文地圖。
3 原書註：參閱《晉書》。
4 原書註：據《隋書》記載，有位中國大將軍從林邑（很可能是暹粒）都城奪走了十八尊金身佛像。
5 原書註：參見 Dr. Eitel, *Sancrit Chinese Dictionary*, Art. Sumeru, p.136.
6 原書註：以下是教士艾約瑟的一段註解，由此可知北京某些寺院的受戒儀式，也是在與吳哥窟類似的三重戒臺上進行。

〈三層戒臺上的受戒儀式〉

有許多想要進入佛門的人都在北京近郊的戒臺寺受戒。從這間環境幽美的寺院，可遠眺北京平原的美景。

戒臺位於佛像大殿東側一棟方形建築內，以石雕砌，共有三層。祈戒者由後側較低的戒臺繞一圈，爬上中層戒臺，同樣再繞一圈，然後爬上最高層，繞完三圈後，便來到壇主與說戒和尚面前。壇主坐在朝南的座位上，兩邊各有兩名說戒和尚，分別面朝東西向。受戒儀式便在此進行。

我本以為每個或者大多數的大寺院都會有戒臺，但這卻是北京城附近最著名的一處。小寺院僧侶受戒的儀式便不像大寺院那般繁複。

第一層戒臺象徵佛祖，第二層象徵戒律，第三層象徵僧侶生涯。

新進僧侶就此與三者聯結，承擔責任。他脫離無助苦海，親近度人的佛祖。他從此脫離無明無知，領受佛門戒律與智識。他放棄塵世歡娛和苦難，遠離都會眾人喧囂，過起他盼望的日子：單純的僧侶生涯。

他爬上旋繞登高的臺階，攀登三層戒臺，來到衣著莊嚴的壇主面前，受其領入崇尚性靈的佛門生活：這段過程，就象徵這三重的離苦得道。

7 原書註：Raffles, *History of Java*, ii. 25.

8 原書註：Hale, *Chronology*, iv. 472

9 原書註：Sir J. Davis, *The Chinese*, p. 210.

10 原書註：Rev. A. Williamson, *Journeys in North China*, ii. 353.

11 原書註：參閱周達觀《真臘風土記》。

12 譯註：佛身燒化後的舍利起初分為三份，一份給諸天，一份給龍王，另一份給八國國王，但由於國王們爭奪不下，方才又平分為八份。

13 原書註：Dr. Eitel, *Sancrit Chinese Dictionary*, Art. Naga, 78.

14 編註：蟻垤（Valmiki），據傳是《羅摩衍那》的作者。

15 原書註：參閱甘乃迪（H. G. Kennedy）一八七四年五月一日所提出的報告〈藝術社會：印度篇〉（Indian Section of Society of Arts）。

16 編註：偉烈亞力（Alexander Wylie，一八一五—一八八七），英國漢學家，倫敦傳道會（London Missionary Society）傳教士，在中國生活約三十年，致力傳教、傳播西學，以及向西方人介紹中國文化。

17 編註：長度計量單位，一噚等於六呎，約一點八公尺。

第六章

西貢與其港口。市區。外僑社區。華人區堤岸。河居。交趾支那人的風俗習慣。中國商人。交趾支那村落秀關。巫師。墓園。張永記[1]

西貢位於法屬交趾支那，有湄公河一條支流流經，雖然河道狹窄彎曲，但仍可供極大噸位的船隻航行。該城本身——或至少在我造訪期間——有一種熱鬧歡樂的氣氛，卻又顯得有些凌亂。港口很大，除了有一個浮船塢，還有一支裝甲艦隊、法國郵船公司的郵輪、其他私人貿易公司的船隻，以及許多橫帆船，正等著裝運稻米與交趾支那南部沖積平原的主要產物。堤岸上排著長長一列的咖啡館、商家，以及插著各國旗幟的領事館，而其中最引人注目的卻是一間還在興建中的旅館，將來必定是一棟地標式建築。

寬闊平坦的林蔭大道筆直地深入內地，形成這個移民區一項吸引人的景觀，但也顯示殖民政府沒有把任何時間、任何金錢，花費在對人民的健康與福祉有實質幫助的措施上。至於居民，倒也把家鄉的舒適與奢華帶進了目前的居處。然而據我所觀察，西貢的商業有大半掌握在英國人與德國人手中。其實當地也有很多法國商家，只不過這些法國商人做買賣時，卻似乎總是客客氣氣、輕輕鬆鬆、從容優雅，好像做生意只是爲了享受舒適宜人的生活方式，而不是一種掙錢工具，因此他不用白天辛勞、夜晚失眠，汲汲營營地與命運之神爭利。

我們不妨來看看他們通常如何安排一天的時間。早上大約五點半或六點，僕人（華人）就會來敲門：「Tuan bangon adda copee!」他說的是馬來語，新加坡華人說的語言，意思是「起床了，老爺，咖啡準備好了。」商人在喝一杯咖啡——而且還是道地巴黎口味的咖啡——提神後，再吃下一盤剛摘的水果，接著便穿著「bajo」（拖鞋）和「pajamas」（睡衣）到一樓的辦公室，點起一根雪茄，然後坐下來辦公到九點半左右。

接下來要做的是沐浴梳洗，然後吃一頓米飯、咖哩等等做成的早餐，到過東方旅遊的人，對於這種豐盛又鮮少變化的早餐定然不陌生。用餐完畢，時間也同時在閱讀、小寐、抽菸和閒晃中消磨過去，直到涼爽的傍晚到來。這時候，「tiffin」（點心）便送上來了，吃過點心又工作個兩、三小時。然後或是去散散步、聽聽樂隊演奏，或是到俱樂部打打撞球、玩玩牌，或是到他最常光顧的咖啡館啜飲一杯苦艾酒。晚餐過後，可能就待在家裡，也可能到俱樂部或咖啡館湊個牌局，夜深了才散場。

這樣的生活當然還會有私人舞會、餐宴和總督官邸盛大的歡迎會等等作爲點綴。我記得曾在一個官方舞會上遇到兩名中國人，其中一人從未參加過類似聚會。有人便開玩笑對他說這種嚴肅莊重、講究禮數的舞會，其實是歐洲葬禮的一部分，而他也信以爲眞地詢問自己是否應該穿白色衣服（喪服），以表哀悼，最後他才發現自己被作弄了。不過想像力豐富的法國人偶爾也會陷入妄想的陷阱。

有一回，有名法國商人請客，在氣氛靜肅的餐會上，我發現客人們談論的全是關於某人猝死的消息。此人是個極具熱忱的自然學者兼傑出的旅行家，也是西貢植物園的園長。據說這位不幸的紳士爲了從事植物研究，在某山區待了幾個月，不料竟遭到一幫當地人劫財害命。那天的聚會果眞氣氛凝重，這個爲科學犧牲的年輕人深受眾人喜愛與敬重，於是所有在場人士個個誓言要立刻對凶手採取報復行動，聽說其中有幾個人已遭到嚴密監禁。正當同仇敵愾的情緒漲到最高點之際，樓梯響起輕輕的腳步聲，不一會門倏地開了，卻見慘遭謀殺的學者飛奔到正兀自悲傷的同胞懷裡。原來，他的財物都被搶光了，卻有個好心的當地人救了他一命。

堤岸（Cholon）是西貢當地人的聚居區，與歐洲移民區相距三哩（約五公里）。現在就請讀者隨我到這個一半華人一半安南人居住的地區，來個晨間漫步吧！我們要沿著大運河的人行道走，這條運河名爲「大」其實不然，不僅兩岸邊上雜草叢生，而且漲潮時河水混濁，退潮時則滿是爛泥。

忽然有群野狗橫衝過馬路，從狗群身後揚起的灰塵中，我們隱約可見一隊柬埔寨牛車，每輛車由兩頭牛拉著，而每頭牛的鼻孔都有一條繩子穿過，和正前方的車輛繫在一起。整個車隊由一個小男孩駕馭，因爲商人們都還熟睡在他們帶到市場來賣的象牙、獸皮、獸角、樹脂和藤黃當中。車輪繞著乾乾的木軸轉動，發出嘎吱刺耳的聲音，要是有哪個投機商人膽敢駕著這些牛車，在倫敦郊區安靜的街道上來回穿梭，一定能賺上一筆。

我們現在進入堤岸大街。左手邊是憲兵隊，迎面走來一群赤腳婦人，排成長長一列，正要送新鮮蔬菜進城。她們的打扮和中國農村少女相似，只有帽子倒像是把大大的籃子擺在頭上。這種帽子以乾葉做成，直徑兩呎（六十公分），深六吋（十五公分）。男人戴的帽子更大，成圓錐狀，帽簷直落到肩膀。戴這種有如滅燈器的帽子必須稍微往上拉，才能看得到路，不過下雨天戴著就不會淋溼，這點對於視水爲死敵的安南人來說再重要不過。在交趾支那住了三個月，我好像從未看到任何一名當地人洗過澡，只有當我想爲他們拍一張輪廓清晰的照片時，曾要求他們洗臉。即便如此，清洗過程仍須嚴密監視，否則他們臉的外圍還是會留下一圈黑黑的框，好像是築一道土堤來保護五官免受外力撞擊似的。

好了，我們還是繼續走下去吧！已經有幾個月沒下雨，樹籬和灌木都蒙上一層土黃，但也被各種旋花屬植物襯托得色彩繽紛。時間這麼早，路上見不到什麼新鮮有趣的事物，一直走到距離城區一哩（約一點六公里）處，才來到一個約二十哩（約三十二公里）長[2]的墓園。這塊地是數百年前當地的統治者聽從宮廷占星師的建議，特地選來作爲死者安息之所。如今道路沿線的電線顯示，這個地區的歷史已經有了新生命，進入了新紀元。堤岸就在眼前了，這裡的居民以華人爲主，無論是居民工作活動的地點或是廟宇、住家，到處都能看到中文字。早在幾個小時前，這裡便已市聲鼎沸，而我們所遇到忙忙碌碌的那些人，全是中國人。

想看一點道地的交趾支那景象，我們得到河邊去，那裡有數百艘船群集在一起，形成一個水上村落。許多中國商人已經上了船，有些人還在商量米價，有些則已經談攏，正在付給當地人一籃一籃的銅錢。

再往前走幾步，便是河上住家。這世上還有更原始的生活方式嗎？相較之下，我們英國祖先居住的洞穴有如城堡，瑞士湖居則有如宮殿。在這裡，五呎（一點五公尺）寬、七呎（二點一公尺）長的茅屋裡可能擠著一家七口。衛生設備很簡單。住家架在溪流上方幾呎高的高臺上，所有廢物垃圾全都往下拋。假如有資本家計畫建造類似有助於增進大家族成員的感情、能欣賞河岸風光、絕佳釣魚場所近在咫尺、無須負擔費用或租金，還有如此簡單便宜的排水系統的河濱住家，興建與裝潢費用全部只需兩塊半，也就是十二先令。而且維修費用還得由房客自負。

關於圖片上的一家人，讀者想必注意到了那位家長怯怯地躲在孩子身後。由於上午天熱，他全身只戴了一頂圓錐帽，這是父親威嚴的象徵。由於他受過點教育，見我們走近，原本打算脫去帽子，但唯恐他罹患重感冒或因而英年早逝，我還是請他繼

西貢堤岸區一景

續戴著。雖然小孩子在五歲之前完全不識衣服爲何物，但衣物卻是這個地區最昂貴的家用之一。這些茅屋前面有一些用堅硬圓木挖鑿成的獨木舟，可供造訪親友、載運貨品或釣魚之用。我先前說過，這些當地人衛生習慣並不好。他們雖然住在水邊，但肥皀在此間的銷路恐怕不會太好，除非他們心血來潮想拿來吃，這種情形還眞的發生過幾次。他們盡可能都不工作，大多數時候總是逍遙地抽菸、吃檳榔、打獵，檳榔能買多少就吃多少，而打獵區範圍只有一丁點，即使小小獵物也會被視爲人間美味。

在堤岸的亞洲人當中，華人掌握著主要的經濟勢力，這點在每個有華人移民的馬來和印度支那國家都一樣。事實上，他們不只自己直接從事進出口生意，還會在外商與當地人之間扮演仲介。我在堤岸結識了一、兩名中國商人，他們幾年前到這裡時，只是一般按日計酬的苦力，但由於他們吃苦耐勞、誠實無欺，終於贏得西貢歐洲商人的支持與信任。

中國新年期間，其中有一位邀請我到家裡去。他的房子是半中式、半歐式風格。前頭的倉庫暫時改頭換面了。用繡花布蓋著的桌子取代了一捆捆和一袋袋的貨物，桌上還擺滿豐盛佳餚。牆上貼著數百張如信紙般大小、寫著中國人姓名的朱紅名帖。樓上一個寬敞的房間裡，放了張桌子，桌上擺滿歐洲餐具、醇酒與美食。主人爲這當中缺了幾個盤子和幾把刀子道歉，說是他的交趾支那友人請求讓他們帶回去當紀念品了。這些漢人有些會在這個國家定居，但大多數還是會返回中國，用部分積蓄買個小小官職和自己人身安全的保障之後，便從此退休，或是利用餘錢再做生意。

秀關村（Choquan）位於西貢和堤岸的中途。通往村落的小路右邊，有一大片生長茂密的竹林，左邊稻田中央有個很深的水池，可以讓水牛盡情翻滾，順便在身上塗滿泥巴以防蒼蠅叮咬。到了秀關，村裡並無特殊景致，只有家家戶戶四周密密長滿了果樹，而且我到訪時，正逢橘子和柚子果實纍纍，樹枝都被壓得垂到牆外來了。我所能認得的，是進村子必須經過一條夾在兩面尖尖刺刺的仙人掌牆中間的窄巷，而這條巷子卻又連接其他許多小巷，到底該走哪一條才能到秀關，我也弄糊塗了。其實我曾經多次經過村莊中心卻不自知，因爲村屋到處散落，而且每間都有高高的仙人掌或竹子圍籬圍著。

當地人喜歡保有隱私，包圍在他們住家外面的圍籬的每一根刺，其實都暗示著這家人不想被打擾。如果你對此不滿意，大可推開外側大門，這時就會有一、兩隻惡狠狠的土狗對著你齜牙咧嘴，甚至動口咬人。成群赤裸的小孩或是在巷弄的塵土裡打滾，或是懶懶地靠在樹下抽菸，吸一口將圓胖的臉頰鼓得脹脹的，然後再從嘴巴、鼻孔將煙吐出，那種異常滿足的表情通常不會出現在這種年紀的孩子臉上。

男人也一樣蹲在路上，或是（因爲圍籬可不能用來憑靠）直接躺在地上聊天，再不然——既然這裡不像我們家鄉一樣，三五步就有一家小酒館——就是到家裡去，拉上大門，走進廊道坐在椅子上，或是斜倚在鋪著墊子、附有木枕的長凳上，茶、菸、米酒、檳榔擱在手邊，然後重拾話題。

現在我們到其中一戶人家去瞧瞧。那兩個說話說累了想躺下來的男人（我說的都是親眼目睹的事實），是村裡的地主，各自擁有約一畝地。有兩個臉蛋清秀卻髒兮兮的小女孩，站在一旁搧風，是家裡的奴婢。女主人坐在陰暗的角落裡，一面抽菸一面逗著孩子玩。房子本身蓋得不錯，地板架在離地大約三呎（約九十公分）的磚柱上。蓋瓦的屋頂圍著一圈木雕飾作爲支撐，屋內則依家人需要隔成幾個房間。

交趾支那的鄉間小路

前面門口兩側各有一條廊道，格子門上有一塊刻著主人姓名或官銜的匾，另外大門側柱則懸掛著對聯。假如屋主十分富有，那麼整個屋子正面都會以鏤空雕飾，加上彩繪與鍍金更顯得堂皇氣派，正好可以掩飾內宅裡害蟲橫行與陰暗骯髒的景象。

屋內的臭味讓人無意多作停留。不過，有個陳設特別的小客廳倒是值得一看，廳裡有位老婦在桌子上做針線活，還有個上了年紀的男人斜倚在鋪著被褥的臥榻上。房間四面放了幾張中國製的椅子，其中一張上面有個米缸，裡頭裝著橘子、一碗飯、一杯酒和一、兩個棄置的偶像。另外一張椅子上擺著種種馬具，上方掛著一幅紅黃相間的羅馬天主教圖畫，椅子下面則放了一袋水果和許多農具。牆上到處掛滿中國和歐洲的圖畫，此外還有一、兩面作為掛飾、會將面孔極度扭曲的鏡子。

接下來讓我們呼吸點新鮮空氣，我要帶各位到秀關村另一處，那裡住了位巫師。他的住家地點比較偏僻，四周圍繞著厚厚的仙人掌牆。要進入這個怪異而隱祕的居所只有一條通道，那就是爬上一棵樹，經由一截彎彎的樹枝越過圍籬，再從樹枝上跳下來，便是小屋正門。我們進入屋內時，看見那位巫醫、術士兼魔法師正埋頭看書。他面前那張粗糙的冷杉桌上，散置著各種用來製作靈丹妙藥的藥草。有一種藥草求取的人很多，那是一種春藥，若有失戀卻心有不甘的年輕男子前來求藥，得先把藥草磨成粉，混到香菸裡頭，然後拿給變心的女友抽。女子抽了幾口，被施法的煙霧從她鼻孔噴出之後，她就會死心塌地愛上對方。

這個神祕的巫師原本很專心研讀，但偶爾也會拿起手邊一碗米酒解解渴，這個舉動提醒了我們，他畢竟也是個凡人。偶爾他還會停下來抽幾口菸，或是對空出神，考量著上一名患者的病情，同時思索著若是病患因為病重或因為醫療不當死了，死者的親友會不會付清醫藥費。這時候，可能又會從樹枝上跳下新患者，打斷他的思緒，而上門求醫的人可能是與人爭執被打得頭破血流，也可能是失戀而心碎。不過，巫師最主要的賺錢利器卻是為中邪的村民收驚驅邪。如果對象是窮人，驅邪費大約一塊錢，但若遇上有錢人，鬼物必定極難收服，至少需要十六或二十塊錢的靈符才能奏效。

當巫師被請到病人床前，他會開始放血，但不是替病人而是替他自己。他首先將兩根細扦插入自己的兩頰，並在末端點燃蠟燭，然後朝病人俯身念咒，祈求善靈（Châu-xuong）協助。萬一驅邪失敗，他會把乩童叫進來，將他的右臂拉直，然後在他的手中放一尊神像。這尊神像會使乩童伸出的手臂不自主地抖動。大約經過一個小時，不自主抖動的手會拿起最近的一碗酒，那是特地為神明準備的，據說神明附在乩童身上起乩之後，會特別口渴。當地人把這一切視為一種動物磁氣療法，這在世界其他地方也聽說過。

倘若上述的治療還是行不通，巫醫就得展現一連串絕技，如睡針氈、過火、飲滾燙的樹脂液等等，不過這一切舉動顯然都是靠酒精壯膽。此外，數萬交趾支那人安息的墓園（Dông-tâp-trâu），也是這位密醫的收入來源之一。他只要對那些感到不如意的人說，他們苦惱的原因在於死去親人的墓穴方位不好，這些人就會請他幫忙移動一下方位，換換風水。

交趾支那人和中國人一樣，對於墳墓有很多迷信，也因為如此，墓園裡的墓穴才會全部方向一致，結構也大同小異。此外，墓碑上通常都會雕龍，這點也和在中國一樣。當家中有人去世，便會請這位巫師或稱風水師來監督下葬事宜，而這名死者卻可能是被他醫死的，總之他必須讓死者的靈魂得以安息，以便將來保佑家業昌盛。於是，他一手持羅盤，一手捧神像前往墓園。他的第一要務就是找出地龍的頭部方位，再把死者的頭安置其上。接著要找出河水流過平原的方向，讓死者的腳朝水源擺放。假如將頭擺向水源，死者的靈魂將會永無止境地與水搏鬥，也會因在世家屬的疏忽，永受水獄之苦。

交趾支那的仕紳也和其他較先進國家的仕紳一樣，通常在外表與態度上都會顯得高人一等。不過上天是公平的，雖然他們要比一般中下階層的同胞高大挺拔，但結實健壯程度卻永遠比不上。他們一生中從沒做過一天苦工。他們的手骨架小、外型美、柔細一如女子，而且由於他們根本無須動手，因此中指與小指的指甲便可恣意留長，直到有如鷹爪一般。其實他們的某些作爲也和鷹鷲差不多。假如身兼官職，他們對待下屬多半十分嚴厲，因爲他和上司必須對下屬的行爲負責。在這樣的體制下，交趾支那發生氏族衝突的比例也就比新加坡和檳榔嶼的華人圈子少了。

他們的生活過得很懶散，在家裡總是斜靠在臥榻或椅子上，身邊圍繞著五、六名僕人，一個幫主人抓頭蝨，一個搧風，還有一個則盯著主人毫無表情的臉，一待主子稍有示意，便趕緊將香菸或雪茄點燃，靜靜地放到他雙唇之間。倘若有人登門造訪，他們會滿嘴嚼著檳榔，禮貌性地暗示道：激動熱烈的交談是那些粗人的玩意，我們上等人根本不屑爲之。接著他會請友人也來一顆，嚼得差不多了，兩人才開始交頭接耳，低低的話語混著咀嚼聲，若不豎耳傾聽還眞聽不清楚。

然而，張永記先生卻是個異數。他是交趾支那的基督徒，在西貢翻譯學校教授他的母語。他在檳榔嶼上過羅馬天主教學院，而我永遠也忘不了別人第一次爲我引見時，我內心的詫異。他說得一口流利的英語，只略帶法語腔，而說法語的時候也同樣純正流利。我想，說寫西班牙語、葡萄牙語或義大利語，對他而言也同樣輕而易舉，而且也因爲他對東方語言造詣深厚，才能贏得目前這崇高的地位。

有一次我參觀他的書房，發現他正在從事一件已經著手多年的著作：《世界語言的比較分析》（*A Comparative Analysis of the Languages of the World*）。他身邊堆滿了珍貴稀有的書籍，有一些是他在歐洲收購的，還有一些梵文、巴利文、暹羅文與中文書，則是他在東方各地蒐集而得。傍晚時，來了一位堤岸的傳教士，我臨走前，他正在和張永記用拉丁語討論神學。張永記的著作不少，其中一部《安南文法》（*Annamite Grammar*），一開始就詳細比較了最古老的象形文字與現行安南文字之間的相似性。

註解

1 編註：張永記（Trương Vĩnh Ký，一八三七－一八九八，又名 Pétrus Ky，原書寫作 Petruski），號士載，又號南中隱士。他是越南阮朝史學家、文學家、民俗學家，曾任通譯與報社主編之職。

2 編註：墓園長達二十哩（三十二公里）非屬常情，可能為原書的筆誤。

第七章

香港。該島的描述。維多利亞城。其現況。外國人與當地人。市場。香港藝術家。酒館。太平山。生活消費。一個奇怪的冒險家。一位摩門傳教士

離開交趾支那後，我在新加坡稍作停留，然後才前往英國殖民地香港。香港是我在中國領海中第一個造訪的島嶼，在這裡，我對生活在自己土地上的中國人有了初步的印象，並下定決心要去瞭解這支古老民族的風俗習慣與各行各業，而後來我也確實走訪了不少省分進行研究。

香港獨自屹立於東亞大陸的邊緣，島上人種混雜，受英國法令制度約束，有宏偉的歐洲建築和中國式街道，有基督教教堂也有佛教寺院。此地靠著一條橫越半個地球的電纜線和我們的英倫小島相連，它就像聳立在中國海域上的一個政治標竿，無論是撐起岌岌可危的滿清政府、維護和平，或是為華疆某些黑暗角落帶來高度文明的曙光，各方面都有不小的影響力。

一八四三年，英國政府將國旗插上這座孤島，使其成為直轄殖民地的政策，確實值得我們自豪。從那時起，政府建設的雄心也同樣值得嘉許，於是花崗岩群中誕生了一個光芒萬丈的城市，成群肆虐於附

近海域的海盜也被肅清，寬闊的港口更擠滿了各國商船。然而，就某些方面看來，它的改變卻令人失望。我們的開放政策，以及我們律法所提供的自由與保障，竟使得香港成爲避難所，專門收容中國城鎮的敗類，和那些因爲太窮、甚至太墮落而無法進入中國寺院以豁免刑責的惡棍。幸好這些壞蛋當中，有些人在我們這裡找到更大的空間，而有了改過自新的機會，成爲誠實可敬的公民。只可惜大多數人若非靠我們的監獄供養，便是繼續騷擾歐洲與當地人的社區。

雖然這座島嶼的地理位置眾所皆知，但我們登陸之前，對其整體外觀再多做一些描述倒也無妨。一般而言，香港島長約十哩（約十六公里）、寬四哩（約六點四公里）。

香港

正中央一座東西走向的岩山，山頂參差錯落，最高處海拔一千九百呎（約五百八十公尺），到了海岸邊高度陡降，或是連接一群低丘或是陡峭崖壁直落入海。這裡已經不是三十年前那個不毛之地，如今不但有林木遍布的高地和碧綠草坡，還有山谷花園，以及坐落在濃密樹蔭下、如詩如畫的漁村。

往北看去，維多利亞城就像雕工華麗的金字塔一側，層層疊疊的花崗岩建築聳立在維多利亞公園後方的懸崖上。城市下方的海岸線朝大陸對岸的英屬九龍呈幅度彎曲，在那裡高高的山陵圍起了一個全世界數一數二的港口，東邊由鯉魚門入港，西側則有南丫水路。從奇力島（Kellet Island，即燈籠洲）——港口東側一個設有砲臺的小岩礁——瞭望維多利亞，別有一番景致，尤其雨季期間，略顯陰暗的城市與山峰籠罩在深紫色的夕陽斜照中，更是令人難忘。

我便曾在這樣的時節，看到山頂上籠著一圈珍珠般的雲，鑲著粉紅或金色的邊，愈來愈暗的天色裡，有一絲陽光隱約透射在岩石建築的稜角邊緣，金光閃動。遠方諸島有如停留在地平線上的彤雲，眼前還有一片桅杆桁杜的亂林陰沉沉地抵住天空的臉。港口裡燈火通明，只是晦暗的船身以及當地船隻有如迎風展翅般張開巨帆時那充滿畫意的形體，把光線阻隔得零星斑駁。

且讓我們想像一下，輪船剛剛下錨，我們即將下船。時當清晨，甲板上人聲嘈雜。乘客們匆忙來去，詢問有關託運行李的下落，而船員卻似乎一問三不知，而且也根本不在乎。

不過，大小行李箱還是很快都搬到甲板上放置妥當，這時百來名船員發出呼喊咒罵，倒不是因為他們來自陰間地獄，而是這些天朝的苦力正在用自己的方式卸貨。不久，梯子放了下來，接著便有一群小

自奇力島眺望香港

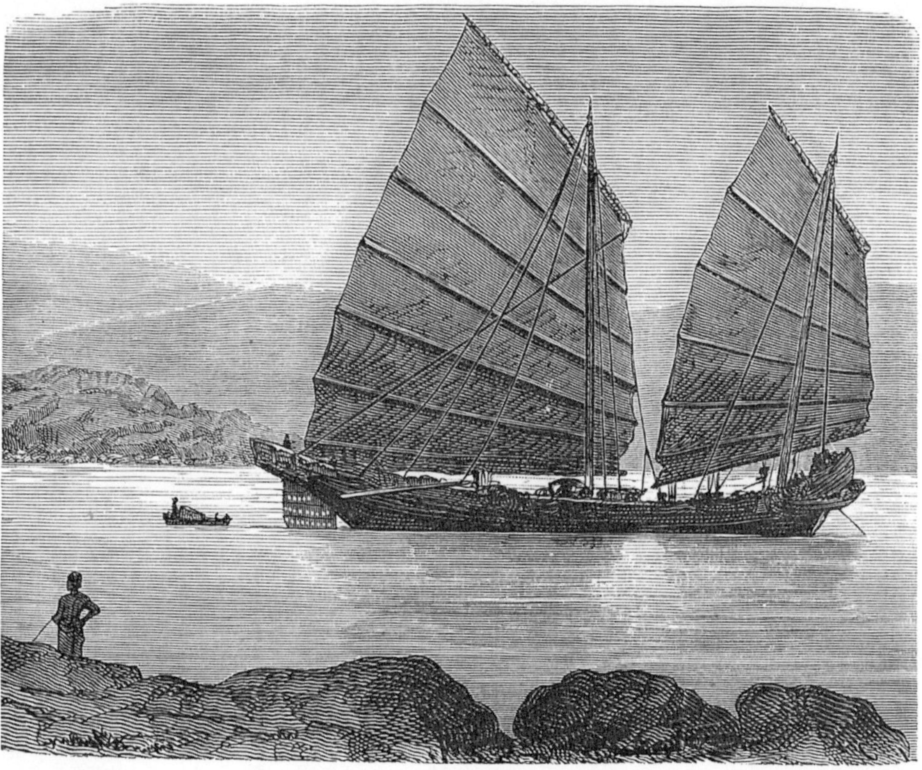

一艘中國戎克船

生意人擠將上來，他們都戴著草帽，穿著長及膝蓋的白棉或白絲上衣、深藍褲子、白棉布襪和厚厚的繡花平底鞋。

這時，你會意外發現有人走到你身邊，熱絡地稱呼你爲船長，然後好像招呼老友似的對你說：「Tsing! Tsing! Too muchee long tim my no hab see you!」這句洋涇濱英語的意思是：「你好！好久不見了！」你告訴他說這是你第一次到中國來，他可能弄錯了。但沒有用，他會回答：「Ah, my sabby your broder, you alla same large facie mun; he blong my good flin.」（啊，我知道了，我認識你的兄弟。你們都有一張又寬大、又親切的臉。他跟我是好朋友。）

他們當中有些人以爲英國是位於中華帝國外圍一個很小的殖民地，所有的英國人若非有親戚關係就是彼此認識，所以他們覺得把我們都當成一家人來看待總錯不了。這些人全是些流動的裁縫、鞋匠、珠寶商、洗衣工、手工藝匠和古玩商，不過待上岸後再好好觀察。他們當然都很積極進取，彼此間的競爭不斷。還有另外一些程度稍微高一點的人，認爲香港是我們國家最大的殖民地，而英國人也多半是那些搭船來往中國經商的商人。

我們搭乘一艘當地的船靠岸，船上住著一家子人。光是在香港，就有三萬多人和他們一樣以船爲家，靠著捕魚或服務港口船隻乘客維生。這些人總是仔細地判讀天候，而且可以很精準地算出暴風雨即將來襲。他們會向港內外國船隻的船長詢問氣壓計的變化，以確定自己的判斷正不正確，當他們心裡認定有颱風要來了，便會一同越過港區，來到九龍的海灣躲避，直到暴風雨過境爲止。船上的男人上半身赤裸，經常日晒的皮膚十分黝黑，女人則穿著保守，長相美麗動人。有些人皮膚白皙、五官細緻、眼睛又大又亮，從這些特徵看來似乎不是純中國人。

就在登陸鐘樓對面的必打碼頭（Peddar's Wharf）之前，我們一眼瞥見堤岸底下有一道以巨大花崗岩塊堆成的擋土牆，不用多久，我們就會發現這道牆不管是面積或重量都不足以抵擋颱風的威力。上岸後，立刻有一群中國苦力蜂擁而上不斷推擠，也不管你願不願意就把你往轎椅上一推，然後送到最近的旅館去。

這些轎子就相當於我們的出租馬車，也是城裡唯一的公共交通工具。轎子都有執照，而且每一座都掛著印刷的收費表，價錢差不多是倫敦出租馬車的一半。每座轎子只能坐一名乘客，轎子是用竹子做成，

九龍的一場家庭聚會

上面蓋著防水油布，有兩根長長的杆子供轎夫抬在肩上。這樣的交通方式確實不錯，還可以順便參觀街道。假如你是個纖細敏感的人，可能會對轎夫心生憐憫，因爲爲了讓你毫不費力地呼吸這「華疆」的香氣、欣賞當地的奇風異俗，他便得背著你穿過擁擠的大街，還得吃力地爬上山徑。

這些轎子在每處街角以及旅館茶館門前都看得到。轎夫們總是很認眞地研究歐洲居民的習性，因此初來乍到的人大約只需要一星期的時間，哪天出外用餐了，隨手一招，話也不用多說，轎夫絕對能正確無誤地把他送回家去。喔，他們的本事可不止如此，他們已經摸清這個客人的性格，也知道該不該信任他、他的票子能不能收。和中國人交易時，通常是支付由錢莊掌櫃開立的銀票，而掌櫃在兌換這些銀票時，總會趁機賺取利差，也就是兌出成色不足的銀

香港的轎夫

兩，卻向老闆支領足銀。

在整個中國社會，類似的欺矇拐騙手法不可勝數，這只是一個小小例子。由於受雇的中國買辦與銀師手法細膩、花樣百出，歐洲商人根本防不勝防。除此之外，銅錢的行情也很混亂。就算今天的匯率是一百一十個銅錢，被派去買東西的廚子、僕人或苦力向主人報帳時卻只會報一百個銅錢，兌換的差額也就名正言順地進了他自己的口袋。

我們現在身處東西向的皇后大道上，左右兩邊各有錯綜複雜的街道，帶領我們前往更高處沿山開鑿出來的梯壇和道路。在香港這一區，凡是可利用的土地都已被商鋪、店家、辦事處和銀號占滿了。香港俱樂部與飯店都是石材建築，其宏偉的外觀比起倫敦高級區的建築毫不遜色；至於商店和店內各式各樣的珍貴物品，就說寶寶珠寶店（Falconer）好了，也只不過比其他店面稍微絢麗一點，看起來簡直就像到了龐德大街[1]似的。中國商店那邊，也擺出昂貴的器物、廣州絲綢、象牙雕刻品、珠寶、瓷器與繪畫等等，彼此競爭激烈。

我們走進一家廣東商店「新成」，店主人親自招呼。他是一位廣東仕紳，會說英語，穿著一件山東絲綢上衣、深色縐紗褲、白襪和繡花鞋子，全身透著中國有錢人特有的笨重和安逸。他的助手們穿著也很講究，一一站在黑檀木櫃臺和玻璃櫥櫃後方，玻璃櫥窗光潔無瑕，裡頭全是來自廣州的古今奇玩。店內一側放置了一捆捆的上等絲綢，和一些草蓆樣本，上頭全都標示著物品名稱和價格。樓上則是整整齊齊地擺著各種古代銅器、瓷器以及黑檀木家具與漆器。

香港的鐘樓

我們買了一柄象牙扇，店主新成還在扇子上設計雕刻了一組漂亮的英語花押字樣。這位店主確實是個模範商人，很受當地歐洲人的敬重，做買賣更是童叟無欺，即便只是賣出一件低廉玩意，他也同樣畢恭畢敬、心滿意足，就好像接到一整船繡花絲綢的訂單似的。

過街便是市場，不過當天的大宗買賣已經在上午七點左右結束了。這裡的街道上掛滿彩繪鍍金的招牌，雖然店家都是中國人，招牌上卻是中文、英文都有，看得人眼花撩亂。這時候，「阿益」、「岑正」、「廣州 Tom」和「小販 Jack」都大聲吆喝，說自己和船家買辦都已經準備好以最低廉的價錢，提供最上等的雞肉、牛肉、蔬菜和雜貨請大家試一試，否則至少到他們的攤位去瞧瞧。這些人和顧客間的交易以記帳方式進行，他們將賣出的貨品和價錢一一記下，每到月底結帳一次。

除了這些貨色齊全的商店之外，還有許許多多攤位販售特殊商品，例如歐洲的水果、魚類等等罐頭食品。這其中最有意思的應該就是魚市了。魚市裡放著有清水流動的水槽，裡頭的海魚或河魚都還活蹦亂跳，這些魚大都是廣州魚池所飼養，然後以水船運到市場來賣。買家站在水槽前面，挑出自己看中的魚，店家就會立刻把魚捉起來包好交給他。我在歐洲從未見過任何類似的淡水魚，色彩如此鮮豔多變，藍、綠、棕、紅、黃、雜色、條紋或斑點，應有盡有，還有一些顏色平淡無奇，卻長得奇形怪狀。

接著在肉攤上，有當地人非常喜愛、歐洲人卻嘗也沒嘗過的各種美味，例如從尾巴倒吊起來的老鼠，看起來十分肥美，還有肥嘟嘟的活青蛙被五花大綁，等著做成美味佳餚。有人說在這裡到處可以看到狗的腿肉、排骨肉等等，但我卻不以為然。的確，我曾經在純中國的城鎮裡看過販賣狗肉，但這種景象並不常見。大致上說來，中國人吃的食物種類並不十分特別，不過他們烹飪的方法卻是乾淨俐落，即使零星的碎肉內臟也能變成非常營養可口的菜餚，一點也不像我們那麼浪費，這門家庭經濟學我們倒是該好好向他們看齊。在香港市場可以買到一些歐洲蔬菜，其餘像是牛肉、羊肉、雞肉、蛋、魚和野味，也都找得到，而且通常比家鄉的價格還要便宜。此外，還有五十多種不同的水果，其中幾乎有一半是中國特產。

我們再走回皇后大道，在一系列大型招牌前停下來，只見每塊招牌上都用粗粗的羅馬字體寫著某位中國藝術家的名號和專長。我們首先看到的是「阿方，攝影師」，接著是「展生，肖像畫家」，再接著是「阿廷」和其他許許多多香港的畫家與攝影師。

阿方請了一個葡萄牙助理幫忙招呼歐洲顧

飯後的中國家庭

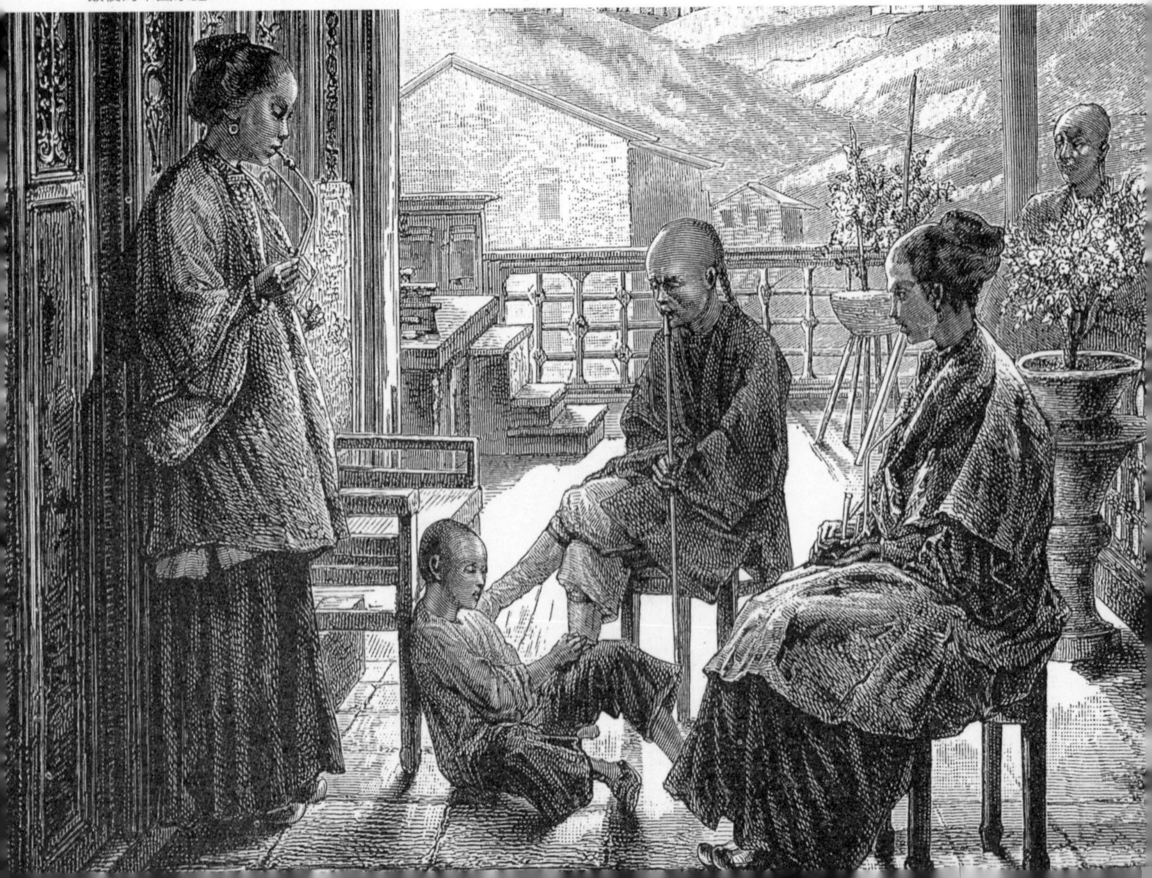

客。他本身是個短小、略胖、性情溫和的漢人，品味相當高雅，也很有藝術眼光。從他的作品集可以看出他是個熱愛美麗事物的人，因為他有些照片不僅技巧純熟，也很注重拍照者擺出的姿勢。就這方面而言，他是我在中國所遇到的當地攝影師之中，唯一的特例。他的門口一張照片也沒放，而他隔壁的阿廷卻在一個玻璃櫃裡，展示二十來張恐怖至極的相片，恐怕也只有他能在暗房裡將人的面容扭曲到這種地步。

我們爬上一段狹窄的樓梯，來到這位天朝藝術家的展示間，在另一個櫥櫃裡，我們看到男男女女的相片：有些彷彿是被人強拉去撞牆，就在那激動驚慌的一剎那拍下的照片；有些人的頭則像是被鐵釘釘住一般。凡是當地人拍照，大都帶著佛祖般呆滯木然的表情，臉部正對相機，左右手分別成九十度直角。一般中國人都會盡量避免側面或斜側面照相，原因是既然是肖像，就得看得出他有兩只眼睛、兩只耳朵，臉也得圓如滿月。全身的姿勢也必須遵守這種對稱原則。

還有臉部一定要盡可能地避免出現陰影，即使避免不了，兩側的陰影也得相當。他們說影子並不存在，這只是自然的偶發情況，而不是面貌的一部分，因此不該呈現在相片上。然而，他們偏偏人手一扇，只為了製造一點陰影，這已不僅是中國南方生活不可或缺的一環，事實上，不管他們承不承認，若非光影的結合，又怎麼看得見構成中華帝國這一切——包括他們在內的——生物與非生物呢？

阿廷畫像館的牆上掛了些油畫，館內另一邊有幾名畫師正在將幾張有缺陷的小照片，複製成大大的彩色畫像。這裡的主人有個助理，專門負責到港口船隻上尋找外國客戶。某船員傑克想從這個長辮與茶葉的故鄉，帶回一樣紀念品，便提供一張波莉、桃莉或是蘇珊的小照片，然後訂製一張大的油畫翻版。畫像必須在兩天內完成、裱框並送到客戶手中，價錢不得超過當初說好的四個銀元。

這間畫館的工作也和中國許多事物一樣分工極細，以便用最少的人工賺取最大的利益：一名畫師負責草圖，一人畫臉，另一人畫手，再一人畫上服裝與飾物。於是波莉被放上了天朝畫師的畫架——這可憐的女孩恐怕做夢也想不到自己有此榮幸——照片上還蓋了一片畫著線和方格的玻璃，如此一來便解決了放大作品的比例問題。那位畫師看起來怪怪的，他剛睡完一頓長覺，衣服上散發出濃濃鴉片煙的味道。他透過大大的鏡片直視可憐的波莉的

一位香港的中國畫師

雙眼，然後量出適當比例再畫到畫布上。接下來，她被從一手換過一手，畫師們分工合作，以一種前拉斐爾派的精準將她五官與服裝的種種細節複製到畫布上，最後還添上一種非常不自然的顏色。

且讓我們仔細看看這件成品：衣服是天藍色，滾著綠邊；脖子上戴著黃澄澄的金鍊；手臂上有手環，手指上則閃耀著寶石戒指的光芒；頭髮黑比瀝青，皮膚白如珍珠，面似朱砂，唇如胭脂。至於衣服，既無斑點也無皺褶，整件繃得緊緊的，水手傑克一定會說跟船頭雕像的石雕服裝沒兩樣。在這個亮麗的美人身旁有一個方方正正的桌子，桌上擺著一只花瓶，裡頭的花也同樣帶有本土藝術五彩繽紛的特色。

這一切肯定能取悅水手傑克吧！的確，他說中國人約翰把他心上人畫得比他想像的還要美，而且他從來沒有看過這麼多采多姿的畫。他自豪地把畫像掛在床鋪上方，但偶爾瞥見波莉搖身一變成爲水手的彩虹女神，以及那雙小手小腳，仍不免感到困惑。

現在，我們從阿廷的恐怖畫廊回到大街上來。在另一頭有許多象牙微畫家。這些人也同樣是複製照片，但他們的作品卻絕對比放大作品來得好，因爲照片放大後原來的缺陷也會更清楚。然而，微畫家卻難得畫出很好的作品，倒也並非不夠細膩，只不過我在香港停留期間，只遇過一個能夠不一味模仿而成功作畫的人。他堪稱是天才，但卻也是個鴉片鬼。

我們第一次見面時，他是個時髦好看的公子哥，全心投注於微畫事業，喜愛與上流人士交遊，享受生活，並經常出入維多利亞的歌廳與賭場俱樂部。最初他只抽微量鴉片，但後來上了癮，抽鴉片的時間一到，不管他人在何處或是多麼忙碌，都得拋下一切讓自己沉溺於煙毒之中，他也因此很快便走上絕路。

他起初來我房裡作畫，每次時間一到又控制不住，總會哀求著向我預支一點錢（他身上從來一毛錢也沒有），那種急切與痛苦就好像一個即將餓死的人。

我們沿著皇后大道再往西行，便是各國水手經常出沒的地區。在這裡，幾乎每隔一間店就能買到烈酒，還能看到船員們成群結隊，把時間和金錢花在來路不明的酒以及來路更加不明的同伴身上，他們或是醉腔醉調地吼唱一些粗俗的水手歌，或是依著鼓、笛、風琴或短號的節奏跳舞。

這些酒店經營者若非一副凶狠相，加上臉上鼻青眼腫、傷痕累累，顯示最近有客人除了付錢還多給了些「小費」，一般人可能會以爲他們頗有身分地位。本區上方的中國房舍層層疊疊環繞著太平山。山名是好名，但好名卻掩蓋不了當地的罪惡。太平山的居民多半是中國人，但也看得到東方各國的男人。至於女人，主要還是中國人，人數雖多卻全都出身低微。這一帶除了歌廳和公寓之外，還有一些怪異的旅館，那些被警察盯上的無賴經常在此出沒。

有一回，我陪一名警探在這個黑暗地區巡邏，我眞不想形容我所看到的景象，但那也證明了所有關於中國低下階層傷風敗俗的傳言。不過話又說回來，那裡也有許多上流人士的正當娛樂場所，而且據我觀察確實毫無可疑之處。我國政府在此新殖民地上所遭遇的一大難題，就是如何以最有效的方式抑制每個大海港都市共通的罪行與陋習，並且盡量避免後遺症。而政府採行的政策是：凡是無力壓制的便發予執照，收歸政府直接監督，至今從數據看來，這確實是明智之舉。從在此地看到的幾件小事情——內容多說無益——我立刻就感受到問題之大與其嚴重性：究竟該如何將長久存在、又似乎無法避免的惡行控

一條香港的街道

制下來呢？

有一家新近建造的大型歌廳，可以說是一百八十個類似場所當中比較吸引人的一處。這家歌廳位於荷里活道末端，外部幾乎全以花磚裝飾。在入口處有一個擺滿供品的供桌，用來祭拜逸樂之神，神像高踞神壇之上。神壇左右側分別掛著卷軸，上面寫了一些道德訓言，只可惜與此間的格調並不相符。有六、七名很美的女歌星就坐在門外，她們穿著繡工華麗的絲綢洋裝，臉上塗了鮮豔彩妝，頭上插著灑了香水的花飾，有些髮型設計成茶壺狀，有些則像一隻展翅的鳥兒停在頭上。

一樓的空間全部隔成一排排的小包廂，每間廂房裡顯然都準備了吸食鴉片用的臥榻和完善設備。這裡有幾個女孩隨侍在旁，有的幫忙裝鴉片煙，有的則彈奏琵琶或演唱甜美曲

鴉片吸食者

調，在這種奇特又令人無法抗拒的氣氛下，客人很快就會輕飄入夢，徹底成爲她們的俘虜。從一段狹窄階梯爬上二樓，表演廳已空無一人，只有鍍金雕飾的天花板上掛著枯萎的花綵，底下也還留有前一晚飲酒作樂的痕跡。上面還有兩層樓，隔間都和一樓一樣。

我們參觀了另一家歌廳，表演廳裡滿滿都是人。整個大廳內部全是鮮花，有的結成花綵裝飾天花板，有的從藤條編織的籃子垂掛下來，另外還有鏡子、彩繪、鍍金等等比較持久的廣東藝術，妝點所有牆面。在一張擺滿精緻點心和精選水果的桌子旁邊，坐著一群嘻笑的中國人，有年輕人、中年人也有老年人。擦得光亮的錫酒壺任人隨意傳遞，酒客個個斟起一小杯一小杯熱氣蒸騰的酒，互相舉杯祝賀。原來我們剛巧碰上一場餐宴，賓客們在當地美酒、瓜子和美女助興之下，正鬧哄哄地舉行吟詩友誼賽。

通常在這類聚餐會上，每位賓客身後都會坐著一名少女，這些少女大都稱得上稍具姿色，不過倒是每個人都穿著最時髦華麗的廣州絲綢。她們的頭髮上都戴著花飾，臉上的妝則抹得有如當地所產瓷器。現場有一位我認識的中國老商人，他告訴我說這些女子都很端莊正經。這或許是事實，總之他很肯定常常會有賓客爲她們贖身，讓她們成爲姨太太或小妾。

屋內四個角落各有一支女子樂隊，正在替一位上了年紀、嗓音尖銳的女人伴奏，樂曲顯然很能迎合這些中國人的喜好，她唱的是古代一位行事不擇手段卻又風流多情的人物的傳奇故事。

我在香港停留期間，聽說華人對賭博的熱愛正是僕役階級與下層雇員之中，犯罪與竊盜的主要根源，這傳言或許不無道理。由於警察根本無力遏止，這種惡習在島上也就愈來愈風行了。最後，有關單

居無定所的中國樂師

位決定放手一搏，以發執照的方式將賭場制度化，以便嚴格監控賭博這個惡習。這是個大膽的嘗試，當然會遭受各方的強烈反彈。由於反對的聲浪太大，沒有多久這項新法令只得被迫廢止。

施行賭場合法化措施的短暫期間，政府每個月大約多了一萬四千元的財政收入，而且根據地方政府的統計數字顯示，對於消弭犯罪也有實質的效益。此外，當地警察的道德操守也應該得以提升，不至於像當初地下賭場盛行之際，因受金錢誘惑而導致瀆職與貪污情事不斷。實施這項新政策首先遇到的難題之一，就是該如何利用這筆愈積愈多卻來路骯髒的金錢，而這份良知的考量顯然也影響了該政策的推動者。甚至有人建議悄悄把錢丟入大海，一了百了。我卻認為：假如為了降低殖民地犯罪率而包庇這項惡習的政策夠健全，那麼由賭場獲得的收益當然能善加運用，除了增進警察辦事效率，還能普遍減輕居民的賦稅負擔。

不過我先前也說了，這項既冒險又不得人心的實驗措施，根本還來不及徹底施行以展現壓制犯罪的成果，就已經遭廢除了。香港警力龐大，費用支出十分可觀，而其效率不彰卻也是維多利亞新聞社論中經常抨擊的重點之一，但效率不彰很可能原因無他，純粹是中國賭坊耍的手段。一般基層警員都是中國人，他們的上司則多半是對下屬的語言與習性一無所知的歐洲巡官。雖然有部分警力由印度人組成，但他們一樣不會說中國話，因此對於偵辦犯罪的幫助不大。不過其中仍有少數人對中國習俗頗為瞭解，知道保持沉默能換取什麼樣的代價。

賭博是所有中國人多少都會沉迷的一種奢侈行為。在賭場受政府監督時期，這裡也變成一些有頭有臉的人士公開出入的休閒場所，這些人可能是當地人眼中的品德典範，卻也在禁賭期間偷偷養成這種不良的嗜好。我在參觀某家賭場時，竟意外看見一、兩位德高望重的中國商人，正專心埋首於賭桌上。老實說，要是看見蘇格蘭教會的長老在星期日做完禮拜後，冒著傾家蕩產的危險坐上賭桌，我的驚訝程度也不過如此罷了。

這些賭場倒是值得一訪。從大街上走過，你會發現賭場門外坐著一個歐洲人。他負責看人，能賭的就讓進，而那些道德品行對整個社區影響較大的人——例如僕人和辦事員——則得擋下。此人必定是天賦異稟，才能一眼就看出每個進賭場的人的職業（這賭場在新法令施行之前可能像個地獄，但如今有個門房負責分辨良莠，倒是有如天堂一般），因爲光是持票並不代表什麼，票是可以易手的。從這個門房身上，還能測試出新法遏止賄賂與貪污的效力。

走上一段狹窄的木梯後，我們看見一間點著燻煙油燈的房間。房內幾乎呈正方形，天花板中央挖了個方方的大洞通往另一層樓或廂房。廂房是特別爲特權人士設計準備的，有幾個人從欄杆旁探身，目光熱切地往下看著開展在我們眼前的一張長形賭桌。

起初我們實在不敢相信，和我們擠著看賭局的竟是香港幾個最危險的流氓人物。不過現在讓我帶你一起來看看；賭客們已經下注。右手邊那個身材肥胖、臉上刮得乾乾淨淨、表情沉著的中國人是莊家；瞧瞧他把銅板和鈔票擺得多麼整齊，又多麼迅速便能算出利潤和利息，金額再小也不例外，而且每贏一筆還要扣除百分之七的分紅。他的助手站在他身後，秤量賭客的銀元、碎銀與檢視珠寶。他的兩旁則分別是帳房和荷官。

桌子中央有一塊畫著交叉斜線的方形錫板，斜線格出的部分分別標有一、二、三、四等數字。賭客可以自由選號下注，除非分別押兩個號碼，否則贏錢機率就是三比一，贏了錢還要加上百分之七的佣金。有些賭客會在賭場裡耗一整天，一開始就跟莊家開個戶頭，每筆帳都仔仔細細地記錄在他們面前的錫板上，一天結束時再結帳。所有賭客都下注了，包括樓上的人也把賭金放在一個小籃子裡垂吊下來。

荷官——和他的伙伴們一樣油亮、肥胖、臉上刮得乾乾淨淨——面無表情地端坐在那裡，主導著賭局的關鍵部分。這個人怎麼看都非常正直公允，但如果傳說是眞的，他的作弊手法之高明足以瞞過現場上百隻如老鷹般銳利、緊盯著他不放的眼睛。他的袖子很短，幾乎露出整條胳膊，右手拿著一根薄薄的象牙杖。他面前的桌上堆著一堆硬幣。他從中抓起一大把，放到空的桌面上，然後以一個銅杯蓋住。

當賭客下注之後，荷官便移去銅杯，再以象牙杖末端將硬幣四個四個挑出，最後剩下的硬幣數目就是贏家的數字。只要沒有銅板裂開或作弊情事，錢幣數不到一半，賭場老手就能準確地說出剩下的數目會是一、二、三或四，而我們也在這個階段發現中國人獨特而驚人的性格：沒有激動的尖叫，沒有嘈雜喧鬧，沒有歡呼也沒有失望的咒罵，我們只能從賭客臉上看到情緒的表露，又或者看到他們沉著臉繼續冒險犯難，若不能得到幸運之神再度眷顧，也要在賭桌上輸個精光。

在當時，賭博並不僅限於有執照的賭場，在俱樂部或私人住宅還是有人偷偷進行，就連苦力們閒暇之餘也會躲在街角聚賭。小店家和沿街叫賣的小販也經常需要骰子，我就看見過一群小孩圍著路邊賣糖果的小販，熱切地拿錢下注希望能多得一份。我還發現我雇用的苦力也是一坐下來就賭，不只把下個月的薪水都賭光，連身上穿的衣服都押上了。

此外，彩券的風潮在中國也是歷久不衰。玩法是這樣的，出售的彩票上有一系列的數字。買家拿到彩券後，從中選十個數字——他自有偏方可以選出幸運號碼——付過了錢便會收到另一張標註同樣號碼的彩票。開獎當天，中獎號碼會由一個始終身居幕後的神祕人物開出。猜對三個數字的人可以拿回本金，若是猜中十個數字，則可以贏得六千倍的獎金。假如一切誠實運作，那麼發行者通常可以有五成的獲利。

雖然賭博是中國人普遍的不良嗜好，也儘管這很可能為帝國帶來一大筆財富，但據我所知，中國政府並未直接插手賭場。

沿著皇后大道穿過黃泥涌，或是沿著海傍道往維多利亞城東走，我們來到一條林蔭道路，可通往賽馬場和墓園所在的快活谷（即跑馬地）。歐洲人這個墓園前面的大看臺，就是香港上流人士每年要聚在一起觀賞賽馬的地方，這已經是當地長久以來的一大盛事。熱愛賽馬的僑民每年最期盼的就是賽馬季的到來，這是他們一整年當中最大的樂趣，積年累月待在這個被稱爲歐洲人之墓的地方，忍受溽暑之苦，這也算稍作補償吧！奇怪的是，雖然在此風光明媚的山谷裡，生者與死者不過數步之遙，但這座島嶼本身竟是中國沿海最有益健康的地方。

目前的生活形態很可能和社會整體健康的改善有關。現在的房屋比二十多年前更適合當地的氣候，衛生設施也較爲完善。想當初城市初建之時，工人挖鑿山壁使得花崗岩碎石大片裸露在外，瘴氣外洩，因而引發了當時致命的流行病，而這些疾病也是我們的軍隊在中國境內所遇到最難纏的敵人。即使到了今天，只要有新開發的土地，附近還是會發生這種香港熱病的案例。中國的占卜師把這類疾病的蔓延歸咎於我們不懂風水，而有一點不能否認的是，他們確實準確預言了一旦開發山坡地所會引發的災難。

植樹計畫在麥當奴爵士（Sir Richard MacDonnell）任內積極施行，這點不僅大大美化了島上風光，對於增進居民的健康狀況功勞也不小。

住在香港的歐洲人生活消費非常高，這實在是不必要的浪費，因爲當地很多生活必需品的價格並不比歐洲貴很多。

個美食主義者、一個美酒專家，也養成揮霍的習性。他以生爲英國人而自豪，誠實、熱情、闊氣，鄙視吝嗇甚至於節儉（唉！）。這樣的教育無法成就一個有前途的商人，因爲如今世道不同，市場過度膨脹、競爭日益激烈、中國公司與德國經濟相繼打壓，而以往無須費吹灰之力便能獲得的交易與財富，現在也需要耐心、犧牲與決心了。

但香港很快便跟上了時代激進的腳步，當地的英國商人在中國大市場中的地位也仍屹立不搖。英國職員的日子還是過得不錯，只是不像往日那般奢侈；他們依然熱情、慷慨，絕不會任由可憐的同胞流落街頭。我那個時期，經常有老移民死後沒有給家人留下半毛錢，接著只要一發起募款活動，總能引起熱烈回響，募集到爲數不小的款項供孤兒寡母返鄉。但我說過時代變了，現在有密集往返的電報與汽船，卻也增添了不安與憂慮。奢侈浪費的情形減少了，但生活格調卻提高了，移民的消遣娛樂也更多樣化，整個香港社會變得更像我們在家鄉的樣子。

這個地區的氣候有將近半年是乾季，夜晚涼爽，天空幾乎萬里無雲。但是當高溫和雨季一來，天空就好像海綿似的降到山頂上歇息，而這塊海綿總是溼答答的，三不五時往城裡一擠，便是一陣傾盆大雨，大水嘩嘩淹沒街道之後，又在太陽底下蒸發。書籍和報章雜誌變得軟趴趴的，還發出霉味，居民則像是待在蒸汽室裡，斜靠在椅子上，懶洋洋地望著成千上萬的飛蟻，或是聚集在燈光周圍或是停在桌上，然後褪去翅膀，像蟲一樣爬行於湯盤或餐桌上的其他盤子裡，尋找棲身之所。不過，只要習慣了這些，此地絕非不健康或不宜人的居住環境。

一八六九年，愛丁堡公爵殿下造訪香港之際，我人剛好也在香港。他是第一個來到這麼遠的地方、足跡甚至遍及全世界的英國親王，根據中國人的想法他更是挑戰大海的凶險，只為了至少見識一回「大中國」之美。

不管他對天朝與其統治者的印象如何，即使失望再大，當「蓋拉提亞號」（Galatea）軍艦從當地與外國船隊之間駛過，停泊在香港平靜的港口時，他所受到英國人民的熱烈歡迎也足以彌補了。

他上岸時的盛況我記得很清楚。各國船隻的裝飾爭奇鬥豔，長長的商船隊伍守住了碼頭的通路，在當地上千艘裝飾著大紅旗幟與碎布的船隻上，無數膚色黝黑的船員全都擠到甲板上，或是利用船上索具懸吊著。還有碼頭和棧橋也全是一片黃面孔的人海，爭睹偉大的英國親王的風采。我也忘不了有些人發現他原來也是個普通人，而且還只是個水手，竟難掩失望之情。甚至有人認為水手不是正牌親王，他也的確只穿著船長制服，既非紫色也非精美布料，更沒有神祕的王家標誌以增顯王室的尊嚴。這個人確實不同於他們國家的帝王，據說他們的皇帝是太陽月亮的兄弟至親，光芒萬丈的容貌凡人見了必死無疑。

親王在此停留，為這座小島增添了一段充滿歡樂的歷史。親王和他英勇的軍官，對島上居民休閒娛樂的貢獻確實不遺餘力。他們所做的最大努力就是在美麗的市府劇院進行演出，不僅展現了戲劇技巧，由親王親自指揮的樂隊也同樣表現不凡。

註解

1 譯註：龐德大街（Bond Street），倫敦西區最美的商店街之一。

第八章

香港的蛇。颱風。北江的一趟冒險之旅。佛山。飛來寺。盲仔峽。急流。阿昆的野心。觀音洞。收割。搭小舟從三水到佛山。廣州。葉名琛總督祠。製茶廠。假茶。製茶。沙面。品茶

「小心蛇」——剛到香港的人，晨間若喜歡到山坡或山谷草地去散步，這句警語絕對不能輕忽。香港的確有一些毒性很強的蛇，我自己就曾經在黃泥涌的岩石間遇到一條眼鏡蛇。當時我正在拍照，忽然瞥見一團黑黑的東西移近我的腳邊。我舉起相機，打算拿三角架當防禦武器，卻見那條蛇昂起頭、豎起傘狀頸、發出嘶嘶聲，一溜煙就滑下岩石鑽進矮樹叢去了。

此地一位知名醫師也在醫院的庭園裡，一連活捉了三條眼鏡蛇，他把蛇關在籠子裡好一陣子，並進行一連串有趣的實驗，以測試被蛇咬傷時最有效的治療方法。他最初抓到的蛇之中，有一條花紋很美，他的朋友都很感興趣地跑來參觀。我也不例外，但我承認我的好奇心後來有點降溫，因為那天下午用餐之前，我的醫師朋友很嚴肅地對我說，他無時無刻都在等另一條蛇出現，因為蛇類通常都是結伴而行。他說：「如果你在屋裡看見了，只要靜靜坐著不要亂動。蛇可能就在桌子底下，但除非你踩到牠，否則

牠不會咬你。就算眞的踩到，你也會聽到牠嘶嘶作響，還是來得及逃離。反正傷口只要馬上治療，就沒有關係。」這時候，他的助手走進來說蛇出現了，就在隔壁房間。醫生說：「現在，要抓到牠就得保持冷靜、眼明手快。來吧，注意你的腳，眼鏡蛇的動作可是非常迅速。」我們接著便前往現場，發現敵人躲在衣櫃下方，儘管牠吐著分岔的舌頭、長了毒牙，且凶猛無比，最後還是被生擒活捉。這類蛇的壽命都不太長，因此這些可能得出重要結論的實驗，結果卻不盡如人意。

醫師這個人點子很多。他夏天常常熱得睡不著，便在臥室旁邊的浴室裡疊起兩個浴盆，中間架一個水車。所謂水車其實本來是腳踏車輪，經過改裝後成爲一個驅動輪，可以帶動床上方的「風扇」不停運轉，爲他搧涼一整夜。水車上的水落入下方的浴盆裡，剛好供他翌日晨浴之用。

我一直很希望能見識一下颱風，這個願望終於在香港實現了，而且不止一次。颱風的威力遠遠超過我的想像。即使繫得再牢的船隻也會被它吹得東飄西蕩，我還曾經看見船隻遇上颱風後，船帆破碎不堪，帆柱與帆桁被吹走，桅杆也幾乎齊頭折斷在甲板上。在香港陸地上，強烈的陣風不但吹走屋角，還把陽臺刮到對街去。風勢最大的時候，絕大多數的居民都關在家裡，小心地緊閉門窗，時時刻刻擔驚受怕，唯恐住家忽然被吹垮，自己也葬身廢墟。

有一次，我趁著風雨正大之際冒險前往堤岸邊，剛好看到許多中國船隻和貨物被吹上岸來，就在城市下方海灘的西端，破敗殘骸堆積如山。那裡有一、兩個大膽的外國人，救起不少當地人，但多數人還是隨船沉入了海底。天空一片鉛黑，偶爾風勢轉弱，卻只是爲了重整旗鼓，浪頭被更猛烈的風勢捲起後，

颱風大作的香港港口

破碎成一道道白色水汽，當中隱約可見四分五裂的船隻殘骸飄離原來的停泊處，輪船也冒著蒸汽隨時準備緊急逃難。堤岸厚厚的石牆也有部分坍塌，巨大的花崗岩石塊就這麼被沖上了道路。

我低著頭奮力往前走，但由於海浪躍過護牆衝到路面上，還怒氣不息地衝擊房屋碎成浪花，幾乎遮住我的視線，猛烈的風雨也幾次阻擋了我前進，但最後我還是來到外僑區東端，看見有幾個外國人正企圖從一艘中國小船上救起兩名婦人。這些船婦拚了命想拉住小船，以免船身撞上坍陷的堤岸而支離破碎，堤岸的大洞裡除了有缺口參差不齊的石塊之外，還散落著已經毀損的船隻碎片。風勢實在太大，波濤洶湧的海面也彷彿降低了高度，因爲湧起的浪頭全都被狂風掃成一片白茫茫的水花，打進屋內甚至漫過屋頂。我們全得抱住路燈和柱子，躲在門邊或牆角。

我們想趁著風雨略微平靜的空檔發射救生索，不料發射器卻有如羽毛般被吹回來。接著，我們拖了幾艘救生艇到碼頭，可是第一艘一下水就壞了，第二艘也是同樣命運，勇敢的船員還因而落海。總之，一切努力都無濟於事，緊接著天黑了，我們只能眼看著小船和婦人接受悲慘的命運。第二天早上，整個堤岸邊上滿目瘡痍。儘管中國人預測颱風向來很準確，這回卻有不少人措手不及，因此生命與財物的損失十分驚人。

一八七〇年，我在三名香港外僑的陪同下，遊訪了廣州珠江的支流北江。北江與珠江交會處名爲三水，位於廣州上游約四十哩〔約六十四公里〕處。要到三水，得先經過佛山溪，也就是一八五七年克佩爾司令（Commodore Henry Keppel）那場著名戰役發生的地點。佛山鎮不下一哩〔一點六公里〕長，溪水從城中心穿流而過。據說此地是華南主要製造區的重鎮，以餐具與五金爲主，因此有人稱佛山爲華疆的伯明罕（Birmingham）或雪菲爾（Sheffield）。

我仔細看過這些暢銷全中國的刀子、剪刀以及黃銅或銅鍋，心中著實不解，何以品質較好的英國製品竟無法癱瘓佛山的製造業？有部分原因可能是中國人工便宜，另一部分則是因爲這些製品能因應當地人的需求。例如中國剪刀的形狀和我們使用的就相當不同，要是我們拿這種剪刀來剪，很可能會把布扯破。但是同樣的剪刀一到當地裁縫的手裡，卻能創造奇蹟，而習慣之後，當地人自然也會比較喜歡自己的製品。我相信英國製造業者絕對應該一訪佛山，看看中國人使用的各種工具的確切形狀，將來或許能自行仿製外銷過來。

雖然據說恩平地區盛產品質極佳的鐵礦，[1]可以煉出七成純鐵，而且附近也有寶貴的煤礦區，但本區使用的鐵卻還是從國外進口。只要一切仍受風水之說影響、受短視政府掌控，礦場便絕對開挖不成。

經過城區時，我們看見許多外觀宏偉的磚砌建築、當地商人的住宅、花崗岩門面雕刻怪異的廟宇，和大大的海關。然而溪畔郊區的房子卻是以木樁架高於水面，那寒傖的外表與我們在市中心看到富裕人家的豪宅，形成強烈對比。這些高架屋就好像一群拄著枴杖的人，一跛一跛地往鄉間走去，以逃避奢侈放蕩的都市生活。

這條溪流是主要交通幹道，擠在水面上的數千艘帆船與船隻，有的忙著裝卸貨物，有的則忙著搭載乘客，往返於有如迷宮般縱橫彎曲的狹窄水道。如此繁忙的地方以這條溪作爲要道實在過於狹窄，我甚至可以想像十七年前，幾名英國水手搭著小船追擊中國艦隊時，後者是如何橫江擺出一面戰牆，向勇猛的敵軍狂亂掃射使其死傷無數。至於英國司令，儘管船被炸毀，「舵手被殺，所有的手下也全都受了傷」，[2]他仍鎮定地退守等待援軍，最後重新展開猛烈反擊，終於拖著五艘最大的中國戰船凱旋而歸。

那些本身一直表現得勇氣十足的中國人，據說也坦承十分佩服司令的膽識，他竟能帶領七艘小船攻占佛山、俘虜當地二十萬居民，還消滅了他們整支艦隊。當地人原以爲這支艦隊總是令這些「洋鬼子」聞之喪膽，所以在此之前，雙方從來沒有公平決鬥過，因爲「洋鬼子」每次都是背後偷襲，而不敢光明正大來面對他們費盡千辛萬苦架設起來迎戰的槍砲。

每當船隻把溪流擠得水洩不通時——這種現象不僅經常發生，而且每每延宕許久——你就會有空閒

前往黃塘村的鄉間小路（廣東省）

時間注意到岸邊停著無數的水上茶館、樂館和花船。這些船的甲板上船樓高聳，裡裡外外全是美麗的彩繪鍍金裝飾。門窗掛著絲簾，我們從其中一扇爲求方便而隨時敞開的門望進去，隱約看見一群服裝華麗的公子哥，甚至也有上了年紀沉迷酒色的人，正在和幾名濃妝豔抹的年輕女子調情，女子並一面服侍他們抽水煙、喝茶。此外，也備有獨立艙房的畫舫，可供全家人一同出遊，觀賞鄉間綠油油的稻田和果園。

到了三水，我們轉進北江，也同時進入一個詩情畫意的區域，有些地方甚至頗有蘇格蘭低地大麥田收割前的味道。在右岸邊上距離蘆苞鎮不遠的黃塘村停下來之後，我開始準備拍照。我本來打算拍下一群正在打水聊天的老婦人，沒想到她們一看到我把儀器對準她們的村莊，立刻慌張逃開，四處散布消息說洋人又回來了，正準備轟炸村落。不久，從村裡走出幾名代表人物，帶頭的是年高德劭的族長，我向他解釋說我們並無惡意，只是想拍張照片罷了。他便熱情地招待我們到他家裡去，在我們面前擺滿了茶和糕點。

我在中國各地體驗到許多簡單而誠摯的款待方式，而這便是其中一種，我相信任何一名外國人，只要稍具語言能力，足以立即表明自己的意圖，而且不要脾氣火爆不講理，在中國境內幾乎便可暢行無阻。不過在人口較多的大都市，總是會有一定程度的危險。我拿出一、兩個銀幣送給族長家裡的小孩，但這位長者不許他們收下，後來我小心地解釋說這只是個紀念品，可以當作幸運符佩戴，而不是爲了回饋，他才答應。

在清遠附近的河岸上，我險遭流沙滅頂。我們在清遠縣城前過了一夜，但被鑼鼓爆竹的聲

中國孩童

音、焚香的味道和鄰船烹煮冒出的煙，擾得徹夜難眠。最後我們到了飛來寺，這可能是華南最美也最著名的寺廟之一。要進寺廟先得從河邊爬上一段寬廣的花崗岩階梯，來到山門處，只見上頭三個金燦燦的大字寫著「峽山寺」。這座寺廟蓋在一個林木濃密的山坡上，山腰處一個長滿青苔的小山谷旁，便是飛來寺大殿。殿內立了三尊雕像，其中一尊（應該）就是那位虔誠的建廟者，據說他是在兩千多年前，隨著廟宇大殿一起被一隻火龍馱負至此。遊客總喜歡到此地駐足歇憩，而廟裡的和尚悲憫人性脆弱，竟然提供鴉片給遊客，另外他們還販售以廟區神木雕製的筷子，作爲到此一遊的紀念。

寺廟所在的清遠峽是個著名的墓地，數千座墳墓面河而立，遍布山坡達八百呎（約二百四十公尺）高。每座墳都有個漂亮的石砌門面，形狀有點像是馬蹄或安樂椅，後面駝著圓圓的背。寺廟內部鋪著花崗岩地板，並有插著花的花瓶裝飾，於是在大自然所創造最美、最浪漫的景致中，又增添了些許藝術氣息。對岸有條小徑通往一處蒼鬱的峽谷，每當僧侶們想遠離塵世，忘記一切喜樂愁苦，靜心修行以早日到達涅槃時，便會到這裡來。

我看過這些僧人的寢室，像牢房一般，我覺得其中有些人對鴉片煙的氣味並不陌生，可憐這些脆弱的凡夫俗子！有時候，他們想必是沉浸在已經讓他們上癮的毒煙中，努力地想飄到西方極樂世界。這些遁世者每天低低吟誦著單調、甚至對某些人而言毫無意義的經文，一輩子便如此沉悶度過，希望達到無爲、無識、無覺的最高境界。他們確實努力地想粉碎一切生命的意識，把自己分解成那種可以創造出萬物的無生物。我實在想不出有什麼比他們如此不自然的生活更可怕、更令人沮喪。

飛來寺

我們接下來停靠在一個叫連珠崗的村子。村中景況淒涼，鄰近一帶杳無人煙，村落本身與村民都顯得異常貧苦。全身髒兮兮的村民穿著一件破爛不堪的外衣，由於過度虛弱，只得斜靠在牆上，以便好好看看我們，而瘦巴巴、病懨懨的雞鴨，也餓得拔下自己的毛充飢！

這段河道兩旁有一些光禿的岩石和山色，至於短短的河段和急彎倒讓我想起蘇格蘭高地的湖泊。其他地方的山坡則是緩緩降到水邊，形成一大片閃亮的沙地，常常一延展開來就是一哩（一點六公里）寬。這片沙岸在日正當中時金光閃耀猶如迷你沙漠，但幸而有一彎清澈涼爽的溪水從旁流過，熱度降低不少。盲仔峽（即湞陽峽）是河上最美的風光之一，奇巖嶔崎，雲蒸霧騰，厚厚的雲層彷彿被參差的峰頂戳得支離破碎。

天氣變幻無常，偶爾風雨交加又溼又冷，偶

爾有幾絲陽光衝破黑暗，照亮岩石間的一小塊青綠，偶爾又只有一束光線穿過雲霧，投射在遠方水面上。有一次，我們在急流中突遇一陣強風，船眼看著就要撞得粉碎，船夫卻在轉瞬間鬆開縴繩，船也安然漂到中流。又有一次船觸礁，由於事發突然，有一名船夫竟倒栽蔥掉入水中。我們將他救起時，他已經筋疲力盡，但喝了一杯白蘭地之後，卻又立刻精神奕奕，還說只要我們每次都能給他一杯酒，要他落水幾次都無所謂。

中國人是出了名的溫和，而且多半也是事實，只不過在低下階層，尤其是這些船夫之間，只有在逼不得已的情況下，他們才會克制脾氣。我取道的這

盲仔峽

幾條江河上的船夫，在冷天裡總會喝大量燒酒，以便多掙點錢。這些人貧苦的程度約莫也和中國極度貧窮的地區差不多。南部各省的人只吃飯加鹽，或是配點鹹魚增加口味，只有在時機好的時候，才可能享受一點點肥豬肉。

他們耐寒的能力驚人，北部地區的人尤然，更令人吃驚的是，一滴燒酒竟便能使他們熱血沸騰，即使吃得那麼簡單，也能展現出不可思議的臂力與耐力。這些數以百萬吃苦耐勞的子民生活僅夠餬口，而唯一讓他們能不餓肚子、不搶劫、不造反的原因，就是他們的主食便宜，而且工作機會不斷。但這條河上就有強盜，這是船夫親口告訴我們的，還說我們夜裡停泊處附近的船隻裡，難保沒有藏著一大群。

後來我在英德縣城看到一個情景，完全證實了這個說法，也讓我產生一種終生難忘的恐懼感。英德聳立於河川右岸，外牆下方堆積著一大片臭氣沖天的垃圾，到了中午臭氣一定能傳遍方圓數哩。我們小心地走過泥濘危險的小路和看似已經發臭的水池，最後才通過大門進入城內大街。這條大街非常狹窄，路面曾經鋪設過，但現在已經破損不堪，至於居民則顯得虛弱、陰沉、骯髒、無精打采。不過，我們在市場上看到的景象卻是最叫人吃驚。那裡躺了兩具男屍，從上頭聚集的蒼蠅和空氣的味道，可以知道屍體已經開始腐爛。這兩人都是罪犯，一人站在牢籠中活活餓死，另一人則是被刑罰致死。

通過這段急流之後，我們來到一片廣闊的農田，田地盡頭有一座座獨立的石灰岩山丘，還有奇形怪狀的連綿山脈平行聳立。我們爬到波羅坑廟宇上方的小山上，那裡的視野最美。這一帶的耕作方式是我前所未見。最前方是阡陌縱橫的稻田，但已經收割完畢。四周到處可見蓋了廟宇、林木環繞的小山，更遠處的山腳下則有淡綠色的竹林，竹葉隨風擺盪有如翡翠海中的一波波海浪。此地和其他地區都種有竹子，竹子也成了珍貴的商品，地主富裕的程度通常就看他土地上有幾叢竹林了。竹子生長十分迅速，也無須多加耕耘照顧，是本區主要的財富來源。

正在觀賞這番景致時，我的中國僕人阿昆上來了。我好像還沒有正式向讀者介紹過他。他是名忠心的僕人，四十歲上下，我在新加坡就雇用過他，後來他轉行經商失敗，那一小筆資金也沒了。

「老爺，你在看什麼？」他問。

「看美麗的風景。」我回答。

「是啊，」他說：「我要是能有這裡的一小片山就好了。我會住到山頂上，看著底下的園丁

自廣東波羅坑廟宇北望，Th. Weber 繪

幹活，看哪個人最勤奮，我就幫他討個老婆。」

後來他還經常跟我提起這座夢想中的山，希望有一天能前去定居，並獎賞勤勞的下人。

我想我稍後再來說說竹子的多種用途。這一帶有不少鷓和雉雞，倒是打獵的好場所。

另外，我們還發現廣州草蓆有許多不同材質。這類草蓆主要有三大產地：[3]東莞、連灘和廣州，受雇的工人高達數千，確實是廣東省一大產業，據說廣州每年可外銷十一萬二千卷草蓆，每卷四十碼（約三十七公尺）長。

在廣州以北約兩百哩（約三百二十公里）處，我們參觀了整趟行程中最令人讚嘆的景致，也就是著名的觀音岩。這是在陡峭險峻的石灰岩山腳下自然形成的洞穴，洞口臨江，洞內有些地方經過挖鑿、有些經過整建，以便建立神壇。我們從一大塊花崗岩平臺爬上一段階梯後，到達上層的岩室，觀音就坐在一朵巨大的蓮花之上，據說神像並非人工雕琢，最初發現的時候便已經在這個位置上。這個故事是盲目信仰的僧徒編造出來的，他們根本不相信這朵蓮花可能是史前巨蓮的化石。野蠻民族或許相信花或魚會變成石頭這種荒謬說法，但文明的佛教徒絕不相信：不，他們說蓮花是爲了觀音而形成的，這是不容否認的事實。

據他們所說，觀音有一段神奇的故事。她最初出現在世界的中心——也就是中國——時，是一位名叫施勤的中國人的女兒，[4]但直到她生爲妙莊王的公主才廣爲世人所知。妙莊王命令女兒出嫁，她卻堅決不肯，她違抗父命、不依循傳統，國王便無情地將她賜死。然而出乎妙莊王意料的是，女兒竟因此晉升到了如今的崇高地位。據說觀音後來也到了地獄，由於她超然的慈悲與美麗頓時使地獄改觀，獄卒手中的刑具全部掉落，罪人得救，地獄化爲天堂。

如今觀音菩薩端坐在蓮花寶座上善目垂視，只不過似乎急需修繕。

住在洞中的僧侶經常面河而坐，上層岩面有個開口可以當作窗戶俯視河水。看他們背著光線一動也不動地坐著，對我們這群外國人的出現不聞不問的模樣，有如一排維護不善的雕像。但當我們走上前去拿出一個閃亮的硬幣時，他們隨即清醒過來，顯露出一種出家人不該有的貪欲。

他們收下我們給的錢之後，便有一名老僧帶領我們參觀洞穴內部。沿路上

Th. Weber 從觀音洞繪得的景觀

的岩石壁龕裡有幾尊較小的雕像，是觀音身邊的童子，每個壁龕前面都點著一支小蠟燭，還擺了幾杯酒和豐盛的供品。窗口前垂掛著一群鐘乳石，有幾隻純白的鴿子前後左右地飛來飛去，聽到老僧招呼便飛下來停在他手上吃東西。老僧伸出的手很引人側目：那隻手乾巴巴的皺縮起來，長長的指甲使得動作更不俐落，那發黃的指甲好像已經沒有生命，深深埋在累積了一輩子的污垢底下。

這個老隱士說鴿子的潔白無瑕象徵著觀音的純潔，還說這些鴿子身上很可能附著已故僧人的靈魂。從我們這位老僧髒兮兮的外表看來，那些已故僧人的靈魂對於自己的新環境一定很不習慣，因爲原本骯髒的僧袍和更骯髒的身體，竟變成潔白無瑕的羽毛。

此時是收穫季節，多處稻作都已經收割完畢，堆在農家庭院裡，等著以連枷打穀或公牛踏著沉重的腳步踩碾而過。這一季算得上豐收，農民個個歡天喜地，感謝神明保佑，在這塊已經耕作幾百年且難得歉收的土地上，又能有這第二季稻作的豐收。中國農民十分精明，他們很可能是最早瞭解到土地也和牛或驢子一樣，需要細心照顧，而且土地培養出作物後就必須補充肥料，更需要休耕一段時間，才能將產量提升到最高。中國人是在何時又是如何獲得這樣的知識，恐怕連孔夫子也難以回答。

他們確實每年能在土地上輪流耕作蔬菜作物和穀物至少兩次。不過土地之所以能夠如此肥沃，有一部分原因是大多數的田地面積都很小，地主可以不間斷地親自耕作照料，另一部分原因則是中國農民很時興施肥。許多實例與作法，都在在證明中國人精打細算的民族性。例如，住在城鎮附近的農民就會付點錢，每天到幾戶人家家裡把水肥運回家施肥，好讓他以低價租來的貧瘠荒地可以肥沃起來。如果農地

香港天后宮

廣東省的一個農場

離村落、城鎮很遠，他就得想盡辦法取得珍貴的肥料，於是他便在農田邊緣蓋幾間小廁所，由於鄰旁的農田也有同樣設施，所以還要蓋得乾淨美觀才能吸引路人前來。

我獨自搭乘一艘小船由三水返回廣州，好讓我的友人能夠悠哉走完剩下的行程。有一處河床水深僅數吋，我只得雇用一艘開放式的小舟，而行李則雇人由陸地上送到下一個河灣處。我搭著這艘小舟往下划——或應該說衝——到佛山，沿途看到有些中國商人也搭乘類似的船隻。這段路程大約二十五哩（約四十公里）。

我們設法想比其他小舟提早半個小時到達，便立刻擠過舟群間的狹窄通道。這真是整趟行程中最不愉快的經驗。我本想靜靜地靠岸，欣賞一下佛山風光，卻被一夥粗魯的無賴給推下河去，幸而有幾位好心的婦人救我上船，載我往下游去，最後我雇到一艘快船直接把我送到了廣州。

讀者想必注意到了，多年以來，在整個遼闊的中國，歐洲人唯一能夠接觸到的地方也只有廣州和廣東。不過，若是讀者對於廣州詭譎多變的歷史頗感興趣，倒是可以建議你們看看皇家海關的包臘先生（Edward Charles Bowra）在中國翻譯出版的那本書，內容相當充實有趣。書中提到廣東省的名稱首見於西元前一一二二年的周朝文獻。西元五世紀，佛教使者引進佛教經文，不僅創立了目前中國最主要的宗教，也建立了印度與中國兩大帝國之間的貿易關係。從那時起，中國人與其他國家的互動一直是斷斷續續、紛爭不斷；一方面中國始終堅持閉關自守，對於對外貿易不斷給予各式各樣的阻撓，而外國商人也同樣不屈不撓、施以壓力，終於使得中國政府漸漸讓步，簽訂了互惠條款。

廣州市位於珠江北岸約九十哩（約一百四十五公里）處，一年四季再大噸位的船隻都能入港。從省府到省區其他地方，有珠江的三條支流以及密集的運河與河流聯絡交通，與香港之間則有華麗的汽船往返頻繁，而香港的海底電報線更使得一度遠在天邊的中國，如今已能天天與西方世界保持聯繫。從香港循珠江而上是一段宜人的旅程。站在汽船甲板上，可以盡情遙望虎門碉堡的遺跡，懷想一下一六三七年間，威德爾船長（Captain John Weddell）率領第一批英國商船停泊在砲臺前的情景。從此地開始，由於葡萄牙人的誤傳與中傷，這位英勇的船長只得一路奮戰到廣州，最後終於取得貨物，但價格實在無利可圖，因此接下來的二十五年間未再做任何交易。

廣州汽船上的中國艙房也頗值得一看。每一趟船總是擠滿了乘客，他們躺在甲板上，形形色色的

珠江的一個險灘

姿態都出籠了：有人在草蓆上抽鴉片，有人睡在長凳上。一個角落裡圍著幾群人在賭博，另一個角落則有城裡的商人在談生意，從艙房門口望進去，只見裸露的四肢、手臂、頭、長辮、扇子、煙桿、絲質或棉質上衣，混雜成一幅精彩的畫面。這些「雜物」的主人從來沒有想到出來晃晃、觀賞美景或享受海風吹拂。我唯一一次見到成群的中國乘客略顯興奮激動，就是在這艘廣州汽船上。原來他們抓到一個扒手，打算私下懲罰他。當船靠岸後，他們把扒手的衣服剝光繞在脖子上，將他的手反綁，並在他光溜溜的身子畫上五顏六色的油彩，然後就讓他這個樣子上岸去和同夥碰面。

讀者們應該還記得那個被俘虜到加爾各答的著名的兩廣總督葉名琛。若非在廣州爲他蓋了一間紀念祠，他恐怕早已被當地人所遺忘。

廣州葉名琛總督紀念祠

紀念祠就在郊區一條小河邊上，是一棟很美的建築，也讓我們再次想起一八五七年與這個惡名昭彰的清國使臣之間的激烈交鋒，經過一場浴血混戰，這個不幸的官員最後被擄至一處幽暗的衙門。葉總督的紀念祠可以說是廣州境內最精緻、美麗的廟宇建築，也同時讓觀光客真正見識到廣州最盛行的廟宇建築形式。

經常聽人描述的花地公園，如今還位在珠江右岸一個狹窄的灣邊，幾乎毫無改變。這座公園是當地花卉、灌木和樹木的苗圃，面積不大——這點和其他中國庭園一樣——卻極盡園藝造景之能事，因此走道的設計十分狹窄。隨處可見矮樹灌木，小小的假山上立著迷你廟宇和寶塔，象徵湖水的小池子，狹窄處還架著一些精美的小石橋。在花地公園裡，除了罕見的美麗花卉之外，將灌木修剪成小船、住家、龍等形狀，也頗有看頭，有些甚至變化成鳥籠，這樣的居所應該比一般的竹籠更適合鳥兒吧！此外，刻意培植的矮樹也很有趣。園丁先在一棵普通的樹上挑選一截樹枝，塗上腐植土後包裹起來，並隨時保持溼潤，直到樹枝長出根來。接著便將樹枝砍斷重新種植，讓它變成矮樹的主幹，不久便會開始長出葉子、開花結果。

花地灣下游稍遠處，在河岸的同一側有一些茶行和茶葉烘焙廠。我想我應該向讀者介紹一下，大家想必都有興趣知道這昂貴的奢侈品是如何製造出來的。循著兩岸停滿舟船的狹窄水道通過小灣後，我們在一處大石臺上岸，穿過一個庭院看見有人在秤茶葉，接著走進一棟宏偉的三層樓磚砌建築，由於我們有一位外國客戶的介紹信，因此受到主人譚乾正的接待。他吩咐底下一個職員帶我們到處參觀。

首先是一個大倉庫，裡頭堆放了數千箱新採收的茶葉，等著外國買家挑選。挑選的過程非常簡單：買家進來以後邊走邊看，看中哪個箱子便貼上標誌，隨後工人立刻把這些箱子搬走、秤重、仔細檢查，作爲抽樣依據。只要抽查的部分沒問題，就可以直接把整批貨運走，無需其他程序。的確，現在層次較高的中國商家信譽都相當不錯，很少有最後一刻才發現斤兩不足或品質不佳的情形。也因此我更應該替中國生意人說句公道話，因爲最近有不少傳言說中國商人全是惡名昭彰的騙子，只要一逮到機會就會欺騙毫無心防的交易對象，把販賣對人體有害的假茶或劣茶的責任全推到他們頭上。

我倒覺得把這種劣等貨賣給外國客戶的中國商人，還不是最可惡的，最可惡的是那些向外國人或當地人的僕人，以及向餐廳茶館收集用過的茶葉，然後加以烘乾、炒熟再混入逼眞的假茶葉的人。這道程序完成後，他還會再加入茶末、茶梗等廢棄物和其他物質，讓整體呈現健康茶葉的色澤。最後還要加入一些芳香花朵——如金粟蘭、橄欖、樹蘭等等——的香味，就這樣爲國外低階消費者提供了一種又便宜、又芳香的假茶。這些可憐的人自然會受到低價誘惑，至於賣茶的人對於茶的成分與品茶的藝術，大概就像他們對分光鏡與彗星的構造一樣無知吧！

有時候，我們可以責怪他不瞭解自己所賣的茶的特性與成分，就如同我們也可以怪他不懂得星體的結構，但這並不表示茶商不知道茶葉的行情，我的意思只是說，既然這些茶葉已經付過關稅，海關也已經放行，他當然能夠將其視爲一般食品。若想遏止這種弊病，只有在中國停止這

茶葉秤重

樣的買賣，而這些商人也願意循合法途徑，與那些擁有訓練有素且誠實的員工，而且只買品質好、有益健康的商品的外國茶商公平競爭。茶葉買賣其實充滿風險（我國有些商人在付出代價後才發現這點），儘管外國商家每年都會投入大筆資金，但很可能總要兩、三批貨才能賺那麼一次，而且賺取的也可能只是薄利。

在英國也會將茶葉加工以迎合歐洲消費者的口味，但我剛才所說製造假茶的那些原料卻是從中國引進。消費大眾或許可以此作為鑑定標準：在英國純正的茶葉一磅的價錢不可能低於兩先令或兩先令六便士。不過市面上比較便宜或混合的茶葉也有可能對人體完全無害。

我們現在就到另一間屋子去看看製作珠茶的方式。首先將茶菁置於日光下凋萎，再以掌心、平盤或裝入麻布袋中以雙腳進行揉捻，接著放入一個空心鐵鍋內架於炭火上烘烤，然後平鋪在篩盤上以過濾斷碎枝梗和雜質。在這個鋪著石板的大屋裡，我們看到了茶葉的各個處理階段，其中又以製作珠茶的程序最為奇特有趣。

令我們驚訝的畫面是有一群壯碩的工人，全身只穿著一條短棉褲，褲腳還捲起來好讓雙腿活動更靈活。一開始實在猜不出他們在做什麼，是工作還是玩耍？他們每個人的雙手或是扶在一根橫木上，或是靠在牆上，腳下則忙著滾動一個直徑約莫一呎（約三十公分）的球狀物（大小相當於一個普通足球），還一邊蹴上蹴下。嚮導說他們這是在工作，而且很辛苦。他們腳下的球其實是一袋袋的茶葉，要靠著他們不停搓揉的動作形成球狀。當茶葉變得較為密實之後，袋子會變鬆，就得重新捆緊再重新揉搓，

踩製珠茶

這一捆一揉、一捆一揉的動作一再重複，直到茶葉變成漂亮的圓珠狀。接著用篩子篩出不同的大小、品質，經過最後的乾燥程序後再加入香味。

現在，從廣州輸出的大都是廣東省本地生產的茶葉，昔日有部分茶葉來自洞庭地區，但如今這些茶葉已轉銷到漢口。臺山地區所產茶葉大都用來製造廣州白毫與長葉橙香白毫，而羅定茶葉則用來製造續隨子香味茶與珠茶。

爲了見識外國專家進行這門獨特的品茶鑑定技術，我們得渡河前往一座綠意盎然的小島沙面，島上到處是歐式別墅、庭園和槌球草地，有如到了英國城鎮的郊區一般。另外還有個頗具家鄉風格的教堂，副主教就住在附近，他經常爲不時出現在港口的可憐外國船員提供照料與服務，十分感人。沙面四周圍

茶葉過篩

挑揀茶葉

著巨大石塊砌成的擋土牆，我們走上石牆的階梯，接著就算我們晃上一整天，仔細檢視每棟房子，也不可能發覺到任何辦公室或商行的跡象。凡是熟悉早期工廠的人，都知道當初外國商人是如何像野獸一般被關在籠子裡，還得與低賤的人爲伍，忍受他們的譏諷以及城市廢水經由排水溝排放到溪流中所產生的毒氣，如今見到這番轉變想必都會大吃一驚。

這片綠地（原只是河中一塊泥地沙洲）上的外僑住家全是優美宏偉的石材或磚造建築，每一戶的庭園和屋宅外面都圍著牆、裝飾柵欄或竹籬。除了小小的黃銅門牌上寫著公司名稱之外，完全嗅不到商業氣息。我們入內後，發現住家在樓上，一樓是買辦的房間和辦公室，辦公室旁邊則是品茶室。品茶

試茶間

室的牆邊擺了一排潔亮無比的櫃子，上頭全是大小一致的錫製小圓罐，每個罐子都用中英文標示著名稱和日期。這些罐子裡裝的正是各種新舊茶葉的樣品，專供買家比較口感、氣味與茶葉品質之用。屋子正中央有一張長桌，桌上放了許多品茶專用的白瓷蓋杯。供品嘗的茶葉放入杯中，再以特定溫度的熱水沖泡，然後以沙漏計時，時間一到便可以開始品茶，但老實說這道程序雖然實用，卻不甚優雅。

屋裡的窗戶朝北，並且掛了窗簾，只讓固定的光線直接射在窗下一塊板子上。茶葉的樣品先平鋪在一些方形木盤中，再放到窗下的板子上去，然後就著同樣的光線開始進行色澤、品質、外觀與氣味的鑑定。做這些測試的全都是經過長期特訓的雇員，而這些專家所擁有的專業知識對茶商而言特別重要，因爲挑選出來的商品在家鄉市場的獲利如何，多半都要仰賴他們的判斷能力。正因爲如此，商人不僅在挑選出口茶葉的時候，即使到了裝船的最後一刻，還是都要小心翼翼，以免在品質或是重量上出差錯。

不過假如茶葉不夠熟或不夠乾，即便是上等茶葉也可能在運送期間腐壞，到達目的地時已經不適合飲用。這是我切身的經驗。有一回，福爾摩沙臺灣府的道臺送了我一罐茶葉，我剛拿到的時候，發現茶葉有點綠綠、溼溼的。茶是好茶，我本想帶回英國，卻在我還沒離開中國之前就壞了。從英國政府最近公布的劣質茶數量看來，進口這種假茶的利潤似乎並不高，倘若能指派一些足以勝任的檢查員檢查每一批新到的貨品，應該就能全面封鎖了。

雖然中國人的商德還不至於像一般人想像的那麼低落，但只要能夠安全販賣假茶、獲得利益，較低階層的聰明商人是絕對不會捨棄這個機會的。因此外國商人也意識到買茶葉、絲綢和其他貨物之前，絕對有必要提高警覺。除此之外，所有金錢交易也得小心提防，因爲僞幣製造業在廣州可是欣欣向榮，甚至到了連外商雇用的銀師都要請那些與僞幣製造者有直接接觸的人，來教導他們鑑定僞幣的地步（這是梅輝立先生[5]親口告訴我的）。

在許多廣州商店門口都會看到告示寫著：「教習識銀」。這種體制其實是風氣敗壞的結果，政府實在不該置之不理。如果沒有僞幣，就不需要爲銀師聘請箇中高手指導，而銀號和商家也無須花大錢聘請專家了。

只不過錢幣一到了貧窮、腦筋又動得快的中國人手上，不僅只是讓人看了高興，同時也能變成一件技巧高超的賺錢工具。他會先將銀幣鋸成兩半，把銀的成分挖光只剩下外殼和刻字。眞銀用來慰勞自己的耐心與辛勞，然後代之以不值錢的金屬，再把兩半接合起來，技巧之高明使得硬幣無論在聲音或外觀上，除了專家誰也辨不出眞僞。還有些人更大膽，雖然只是用模子加上調色，製造出的僞幣卻也能以假亂眞。

註解

1 原書註：*Chian Review*, 1873, p. 337.

2 原書註：G. Wingrove Cooke, *China*, p. 35.

3 原書註：*China Review*, 1873, p. 255.

4 譯註：據《搜神記》載，觀音應是施勤第三兒子化身。

5 譯註：梅輝立（W. F. Mayers），一八七一至一八七八年的英國外交官。

第九章

廣州。其概觀。其居民。街道。店鋪。交易方式。招牌。工作與工資。柳橋。兩廣總督瑞麟。幫派械鬥。客家人。神祕藥丸。窮人住家。羅漢堂。出家人的修道生活。在一艘中國帆船上

廣州絕不像某些人所說，人口密集的程度可譬爲中國的倫敦。這裡的城牆幾乎不超過六哩（約九點七公里）長，如果我們站上北邊的高地向南望，絕大部分的城牆走向均可納入眼底。但這只限定於城內的範圍，城外還有一大片亂糟糟的郊區延伸整個平原。在這片郊區中有許多開放空間，有些種著樹木和果樹，是上流人士的公園和庭園，有些是受到悉心照顧的菜園，至於校場、稻田和魚池則零星散布在較爲稠密的土地間。

事實上，除了城區本身之外，這個南方大城的景象完全無法讓人與人口過剩聯想在一起。不過，南城牆外的珠江以及連接珠江的運河與溪流網絡，這整片地區的人口可能比城區還要密集。有無數人家就住在麇集於水道的船隻上，靠著送貨或載客到全省各地維生。廣州人口估計約爲一百萬人，不過官方統計數字卻是高出許多。

在廣州也和北京一樣，城牆內的地區分爲兩個不相等的部分，一個名義上僅供駐防八旗兵與官員居住，另一個則是做買賣的漢人的住處。然而八旗兵的子弟太過驕傲，不肯出賣勞力，也不肯紆尊降貴做生意，於是日漸貧窮，只得將土地與住家賣給較爲勤奮的漢人鄰居。至於房子本身，到處都是同樣低矮的單調景觀，只偶爾會看到一座高大廟宇從一群古木當中，探出金光閃閃的雕飾屋頂，或是九層寶塔，又或是一些方形高塔標示著當鋪所在。

這個奇特都市裡的當鋪猶如教堂尖塔般的昂首向天，一開始我們還眞誤以爲是廟宇，後來發現這竟是中國人借錢的場所，心裡有多麼吃驚！在我們家鄉，這類地方總是位在陰暗不起眼的小巷內，頂著三個小金球，隱祕的店門半掩著吸引窮人光顧。而那些無父無母的孤兒則會趁著天色將暗、店鋪即將打烊之際，偷偷來到這裡，賣掉一些已失去光澤卻仍輝耀在記憶深處的珠寶。可是廣州的當鋪完全引不起任何遐想。一棟棟四四方方、有稜有角的建築，灰磚屋頂昂藏，在中國人眼中更顯得神聖尊貴。

阿新和阿樂確實帶著一種崇拜的眼神看著那灰泥牆壁、窄木格窗口，以及安置在屋頂邊緣的大圓石，要是有人膽敢爬上來想偷寶物，巨石便會砸下來。有一天早上，我帶著一位中國名賈的介紹信，來到一道圍牆的入口，當鋪大樓就圍在高牆內，像監獄似的。一個胖胖的門房聽了我的請求，立刻便讓我入內。在院子裡，我看到一些新進的護衛正在進行操練，那個門房本身也是個老護衛，護衛總管之類的，現在正在教導弟子拉弓和舉重。看他們展現了一、兩項技能之後，他帶我來到高樓底下的一道窄柵門。

典當交易廳在一樓，樓上則是一個方形木架直通屋頂，四面沒有牆壁。這個鷹架格成好幾層，互有樓梯相通，最底下一層便用來存放體積龐大的典當品，如家具或農產品等，較小、較輕的物品放在上面幾層，而最靠近屋頂的一層則專門收藏金塊和珠寶。每層樓的物品都會列冊，並貼有一張標籤註明號碼與典當日期，如此一來，客人要將物品贖回時，便無須費時尋找。

當地的富裕人家常會把珍貴的珠寶服飾交給這類當鋪樓保管，在此盜匪猖獗、政府無能的地方，這確實是不可或缺的機制。此外，一個正牌的當鋪還可以爲手頭缺少現金的人提供短期的資金周轉，十兩以下收三分利，但到了年終歲末會降爲兩分。倘若借貸金額超過十兩，則一律收兩分利。較高級的當鋪會將典當品保存三年。窮人通常會輪流典當冬衣和夏衣，換季時便去贖回。

城裡滿清官員居住的高地下方不遠處便是英國領事館，或稱領事衙門。這棟建築所在曾是皇宮庭園，有各種如詩如畫的中國式建築，四周還有布局雅致的花園與鹿苑。附近有一座九層古塔，是西元六世紀中葉梁武帝下旨建造的，呈八角形，高一百七十呎（約五十二公尺）。一八五九年，有幾名英國水手想重新體驗高踞桅杆的滋味，便冒著生命危險爬上這座顫顫巍巍的紀念建築，這個舉動惹得中國人極不高興，因爲他們最恨有人從高處俯視他們的住家，何況又是一群洋鬼子船員。

從高地下來，往南走到城裡的大街，那兒的商店擠得密密實實，外觀也很奇特，這前所未見的景象著實讓我們大吃一驚。在這一帶出沒的人大都長得不錯，男人高大身材又好，女人也沒有纏著小腳。離校場不遠處還有一些官兵，挺拔、健壯，一副天不怕地不怕的軍人本色。他們是一度十分強大的八旗兵後代，受過洋人訓練，據說是很出色的軍人，而他們也確實和我在中國其他地區見到的士兵大不相同。

廣州的英國領事館

至於店主全都是中國人，但完全見不到他們纏著小腳的配偶，原來是他們不許妻子拋頭露面。有些俊秀的滿清店東會讓小孩坐在一種竹籠裡，放在門口，還真像一隻隻漂亮的小鳥。

各式各樣的商店和店內形形色色的器物，眞叫人看得眼花撩亂，也有不少東西讓人想帶回家去。每樣物品都好美、好貴，而且大都體積龐大，店家們的態度也都非常親切。仔細瞧瞧他們，應該算得上是全中國最出色的——誠實、勤奮、知足，甚至有些人十分溫文儒雅。前不久，廣州店主之間興起了一種奇怪卻並不罕見的彩券。[1]馬鞍街瑞昌靴行的老闆王梁才由於熱愛詩詞，便發行了一種文學彩券，以五個主題作詩，誰作得最好便可贏得彩金。

當你進入一家廣州商鋪，經常會看見店主一手拿著書，另一手拿著菸斗或扇子正看得全神貫注。如果你以為這個抽菸的人會立刻起身，滿面笑容殷切上前，一面搓著手，一面以銳利眼光忖度你的購買能力，然後再決定用什麼態度對待你的話，你可就要大失所望。情況恰恰相反！他好像根本沒注意到你的出現，除非你拿起什麼東西，這時你會聽見扇子停止搧動，並感覺到鋒利的眼神盯著你的一舉一動。不過，總要等到你開口詢問價格，店主確定你有意購買了，才會悄然從座位上站起來，向你展示商品或說明售價。而他那禮貌卻又不甚在意的神情，彷彿是告訴你：你同意的話就成交，我拿錢、你取貨，雙方得利。你若不同意就快走，別打擾我抽菸看書。依我看來，他們這種不受他人影響的買賣風格，應該會比卑躬屈膝、逢迎諂媚要生意更好、獲利更多。

回程上，我們途經藥鋪街槳欄街。這裡的店鋪幾乎全部大小一致，連棟建築，兩家之間僅以一道磚牆隔開。每一家都有一間前屋面向街道，屋內有一展示商品用的花崗岩或磚砌櫃臺。還有一塊花崗岩底座支撐著筆直矗立的招牌，這可是每家中國商店都少不了的特色。招牌對面設了一個小神壇，供奉專門庇佑商家與商品的神明。店家每日一開張，就會點燃一炷短香，插在神壇前面的銅製香爐中。

商店裡面通常都有美麗的漆面木質櫃臺和雕刻精美的木架，後側是掌櫃辦事的地方，和店面之間隔著一面鏤空的木頭屏風，雕刻得有如藤蔓植物。在一些顯眼的地方，擺放著擦拭得亮閃閃並以紅布裝飾的銅秤和銅錘。這些秤子是用來秤市面上可作為流通貨幣的銀錠與碎銀。假如貨品需要秤重論價，顧客絕對會自備秤子，以便買到正確無誤的分量。他的秤子其實就是一般所見，配著一個活動秤錘的秤桿，同樣是利用簡單的槓桿原理。然而，這樣的作法卻無助於提升我們對中國人的敬意，因為這證明了大家普遍對彼此缺乏信任，即使只是小小的生意買賣也一樣。這種情況當然是統治階層的責任。國人的道德風氣是他們造成的，假如提防不正當交易也變成不可避免的慣例，當然是他們的錯。

在這些狹窄街道裡遇上大雨，可不是什麼愉快的經驗，因爲雨水會從屋頂傾盆而下，沖瀉到地面，直到最後滲入土中爲止。就算是最寬的街道也很狹窄，但上方有些地方會用竹簾遮日。中國城市的屋頂確實都靠得很近，從遠處看去，就好像一大片屋頂連綿不斷，而居民就躲在屋瓦底下，等到傍晚稍微涼爽了，加上天黑、買賣與一天辛勞所帶來的倦意，他們便聚到樓頂上去賭博、抽菸或喝茶，直到夜幕低垂之際，才又回到樓下睡在店裡涼涼的板凳上。

廣州商店的招牌不僅店主引以自豪，學習中文的學生更是深愛不已。附圖中的招牌或許可以視爲中國街道文學的典範。店家總會在招牌上寫一些略帶文學氣息又浮誇的詞句，來吸引顧客的目光，但其中大都和店內的商品扯不上關係。例如，有個賣燕窩的店家招牌上就寫著「永記」（象徵永恆）二字。以下還有梅輝立先生根據圖中招牌所做的一系列翻譯：

乾記號徽墨筆料：乾象徵天，這真是對文學的最高讚譽。

張濟堂選料蠟丸：店主顯然很以自己的家族為豪，甚至以此作為藥丸品質的保證。

天益桌圍椅披椅墊炕墊店：老實說，「天益」能和桌圍或炕墊產生什麼聯想呢？頂多就是使用這些毛茸茸柔軟的墊子，能為顧客帶來世間享受不到的舒適。家具店大概都有這樣的想法，所以還有另外一家店名也極為類似。

天益慎鋪墊藤薦店。

永記燕窩，教習識銀。

慶文堂刻印。

廣州的街道雖然狹窄，卻是異常生動有趣，尤其是那些古玩店、銀匠店和綢緞店。而商家招牌就像我們剛剛經過的街道一樣，色彩鮮豔多變，十分吸引人。

我們經由一條小路來到一處偏僻的巷弄，似乎突然間闖進一個非常貧窮的地帶，昏暗骯髒的屋舍裡擠滿了正忙著幹活的工人，有人在織布，有人在替綢緞衣料繡花，還有人一面轉動、一面雕刻著象牙球和其他令外國人讚賞不已的珍玩。我們走進一間作坊內，裡頭的人拿了一個球內套球、雕工精細的九層象牙球供我們觀賞。一般都以爲這些球是先對切，雕刻好之後才以高超的技術黏合在一起，所以看似十分堅固。但當我們看到雕刻的過程，其神祕面紗也逐一揭開。

工匠首先將整塊堅硬的象牙切磨成球狀，然後安置到一個外觀簡陋的車床上，一面轉動一面以一鋒利工具從各個角度將球磨至渾圓。接著再將球裝上車床，以鑽頭鑽出所需的洞。鑽洞結束後，以一洞爲中心，伸入一個末端彎曲的工具，在球的核心附近刻出一條凹槽，接著再將工具從其他的洞一一伸入，不斷重複同樣動作，直到所有的凹槽連接起來，內部的小球就形成了。無論內部套上幾個球，都是以這

廣州的一條街道

樣的方式進行。接下來就是雕刻最內層的球，這回用的是長長的鑽子和其他精細的工具，一層一層地雕刻，愈往外層雕工也就愈簡單，愈細緻，到了最外面一層，簡直有如裹覆上一圈美不勝收的蕾絲一般。

在這些車床工人附近有一些男人在設計繡花圖案，還有幾間作坊裡頭全是小孩，正忙著在綢緞衣服上繡出美麗的花鳥、蝴蝶。這些人從事這種高雅的工作，工資卻極微薄。例如設計圖案的人月俸大約四兩三錢，以下則是其他專業技工的平均工資（月俸、包伙）。

鞋匠……………………約二兩六錢
鐵匠……………………約三兩四錢
一級象牙雕工…………約八兩二錢
手藝精巧的繡工………約二兩六錢
銀匠……………………約五兩四錢
畫匠……………………約三兩一錢

平常繡一雙鞋大約需要十天工夫，而一雙鞋納底完工後的售價是二兩六錢。依據上表的計算方式，繡花工人的工資約占一兩左右，加上材料與製作費用，東家的利潤也很有限。不過繡花鞋的需求量極高，有身分地位的人家嫁女兒，光是嫁妝就需要三十多雙。有些富家小姐會自己動手繡鞋，但這種情況並不普遍。此外，除了貧苦人家之外，新郎倌穿的鞋子也都得繡花。從上述的工資表可以看出中國的專業人工實在非常便宜，因此就各種擁有外銷市場的當地產業而言，這點對於聰明、謹慎又有耐心的中國人相當有利，總有一天，當他們學會以機器製造棉布或絲布時，必定會成爲歐洲製造商的勁敵。

我們在家鄉商店裡見到的美麗繡花商品，都是在中國以人工製造，卻仍能以極具競爭力的價格在倫敦出售。其實引進布拉福與曼徹斯特機器的阻力，主要來自工人本身。瞭解外國市場的東家大都很樂意裝設歐洲織布機，甚至願意使用蒸汽動力。可是靠著雙手賺取微薄收入的織工們，卻寧可罷工餓肚子也不肯接受兩、三架新紡織機，因爲他們認爲這些機器會害他們失業。有一名中國絲綢

未婚夫與未婚妻；婢女與已婚婦女

商人陪我到鄉下參觀工廠時對我說，他曾經試著替搖紗機增添一些外國設備，結果工人卻全體罷工，要是堅持創新只會毀了他自己（至少他是這麼說的）。

這位商人手下雇用了大半個村子的男女老少，這種情形在中國相當罕見，因爲中國人分工極細，幾乎每一戶的戶長就是自家作坊的主人。不過這些村民只是在固定的幾個月受雇繅絲、整絲，他們大都有一個小作坊，自己生產生絲。看到這些廣東人以自家簡陋的織布機織出的成品，著實令人嘆爲觀止。隨便給他們一個樣式或圖案，他們都會盡力模仿得維妙維肖，即使瑕疵之處也不例外。

我很想多談談這些工坊，多想想這些人勤奮不懈的畫面，那裡頭有種平靜和諧的氣氛，會使旁觀者不由自主便陶醉其中。除了辛苦工作之外，再窮的人也會有空閒時刻。這時候，他們或是坐在長凳上或是自在地蹲在地上，抽抽菸、和旁邊的伙伴聊聊天，老闆來了也不加理睬，而雇主看著工人的微笑和愉快神情，彷彿見到更興隆、更賺錢的未來，表情也顯得很和善。

在這裡，我們也可以發現這個大城市核心地區的人口，可比最初印象要來得更稠密。大多數的工坊同時也兼做廚房、飯廳和臥室，早晨工人坐在這裡頭的板凳上吃早餐，夜裡四肢一攤也在這兒睡覺。他們的全副家當都在這裡：一件替換的上衣、一根菸管、幾樣輪流佩戴的飾物，和一雙筷子，但其實他們隨身攜帶的最大財富，卻是一副健康的體魄和一顆知足常樂的心。

當然有人會這麼想，像他們這種人老是一無所有，每天做苦工又賺不了多少，有時候可能會變得卑劣，或者當他們想起自己黯淡的前途，也可能下定決心要出人頭地。然而，我們別忘了，中國人多半只有在遠走他鄉時才會變得卑劣、變得有雄心壯志。在這裡，在自己的土地上，他們似乎很少想到未來，除非同伴當中有人比較懂得未雨綢繆，開始存錢作爲棺材本。

中國工人確實非常容易滿足，他們只求免受飢餓之苦，好好過日子，能活在如此美好的土地上已是天大的福氣，也該心滿意足了。在他們看來，中國是個很有秩序的地方，在上位者非常清楚自己的職責，他們領了薪俸就是爲了遏止民眾叛亂，防範有人野心勃勃地想脫離一生下來就已注定的人生道路。

很多人會說中國人並非毫無抱負，這種說法或許也沒錯。父母親懷著抱負教育小孩，讓他們能參加科舉考試，而世上恐怕也再難找到比金榜題名的中國人更戀棧權勢、財富與名位的人了，只因爲他們知道自己前途無量。假如他們有天分、肯努力，即便再貧窮的子弟也有機會成爲內閣學士。但話說回來，這些都是文人，而非我上文中所形容的勞苦大眾。

離開廣州之前，我還要說說一個地方，那就是我遊訪過數次的潘家花園〔即海山仙館〕。此花園最初的主人潘仕成原是廣州一名富商，官府以他壟斷鹽業交易爲名，逼他繳付一大筆錢，他的家財便因此慢慢耗盡。後來他拖欠的金額愈積愈多，終至完全付不出來，家產於是遭扣押，這座雅致的花園也以抽籤的方式拍賣出去。這就是在中國過度富有的危機。他這棟美麗無比的宅第，最後賣給廣州的反洋、反洋教組織，在我參觀這個古色古香的園地時，那些奇特的建築結構已經難掩頹象。

我先循著硫磺溪繞城西而上，途中看到滯流的水面上矗立著許多破敗的建築物，其下方與溪流之間隔著一道看似脆弱的木造堤岸。這些堤岸本身多半已經腐朽，應該都是在青綠陳腐的木材就要掉落沉入

柳橋

泥濘河床的最後一刻，勉強支撐起來的。磚造建築外青苔遍布，蕭條的牆面上穿鑿出一個個小櫺窗，牆與牆之間搭著竹竿和繩索，各式各樣的衣物晾在上頭晃來晃去。婦人家在洗衣，小孩則坐在木堤與木階上，看著不由得令人捏把冷汗。門口有家犬齜牙吠叫，家裡飼養的豬隻和雞鴨往外瞧著船來船往，而男主人則忙著把深藍棉布浸到溪水裡。

一座三層寶塔所在之處便是潘家花園，我們經由外牆的一道大門進入之後，彷彿這才真正見識到幼年時期所聽聞的中國。在這裡，我們看到典型的中國園林，垂柳、林蔭小徑、陽光燁燁的蓮花池，以及池上搖曳的金舫。湖水之上，搭了一座著名的柳橋，一旁還有間涼亭。只可惜少了一對愛侶；見不到盡責的父親踩著八字步，手提油燈，不慌不忙地來尋幽會的女

潘家花園的涼亭

兒，也見不到少女以同樣不慌不忙的腳步，來會持著牧杖的牧童情郎。

我拍下了這座柳橋，但當我看著照片，卻發現它遠不及我見過的盤底畫飾。例如，那座裝飾華麗的涼亭哪兒去了？還有涼亭旁那棵果實個個大如足球的樹，和另一棵只長著美麗羽毛的樹呢？最前面那道蜿蜒曲折的欄杆又到哪兒去了？然而，這些庭園卻有種獨特的古趣。此地有曲徑通往雅致的人工幽境，還有地道穿過青苔覆蓋的岩石，帶我們來到某處亭臺水榭，亭邊池水清如明鏡，池中有金魚在陽光下戲水，有全身溼亮亮的青蛙端坐在葉片寬闊、閃著露珠的荷葉上。我們還發現一個寬敞的亭軒，裡頭有一群當地的老爺坐在大理石鋪面、四方而沁涼的黑檀木椅上，喝茶吃點心，一邊聆聽琵琶的演奏和隨侍女子的尖銳歌聲。

兩廣總督瑞麟曾經是位表現傑出的官員，在歐洲人和中國顯要之間同樣出名。他具有非凡的行政能力，對於促進兩廣地區的繁榮貢獻不小，此地能與外國維持和平關係很可能主要也是受他影響。此外，他還籌組了一支蒸汽砲艇隊，已經對沿海的海盜造成威脅。瑞麟是滿洲人，年紀輕輕便已在京城擔任公職並獲得道光皇帝賞識，晉升爲內閣大臣。後來中國軍隊在八里橋打了敗仗，使得英法聯軍進入北京，他也因此遭貶，但其後又再度得寵，被任命爲駐防廣州的八旗將軍，不久旋即調升到目前的總督之職。

他總督任內最大的特色就是整體進步的跡象，以及開明甚至於開放的政策。他重建了潮州府一帶偏僻地區的的秩序，使當地人民的生命財產獲得保障，並成功鎮壓了多年來始終蔑視官府的村落宗族。這裡每個村落都有如一座駐軍的城寨，村裡只住著一

瑞麟

個大家族，與鄰近的其他家族勢同水火，因此小型的戰爭不斷上演，年輕人作爲打手，由長者提供薪俸。

我在潮州府的時候，造訪了幾個類似村落，也對他們的打鬥形式有了些概念。凡是在打鬥中不幸被俘的人，通常會被扣留作爲奴隸，有的命運甚至更悲慘，會被擄獲者當成貨物一般送到外國去。收割季節期間，某村莊的人會趁著深夜襲擊鄰村，奪走所有作物，此外我還發現沉洲村和其他較小的村落之間，有一段宿怨。

有個叫阿清的年輕人和他的兄弟因爲厭倦打鬥，也厭倦總是有人擾亂他們較平靜、也較有利可圖的工作，便決定前往福建省謀生。於是他們背起包袱離開了家鄉，沒有多久他們走到鄰近一條溪邊，停下來捉魚。就在此時，一艘經過仔細喬裝、滿載著敵人的船慢慢靠近，其中一人說要向他們買魚。這兩兄弟就這麼掉入圈套被擄至敵村，後來不但被殺，還在村民面前被公開分屍。這些野蠻人把阿清的心挖出來，煮熟吃了，他們認爲這種驚世駭俗的舉動可以讓自己更勇敢、更殘忍。這件事發生在一八六九年。

我另外再舉個當地人背信忘義、奸詐狡猾的例子，應該也就夠了。有兩個分屬對立宗族的人，決心帶著戰利品離開廣東，他們倆同時來到樟林找同一樣東西——船隻。其中一人聽說另一人也來了，便雇用一幫混混去殺他，只要取來對方的頭和心，他就付二十兩的酬勞。這幫人在重金誘惑下，很快就抓到他們要的人，但這個被抓的人反問混混自己的人頭值多少錢之後，馬上答應付雙倍價錢讓他們將狡猾的敵人抓來。混混當然毫不猶豫地接受了，結果反而是頭一個雇主成了犧牲者。

最後，官府派了一小支軍隊進入這個地區，凡是拒絕降服、拒絕遵守法令者，格殺勿論。因此，在我造訪之際，穿著華服的人已經可以大大方方走在戶外，再也不用擔心全身被剝光，或是被賣爲奴隸，或甚至被殺了。

這一帶和其他一些地區有一個很能吃苦耐勞的族群，一般稱之爲客家人。有些人認爲他們和中國人不同宗，因爲他們有自己的語言，外貌也不像漢人而像印度人。還有人說客家人是八百多年前從福建省的寧化地區移民過來，最近有一位《中國評論》（*China Review*）的作家也開始著手，想從客家人的族譜證實寧化確實是他們的故鄉。

但無論他們來自何處，都已然在富庶的廣東省爲自己奠定了重要的地位。我在福爾摩沙島上也見到他們努力增產，拓展家業。客家人還不與廣東本地人站在同一陣線，他們爲英法聯軍組成苦力部隊，其堅忍與英勇的精神極受好評。據說他們曾經在槍林彈雨中，搶救受傷與溺水的英國士兵。與客家人生活多年的傳教士歐德理醫師（Dr. Ernst Johannn Eitel）熱心提供了一些親身經驗，他認爲他們是廣東境內最努力、最勤奮的一群，而當客家人與廣東本地人的利益相衝突時，客家人也總是隨時準備打鬥。兩百多年以前，客家移民潮便開始經由人煙稀少的山區湧進嘉應州，至今仍源源不斷。

一般的移民過程大致如下。先有兩名客家人來到某個本地村落，受雇在農地上幹活。經過一段時間後攢了點錢，便租下幾畝山中野地或沼澤地。由於土匪強盜橫行，想在遠離村落的地區耕作並不容易，因此這些客家人輕易便找到願意將偏遠土地以極低價格出租的地主。當其他困難也一一克服之後，這兩名堅忍不拔的客家人終於能夠將親友接來，安頓在有如堡壘的土樓內，四周環以壕溝，以及外敵難侵的荊棘叢和竹林。成功的人愈來愈多，小村莊快速發展，接著便有另一群移民從家鄉湧來，在鄰近地區定居下來。

這些零散的小部落彼此結盟後，旋即向地主要求降低土地租金。假使地主不答應，暫時還能相安無事，直到結盟的村子自認爲已有足夠能力向地主宣戰，便會拒絕繳納租金。但是爲了避免官府出面干涉，他們也會事先報備將土地租金繳給官員。而且廣東省許多公家機構內的下屬都是客家人，這也使得他們能夠時時衡量自己的能力，以陰謀制陰謀，卻又不至於驚動官兵。在官府眼中，這等村莊械鬥還不算嚴重，頂多只是稍微施壓讓雙方節制。本地人會雇用打手，而客家人則是自己來，所以戰勝的總是客家人。

那位傑出的軍人兼外交家瑞麟對洋人究竟有無好感，或者他究竟想不想促進與外邦之間的友好情誼，這些都很難說。倘若有其中一項成立，他就算是中國政壇上的異數了。但我倒認爲他之所以採取和解政策，一來是他身爲皇室代表不得不如此，二來則是他深知歐洲各國的力量與資源。近來在廣東發生的多起事件，證明了中國的統治階層對洋人仍存有根深柢固的敵意。此敵意最近一次的展現，是在一八七一年的「神仙粉」教案，當時若非及時發現，很可能導致廣東省當地與外國基督徒的大屠殺，甚至血染我國殖民地香港。

據說整個事件是由幾名所謂的士大夫階級人士所策動；在他們的協助下印出了言詞煽動的宣傳品，大肆散發，並製造藥丸流入民間，據說這些藥丸是傳教士調製而成，能夠蠱惑良家婦女，誘騙愚蠢的男人改變信仰，除此之外似乎還有一些不堪的神奇功效。此一欺騙手法的結果，在各地引發了暴動。佛山一處禮拜堂被燒，單純、迷信、性情平和的農民的內心裡，被激起一股強烈的仇外恨意。此時民眾的情緒正如天津教案前夕那般激動，但是香港的代理總督立刻派遣一艘砲船到廣州，加上當地英國代理領事大力陳情，使得當地政府意識到事態嚴重，方才採取激烈手段迅速恢復秩序。

廣州有一地區在過去十年來進步不少，離開前或許值得去逛一逛。就在舊工廠區不遠處的河畔，有一排蓋得很美的磚屋。一八六九年間，這些屋子還不存在，土地也被龍蛇混雜的貧民族群占據著，這些人窮得住不起船屋或城區房舍，只能占用河與牆之間的這塊荒地，誰也不知道他們多半以何為生。他們簡陋的住所恐怕連狗屋都不如，然而儘管貧窮至此，他們似乎還頗能苦中作樂。

我記得有間屋子是以一艘老船的殘骸、印有各種商標的包裝箱碎片，和一塊塊腐爛的蓆墊、泥土、爛泥和稻草拼裝成的，再鋪上幾片磚瓦和破碎陶器，便圍成了一間密室。在這麼狹小的空間裡，住著一隻瘦巴巴以垃圾維生的豬、兩名老婦、一名老人、老人的女兒和孫子。屋前有一小塊地方作為廚房，部分屋頂上和一、兩個瓦罐裡還長出蔬菜和花。我曾經看到這一家人在早晨的陽光底下，享受一頓雜燴，裡頭全是他們到城裡閒晃時撿回來的剩菜。

這一帶這樣的住家很多，而這區的醫生就住在附近。醫生看起來年紀很大，好像老早就用防腐劑把身軀保存在乾燥狀態，只不過還有一口氣在。他隨時都能看診，在門口的藥草園裡就能找到他，總是穿著拖鞋和棉褲，乾癟的鼻梁上架著一副沉甸甸的眼鏡。這位善心人士的大門和牆壁上塗滿了黑黑的膏藥，老醫師很自豪地說，這可是他醫術高明的鐵證。這些膏藥在窮苦的病患之間十分聞名，許多人在病

廣州華林寺的五百羅漢堂

情明顯好轉之後，爲表感激，便將膏藥帶回作爲證據，也順便裝飾醫師的住處。

從這一帶往外僑居留區北邊的郊區走，我們來到一間稱得上是廣州最有意思的寺廟：華林寺。包臘先生翻譯的廣東省志中說，這間寺廟的創始者是西元五二〇年左右，由印度東來的僧人菩提達摩。我們經常在中國茶杯上看到一位僧人搭乘竹筏[2]上溯長江，那位僧人便是達摩。該寺建於西元一七五五年，清朝乾隆年間。寺區有五百羅漢堂、廟殿、禪房以及湖水花園，占地極廣。

玉耳上校（Colonel Henry Yule）在他最新版的《馬可．波羅行紀》中提到，這座廟裡羅漢像之中有一尊馬可．波羅的雕像；但仔細調查後證明這個說法並不正確，因爲沒有任何一尊雕像貌似歐洲人，而且所有相關資料都源自於比馬可．波羅時期更早遠以前的時代。

五年前，我在一位中國海關官員的陪同下，首次造訪這座寺廟。住持——下頁圖中居中下棋者——很熱誠地接待我們，請我們參觀他的禪房，並招待我們喝茶吃點心，還花了點時間，欣賞他房前庭院中特別栽種的幾株矮樹與開花灌木。庭院中央擺了一口缸，裡頭養著魚和一簇盛開的蓮花，青蔥翠綠的蓮葉漂浮在水面上，其間有金魚游來竄去。這名老僧已經隱居多年，似乎把全副心思都放在他的庭院上，如今能遇上一名和他一樣愛花的洋人，顯得十分高興。

住持的居處最讓我印象深刻的是，整齊之中透著冷峻與一絲不苟。地面是大理石地板，桌椅若非全部大理石，便是大理石搭配黑檀木。如果大理石椅子讓你冷到骨子裡去，你的選擇也只剩下角落裡那塊磨光的石頭，或是一、兩張沁涼的釉瓷面板凳。幽暗的牆壁上掛著各種經文書法，怪異的字體有如巨大蜘蛛成縱隊爬向天花板。室內一切井然有序、一塵不染。不過後來一群僧人加入之後，我們才發現這些落了髮，經常沉默不語、若有所思的出家人，只要他們願意，還是能夠輕鬆自在、甚至熱烈地討論廣州時下的小道消息與醜聞。

他們帶領我們前往一個隱祕的內院，院子裡的香蕉樹下有張桌子，上頭擺滿豐盛的食物。院子中央的蓮花池四周環繞著石板小徑，還有一道爬滿藤蔓綠葉的裝飾圍欄。眾僧侶在此和住持下起棋來，我便自行走進殿內打算拍攝正中央的佛壇。入內後，我看見有些人正在膜拜祈福，並向神像呈上供品。有幾位盛裝打扮的小姐一看到我進來，驚慌得就想逃跑，寺裡的僧人趕緊將她們攔下，解釋說我是個學者，遠從某個荒僻的島嶼來到這裡，只爲了一睹全中國最偉大的寺廟，並拍下它奇偉的景觀帶回家鄉。

這座寺中的神像雖然絕大多數都面目猙獰，但其姿勢之多變、其塑造手法與其臉部表情之多樣化，都在在展現出一門可能在中國其他地方見識不到的獨特藝術，而這種特色與其說是中國風，倒不如說是印度風。

我們回頭慢慢循著狹窄逶迆的街道往河邊走，中途經過一些三流的茶廠，看見太陽底下鋪了幾張蓆子，有幾名男子正在混合茶葉，並赤腳將茶袋往上拋踢。來到碼頭邊，有許多小船正等著出租，我們也就上了其中一艘。

這條小船上有三名年輕女子，這些船家女可說是廣東這一帶能在戶外自由活動的女

在佛寺裡下棋

性當中最美、最迷人的一群。她們從來不施脂粉，因此其他女性便認爲她們不夠高尚，有一部分人確實如此，不過在雇船的歐洲人面前，她們的舉止仍是端莊得體。她們的船非常整潔，衣服簡單美麗。此外，她們古銅色的雙頰和清澈明亮的眼珠，都閃耀著健康的氣息，烏黑髮辮插上一朵紅花更添嫵媚風情。無論短槳或是長篙，她們都使得俐落，一路穿梭在擁擠的船隊之間，或是沿著這四通八達的窄渠飛掠而過。

這片水城裡，有成千上萬的人口在這兒謀生，過著和陸地上全然不同的生活。窄巷狹弄裡買賣進行得極熱絡，而這些小生意人的店面就在自家的船頭，船尾則是住所。要是在城這頭生意不景氣，就移到另一頭，再不就帶著全部家當到城外轉轉，找一個能讓家人呼吸清新空氣、又有對城市器物感興趣的買主的鄉下地方。

我們避開了混亂水城中的一處主要水上市場，來到一排花船前面，這是這帶河域的水上樂館。天色漸黑，花船四周懸掛著無數燈火的景象，著實令人難忘。每棟船樓昂然矗立於水上，船身雕刻著各種花草動物、人間美女、天上奇景，美不勝收。透過鏤空的隙縫，隱約可以看到幾名美麗女子的非凡容貌，此時船舷邊上突然冒出一群漂亮的姑娘，彷彿也是木雕裝飾的一部分似的。轉眼間，她們又消失不見，原來有一群穿著絲綢的公子哥剛下船，想找個最近的畫舫。接著，我們聽到琵琶的顫音和女子尖尖的嗓音，少女們都已經離開座位到下艙去服侍城裡來的紈袴子弟，這些少爺到畫舫來無非是吃吃飯、抽抽鴉片，沉浸在甜美的笑靨中，看他們好像恨不得將漂亮歌女們臉上那層搪瓷般的脂粉給捏碎。

要退出這個地方可不容易，不過三名船家女都使盡了力氣，她們說：這一帶壞人很多，你們可能會被割斷喉嚨。因此，不久後我們又回到了河流的中心。忽然間，大大的陰影籠罩下來，原來是一旁並排停著兩列飽經風吹雨打的老舊帆船。大家都知道帆船長什麼樣子，也知道船首有一對用來嚇退深海惡魔的大眼珠，我無須贅述，但我想告訴讀者的是，爲了拍攝附圖中的帆船甲板，我眞是費盡心力。

事情經過是這樣的：有一天，我和兩位藝術家友人搭船在香港港灣內繞來繞去，想找個好的攝影題材，剛好發現有艘帆船停在附近，還垂下一條繩索，我們便趁機爬上船去，不料卻發現水手們正忙著整裝出航。他們頓時全停下手邊的工作，怒氣沖沖地揮舞拳頭，並擋住我們的去路。我們要求見船長；通

船婦與她的家人

船家女

在一艘中國帆船的甲板上

常這樣一艘船上會有六、七名船長，因爲船上是一個個密實的防水船艙，每個船艙只存放同一人的貨物，因此每個貨主就等於一名船長。如此一來，若有六個貨艙，便有六名船長，而每名船長則有整艘船六分之一的主控權。在這種公平原則下，有時候船員會收到六種不同的指示，命令他們航向六個不同的方向，最後船員們只得自己掌舵，或者問問船艙神龕裡、不畏任何狂風暴雨的菩薩。

我們遇上的這艘船只有兩名船長，一個急於表達善意，另一個則打算把我們丟入海裡。最後，他們要我們等一等，讓他們去請示菩薩。那尊偶像似乎很歡迎我們，船長和船員從船艙出來以後，便一塊幫忙我成功地拍下照片。

註解

1 原書註：*Chian Review*, 1873, p. 249.

2 譯註：應該是一片大大的蘆葦葉子，即《一葦渡江圖》。

第十章

中國的慈善機構。澳門。市區景觀。其居民。汕頭。外僑居留區。潮州府。汕頭的畫扇師傅。雕塑者。中國藝術。村莊械鬥。廈門。本地人聚居區。窮人住居。殺嬰。肥料池。骨骸甕。鳌金。浪漫的景致。鼓浪嶼。外僑居留區

中國的慈善機構少之又少，而且組織普遍不完善。一八七一年，有一個由中國人獨力出資、監督的機構即將在廣州開幕，救助病患與貧困人家，並爲窮人提供棺材。據說，創建者的目的是爲了抵制城裡外國傳教團體的醫院與慈善機構的勢力。但當我離開廣州時，那個地方仍未開張，只是屋舍已經買好，就是潘仕成的私宅，我先前已經說過，這個末代的十三行商人的財產後來全數充公。這棟屋子之美是我在中國所僅見，那奢華的裝潢也大概透露出，當初官府從潘仕成這兒悄悄呑併了多大一筆財富。

但說也奇怪，在香港卻有一間類似的機構，所謂類似指的是那間醫院也是由中國團體資助。在一八六七年中國醫療傳教協會的報告中指出，中國人自己捐了四萬七千元，殖民政府捐了一萬五千元，來作爲興建醫院的花費並提供地點。醫院裡聘請的是當地的醫生，這些人從未拿過任何學位，之所以受

聘很可能是因為他們會調一些不可靠的祕方，還知道如何控制病人用藥的日數和劑量。在這裡，他們可以放心大膽地為人看病，即使治死了人，也不會像在都市裡那樣拿不到診金。

若說中國人對於醫藥科學幾乎一無所知，倒也不算過分。對他們而言，運氣和好兆頭才是最重要的，然而病患若想康復，找一個健全機構讓他得以度過最痛苦的藥物作用期，總比落入——不管是無心或有意——香港那些蒙古大夫的手中要好得多。但也或許他們開藥的原則是正確的，遇到久病不癒的病患什麼藥都開一點，疾病本身自然會從各種藥劑當中選擇有效的成分。

香港這間醫院（理應）受歐洲人監督，用意很可能就是想讓當地的醫生漸漸採用我們的醫藥，學習我們的治療方式。但向來盲目自大的中國人一定會認為我們做此讓步，便是默認了其醫藥體系的優越，殊不知這只是無知與迷信的綜合體。另一方面，中國政府似乎為了禮尚往來，便指派德貞醫師（Dr. John Dudgeon）擔任北京同文館的教授，我知道這位英國醫生的能力，加上他流利的中文，相信學徒們必定能接受最有系統的訓練，或許有朝一日他們還能在中國建立一門新的醫藥學派。

廣州的慈善機構當中，有一個痲瘋村。這類收容罹患該傳染病的男女的場所，在中國各地都見得到，但由於我只造訪了一處，因此關於該主題容我稍後再談。另外也有收容老殘的機構，和一家棄嬰堂，窮苦人家會把小孩丟在棄嬰堂門口，但孩子在裡頭卻也吃得很少。

嘉約翰醫師（Dr. John G. Kerr）在一八七三年九月的《中國評論》裡，提出一些關於這家醫院管理的有趣細節。據他說，一名奶媽有時得餵三個小孩，而她自己的月俸大約只有一兩四錢，很可能也常常挨餓。因此不難想像有許多嬰兒在此夭折，存活下來的最後也會被賣掉，一人賣五錢。被送到這裡來的大都是女嬰，因為在中國的窮人家裡，女孩除了被視為累贅之外，還會讓應該生兒子的母親蒙羞。這些棄嬰通常都被富有人家買去，養大後當丫鬟或小妾，還有些賣給老鴇培育成搖錢樹，命運更是坎坷。

在中國，到處都有人堂而皇之地公開買賣奴隸，警察報告中顯示香港人似乎收斂一點，但無論如何，這種把女孩當作一種投資，細心栽培，直到她們的魅力為自己帶來很高身價的習俗，其手段可說是最為卑劣。這種弊病其實可以減輕，只要說服中國政府鼓勵婦女移民到那些至今只有男人能移民過去的地方。其實有很多地方都能提供女性寶貴的工作機會，卻又不至於讓她們遭受上述的厄運，加州便是一例。

此外，還有一些幾乎不為中國人所知的國度——例如非洲，在這裡你可以帶著妻兒在溫和的氣候下，找一塊肥沃的土地，耕種自己熟悉的作物，或許能將大片荒地開墾成自己的產業。如此，直到今日仍備受飢荒、弒嬰事件與內戰所苦的祖國，便能解除人口過剩的壓力。「常勝軍」[1]的戈登上校（Colonel Charles George Gordon，人稱「中國人戈登」〔Chinese Gordon〕）目前正出使非洲，深入非洲大陸核心，如果他曾經閃過這樣的念頭，或許他能為這些辛勤的中國農民開啓一片新天地，畢竟過去他也曾是他們心目中的拯救者。

澳門的特色在於它是中國沿岸唯一的葡萄牙殖民地。從香港或廣州都有汽船通達，也是我們的小殖民地居民最喜愛的避暑勝地。在這座美麗的城市裡，我們可以享受清涼的海風，一道寬闊的堤岸環著詩情畫意的海灣，走在堤岸上竟彷彿瞬間回到某個古老的歐陸城鎮。澳門自有其獨特之處。中國人說它根本無權出現在此，因爲那是中國的土地，而葡萄牙人則聲稱中國政府爲了回饋葡萄牙國王的幫助，已將這塊土地割讓給他們。不過，他們的幫助恐怕並未得到應有的感激，因爲中國人於一五七三年在該城所在的地峽上築起一道牆，阻止外國人進入中國。

這個地方自從建城以來便幾經波折，有時隸屬其正統政府，有時則由中國統治，但無論其歷史對於祖國有多麼重要，最好還是擱在一旁，特別是其中有些片段對於頂著卡莫恩斯[2]光環的國家而言，並不太光彩。因此我們還是看看殖民地上比較主要而有趣的部分吧！我們從美麗的碼頭、總督府與一些彩繪建築所在的堤岸，沿著眾多小路當中的一條往上走，道路兩旁高牆聳立。現在是中午時分，戶外一個人也沒有。你會看見窗戶旁邊圍著鐵欄杆，是的，這些有如監獄般的地方正是

澳門

「barracoon」（奴隸或罪犯的臨時禁閉所），好聽一點的名稱則是移民仲介公司。

這些仲介公司監護純眞移民的方式很奇怪。門外有面目凶殘的男人守著，以免哪個苦力跑出來，不小心迷失在市區裡，眞是可憐！唉！其實這些不幸的移民大都是被綁架來的，我曾經一大清早看到他們被成群押到小船上，載往停泊在遠處平靜海灣裡的大船，然後再送往祕魯，在那裡只能靠著挖鳥糞發財。一八六五年，有一艘船載著五百名移民離開澳門，抵達大溪地時人數已經減爲一百六十二人。這船奴隸——他們也確實是奴隸——的投資自然不敷成本，但這項交易最近已經被一位英明卻不受歡迎的總督所禁，不受歡迎是因爲他擋了一條大財路。

中國政府也同樣關心移民到外地的中國人的權益，最近還派代表到祕魯調查中國勞工在當地的狀況。經過禁閉所時，我們從窗戶的欄杆縫隙看到許多狀況悲慘的囚犯，他們直哀求我們施以援手。有一個美國船長——後來他還和我一同遊長江——告訴我以下這則和此禁閉所有關的故事，他似乎也因此更相信鬼神之說。

他父親也是船長，有一天早上正準備從澳門出航，上船途中剛好經過這處禁閉所。他聽到裡頭傳出淒厲的呼喊聲，便停下來詢問，才知道裡頭有三個俘虜隔天即將被處決。他往內丟下不少銅板之後就走了，也沒有再多想。可是當他抵達舊金山，匆忙趕到船主的辦公室時，竟一封家書也沒有，不由感到十分意外。他心想一定出事了，船東便建議他去找城裡的一位靈媒。他果然去了，待降靈會開始後，靈媒告訴他說他身旁圍繞著一些鬼魂，正恭恭敬敬地向他行禮，感謝他的大恩大德。他們把頭夾在腋下，靈媒說這些是船長離開隔天在澳門被斬頭的中國人，如今特地飄洋過海來謝謝他。

澳門的主要街道上空蕩蕩的，房屋漆成各種奇怪的色彩，有些窗戶邊緣框了一圈紅色，就好像房子抹了脂粉的臉上有一對火紅眼珠似的。這些房子有宏偉的樓梯、寬敞的大門和大廳，只不過住在裡頭的人大都非常矮小，他們自稱是葡萄牙人，但再看看最近剛從祖國來到此地的人，他們馬上就被比下去了，他們的膚色不但比歐洲的葡萄牙人黑，甚至比當地的中國人還黑。街上有人在做買賣，但生意清淡，至於主要的休閒場所則是賭場或大教堂。碉堡內當然有歐洲的軍隊駐守，裡頭不時傳來鼓號聲，不知情的人還以為中國敵軍經常來犯，所以要召集軍隊抗敵。

澳門應該是個信仰很虔誠的地方，教堂的鐘聲似乎怎麼也響不絕，每天早午晚三次，市民都會齊聚在教堂或禮拜堂重作一次禮拜。到了下午四點左右，殖民地甦醒了，馬車沿路呼嘯而過，轎子拚命往海邊擠，好讓坐轎子的人享受海風吹拂，中午時刻寂寥萬分的堤岸，一變而成時髦的散步道。小姐們也穿著輕便鮮豔的服裝出現了，其中有些人還算漂亮，但大部分都是臉色泛黃，毫不迷人，身上的緞帶和洋裝顏色俗麗，極不協調，眞不明白畫家錢納利（Chinnery）怎能在如此缺乏藝術品味的地方待那麼多年。

這些年輕人——這裡似乎沒有老人，至少大家的穿著沒有老少之分——都很瘦也很矮小。在打扮上，這些矮小的花花公子可是花費了不少心思，儘管薪水微薄，還是盡其所能地追求流行，我還知道他們當中有些人省吃儉用、甚至預支薪水，只為了買花俏的領帶、小山羊皮手套和漆皮靴子，以便在教堂或是流行聖地堤岸區裡出出鋒頭。

此時在窗口或陽臺上那一把把扇子背後，有秋波頻送，讓底下的愛慕者個個熱血激盪。其實，澳門不僅僅只是早期葡萄牙商人在中國建立的眾多殖民地中，唯一留存下來的一處，它還有其他與眾不同的特點。例如，詩人卡莫恩斯曾隱居於此，還有畫家錢納利也在這裡畫出許許多多的素描與油畫，對華南藝術產生不小的影響。

再往北走的下一站是汕頭，我們從香港搭汽船前往。我得告訴各位，幾乎每天都有一班豪華汽船往返於中國沿海。船上舒適的住宿設備以及運貨設施難有匹敵，而且儘管航行海域不太平靜，加上常遇見危險的颱風，卻很少有意外發生。

汕頭是潮州府的港口，位於廣東省，這點我先前已經提過。潮州府原預定爲洋貨集散中心，但由於附近宗族紛擾不斷，計畫也因而作罷。該城建於韓江岸邊，韓江流經的區域也是全省最肥沃的土地之一。汕頭可供噸位極大的船隻進出，光憑這點，汕頭便比潮州更適合洋貨交易，因爲潮州離河口有三十來哩〔約五十公里〕，交通只能靠吃水不深的駁船。

外僑居住的地區就懸在一列矮山上，看著不禁讓人想起亞丁（Aden）那些彷彿被火山岩漿燒成光禿一片的山丘。巨大的花崗岩圓石在山坡上起起落落，姿態千奇百怪，有些像是德魯伊教（Druidism）的巨石群，有些則像高高的方尖碑。石頭上還屢屢可見中國字題刻，如此即使有一天中國人遭到驅離，仍留下一塊寶地供考古學家研究。這些神聖石群和刻字的方尖碑引發各種說法，但其實只是石頭四周的土壤風化之後，被沖離山坡所形成的現象。至於石刻，也不過是有些中國人想千古留名便在永恆不滅的

潮州韓江岸上的高塔

石頭表面，刻下自己的名字、詩詞或是當地某事件的始末。

此地的外僑與許多本地人的房子，都是以這一帶盛產的長石土混合介殼石灰製成混凝土所建造的。漸漸地，這種混合物會變得堅硬如石，使得牆面堅固而持久。住家內部裝飾也不遑多讓，天花板邊緣的灰泥上楣雕有許許多多各式各樣的花鳥，美麗萬分。這些藝術雕工顯然都出自工人之手，他們獲得的酬勞比耕地或汲水多不了多少，但出師之前卻必須經過一段中國人視爲高級的藝術訓練。他們工作時就蹲在地上，跟前放著一個裝滿灰泥的斗狀容器，腳邊有一塊像烤盤似的小板子。他們用手和鏝刀在這塊板子上雕塑出一朵朵花——還有枝葉、果實——和一、兩種鳥，完成之後便遞給另一人將所有圖案拼湊接合定位。他們沒有使用任何板模，一切只靠雙手和眼睛，結果卻是無懈可擊。

汕頭本地人居住的地區其實和廣州、佛山和華南其他河濱城鎮並無兩樣，但我一定要爲讀者介紹一下汕頭的畫扇師傅，他們也同樣是技藝超群。大街上有許多扇子店，其中又有一家最爲有名。於是我便在一位英國商人的陪同下前往這家店，這名英國人熱心的程度簡直不輸給他那些中國貿易伙伴。我們在這裡看到的扇子畫的多半是園林景致，又美又細膩，的確是我前所未見。

店主應我們的要求，帶我們到後間去見見畫扇的師傅。屋裡共有三人，兩人坐在桌前，在素扇面上構圖，另一人躺在長凳上抽鴉片煙。他們全都抽鴉片，而更令我驚訝的是，他們最好的靈感竟是得自於鴉片的作用。誠如我先前所說，這些師傅的畫著實美麗萬分，不僅構圖細緻、遠近分明，筆觸也分外纖細柔和。我們在此所見乃是純粹的中國藝術，不像在香港攙雜了一些外國元素。

在我看來，我們一直都小看了中國人的藝術層次，但這也難怪，畢竟我們並不熟悉中國與中國藝術。直到有一天，我在北京偶然買到某位中國人私藏的一、兩幅古畫，這才大大提升了我對中國古代畫派的評價。在一系列獨特的工筆畫中，有一幅嬰戲圖，幽默十足且手法靈巧，而整幅畫卻只是以最簡單的水墨畫成。畫家在畫冊的附錄中謙虛地寫道：「畫冊中十二幅畫依序描繪一年四季，始自春節喜慶，以雪獅圖作終。豈敢自詡媲美昔日名家，得及其六七分於願足矣。戊申年四月初四，子揚書於杭州。」在中國這門藝術無疑已經沒落，這點中國人自己也不否認，以上的附言即可證明。

再者，富有且修養高的中國人也和我們一樣，會花大筆金錢收購古代名家的作品，並仔細收藏。許多古畫都是畫在縑絲卷軸上，因此中國的畫廊和我們想像相去甚遠，因爲圖畫並

汕頭

嬰戲圖

不是裱框掛在牆上，而是小心捲起以免暴露在光線底下或空氣中。私人收藏家們如此小心翼翼地保存這些藝術珍寶，歐洲人很難得有機會能看上一眼。

友人偉烈亞力先生是東方學者所熟知的，當他檢視我從北京帶回的幾幅古畫時，表示了一些有趣的看法。他說：「關於古代名畫家有許多奇聞軼事。例如西元三世紀，傳說有個畫家曹不興爲國君畫屏風時，墨汁濺到布面上，他便將墨跡改畫成蒼蠅，後來看見國君拿起絹巾要將蒼蠅揮開，他心裡可得意極了。還有一個活躍於西元一千年左右的畫家黃筌也同樣著名，他在八卦殿的壁上畫了幾隻雉雞，此時剛巧有外國使臣前來進貢獵鷹，獵鷹進殿後見壁上的雉雞立刻振翅撲擊，當然除了沒有口福之外，頭也撞得不輕。」

汕頭的畫扇人便是華南古代畫派最傑出的代

表人物，假如現在還時興以美人畫像選妃，汕頭這些畫扇師傅也許還能顯顯身手為未來的寵妃作畫，而大賺一筆呢！工藝最上等的扇子搶購的人多，所以總是供不應求，這一點倒是很奇怪，尤其是在這個地區常常會看見一些體面的人，根本不用扇子而利用更簡便的方式消暑。我在汕頭和潮州之間，就曾經遇見一些人大熱天裡全身赤條條的，衣服全都盤在頭上，一路走來自在得很，絲毫未感到不妥。

愈往韓江上游，遇見的人愈顯得野蠻，但我說過，宗族械鬥已在最近遭到鎮壓，省境也已恢復平靜。前不久，有個名為鷗汀背村的村民攻擊英艦「金龜號」（Cockchafer）的船員，結果全村被夷為平地。由於整件事進展得異常迅速，使得半野蠻的族人措手不及，如今在斷垣殘壁的方圓五哩（約八公里）內絕對規規矩矩，就連對我們這些外國人也不例外。不過，我在潮州府的經驗卻有些不同。

有一天，天還沒亮，我就起床打算去拍河上的一座橋，心裡還一邊竊喜，以為這麼大清早定然能避開人潮，沒想到橋上正中央剛好有個市場，天才蒙蒙亮就已經有背著農產品的工人，一個個從四面八方湧入。我才剛剛下船站在岸邊拍了張照片，就立刻有一群人咆哮著向我衝過來，接著石頭和雜物便如雨點般落下，我趕緊旋下暗箱，連同裡頭尚未顯影的相片夾在腋下，拿起尖尖的三角架，一面向迅速逼近的敵人揮舞，一面退向河邊爬上船去。我把暗箱的蓋子弄丟了，明亮的鏡片上糊著一團黑泥。幸好，照片效果還是不錯，我甚至可以誇口說這張照片是在三角架尖上拍得的。

潮州府橋和福州閩江上那座橋十分相似，都是石橋，橋下也都有許多拱門——或說是方門——供船隻通行。橋上道路兩旁各有一排房舍，房子大約有四分之三的深度突出於橋欄之外，懸空於河上。每棟屋子看起來好像只有正面的磚牆黏在橋上似的，至於主體結構，則是由一連串又長又粗的柱子連接下方的拱壁支撐著，便有如托座下方的支柱一般。這簡直就是一種危險建築，不過全城最熱鬧的市場卻也就在橋上，這些屋子不但是住家也是商店。人們在此買賣、生活，在此睡覺，平靜地等著身家與脆弱的居家落入淤泥墓穴中的那一刻到來。不過他們還有其他方法可以保住財產和生命。每道拱門間都懸著兩個細木框，一入夜後，家裡的男主人就會心誠意正地將木框丟下水去，以免惡鬼從住家底下經過，這個方法不用說自然是靈驗無比了。

潮州府也開放對外通商，有一、兩回英國政府還打算在城裡設立領事館，但始終沒有成功。暴民不斷向外國人投擲石塊，我在潮州那段時間，當地只有副領事一名歐洲人。當我告訴他自己遭襲的經過，他只淡淡地說：「這種情況很稀鬆平常，每個白人遇上這

潮州府大橋

群無法無天的亂民，結果都是如此。」因此我毫不依戀地就離開這個地區，再次回到汕頭。

現在每年有愈來愈多移民離開廣東地區，前往暹羅、印度支那或麻六甲海峽的農場工作。根據統計，一八七〇年間便有兩萬多人從汕頭搭船離開，當我們發現這些工人只爲了一個月二至四元的工資，便寧可離鄉背井，就可想而知中國的工資之低了。更不可思議的是這二至四元的月俸，竟然足以讓這些辛苦的窮人攢下錢來，回鄉後租耕一塊農地。瑞麟甚至曾經派一名總兵率兵兩千至此鎮亂。

我造訪期間，該總兵正在一個叫潮陽的地區，他的任務已接近尾聲，因此這一帶比起前幾年也更加平靜、繁榮。這名武將有個不太協調的名字叫方耀，他爲了重整秩序，不惜採取速戰速決的高壓手段。例如，他在雙島（即媽嶼島與鹿嶼島）附近的外沙村抓到一個爲外國人所熟知、叫君廣的人，逼他招出村裡兩百

另一角度的潮州府大橋

名帶頭叛亂者。君廣招出了一百人，其中多數都是貧窮無辜的代罪羔羊。在壓迫與威脅之下，他又多供出了幾個，這些人全都被砍頭，而君廣自己的頭顱也被丟進受難者的頭顱堆裡。當時的場面想必十分血腥，據說方耀這次出征總共砍了一千多顆腦袋。

中國女子的小腳

汕尾是廣東省勢力最強大的村莊之一，距離汕頭約兩哩（約三公里），多年來始終壟斷了供應汕頭人力的權利。大約十年前，其餘十七個村落聯手對抗汕尾，必要時企圖以武力結束其壟斷。這場戰爭持續了四年，最後還是汕尾獲勝。在這段期間，村民殘酷無情地對待彼此，有時甚至將敵人頭下腳上地活埋進攪和著生石灰與泥土的坑洞裡。此外，關於中國部分地區如何以不人道的態度對待瘋傻的人，我也是來了這一帶才有些概念。生前住在汕頭的湯姆生醫師（Dr. Thomson）有一回出外，看見一名小腳婦人拄著枴杖跛行。醫師看得出她不太正常是因爲她朝著自己的轎子走來，而這附近凡是正常中國婦女看見外國人無不紛紛走避。婦人來到轎前，趴伏在地，像是對待某位高官一般。她滿頭亂髮，頭上有許多瘀青和傷口，手臂上也被割得血跡斑斑，長裙破破爛爛地掛在瘦巴巴的兩腿周圍。湯姆生醫師想就近送她到村裡替她處理傷口，但中國轎夫卻不願理她，他們說：「她是瘋子！她是瘋子！讓她去跟烏鴉在一起吧！」而我自己則曾親眼看見一名傻子被關在籠子裡置於村外，讓來往的行人餵食，或者能餓死最好。後來，我又去看了那個像畜生似的人一次，但他已經死在籠內。

再往北走，下一個開放的通商口岸是廈門，雖然位於福建省，其地理景觀卻與汕頭頗爲類似。港灣入口處同樣看得到支離破碎的山峰，和山頂上巨大光禿的花崗岩巨石，其中一塊面向港口的一側，用大大的字刻了一段與當地歷史有關的文字。另外有幾塊昂起灰白的頭，高聳於水面上或海岸邊，對此，當地人總是抱著敬畏之心，認爲這和港口的風水有密切關聯。然而在這種地方，好運卻很少會眷顧這些低層迷信的民眾。

廈門人是很優秀的戰士，至少據說如此，他們也確實爲自己的獨立奮戰不懈，而且也是最後向滿清外族屈服、之後又遭受最嚴厲壓迫的一群。直至今日，他們還纏著頭巾以便遮掩統治者強制的剃髮留辮。此地的方言和廣州話差很多，我的僕人還以爲他們又離開中國到了外域。不過瀏覽市容之後，他們才放下心來。在城裡他們遇見一些同鄉，而且氣味和景觀也都是中國特有的，錯不了，因此他們很快便承認這裡確實是他們的故鄉中國。

廈門也和汕頭及中國其他港都一樣，本地人聚居之處的房屋全都擠在一塊，活像一群觀光客爭先恐

汕頭的男性

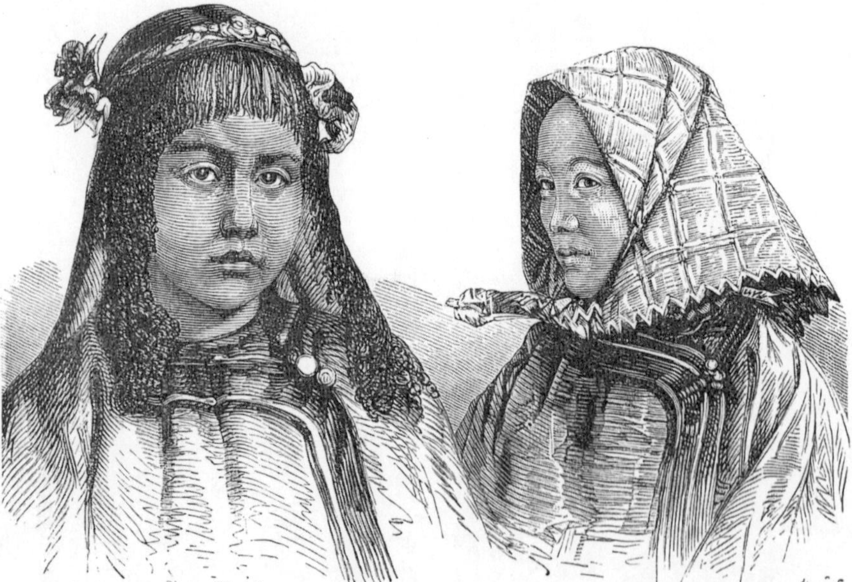

汕頭的女性

後地想擠到臨水最前排。許多住家都顯出破敗荒廢的淒涼景況，而貫穿全區那條又長、又窄、又陰暗的街道，石板都已經損壞鬆動，底下大都藏著危險的泥坑，要是不留神一腳踩上去，立刻會噴出一道泥漿濺得你全身髒污。街上幾乎每隔一間店就會漫出熱油和洋蔥味。癩皮狗和瘦豬也因為不滿我們的妨礙，而發出吠叫和呼嚕嚕的叫聲。這些犬豬可是當地的衛生人員，清理廚餘和垃圾的任務全都落在牠們頭上。

不便之處不僅於此，每當我好不容易走過一段，卻又會被巡迴演出的戲班擋住去路，那是某位慷慨的商人特地請來做公開表演的。前往洋行的道路比起我剛才形容的中國街巷，好不到哪兒去，不過一旦克服了旅途的艱難，那些辦公室本身還是十分雄偉壯觀，樓下堆滿各色農產品，樓上則顯得交易忙碌。

這個港口的貿易量成長了，而且可能會隨著對岸富庶島嶼福爾摩沙的發展而持續成長，還有茶葉、糖和其他農產品也都增加了。各地許多官員為了一己之私或一己之欲，非法徵收過境稅，其實是扼殺了進口貿易以及外國貨物往內地的流通。另外還有一項沉重的負擔叫釐金，最初這是對洋貨所課的戰爭稅，後來一直沒有取消。除了福爾摩沙之外，沒有其他任何港口稅賦如此沉重。

關於此議題，美國駐廈門領事李仙得（A. W. Le Gendre）曾寫道：「在汕頭，進口貨物的地方稅始終維持不變，亦即約為廈門課稅的四十分之一。」他接著又指出：「當地人若直接由汕頭攜帶洋貨經陸路至廈門地區販售，售價還是比自廈門進口販售便宜。」[3]徵收釐金是用來支付因應太平天國之亂或小刀會起事，又或是兩者的費用。一八五三年的小刀會起事，對廈門而言是件大事。據說，此會會首是一個叫作陳慶眞的新加坡華僑，而引發這次暴動的祕密組織也正是中國各地農民騷亂不斷的源頭。

一八六四年，南京被湘軍攻陷數月後，太平天國的餘溫已漸冷卻，但天王的最後一批餘黨仍做最後掙扎，攻下了漳州府，這座城市之於廈門便如同潮州府之於汕頭。經過長期奮戰，清廷軍隊終於再度收復漳州，太平天國之亂寫下了血跡斑斑的歷史，也同樣在慘無人道的殺戮中結束。太平天國的覆滅主要得力於洋人干預，再加上對叛軍堡壘施以一、兩次關鍵性的砲轟所致。唉！這些成功背後總是有太多的濫殺，而一個無能的政府也只能藉此讓百姓心生畏懼。

正因為如此，我接下來要描述的事件也就不足為奇了。據戰勝者統計，有二百五十四顆頭顱、二百三十一條辮子和二百三十一隻耳朵，應該原屬於叛賊所有。

廈門

不管怎麼說，這總還是頭、耳朵和辮子吧，而清廷的軍隊卻得將這些戰利品置於官府面前。最令人驚訝的是有些殘廢者竟還能存活。我便曾遇見一個人，據他說他的頭幾乎都要斷了，他只得整路扶著直到抵達廈門。那麼脖子上一定會留下深深的傷痕，就像休斯先生（George Hughes）在一八七三年六月號的《中國評論》中所描述一般。我還看過一個人兩隻耳朵都不見了，頭皮也被削去大半，卻還是活蹦亂跳。休斯先生在另一篇文章中又提到，福建省這一帶殺女嬰的風氣比中國其他各地更盛，這點也證明了我在當地調查後所下的結論無誤。

休斯先生某日遇到一名身材壯碩、看似家境不錯的工人，肩上挑著兩個乾乾淨淨的圓簍。「由於聽到小孩的哭泣聲，我便將他攔下，才發現兩邊簍子裡各有一名幼兒。」文中說，這個狀似老實的人正要把他這兩個負擔挑到棄嬰堂去，可以賣得一百文錢（女童大約一文錢，男童則可高達九十九文錢）。

這間棄嬰堂的創辦人是當地一名商人，我很榮幸曾與他會面，但可悲的是一個母親竟然只為了區區一文錢而寧可捨棄自己的孩子。

然而，廈門醫院的管理倒是比廣東醫院開放得多，如果有人想要孩子，只要能提出適當證據證明自己身家清白，便可免費在此收養一個。某個基督教的駐地傳教士告訴我，他相信在廈門有四分之一的女嬰一出生就遭到殺害。而當地人本身對此惡行也毫不避諱，我還聽過一名老婦人坦承自己連續殺死三個女兒。他們以家裡實在太窮來為自己開罪，而他們貧窮悽慘的程度若非我親眼所見，也確實難以想像。附近地區本來就已經十分貧瘠，再加上叛軍與清軍的突襲劫掠，更使得貧苦的居民一蹶不振。沒錯，戰爭的確削減了人口，但卻也還不至於實際影響到人口密度。

在這裡，一名壯漢每天只能賺到一文錢，而具有一技之長的師傅（為數可不少）每天大約多賺個半文錢。在城裡某一區或是郊區都會有人收集大量水肥，經過處理後再賣給農民為貧瘠的土地施肥。做這項買賣的人就住在發臭的池子邊上，池中倒滿了各種污物，而他們住的小棚子大都還得付上一文錢的月租。

離此地不遠有座小山丘，是窮人的墳地。新墳自然不少，但所有的墳上都以石灰混合玻璃與陶器碎片覆蓋住，以免豬或狗將屍體刨出。這裡的人如何過日子，實在難說！從墳墓的數量看來，死亡人數相當多，但生活在這麼臭的環境裡，這又何足為奇？

我約略看了看一、兩戶住家，都是單間小屋蓋在光禿的草地上。通常屋裡一件家具也沒有，住在裡頭的人衣衫襤褸、乾癟瘦削，全身污穢不堪，但還是有許多小孩跑來跑去，或是往池裡丟石頭，或是把豬和野狗趕跑，免得唯一的買賣物品被吃得精光。大多數的孩子都是男孩，而養育男孩卻不見得比女孩省錢，因此家境貧窮的壓力似乎並非殺嬰的唯一原因。不過，窮苦當然是間接也是直接的因素之一，因為窮會讓人自私自利、冷酷無情，進而泯滅了母性，致使一個女人能夠出賣甚至殺死自己的孩子。

另外不遠處還有一座小山，可以俯瞰港口。在這座山上，我發現一整排表面亮澤的陶甕，每只甕裡都裝著一副骨骸，其中有個甕破了，骨頭散落在岩石表面，還有一群小孩拿起頭骨當球丟著玩。或許有如以西結[4]的先知已經預知了同胞將淪落至此，而為之哀悼，但這些曝於山野的骸骨究竟是怎麼回事？

原來這些全都是在此等待下葬的遺骸，而下葬儀式必須看好風水、選定時間與地點之後才能進行。只是呀！對這些無墳的屍骨而言，無論什麼樣的棲身之所，恐怕都不似原先存放的陶甕那般神聖吧？死者在此無人探望、遭人遺忘，因爲原本在世的親友可能也都已經離開人世，或者太窮付不起喪葬費用而一延再延。我先前說過中國人會及早將一生積蓄用來買棺材、壽衣和墳地，其用意何在，讀者們現在想必能夠體會了吧？

至此，我對廈門的描繪一直都很晦暗，然而在眞實的畫面裡，即使再低下的城區也會射進幾絲光線。我經常在城裡閒晃，有一次走到一條非常狹窄陰暗的小巷內，看見房舍的租戶正在做一種我覺得很新奇的工藝。無論男女老少全都忙著製作非常精美的人造

廈門的居民

花，材料是一種生產於福爾摩沙的通草（Aralia papyrifera）髓心，這種植物也可以製造宣紙。我一家一家參觀，到處都有成千上萬的花散置在托盤上，無一不是栩栩如生。這裡還有一雙雙小手在幹活，但靈動之際，一朵朵玫瑰、百合、杜鵑或山茶也應勢而生。

工坊其實也是每家商店或每個家庭的住處、辦事處兼倉庫，由於裡頭的工人實在太多太擠，若有客戶上門想參觀或購買，通常只能站在門外。我向某個簡陋至極的店家買了許多這類的花，店主很窮，所以希望我能先付點訂金，必要的話他可以寫張借據。後來我借了他幾塊錢，但借據也就免了，雖然我與他素不相識，但他做買賣確實誠實無欺。

在廈門山坡高處，有許多富有的中國商人居住的高級豪華住宅。同樣地，在這些山區也有巨大的花崗岩石矗立於數百呎高處，其間隱祕浪漫的地點則偶爾可見寺廟建築。例如，從白鹿寺所

廈門的婦女

在的岩石上便可眺望廈門城區、港口與鼓浪嶼島。歐洲移民大都住在鼓浪嶼，那裡的屋子四周環繞著花園庭院，全中國再也找不到更美的宅第了。這一帶還有幾個傳教團體，這倒也合適，畢竟在廈門如此不開化、景況如此悲慘的地方，傳教士還有很大的努力空間。

然而，我要補充一點，不管廈門居民與其特殊風俗如何，你還是可以在此度過非常愉快的一個月，而當地商家的熱情還會大大增添遊興。例如我在前往觀光景點的交通方面，便受益匪淺。有一位仕紳同意把船借給我，還有一位讓我騎著他的小馬到賽馬場上溜達溜達。這處賽馬場位於一個狹窄的平原上，附近高處便是在一八四一年先後落入我國手中的幾座碉堡，現場仍殘留著幾具生鏽的大砲，爲最後終於攻下廈門的那場激戰做見證。過去兩、三百年來，這座島嶼一向是外商最喜愛的約見地點，但其商業卻直到近幾年才變得重要。我在山上看到不少歐洲人的老舊墓碑，有些甚至可回溯至十五世紀。

註解

1 譯註：清末由美人華飛烈（F. T. Ward）組建的洋槍隊，配合清軍剿太平軍，蘇州巡撫蘇煥定名為「常勝軍」。戈登上校曾任其指揮職。
2 譯註：卡莫恩斯（Camoens，葡文作 Camões），十六世紀葡萄牙詩人，也是葡萄牙最具代表性的文學人物。
3 原書註：A. W. Le Gendre, *Report on Amoy and the Island of Formosa*.
4 譯註：西元六世紀時的希伯來先知。

第十一章

打狗港。楠仔坑。航海的困頓。臺灣府。道臺。衙門。政府如何打消國債。一六六一年的荷蘭人。林蔭小徑。傳教士的醫療站。內地的旅程。古運河。崎嶇的土地。客家墾荒者。拔馬。平埔番村落。木柵山谷。「福爾摩沙島」之名。長途跋涉。中央山脈。竹橋。匏仔寮村。診療中的醫生。甲仙埔村。酒宴。茅屋內部。平埔族住所。狂野的舞蹈。生番的獵場。荖濃村。六龜里村。回程

一八七一年四月一日，我搭乘輪船從廈門橫渡至福爾摩沙島。船駛離港口前，我到另一艘輪船「蝦夷號」（Yesso）上去向一位朋友道別，他的健康狀況使得他不得不回國，後來我再也沒見過他，因爲他在半途就死了。唉！他這種遭遇實在太平常了，生病的人在不斷侵蝕健康的氣候下苟延殘喘，期待著冬天能使身體再度康復，然而，等他們發現不能再如此拖延下去時，一切爲時已晚；冬天遲遲不來，最後他們只好在回鄉的船上尋求海風慰藉，但這也僅將他們推往墳墓。來自福爾摩沙臺灣府〔今臺南市區〕的傳教士馬雅各醫生（Dr. james Laidaw Maxwell）是我旅途的好夥伴，我從他那兒聽來了一些關於這座奇特島嶼上生番的敘述。

船於下午五點鐘離港，我們在第二天清晨航經漁翁群島〔Pescadores group of islans，即澎湖群島〕。海風從北面強勁地吹來，讓我不得不窩在臥鋪裡，直到有人叫我出去看陸地。視野的確非常好，但船身搖得眞是厲害！而那陸地，唉呀！我當時唯一想到的就是陸地一定還遠得很。從暈船中恢復後，我有一、兩個小時的空閒時間可以詳視海岸，以及沒入雲頂的內陸山脈。狹窄的多岩海灣是這地區唯一的港口，不過事實上，輪船是在距離這裡兩哩〔約三點二公里〕的地方下錨。

在等候下船時，我忽然對船上一位馬來人的經歷產生高度興趣；他告訴我，這海岸經常發生船難，此外，船員總是被一群不時到海灘來搜尋獵物的嗜血生番吃掉。他八成聽過一八五九年的「馬克多號」（Macto）船難事件，還有其上的船員是如何被這海灘的原住民屠殺；要不然他指的就是，後來更南部的原住民殺害一群美國船難生還者那起事件。某些原住民是食人族的事實應該是無庸置疑，而且他們絕對有搶劫與殺害那些不幸的船難受害者。

爲了懲罰這種暴行，一隊日本軍人最近被派遣到福爾摩沙，以報復據稱發生在一位日本船員身上的殘忍行爲。由於福爾摩沙是中國的屬地，因此很難說日本的武裝干預會如何結束。日本現在已經開始將鄰國中國視爲劣等，所以我在先前的著作中也預測，中國與日本之間將產生嚴重的衝突。

根據《帕瑪公報》（*Pall Mall Gazette*），在日本艦隊於福爾摩沙下錨，但日軍尙未登陸前，一艘中國小型巡洋艦與砲艇出現，而且船上的武器與士兵都已就位並蓄勢待發。這兩艘船絕對可以擊沉整個日本艦隊，但在一陣交涉後，中國的戰船便靜靜地駛離，日本軍隊因此登陸。

在我們下船並前往內地旅行之前，我想應該提供讀者一些這座島嶼的概觀與其地理位置：福爾摩沙島，也就是葡萄牙人所命名的「美麗之島」，距離大陸約一百哩（約一百六十公里），在數百年前由一位極具冒險精神的天朝人士所發現，他有天特別早起去欣賞汪洋上的日出，因而發現了福爾摩沙的山峰。隨著時光推移，中國人跨過海峽在島上建立聚落，並將生番趕到幾乎無法進入的高山。

福爾摩沙島大概是南北走向，長度約爲二百五十英哩（約四百公里），最寬的部分約有八十四哩（約一百三十五公里）。一道高大的山脈縱貫全島中央，在某些地方山峰有一萬兩千呎（約三千六百六十公尺）高。中國人僅據有島嶼西部和最北端的一小部分，所有的山區與東半部則是原住民各族的居住地。福爾摩沙島由臺灣府的道臺統治，道臺由中央政府派遣，而且是帝國同一等級的官員中，唯一有特權向皇帝直接上訴的官員。這裡的人口有三百萬左右，其中原住民占五十萬、中國人占兩百五十萬。

地質學家推測福爾摩沙島原本與大陸相連，島嶼和中國鄰近省分動植物的極度相似性便證實了此推論。不過我們還是登陸，親眼一睹吧！

當我們接近福爾摩沙島，有位名叫鴉片的中國舵手過來迎接我們，並把船安穩地停泊在離岸邊約一哩（約一點六公里）處。這時海面波濤洶湧，即使是想乘坐小艇進入港口，也是非常危險；因此，我和馬雅各醫生決定隨鴉片上岸，靠他對地緣的熟悉，帶我們安全地登上海岸。

這名舵手是個沉著冷靜的人，屬於心細膽大的那一型，不管什麼天氣他都敢出海，據說，他會有「鴉片」這樣奇特的綽號，就因爲他是個出名的鴉片走私販。在加州，華人走私鴉片的次數無人能及，他們

打狗港

夾帶鴉片時，運用的中國花招也讓人目不暇給；這些狡猾的華人，使用高桿的純化毒品技術，只會留下一些無法用肉眼辨識的液體，因此，儘管當地警察嚴密監視，還是沒辦法人贓俱獲。雖然如此，後來這些華人的詭計還是一一被識破：黏在箱子夾層裡的鴉片，再也無法運到岸上；藏進絲靴鞋底，或是縫在棉襖襯裡的鴉片，也無法悄悄通關了。

我們一行人現正在浪尖上，船前後顛簸著，像是要往海底栽進去似的；鴉片看起來很平靜，他這種神情讓人感覺很安心。不久我們翻過了最後一個巨浪，一眨眼就被沖進了岩石間的小港口。這些岩石是火成岩，看起來像是熔化的金屬，在猛烈沸騰時突然冷卻一樣。

我們上了陸地，接著爬過許多洞穴，洞壁邊緣有如燧石一般堅硬，也像碎玻璃一樣銳利；不少洞穴裡都布有填滿沙土的窟窿，窟窿裡滋生著灌木，和某種類似矮小棗椰的樹木。海灘周圍的溼土呈現深黑色。

我們進入打狗城〔今高雄市〕時，此地的熱帶風貌與婆娑成蔭的棕櫚樹，給我留下了極深刻的印象，讓我聯想到馬來亞群島的村落。不過很顯然的，這裡並不是回教徒或馬來人的世界，因爲住家附近有些豬隻，這些豬或是閒逛著，或是守著豬舍的門。最後，我們抵達了傳道所，並受到熱情的款待。

傳道所的李麻牧師（Rev. Hugh Ritchie）讓我對這一帶有了些認識，使我瞭解這裡所謂的「日常狀態」；這情形對他們而言是司空見慣，對我來說卻是無法無天：

一次去內地傳教的途中，李麻牧師碰見了鳳山縣的縣丞，這位中國官員身後跟了一群武裝隨扈，他們

打狗港的入口

一行人，從一個叫作楠仔坑〔La-mah-kai，今高雄市楠梓區〕的地方正要回「衙門」。李麻牧師沿著這位官員的來時路往楠仔坑走去，在那裡他看到了一幫拿著長矛、短劍、還有槍砲的歹徒，有名老婦人跟在這幫惡棍後面，苦苦哀求他們歸還她兒子的火繩槍，而這把槍是這群人剛從她家偷來的。

李麻牧師一到他準備留宿的中國人家裡，對方就問他有沒有看見那幫匪徒，因爲這一幫攔路強盜，洗劫鄰近地區已經有一段時間了。而據說更早之前，這裡的知縣奉上司之命，去抓其中一個強盜的有錢親戚來當人質，不過這幫狡猾的惡棍，早就得到了情報，這極有可能是官員的某個隨從暗中通風報信。後來，這幫惡徒痛擊治安官的人馬，讓他們落荒而逃。

得利於茄當中尉在臺灣府所採取的嚴苛軍事行動，這裡的人對歐洲人存有一份畏懼，因此李麻牧師並沒有成爲那幫歹徒下手的目標。

打狗港的最北端

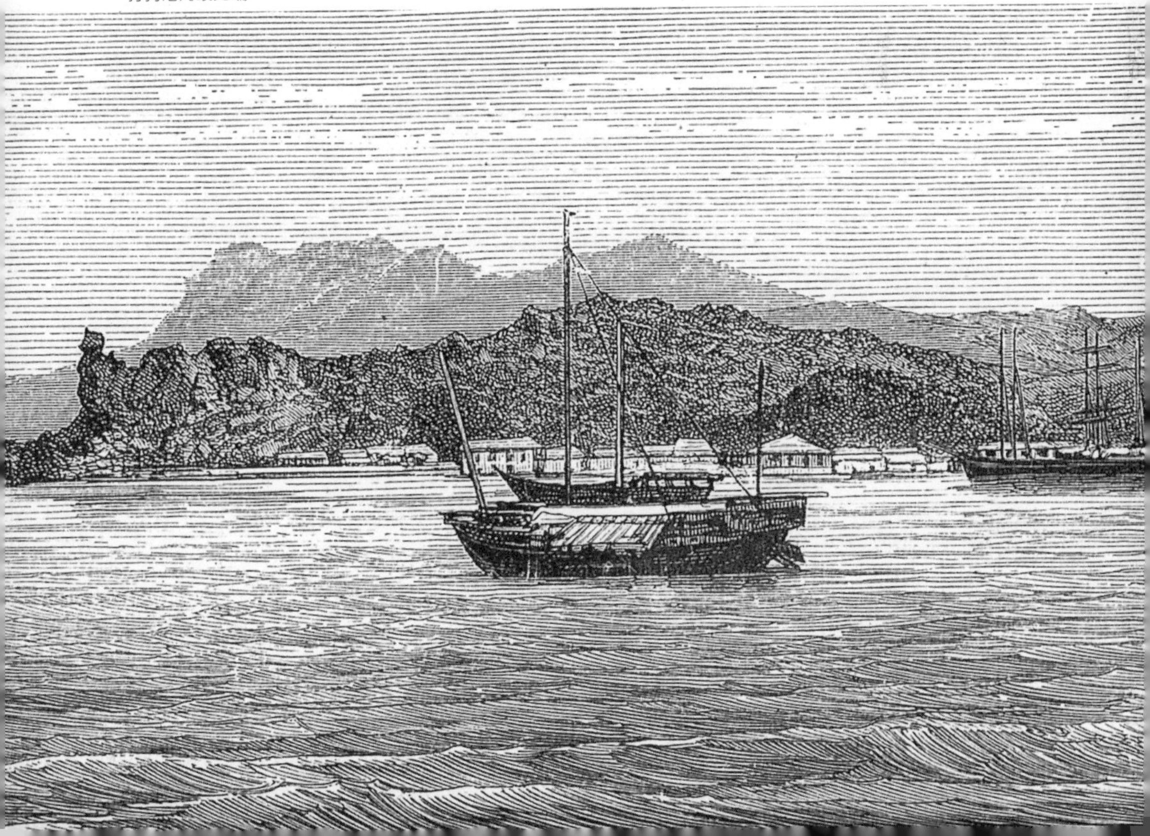

目前兩、三家廈門的歐洲貿易公司在打狗設有分公司，或是在我談到的這段時期（一八七一年四月）曾有分公司。這些外國人的房子後面，矗立著一座一千多呎（超過三百公尺）高的山，俗稱猴山（今壽山），因爲這裡唯一的居民，便是偶爾群集在峭壁附近的大型猿猴。從這座山，我可以一覽無遺地瞭望打狗港。

根據我在這裡所見，以及從其他角度所做的觀察，我得到了一個結論：只要這座港口是文明的外國勢力所擁有，那麼港口現有停泊處沙礁湖不斷淤積的問題，甚或是港口阻礙船隻進入的沙洲，都能不費吹灰之力地被解決。就目前的情形而言，一艘吃水十二呎（約三點七公尺）深的小船，在風向和潮汐都許可的情形下，可以一路駛進港口多岩的入口處。

在最近這段時期，福爾摩沙島西側的自然景觀起了迅速的變化，待我到達較北端去後，應能更確切地證明這一點。儘管如此，我仍對打狗港是近代才自然形成的感到十分驚訝。在荷蘭人占據這島時，島的極南端還有一條大河，現在河床幾乎已經乾涸了，但仍被稱「紅毛港」（Ang-mang-kang，位於今高雄市小港區），也就是紅毛人的海灣。這裡有雙重淤積：一是海水淤

打狗的漁民

打狗

積，另一是河水帶來淤泥，這兩個作用形成了綿延數哩的天然屏障，目前這地方被一片極茂密的熱帶植物所覆蓋。沙洲的極北端與一條火成山脈相連，港口的入口就是由山脈的裂口所形成。這道長六、七哩（約十、十一公里）的天然屏障，有一大部分圍出了底部有軟泥的淺瀉湖，要一直到沙洲的北緣，海水深度才足以讓商船通行。

由於這地區紛擾不斷，我延後了訪問南部原住民的行程，並決定和馬雅各醫生一道去拜訪位於北方二十五哩（約四十公里）海岸邊的福爾摩沙首府臺灣府。我們一大清早坐輪船「福爾摩沙號」出發，八點鐘就到了港外停泊處，而我很驚訝地發現，現在的臺灣府已經沒有港口了。距離我們下錨處大約兩哩半（約四公里）的地方，可以望見在一六三三年由荷蘭人建立的古碉堡，但我們的船周圍海水過淺，所以無法駛近碉堡仔細看。根據荷蘭人的福爾摩沙島史料記載，熱蘭遮〔今安平古堡〕是座有廣闊港口的島嶼。在一六六一年四月三十一日，[1]國姓爺鄭成功的艦隊出現在臺灣府附近，將船駛進熱蘭遮和普羅民遮〔今赤崁樓〕之間的港口，並在這兩座相距超過三哩〔約五公里〕的碉堡間下錨。

這個中國侵略者當初停泊的港口，如今是一塊乾燥的平原，其上有條大道穿過，還有一條通往臺灣府古港口的運河。一小部分的平原在漲潮時會被淹沒，但是碉堡周圍的水現在卻非常淺，因此船隻必須要像我們剛才一樣，停泊在兩哩〔約三公里〕外的海上。想穿越這些淺灘，也不是件容易

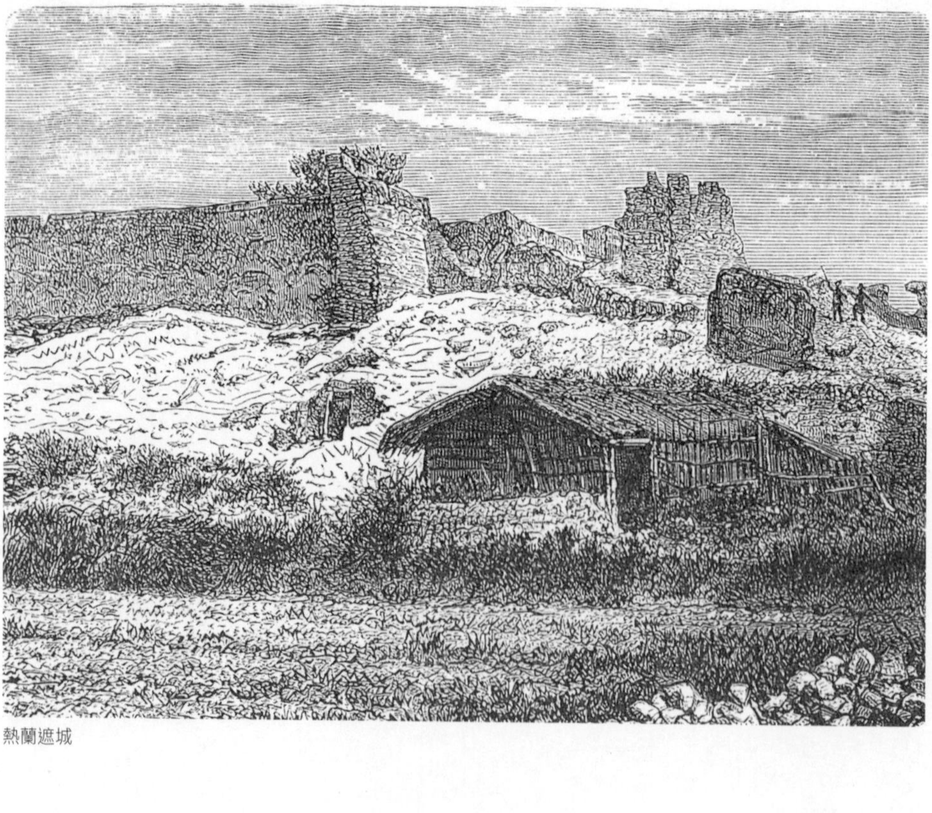

熱蘭遮城

或安全的差事，至少在海面洶湧時是如此；若吹的是西南季風，那就更不可能通過了。

我們坐著用大竹子組成的竹筏上岸，竹竿先用火烤彎使其呈凹型，再用藤條將竹竿綁在一起。一塊結實的木板固定在竹筏的中央，支撐住有一面大蓆帆的桅杆。整個竹筏的設計沒有用到任何釘子，而這竹筏最奇特的一點，就是乘客所坐的地方，因爲坐的地方不過是個大桶子。我本來還以爲這是當地洗衣婦坐的船；不過說到洗衣，航程裡跟洗衣有關的就是福爾摩沙人不時拿桶子來洗乘客，客人坐在裡頭，全身溼得像溼衣服一般，再連人帶桶一起被倒至海灘上擰乾——洗滌過程輕鬆簡單，因爲桶子並未牢牢固定在竹筏上，大浪常將桶子沖得亂漂。我們進去的那個桶子可以坐四個人，蹲在裡面時只能看到桶頂邊緣左右，由於感覺不太舒服，所以我們就出來，坐在竹筏的板上，浪花向我們

熱蘭遮城城門

湧來時，我們的手腳都要緊緊攀住竹筏，免得被沖走。

臺灣府是個防禦堅固的城市，人口七萬，城內土地方圓約五哩（約八公里），裡面有大量的田野與菜園。荷蘭人占據時期的痕跡仍在，例如普羅民遮碉堡遺跡，以及長滿古樹和高大竹林的公園。近郊無數小徑交錯在並列的仙人掌間，路上點綴著美麗的野生吊鐘海棠與叢聚的旋花屬植物，也可見成排竹子掩映，在小徑上搭出尖頂拱道。這一帶的居民主要是福建人和客家人，他們的知識與農業技術，已逐漸影響原住民部落。

有了官方的正式引薦，我去拜訪了福爾摩沙道臺。我將紅紙做成、信箋大小的名帖送進衙門後，坐在外頭的轎子上等著，馬上就發現自己被一群無所事事的人包圍住——在中國，外國人絕對會引來一群不知打從哪兒來、也不知要往哪兒去的好奇者圍觀。這群人對我來訪的目的做了種種臆測。有個一臉天真好奇的赤裸小男孩走得太靠近了些，我將身子往前傾了一點，還對著他皺眉，他嚇得失聲大叫，並逃離了衙門。其他人看起來很嚴肅，他們正想著，不知道我對那孩子下了什麼邪術。

不久後，出現了一位官員，他身後跟了一群衙門隨從，隨從都戴著常見的圓錐形帽子，上頭裝飾紅羽毛，看起來就像滅火器上方冒出的一簇火焰。然後我就被簇擁著引進衙門。在經過公堂時，我看見各式各樣替代我們西方人神聖誓言的刑具，這些刑具用來從證人那兒榨出事實，或是從囚犯的口中逼出供詞。在這裡，我遇見了一位官階更高的官員，這位官員穿著絲長袍，繫著硬腰帶，腳上是厚底緞靴。他領我穿過天井和一連串的長廊，最後把我介紹給道臺。這次的官方儀式和排場，比我被介紹給恭親王或是李鴻章時，都還要鋪張許多。事實上，依我看來，中國人和我們西方人沒什麼兩樣，小官吏都自視甚高，而且在所有觸及他們個人威嚴的事情上，都會特別苛求。

道臺與其侍從的寓所，是經過精心設計的：天井有棕櫚樹遮蔭，其間生長著灌木、羊齒植物、蔓生植物，花瓶插滿美麗鮮花，整個天井裡，有廳堂與亭閣圍繞著。最後，我被領進其中一個院落，並被介紹給一位長得還不錯的圓臉中國人。令我訝異的是，這中國佬和我握手時，用流利的英語向我說：「您早，湯姆生先生，很高興見到您。您何時到的？」

過了一會兒，我認出了這位說話的人，他是我在香港遇見的買辦（或是銀師），他告訴我他是道臺的侄子。我很懷疑我將拜見的道臺，以前曾從事過貿易，並且不曉得用什麼方法得到了官職。如果傳言屬實的話，他的確從這官職中撈到不少好處。這侄子顯然認定我是爲了某種機密任務而來的，因此在用過茶和水果後，他竭盡所能地想探出我此行的眞正目的。我坦白告訴他，我想到這個島的內地去看看原住民。他不明白我爲什麼要大費周章長途跋涉，穿越一個連像樣道路都沒有的地區，更何況還要冒著可能被殺的危險，而這一切竟只是爲了要看看這地方。「無庸置疑的，」他向我打包票，「您永遠不可能接近這些生番；您會被他們的毒箭射到，或是在山間迷路。但請過來晉見道臺。」

道臺是位長得挺好看的中年人，而且據說他很有管理能力。儘管他很明顯地懷疑我造訪原住民的計畫，但還是對我表達了善意；此外，他爲了答謝我替他拍攝的相片，送了我一小盒茶葉和一些乾荔枝。但可惜的是，茶葉在我抵達香港之前就壞了，不過那些荔枝非常不錯。

在前任道臺統治期間，這裡曾發生過一件不尋常的事件：茄當中尉的部隊襲擊安平碉堡時，在安平指揮軍隊的中國軍官被認爲怠忽職守，[2]而這個指控，又被外加一條叛國罪狀。

因爲大家都知道，在英國前領事吉必勳（John Gibson）先生動身前往廈門時，這軍官曾鳴砲三響向吉必勳先生致意。有天晚上，這位可恥的中國軍官和某位知府共進晚餐時，道臺那兒傳來信息，命令知府將他的軍官客人扣押到隔晨。黎明時分第二個信差來了，他給知府帶來了指示，說是事態緊急，請他立刻押解囚犯軍官到道臺的衙門。一行人抵達衙門後，衙役出來說，道臺不願意見這位軍官，並命令他立即準備受死。這悲慘的軍官堅持要見道臺一面，還和部下一同闖進衙門，嚷著要上京覲見皇帝求情。道臺告訴軍官說，他已經收到從北京來的詔書，命令剝回軍官的軍服，即刻將他就地正法。

另外還有個未經審判即懲處的例子：有位富有的官員，曾借貸給官府一筆錢，當他發現官府無望償還時，他決定不交一部分的地方稅來抵償。他採取行動後不久，總督便派遣了官員來調查此事，因此當地的行政長官立即邀請這名不繳稅的官員來吃飯，並和總督的使者會面。在這個愉快的夜晚，晚宴的東道主與使者共謀，故意觸怒來客，於是爭吵終於發生了，然後衙役被召喚進來，當場殺害了這名無禮又不繳稅的客人。這就是償還國債的新方法。

臺灣府外面有很大一片土地稱爲刑場，我和馬雅各醫生一起去參觀過這地方。我曾試圖拍張照片，但是這裡的景色毫無優美可言；因爲這片土地完全是平坦的。從這裡可以看見雄偉的臺灣古樹群聚在遠方，深像它們不敢在這罪孽深重的刑場土地扎根一樣。這陰沉死亡之地上，沒有半株灌木能減輕那單調感；然而，在一八四二年八月被帶到這裡處決的那一百六十名歐洲人，一定曾極度好奇地注視過這片土地！

在行刑的那個早上，城裡的暴民跟在這群歐洲人後面，發出狂喜的叫喊。在這場恐怖的大屠殺結束前，這幫暴民野蠻的笑聲變成了驚恐，因爲天空變得陰雲四布，可怕的暴風雨突然瞬即降臨。河川暴漲，激流淹沒了土地，樹木、房屋以及農作物都被沖走。人們面臨死亡的呼救聲，消失在暴風雨猛烈的喧囂中。於是，當地一些迷信的人就說，是神明將地上的血跡拭去了。據說在那多事的一天，死了約兩千人。

臺灣府與一段悲慘的歷史緊密相連，這還不包括我前面提到的官府殺人事件，還有更近的安平碉堡襲擊事件，但是這個事件細節過多，容我在此不多贅述。從前這城鎮曾發生過一場激烈的戰爭：在一六六一年歷經將近十二個月的圍城後，最後以荷蘭人被逐出福爾摩沙，爲戰爭畫下句點。

將實力堅強的荷蘭人趕出這塊美麗之島的鄭成功，一定是個大膽的冒險家。他確實可以說是中國的海盜頭子，因爲他向所有鄰近的島嶼敲詐勒索。中國現在就需要這樣的艦隊司令，來指揮新式輪船艦隊。鄭成功掌有如此雄厚的財力，他可以給野心勃勃的小日本一個教訓，讓他們知道最安全的政策，就是乖乖窩在家裡。目前的情勢是，已經有兩千名的日本士兵，登陸在福爾摩沙南部的瑯嶠〔今屏東縣恆春鎮〕，而中國當局卻在大陸本土袖手旁觀，只是對日本這大膽的行徑表現出像做夢般的吃驚。

然而，在我漫步於臺灣府的林蔭小徑時，沒有什麼能比這裡全然的安逸悠閒，更能讓我留下深刻的印象了；沒有一絲跡象，或是一點聲音，能讓人回憶起這地方曾不斷上演的可怕爭鬥。除了昆蟲的嗡嗡聲，前往市場滿載農產品車輛所發出的嘎嘎聲，還有小孩子玩耍時快樂天眞的嘈雜聲之外，慵懶的空氣中，完全沒有任何殺戮的噪音。

唉！或許在不久之後，福爾摩沙靜謐的林地，又會再次被捲進戰爭的喧囂。在這場爭奪霸權的戰爭中，中、日兩個種族將首次使用現代武器對決。萬一這場戰爭眞的發生了，毫無疑問地將會漫長又猛烈；而且戰爭的結果，也許會導致中國開放本土。又或者是，陶醉於勝利中的中國，會急忙地採取閉關鎖國措施，以抵抗外國人可恨的侵略。不過後者的可能性不大，因爲中國將會發現，維護自身安全的唯一方法，即是永遠保持優勢，以和蠢蠢欲動的日本敵人對抗。

我在臺灣府時，當然注意到了我朋友馬雅各醫生所主持的醫療站，很遺憾的，在中國其他地區，這類的醫院爲數並不多。悲慘的患者每天拖著腳步到醫療站這種畫面，是英國城市人完全無法想像的。儘管在英國城市中也有窮人，但是他們享有各種的醫療照顧，而這種治療，是華疆的古老文明所不瞭解的。許多患者耳聞這位外國醫生的好名聲，就長途跋涉而來，這些可憐人幾乎像老太婆似地相信，只要摸到醫生的衣角，那些多年來讓生命成爲痛苦折磨的疾病就能痊癒。

雖然對當地的醫療技術來說仍屬困難，但有時疾病本身並不複雜，只要用外科的刺胳針，就能讓病人徹底解脫，並使他們對救命恩人崇拜得五體投地。光是一天之內，在醫院裡看到的景象，就讓我感到驚駭不已，尤其是當我想到，這種疼痛得不到緩和的呻吟，一定還不斷地從上百萬群集在中國平原上的赤貧人口那兒傳出來。

在這裡，在這個小小的避難所中，我們所聽見的，不過只是窮人無助哀嚎的微弱回聲，只是從終於得到治療的患者胸中所發出的聲音。這一地區大多數常見的疾病，都直接或間接地，和貧窮、食物的不足或不衛生，以及疏忽有關；也因此，傳教士醫生不但享有非常多的機會，來傳播基督教教義、讓人改信基督教，還享有各種做善事的機會——對此，我可以向讀者保證，他們用盡了一切方法。在這種地方，傳教士醫生的生活，絕非令人歆羨；他唯一的樂趣，就是自覺做善事，他的生活，就是終其一生自我犧牲與不斷勞碌，日復一日，成群的新病人湧入醫院，患者的疾病一一得到了治療，傳教士醫生只有在吃飯和晚上睡覺時，能忙裡偷閒一下。

我和馬雅各醫生決定深入內地旅行，並訪問偏遠的傳道所；如果可能的話，我的朋友馬雅各醫生希望能開拓與山區生番的新關係。於是，我們在四月十一日離開了臺灣府前往拔馬〔今臺南市左鎮區〕。我們坐著當地的轎子，在平原上穿越了十哩〔約十六公里〕，我還雇了一些苦力來搬運攝影器材，因為我決定要將在路上可能發現的有趣事物拍下來。

沿路精細耕作的平原上，點綴著中國式農場，還有竹林掩映的小村莊。這地方主要的農作物是稻米、番薯、花生與甘蔗。許多婦女在田裡幹活，她們大都跟隨福建女子的流行裹著小腳，所以在田畦上行走時，似乎是很不舒服地跛行著。婦女通常穿白洋布做成的漂亮衣服，邊上還鑲著淡藍色花邊；至於男人，他們皮膚呈褐色，身材肥胖，看起來懶惰又蠢笨，而且他們似乎把田裡的粗活全留給女人做。在這裡也可以看到小孩子，不過他們的服裝，只有掛在脖子上的一個小護身符而已。

就像在臺灣府時一樣，我們經過了幾條美麗的林蔭小徑，路旁還有棕櫚樹和竹子遮蔭。這些路通往的村子，從遠處看來很迷人，但是近看就不怎麼有吸引力，而且還完全是中國風格。

一接近這些小村子，就可以聞到一股相互衝突的大蒜味和肥料味，這股氣味，還混合著一種中國人很喜歡的花香，這些花味道甜美，但卻相當強烈，其味道甚至蓋過了樹籬上大量生長的白色野玫瑰那種淡香。在附近生長的野花中，我們發現溫帶氣候中常見的淡色調，與熱帶植物的生動原色，嬌媚地融合在一起。聆聽田野上的雲雀唱歌，也是件很愉快的事；這種鳥在中國大陸的南北方一些地區很常見，而且據我所知，在暹羅的某些地方，也有這種鳥。

我們在第一道山脈處停下來，把轎子打發回去，並等著落在後頭的僕人阿洪和苦力們。不習慣走路的阿洪腳已經疼了，他不聽我的勸告穿了草鞋，現在腳底起了水泡，因此剩下的八哩（約十三公里）路對他來說，簡直就是個折磨。

天氣非常酷熱，即使是現在回想起來，我都還會覺得炎熱不堪，想脫掉外套。這條道路（假如我們行經的路線，能夠稱得上是「道路」的話）是條蜿蜒於乾燥山丘的崎嶇小徑，路上不時會有硬泥塊與深達六或八呎（約一點八或二點五公尺）的坑洞阻道，不過這些與在前方等著我們的相比，根本不值一提。

我們慢慢地行進著，一會兒沿著兩百多呎（約七十公尺以上）深的懸崖邊緣迂迴前進，一會兒又深入大山溝的凹陷處。山溝的平坦表面，被太陽晒得炙熱不堪，我們的手只要一觸碰岩壁，就會被灼傷。我們愈往內地走，土地就愈崎嶇難行，懸崖也變得更大、更深。在絕壁的底部形成的山谷中，我們發現了耕地，還有雨季時，山洪在下面柔軟泥層所形成的地下通道痕跡。

這些地下通道提供了中央山脈天然排水口，但同時也使得在這山區耕種充滿了危險，因爲耕種者很可能會發現，他的耕地與住宅，都由於土壤的突然下陷而被沖刷掉了。然而，在這塊多變土地上耕作的客家人，早已對這類緊急狀況有所準備，並相當習慣於突然的遷徙。不論他們定居何方，都能愉快重新拾起農活。

的確，有時候所有財產的突然損失，也不全然是不幸；或許他們可以因此而遷移到比較衛生、比較安定的環境，又或者是遷移到有激流帶來樹木與碎石的地區，這樣冬天就有燃料可用了。對於那些只聽說過用水壓機械把房子移位的人而言，上述的現象無疑是很離奇的，但容我冒昧地說，在福爾摩沙發生的這些現象，就是大規模水力影響的實證。

不用說，中國政府不認爲有派遣地理學家來繪製地圖的必要，因爲這個地區不斷在變化；另外，我想對農民來說，在每個雨季結束後，要找到他們自己究竟住在哪裡，也不是件易事。

我們一行人在四點鐘左右抵達拔馬，這個地方是被中國人稱爲「平埔番」，也就是「平原上的外族」之原住民最早的定居地。平埔族對之前的荷蘭統治者，保有生動與親切的回憶，他們依然恪守著他們仁慈紅毛弟兄所遺留的傳統，也因此對外國人都表示誠摯的歡迎。

在荷蘭統治時期，平埔族居住在我們剛才穿越過的肥沃平原上，但他們早就因爲貪婪無情中國人的到來，而被逐出了祖先所擁有的富饒土地。在更高的山寨上，平埔族強壯的族人仍自我防衛著，不畏帝國征服者的強權。要是日本人和這群未開化的山民交上朋友，中國人將發現，要把日本入侵者趕出島上會是件棘手的事。

眾多的土著出來迎接許久未見的馬雅各醫生，他們是可愛又純眞的民族，在長期與狡詐的中國人打交道後，這些土著坦率眞誠的態度，著實令人感到愉快。平埔族已學習了中國人耕種和造屋的技術，他們的房子甚至比中國墾荒者的還要好，人的穿著也比較漂亮。就像我之前在其他地方提過的，我很驚訝平埔族在容貌及服裝方面，都和暹羅的老撾人相似，他們的古老語言無疑保有馬來亞語源的影響（參見附錄一）。

在拔馬有個基督教的小教堂（英國長老教會傳教士所建立的十幾個傳道所其中之一，約有三千名原住民信徒），是由土著們自己建造和維護的，教會只需要支付一位原住民助手的薪資。我參觀了幾間屋子，發現裡面很乾淨，安排得很有條理，也很舒適。房屋的建造方法如下：首先架起竹竿做的骨架，然後覆以板條——應該說是蘆葦或是剖開的竹子所做成的編條——接著整個塗上灰泥，最後，在灰泥乾後，再將房屋外部敷上一層白石灰，房子就完成了。灰泥和石灰在附近一帶產量甚豐。這些住宅通常排列成馬蹄形，在之後的敘述中，我會更詳盡地描繪房子的內部。

在平埔族的住家中，只有兩樣東西能顯示出他們機械發明的才能，那就是火繩槍的槍托，以及一種非常奇特的捕鼠器。對這些山民來說，老鼠是道奢侈的佳餚，因此這種捕鼠器的發明，一定是他們民族歷史上的重大事件。然而，發明此捕鼠器的機械天才，似乎並沒有爲他族人的文明做出更大的貢獻，反

山地原住民獵人

倒是在達到這個至高無上的成就後，就一輩子甘於當個心滿意足捕食老鼠的平埔族人。

我們在四月十一日星期五早上七點鐘離開拔馬，步行前往十二哩（約十九公里）外的木柵（Baksa，今高雄市內門區木柵里）。那是個悅人的早晨，景色愈來愈美，讓我們以爲已經遠離昨天走過的崎嶇多變地形。在大概十點鐘左右，天氣變得燠熱不堪，阿洪已經筋疲力盡了，由於他的腳起泡，我們不得不放慢腳步，這也使得我們無法在十二點以前抵達木柵山谷。

當我們進入村子，或者應該說，當我們進入這個平埔族的樂園，走在阡陌小徑，以及掩映著零星房屋的棕櫚樹下時，人們又是一擁而出迎接我們，成群的可愛小孩朝我們跑來，並一邊喊著「平安」（Peng-gan）祝福問候；還有一雙雙男人多繭的手放下工作，來握住醫生的手。我現在能瞭解，葡萄牙人將這座島命名爲「福爾摩沙」的原因了；不過，我們在此所見的，僅僅是內地原始壯麗山景的伏筆罷了。一彎新月形的石灰岩山丘綿亙木柵山谷，山坡上多處表面是裸露的岩石，和山坡其他地方的綠葉繁茂形成強烈對比（即高雄市內門區的月世界）。

竹子大概是這片景色中最引人注目的，因爲它們占有相當大的比例，有些竹子還超過一百呎（約三十公尺）高。據稱福爾摩沙有十三種竹子[3]（一種草本植物），其中的一種根據記載，竟有兩呎（約六十公分）粗。竹子在中國各地社會經濟扮演極重要的角色，假使除了稻米和竹子外，所有的衣食必需品都沒有了，我相信光是這兩種植物，也能提供衣食住之所需，甚或是如我稍後將介紹的，光是竹子就能獨自擔當供應生活必需的重任。竹子這種堅忍的植物用不著人去悉心照料，也不會擇地生長；儘管在福爾摩沙肥沃的山谷中，竹子的生長較能達到完美狀態，然而就算是在多岩山坡的貧瘠土地上，竹子的生長力也不見遜色。

現在我來對竹子的多用途做一說明：竹子常被種在住宅周圍作爲樹籬，因爲竹子多刺的莖梗，能形成幾乎無法穿越的柵欄。另外，竹子羽毛似的高聳淺綠色葉片，也能爲房屋遮涼。房屋本身大部分是用竹的莖梗所建，屋頂則是用乾竹葉鋪成。在室內，臥榻和椅子都是竹子做的，桌子除了松木的桌面外，其他部分都是竹製；水桶、水壺，還有米升，也都是用竹子做的。屋頂上垂掛著幾根帶刺的竹莖，上面吊有豬肉乾以及一些類似的食物；這些多刺的竹莖功能如同拒馬，用以防止老鼠偷吃。在房子的一角，我們可以看到屋主用竹葉做成的簑衣與斗笠，葉子層層疊疊，如同鳥羽一般。大多數的農具也是用硬竹竿做的，魚網、各種大小的籃子、紙筆（不論是在多麼簡陋的中國住宅裡，這兩樣東西也從未缺少）、酒杯、水杓、筷子，還有菸斗，也全都是竹子做的。

住在竹屋裡的人享用著竹筍，假使你問他，他會告訴你他最初的記憶，就是他的竹搖籃；他最後的願望，則是安息於涼爽山坡的竹林下。這種植物在佛寺中也被大量使用：最古老的佛教經典，是刻在竹簡上的，卜卦用的籤，還有籤筒，都是竹莖所製，而寺廟外的庭院，也用竹子那羽毛般的搖擺葉片來遮蔭送涼。許多種紙都是竹子做的，其中有一種讓我印象很深，因爲它展示了竹子纖維新的特性；福建的金箔匠普遍用這種紙當製造金箔的道具，在歐洲用的則是羊皮紙。扇子和笛子也是用竹子做的，甚至中國人用來紡絲綢的織布機，主要也是竹製的。對中國人來說，竹子的價值確實是難以估量；竹子的用途

臺灣的刺竹叢

如此廣泛，賜與中國人莫大的好處，因此，我可以毫不猶疑地斷言，竹子絕對是這個帝國最重要的植物。

我們在木柵的傳道所過夜，次日一早，便步行前往二十六哩（約四十二公里）外的甲仙埔（今高雄市甲仙區）。離開木柵後所遭遇的第一座山，讓我們對前方等待著的旅程，有了些許概念。我們必須要攀登陡峭又光禿禿的山脊，沿著山脊鋒利如刃的邊緣上到山頂，我擔憂地不時回頭看我們的挑夫（六個從木柵來的健壯平埔族人），因爲不論是從哪一邊，他們一旦失足，就會從數百呎高的地方墜落。最後，我們終於到了山頂，辛苦也得到了回報——我們得以飽覽群山圍繞山谷的壯麗景色，並眺望遠方高聳入雲的中央山脈，在狹長幽谷的極東，我們可以辨認出小小的柑仔林村（今高雄市內門區溝坪里）。

我們在平埔族的茅屋休息了一會兒，那裡的人很樂意接待我們，還給我們喝了口沁涼的山泉水，之後我們就往柑仔林推進。一位名叫東（Tong）的老人在柑仔林接待我們，東身體健朗，是馬雅各醫師的原住民助手，曾受過良好的中文教育，還在衙門當過差。他因爲信奉基督教而受到不少迫害，不過氣色仍很好。大約一點鐘左右，東帶我們離開這個傳道所，在炎熱的陽光下，我們又開始了另一次艱辛的攀登，此時完全沒有風可以舒緩這難以忍受的酷熱。

在終於翻過第一座山頭後，我們看到一群水牛，在這片荒蕪的旱地中央，有個老人住在簡陋的小屋裡，他好意地接待我們，還欣然與我們分享他裝在竹筒裡的水；他顯然很高興我們的到來，希望我們能留下來抽根菸和聊聊天。後來我們再次出發去爬另一座山——或者應該說是越過深崖，爬過泥土與板岩的斷層。絕壁深處散發出一股惡臭，岩壁反射陽光，產生一種令人無法忍受的熾熱，這使得我頭暈目眩，在爬上山頂之前差點兒跌了下來。馬雅各醫生也承認，這是他最累的一次旅行。

一到山頂，我們就撲倒在岩縫灌木的稀疏樹蔭下，這使得一群蜈蚣從樹根和石頭下面的巢穴跑了出來，這些蜈蚣大約有一根指頭那麼長，身體是深巧克力色，足部則是鮮黃色。被這些蜈蚣螫到是很可怕的，但是我們實在累得無法移動以躲開牠們，還好這些蜈蚣自己先避開了我們。我不只一次像是感覺到這些生物爬到我背上來，後來才發現，那只是一道冷汗滴下來罷了。在山脊的另一頭，一道陡直的斜坡將我們帶往下一個歇腳處，據說那兒有條小溪。河床的確是在那裡，但是河水早就乾涸了。

我們在這裡吃早餐時，一樁意外把我們的困境推向了頂點：有個挑夫不小心折斷了一株綠色植物的莖，這株植物就以散發出腐敗的惡臭作爲報復。我們在過了一段時間以後，才發現這惱人氣味的來源，但是對平埔番的鼻子而言，這種氣味似乎是種奢侈品，他們將這種灌木稱爲「臭泥巴」（foul dirt）。中國人一定很喜歡此植物，因爲光是它的氣味，就足以爲這整個地區施肥。

讀者可以想見，我們並沒有在此地多作逗留，而是繼續我們的旅程，在與第一天旅程所見相似的大坑間爬上爬下。有些坑裡有巨型的圓石，這很可能是山洪侵蝕沖刷的結果。

我們現在抵達臥在中央山脈山腳下的支脈，並盡情欣賞伸展在我們面前的宏偉山谷；山谷有一半是耕地，另一半則維持了原始的壯麗。遠處鋸齒狀的山脊層層高升，摩里遜山〔Mount Morrison，即玉山〕深藍色的峰頂，聳立於所有山峰之上。一條河遠遠地從我們腳下的山谷流過，當它流經黑暗的峽谷與多石的山口，我們能聽見河水在遠處奔流的轟鳴。目前是這條河最窄的時候，但它仍是條寬闊的溪流；河面

摩里遜山

上架有幾座竹橋——假如這麼簡陋的結構，可被稱作是「橋」的話。

在更遠處山谷的北端，我們可以窺見藏身在繁葉中的匏仔寮村（今高雄市甲仙區寶隆里），村落的上方是覆蓋著蒼鬱原始森林的群山，山裡常有野獸與生番出沒。這些山地部落不時會下山來，向比較開化的族人大肆勒索，然而他們還不滿足於此；他們偶爾會組成六、七十人的隊伍，埋伏襲擊旅行者，搶劫殺人，或是洗劫附近的村莊。

現在我們到了溪邊，想到村莊去，就必須過橋。從工程學的觀點來看，這座橋有極簡的美感，不過這座橋也是我前所未見，最瘋狂、最不要命的設計：整座橋由一、兩根竹竿組成，架在河的兩岸，橋身距離水面有十二呎（約三點七公尺），這裡的河水深度足以讓巨人溺死。這些竹竿靠在突出河岸的石頭上，在我看來，這種橋就是爲了那些愛冒險的莽漢所量身打造的，但他們的冒險也只限於躲過那座水下墳場罷了。然而，本地土著們卻像走鋼索特技表演似地輕鬆穿過，只用扛在身上的東西來保持身體平衡。

如果我們想要到達旅程目的地，那麼除了走過橋去以外，別無他法。馬雅各醫生以前就見過這類建築，因此他走起來就相對比較輕鬆；至於我呢，我把草鞋弄溼，使其更有彈性，然後張開雙臂，雙腳微屈，像雜技演員般地走過去。待我安全到了彼岸，還很得意地回頭一瞥剛克服的困難。

這類優美的竹橋對土著而言是很平常的，在這個未開化地區，這也足夠應付商業往來及相互溝通聯絡的需要。有個約定俗成的規矩是，碰巧弄壞竹橋的人，要負責重建或維修——假如他沒因此喪命的話——不然就由下個要過橋的人來做這件事。附近的山谷與河岸，爲土著的建築提供了大量的原料，我們可以找到用來替換橋墩的石頭，還有生長在灌木叢、用來捆住竹竿的葛藤；至於竹子，這裡到處都是。

在距離匏仔寮大約半哩（約八百公尺）處，我們從被土著稱爲「楓樹」（Png-chieu）的樹木伸展而出的樹枝下通過。它的樹枝以一種奇特的方式在地上匍伏盤旋著，一會兒長成一張舒服的椅子，一會兒又長成一張可以舒適地度過炎熱夜晚的臥榻，或是長成供奉村莊神物的小小神龕。許多美麗的樹下都設有神龕，神龕底部通常有塊基石，另外三邊和底部由四塊石板拼成，中間位置是個小小的石祭壇，上頭放有供品。這棵楓樹幹直徑有六呎（約一點八公尺），枝繁葉茂足以爲附近村莊的村民遮蔭。

不論我們去哪兒，我們到來的消息總是搶先一步，我們也說不上來這是怎麼回事。在樹籬和灌木叢中，都會有神祕的身影閃過，就只爲了看我們這些「紅毛人」（在中國對外國人的禮貌稱謂！）一眼。

我們走在可愛的林蔭小徑上，路邊是原本灌溉用的小溪，左手邊則是點綴著吊鐘海棠、玫瑰、番石榴、野薄荷和各種旋花屬植物的樹籬。除此之外，還有許多先前結實纍纍的覆盆子灌木叢。從僅剩的一點果實來判斷，它們和我們英國的覆盆子一樣甘甜。

再來我們又過了一座竹橋，並從那兒踏上了一條稻田邊緣的小路。翠綠的稻禾嫩苗從水田中冒出頭來，模糊了如鏡水面上映照的山影。之後我們進了匏仔寮村，便直接前往辛春（Sin-chun）家。辛春是位眼盲的平埔番。

一幫女人和小孩跟著我們進了辛春家的圍籬，他們全都一臉野人模樣；其中有些小孩都十來歲了，身上還一絲不掛。許多村人對馬雅各醫生一年半前的來訪，以及他仁慈的照顧仍記憶猶新。這些人好奇地檢視我們的行李和服裝，最後判定我的法蘭絨格子襯衫最漂亮。在這裡，不論男女老少都不斷地吸著竹菸斗。我們剛到沒多久，就有一位老婦人過來遞給我一根菸斗，我基於禮貌接受後，她就向我要我的雪茄。在用力地吸了兩大口雪茄之後，她的臉被錯綜複雜的皺紋所覆蓋，表情顯示出她對這種菸草不尋常味道的喜愛。接下來，這根雪茄就在人們的嘴巴間傳遞著，在每個人都吸過一口後，他們又將雪茄小心翼翼地交回我手裡。

大多數村民都長得高大健壯，大大的褐色眼睛不時閃爍著野性的光芒，表現出豪放不羈的性格；他們這種精神源自山林野性的崇高與孤寂，但儘管具有一種不失尊嚴與優雅的倨傲，他們卻是公認的溫和並與人爲善。

婦女們蓄著濃密的深褐色或黑色頭髮，她們把頭髮從前額向後梳成一束，然後將長長的髮束和一條紅布交纏，整束頭髮壓向左鬢、繞過眉毛，就像條頭飾，最後牢牢地固定在腦後。這種簡單的髮型效果非常引人注目，正好和她們橄欖色的肌膚形成美麗對比。中國人說這裡的女子非常不開化，因爲即使是最美麗的女人也不施脂粉。隨著年歲增長，時間的考驗逐漸變得嚴酷；勞動和曝晒，迅速奪去她們青春的魅力。不過就算到了最後一刻，她們的頭髮仍細心梳理得整整齊齊，頑強地對抗命運之手侵蝕。族裡最年老的乾癟老太婆，對塗脂抹粉、戴假髮，或是染髮等用來遮掩歲月痕跡的作法不屑一顧，布滿皺紋的黝黑臉頰與銀髮，不論在何處都會受到尊重，有時在敵對部落的地盤中，甚至可以被視爲是安全的通行證。

平埔族的年輕女子

男人現在成群結隊地從田裡回來了；他們長得高大挺拔，而且流露出一種友善、坦率、誠實的氣質。儘管他們雙手粗硬、衣著破舊，但是他們的舉止中，帶著充滿勇氣的高貴，絕對的和善、誠懇，和最動人的純樸好客。

在以上這些方面，各個村莊之間有著明顯的差異。與中國人有緊密接觸的平埔族衣著好一些，不過和只有原住民的村莊相比，他們就顯得比較不友善。

辛春邀我們進他的小屋，我躺在一張蓆子上休息，而且馬上就睡著了，但後來我就被一陣瀰漫在屋裡的臭氣驚醒。有件事我一定要告訴各位：這些土著有種奇特的醃蘿蔔方法，那就是把蘿蔔放在水甕裡，直到腐爛爲止，然後再拿來配飯吃。晚飯一準備好，辛春的兒子就打開這個鎮家之寶，而我馬上聞到了這股被封在甕裡的

平埔族婦女和她的孩子

山地原住民

氣味——一股讓我想拔腿奪門而出到室外吃晚餐的氣味。至於馬雅各醫生，在我正享受著一碗飯、兩個熟雞蛋，以及一塊雞肉的豐盛晚餐時，他已經在屋內吃完了晚飯。在旅途中，我給自己訂了個規矩：只要有可能，我就靠當地最容易買到的食物來過活。

晚餐結束後，馬雅各醫生就開始像往常一樣地接見病人，雖然人們看起來相當健康，但仍排起了長龍，有些人發燒，其他人的情況則多少有些嚴重，另外還有不少人，在身體各個不同部位疼痛，必須用碘酒治療。爲此需要拔根雞毛來做上藥的刷子，不過雞要比想像的難抓得多；半個村子的人，爲了拔根雞毛都到處在抓雞，幾分鐘後，十來人的腿、胳膊和背都搽上了碘酒，並等著風乾。除了碘酒以外，對奎寧的需要也很急切，因此分發量很大。

現在是下午三點鐘，而我們離甲仙埔還有六哩〔約九點七公里〕。我們沿著河邊走，五點時抵達村莊，然後就繼續前往一個馬雅各醫生認識的老人阿僮（Ah-toan）家。我們到的時候阿僮不在家，不過他很快就出現了，一邊還趕著牛進畜欄。就像其他人一樣，阿僮也很高興見到我們，而且他立刻安排了一個房間讓我們放東西。在房子後面的走廊上，有一小塊遮著布幔的空間隔出來充當浴室，而我們馬上就利用了這項便利設施。

我們一到這裡，村民們就聚集過來看我們；但是我完全不明白，爲何男人們會把我們的到來視爲一樁滑稽的事，把他們特有的強硬與尊嚴都給拋在一邊。有個六呎多〔超過一百八十公分〕高的老年人抓住我的木髓帽，將帽子轉到後面，又轉回前面，檢查裡面，又看看外面，最後咧嘴大笑。我也注意到了他

福爾摩沙山地原住民的茅屋

的面部表情，他似乎失去了控制臉部肌肉的能力，因此，儘管他很明顯地想保持有禮貌的態度，但還是沒辦法回復平常正經的表情，所有他爲此做的努力，只讓他的怪臉變得更誇張。後來我發現他渾身酒味，這也解釋了他爲何如此放肆無禮。村民之前在幫忙一位鄰居蓋屋頂，而依照慣例，屋主必須邀請所有賓客歡飲一場。平埔族從番薯中提煉一種很烈的酒，番薯就和稻米一樣，是平埔族栽種作爲主食的作物。

過了不久，醫生的助手東開始向群眾講演偶像崇拜的愚蠢，還有信奉單一眞神的好處；寥寥幾名聽眾專注地聽著他的演講，但是絕大部分的人

平埔族的茅屋

都喝醉了，對他們而言，東的說教根本就是廢話。

現在我要試著描述我們的房間，不過在此之前，我必須要說，平埔族的茅屋中鼠輩橫行，我們住的那間房，也無法免於牠們的侵擾。這間房每邊約八呎（約二點四公尺）長，房間有一半的地方，被一張離泥地板十八吋（約四十五公分）的竹臺占據，這張竹臺就是我們的床；其餘可見的家具，僅有兩根拿來當枕頭用的粗木柴。我舒展著四肢，躺在這張堅硬的臥鋪上，等著晚餐準備好。阿洪正在隔壁房間煮一隻花了我們兩先令半的雞，他已經很累了，可憐的傢伙，但是他喜歡煮飯，特別是有很多豬油的時候。

野人與文明人的不同，就是他們對家居環境安排的全然不在意；也許這並非什麼大不了的事，但是對文明人來說，這種生活著實難以忍受。比方說，這些平埔族人非常希望我們住得舒服些，他們用蘆葦生起了一大團火，來給我們的僕人煮飯，然而從他們生火的位置，濃煙卻源源不絕地向我們休息的地方撲來。毫無疑問地，他們一定從沒想過這濃煙有多麼惱人。

我們有一小杯浮著燃燒木髓的油用來代替油燈，藉著這搖曳不定的光，我看到了被煤煙燻黑的土牆，以及泛著油光的梁柱。在我頭上的一個角落裡，有一、兩支矛，一捆綠色的菸草，一張弓，一堆箭，一把非常老式的火繩槍，還有一樣我之前一直沒注意到的東西——床邊一個裝滿未去殼稻米的大箱子。希望老鼠夜裡能在這大箱子中，找到合適的棲身之地，不要來打擾我們的睡眠。

阿洪私下偷偷向我說，附近野人運用弓和箭的靈巧，和他們煮食心軟但身體結實的中國敵人時，所表現出的冷靜一樣神奇。他懇求我不要再深入山區冒險，因爲這些山裡的生番，在攻擊時從不現身，只是朝高空放箭，而箭落下時，便會精準地刺穿受害者的頭顱，使其當場死亡。我強烈建議阿洪要好好保護自己的腦袋。阿洪端上桌的雞肉，就和所有中國佬的腦袋（就算是被食人族煮過）一樣硬；我們的茶壺已經裝了番薯酒。

幾乎所有平埔族的住家建築都呈馬蹄形，前面圍成一個院子，這個院子是用來晒農產品的地方，也是夜晚聚會的場所。晚上大約九點鐘，大批的土著群集，圍著這塊屋前空地的熊熊營火。上了年紀的人和小孩，蹲著圍成一圈，一面吸著菸斗，一面說著話，旁邊有著長長尖耳朵的一群野狗，則專注地看著啪啪作響的木柴。

火光投射在四周，輕掠過一旁黑暗的棕櫚樹叢，逗弄著高懸的搖擺竹葉。火焰在斷斷續續的風中一明一滅，圍著營火的陌生面孔，也隨之一會兒突出於陰暗的背景，一會兒又如同不可觸知的影子般沒入黑暗中。

添加了木柴與蘆葦的營火，變得愈來愈光亮，跟著熱度的上升，人們也變得更爲活潑。最後，年輕的男女清出了一塊場地，他們雙臂交叉，手牽著手，排成新月形，開始唱起了哀怨的歌謠，並跟著歌曲的節奏，跳著優雅輕快的舞步。首先由一名男子獨唱起頭，接著是男子們詰問式的合唱，合唱的每一句都以「嗨」結尾；女子以另一種合唱來回應，而且節拍與歌詞，都變成了以「沙奇也噢」結尾的詩歌。舞蹈動作漸漸快了起來，舞者敏捷的腳步隨著拍子一起加快，但是他們仍準確地抓住每個節拍。在營火魔法般的光亮下，這優雅而複雜的舞步將舞者的身段襯托得更有效果。之後節拍變得愈來愈急快，直到最後變得狂亂。「沙奇也噢」的呼聲，換成了野蠻的叫喊，在一片發亮的塵土中間，只能模糊地看出掠過的舞者身影，他們就像空中盤旋的狂野幽靈。

舞蹈一直持續到很晚，女主人很有先見之明地沒有提供賓客比茶更具刺激性的飲料，這八成是因爲有歐洲人在場的緣故；若飲料是番薯酒的話，眞不知道整個場面會如何結束。無論如何，我從未見過如此狂野的活力展現，就算是蘇格蘭的高地人也不像這樣。那天晚上我們睡得不多，因爲老鼠從我們身上抄捷徑爬到米箱那兒去，而且除了老鼠以外，其他害蟲也對我們恩寵有加。

第二天早上，我們動身前往十一哩〔約十八公里〕外的荖濃〔今高雄市六龜區荖濃里〕，所經之路是我平生所見最壯觀的之一。老阿僮給我們安排了一個帶槍的嚮導，他名叫天采（Teng-Tsai），是個好看的年輕人。我們要走的這條路線不太安全，因爲途中會經過山地生番部落的獵場。天采叫來了一個朋友，這位朋友拿了一把火繩槍加入我們的行列，他們兩人都帶了鹿角做的小火藥筒，並用琉璃珠串著掛在脖子上。他們還把引信纏在左臂上的竹滾軸或手鐲，這些引信可以燃燒二十四小時，點燃引信後，將燃燒著的末端連接到鑷子上，這時只要一扣扳機，引信就會點著火藥。附近這一帶所有的土著都用從中國人那兒弄來的英國火藥。

我們的嚮導一看不到村莊，就點燃引信，並命令大家靠在一起，靜悄悄地前進。在前一半的路程中，我們沿著河流走，之後我們來到了一個狹窄的峽谷。在我們的頭頂，巨石如高塔般聳立著，其上長滿了呈拱形的高大樹木，還有巨型的蕨類植物。一條清澈的小溪在突出的岩石上跳躍著，偶爾在某個大石潭稍作停留；石潭如鏡的水面，映照布滿苔蘚的石頭，以及葉片蜷曲的蕨類所構成之背景。

我們在這裡停留，欣賞山谷非凡的美麗景致並攝影。令人感到非常遺憾的是，玻璃感光片僅能複製光和影，卻不能反映點綴著生苔古石、石縫苔蘚與懸掛的攀緣植物那些深淺濃淡色調，也不能展現明亮陽光穿過樹葉所組成的蒼穹，照射到其下岩石時所產生的那種變幻。除了自然美景外，少了文明人干擾，這地方的岩石和植物，還能提供給地質學家或植物學家一個豐富的探索環境。

我們在清澈的深潭裡洗澡、游泳時，碰到六名帶槍的友善平埔族人，他們是來捕魚的。其中一名老人敏捷地用箭射魚，其他人則在岩縫間抓螃蟹，而且一抓到就扭斷牠們的腳，然後連殼生吃，比較年輕的人用竹竿擊水，將魚震昏了再抓來。

山中的峽谷

爬過一條在林中蜿蜒的沉悶山間小路後，景色終於有了變化。這裡大部分的樹都很高大，巨大的分枝像是船上的桅杆一般高高地伸展著，上面還垂掛著無數寄生植物，它們光禿禿的莖幹，就有如隨風飄搖的纜繩和吊索。我們注意到了一些漂亮的樟樹，其中最大的直徑約有四呎（一點二公尺），高度直達天際，筆直的樹幹往上逐漸變尖，沒有分枝，看起來像是一支箭。此外，這裡還有一望無際的藤類植物，盤繞在茂密的灌木叢中。在一片比較開闊的地帶，我們發現了一株燦爛盛開的百合，整株花從根部算起，約有十二呎（三點七公尺）高。這裡的蘭花也很多，空氣中到處都充滿了蘭花的香味。

從這座山的最高處，我們可以看到中央山脈。占最前景的是一連串如巨浪般湧來的山丘，這些山丘上都覆蓋著森林，就和我們腳下站的這座山一樣。

我們現在還看不見隱身於六哩（約九點七公里）外的苳濃。一道清靄將遠處的景色蒙上一層薄紗，使得山丘變成了一片片深藍的色塊，在斜陽下，山丘柔和的輪廓閃耀著金光。

有個平埔番在這裡加入了我們；他從島的另一端翻山越嶺而來，現在正要回家。他告訴我們在東海岸有個良港，他還補充，他以三條牛的代價，向那裡的部落換取了通過領地的權利。

我們到達苳濃時約是四點鐘，這個村子位在目前變窄的大河岸邊，從現在的河岸上，我們可以看到河床上蜿蜒半哩（約八百公尺）的水流。原來的河岸要比乾河道高出六十呎（約十八公尺），但在雨季，我們確信河流水位會上漲，一直到填滿整個河床。另外，就如我們之前所見的，這條河在通過西部平原的低矮丘陵時，會不斷地為氾濫的水流尋求新的水道。很顯然地，這是中央山脈排水的主要動線之一；如

福爾摩沙內陸的茌濃村

果我們考慮到這些山脈的高度，還有通過狹窄平原急流的力量，以及水流年復一年，從挾帶到西海岸的大量沉澱泥沙礫石，我們就大概可以瞭解，西部陸地面積是如何漸漸地擴展，占去海水的位置，這與在島嶼某些地區仍活躍的火山活動並無關聯。

同樣地，我們或許能解釋，爲何臺灣府的港口，會在短短的兩百年間就消失，以及爲何更南端的打狗港會形成。說起水力改變地貌，除了福爾摩沙之外，可能再也找不到更好的例子。在島上許多地方，都沒有固定的水路存在，因此，從山坡上猛沖而下的急流，侵蝕了岩石和土壤不穩固的地方，並又自行形成了新的水道。

離開山頂後，我們沿著一條穿過黑色地層的乾涸河床走了一小時，在那裡我們發現了頁岩與煤的蹤跡。抵達一條小溪後，我們遇見了洪太太（Mrs. Hong），這位女士由一群攜帶釣具的生番陪同，她告訴我們，她的丈夫將接待我們，讓我們留宿。

茎濃村和最野蠻土著的領地之間，只隔著我剛才提過的小溪，那裡大約有一千位居民。我們到的時候洪先生不在家，不過他很快就回來了。他告訴我們，他的長子布不久前才喪妻，所以到山裡的生番親戚家，物色另一位新娘去了，但是他晚上就會回來，並由新娘部落的護衛陪同。

在這些平埔族的村莊裡，我發現了中國人雇用仲介或是掮客來與此地土著交易的特殊例子。在中國人和山地人以物易物時，平埔族似乎常擔任中間人；中國人雖然是聰明又有耐性的商人，但是他們不太有大膽的冒險精神，因此非常懼怕那些山地人。然而，中國人對山地人的恐懼也並非空穴來風：最近有

枯水期的荖濃溪河床

個到過山地人村莊的傳教士，發現他們用中國人的頭蓋骨來裝飾茅屋，而且據說他們還是食人族。最諷刺的是，這些山地人用來殺死野獸和中國人的武器彈藥，都還是由中國人自己提供的。

山地部落和平埔族之間的家庭關係，經由不斷的相互通婚維繫了下來。他們的婚禮儀式非常簡單：女方父親執著女兒的手，將女兒交給未來的丈夫與主人，接著一場狂飲的酒宴爲婚禮儀式畫下句點。[4]在荷蘭的古文獻記載中，求婚者贈送一份禮物，若禮物爲女方所接受，那麼此求婚者便被視爲合法的丈夫，就如那條拉丁文律法：「Nuptias non concubitus sed consensus facit」（婚姻來自合意而非同居）。相同的，婚約的拒絕也是如此容易。事實上，美國的自由戀愛與此有些類似，說不定美國這種對愛情不專的想法和作爲，就是從不知騎士精神爲何物的福爾摩沙部落學來的。

洪先生熱情地款待我們，而且還堅持要殺隻豬來表現最好的待客之道。因此，在門口一群飢餓的獵犬面前，那頭豬被宰殺了，這些狗便凶狠地爭舔著地上的血跡。我的男僕阿洪鄭重地向我保證，這些知道如何烤豬的人，絕對不可能被歸類爲野人。

我在此地搜集了一些古老的平埔族詞彙，歸在附錄的詞彙表中。

第二天早上，我們在洪的小兒子古納（Goona）帶領下，重新踏上了旅途。古納是個不折不扣的年輕生番，活力煥發，而且心情快活。他頭上戴了一頂蕨類植物做成的王冠，身上幾乎沒穿什麼衣服，因此他也不太感覺得到熱。

我們走在通往乾河床的狹路上，就在此時，一條長約七呎（約兩公尺）、帶點黃色的蛇突然冒了出來，

福爾摩沙的蛇

盤據我們的去路。我用手裡拿著的粗竹竿打牠的脖子，這條蛇就滾下河岸，不過等我們下了坡，卻發現這條蛇藏在大石頭下面。在一、兩位原住民的協助下，我將這大石頭推開，然後這條蛇就向我們急衝過來，一邊還發出嘶嘶聲，牠冒著怒火的眼睛閃耀著，分岔的舌頭不斷地抖動。我又擊了這條蛇一棍，結束牠的生命。我想把蛇帶走，但牠實在是太大了，所以我將牠留給據說很喜歡吃蛇的平埔族人。

談到這個，我就要提一下我在福爾摩沙內地，在山中與蛇搏鬥的經歷：在進入石灰岩洞時，有好幾條纏在樹枝上的大蛇擋住了洞穴入口。有了原住民幫忙，我將這些可怕的蛇殺掉，爲了紀念我的勝利，我還就地拍攝。[5]

我實在是非常想過河去，但是原住民勸我不要這麼做，因爲大約一個月前，有兩個人被敵對的部落殺死了，而這個部落，就在我們的正對面。

在這個地區，我拍攝到了幾個不錯的原住民部落還有風景。

大概兩點鐘左右，我們又再次出發，朝約十二哩（約十九公里）外的六龜里（今高雄市六龜區）走去。我們穿過一條水質呈強鹼性的小溪。溪邊的鹼、碳酸和碳酸鉀產生大量的結晶，看上去就像是瑞雪初降似的。小溪主流兩岸目前高出乾河床兩百多呎（超過六十公尺），交替變化的黏土層和岩層清晰可見。

前方出現了一片壯麗的絕景：群山層巒疊嶂，沐浴在日落時分的紫光中，並裝飾以茂密的古老森林，山嶽宏偉的外形都因此變得柔和。此地景象變化萬千，多彩多姿。有道從黑暗深淵奔出的急流，從岩石上飛濺而下，之後再次消逝於森林中。在我們的周圍，處處都可見到自然界的神奇力量，這股神力為雄偉的山嶺披上翠綠的大衣，又用落日餘暉的萬紫金光，為其繡上色彩；就算是最微小的岩縫，大自然也不忘為它添上一筆特殊的雅致：在岩縫生長的鮮花、蕨類和苔蘚中，

荖濃溪的河邊

從六龜里看出去的景觀

我們發現一個具體而微的美麗世界。

在雨季時，這地區的壯觀美景一定難以言喻；那時會有上千條籠罩在輕煙中，並伴有彩虹光照耀的瀑布，從山坡上傾瀉而下，一路怒吼著奔向廣闊的大河。在面前的靜謐山谷中，我們可以看見六龜里的聚落——在荒野叢林中的幾間簡陋住宅，和一小塊耕地。在夕陽逐漸黯淡的光線下，我們只能辨認出村子的樹籬、檳榔樹、芒果樹和龍眼。不久後，一切都沉入黑暗中，我們只好摸著黑，找尋通往村子的道路。我們朝著狂野的音樂聲、笑聲，以及舞蹈聲那方向走去，但一路上都沒遇見任何人，直到我們抵達老人金祥（Kim-Siang）的小屋爲止，他是馬雅各醫生的舊識。

我們在這裡只受到冷淡的接待。老人金

祥在一旁的茅屋裡，因爲風溼病和吸食鴉片而臥病在床，一名女奴正替他搧著風。金祥的兒子，一個六呎（超過一百八十公分）高的傢伙，站在小屋門口，在他身旁的是他的妻子，她來自於一個友善的山地部落。房屋的外牆上掛飾著許多鹿的頭蓋骨和山豬頭，這些都是狩獵得來的戰利品。當這位父親吸完了鴉片，他便准許我們在外頭的小棚留宿一夜。

爲了想趕快取得食物，還有用來煮乾硝酸銀液的容器（攝影師們會瞭解這道程序的重要性），我靠著火把的亮光，往一位名叫拉列（La-liat）的人家走去。拉列是廈門人，在這裡從事與山地部落的以物易物交易。在拉列的家中，我們幾乎沒看到任何商品，泥地上有張桌子，桌上擺在油杯裡的蠟燭，正搖曳著微光。在這陰暗的房子裡，聚集了一群正忙著抽菸喝酒的喧鬧人群。沒有人注意，也沒有人在意我們的到來，他們沒有我們要的商品，甚至連句問候都沒有。有個酒醉的老太婆搖搖晃晃地站了起來，手裡拿著裝了番薯酒的茶壺，在小心翼翼地將酒喝得一乾二淨後，她提議把這個茶壺賣給我們。

拉列本來一直在一個類似櫃臺地方睡覺，這時醒了過來，認出我朋友，並同意和我們進行交易。有意思的是，爲了紀念他先前和馬雅各醫生的往來，他給了我們一打雞蛋和一個褐色的罈子，而且堅決不要我們付錢，最後我們只好強逼他收錢。他還給我們看了生樟腦、毛皮、鹿茸、山豬牙、藤條，以及其他貨物，這些東西都是他從一群生番手中得來的。這群生番前一天從獵場到六龜里來做交易，拉列則以琉璃珠、鮮紅色的棉布、刀子，還有火藥作爲交換。

我們的武裝嚮導在我們身旁一張蓆子上睡覺，我和阿洪則忙著準備之後旅途中需使用的化學藥品，

平埔族人

我們用瓷壺煮乾硝酸銀液，一直弄到半夜兩點。這是個很乏味的工作：我們兩人坐在爐火前，剛開始時阿洪先睡，再來換我睡，然後我們兩人都睡著了。後來火勢慢慢變弱，害我們不得不起來將火撥旺。我一邊抱怨著我的僕人睡著，但我自己馬上就打起盹來。我們就這樣持續著，直到壺裡的液體全蒸發。

有一次，含有酒精的煙霧在蒸散時著了火，接著一聲可怕的尖叫突然將我驚醒，我睜開眼睛，看見一張老番婦布滿皺紋的臉貼著我怒視，我猜這名老婦人八成是被派來監視我們的。隨即她便消失在黑暗中，而她也正是從這黑暗中出現的——同樣被吵醒的阿洪看到了這幽靈，並且馬上說那是——唉，管他說什麼！不過在這件事之後，阿洪就再也睡不好了。我自己實在沒法子說清楚，那老巫婆到底是什麼東西，或者她是怎麼消失的；她看起來的確是枯槁、醜陋，完全不像人。她的憑空消失，也是如此地突然與無聲無息，就像她從竹製短菸斗猛然吹出的煙霧一般。

我們休息了四個小時，天一亮就起床準備好要上路。經過一夜的沸騰，我的硝酸銀液恢復了令人滿意的品質，但是我用來稀釋硝酸銀液的水，實在過於偏向鹼性，我只好用大量的中國醋來將它調爲微酸性。由於我必須在這一章中結束對福爾摩沙的描述，我想有必要概述我的經歷，並將敘述濃縮在有限的篇幅中。

在到達回六龜里途中的第一座山頂時，我感覺極度疲勞，非常想躺下來睡覺，而非架起相機拍照；但是我們完全沒有時間，因爲除了要花上一整天的拍攝工作外，我們在天黑之前，還必須趕二、三十哩〔三、五十公里〕的路，所以我們一刻也沒歇著。假如能在樹蔭下，悠哉地欣賞眼前壯麗的風景，那將是

、平埔族的漁民

多麼快樂的事！阿洪深深嘆了口氣，我以爲阿洪的中國人庸俗天性，終於也被這燦爛的景色所感動而忍不住讚賞，但事實完全不是我想的這麼回事！阿洪還是抱持著傳統的看法，他是爲了想到在這趟探險中，可以保住腦袋平安回家而感到高興。前一晚發生的事件，一度讓他恐懼著自己會像狩獵的戰利品，被那老巫婆吊在房子的外牆上。阿洪對我說，他並不想讓我驚慌，但是他很肯定，有很多中國人和歐洲人都被生番殺來吃。[6]

馬雅各醫生覺得不太舒服；然而他已經承諾了第二天要到木柵的禮拜堂去主持儀式，所以我們又繼續趕路。在另一座山腳下，一條清澈的溪岸邊，我又拍了兩張照片，之後我們就在這裡稍作停留，欣賞覆蓋著蘆葦的池塘，並在涼爽清澄的水中泡腳。我們一接近水池，無數的小魚便潛游到鵝卵石下躲了起來。水面上布滿了奇特的昆蟲，牠們猶如彗星般瞬間閃入蘆葦叢中。有隻健碩的癩蛤蟆蹲在一片闊葉上，牠以沉著莊重的態度看著我們，似乎是期待著我們對於打擾牠早晨的梳洗說聲抱歉。我想要拍下這隻癩蛤蟆，但我一將相機鏡頭轉向牠，牠就一頭鑽入水中，對我們不告而別。[7]

這一天剩下的時間，幾乎都是不斷穿越山丘和溪谷的艱辛旅程。中午時分，我們在一個小村莊的茅屋前停了下來，那兒有個老婦人在賣水果。有一大群平埔番聚集來看我們吃東西，假如他們能夠穿衣蔽體的話，他們穿起衣服應該會是很體面的。對這些平埔番來說，看到我們狼吞虎嚥熟蛋和茶，一定是個野蠻的景象，因爲他們發出了埋怨聲和古怪的叫喊；不過，這群穿著糟糕的人，臉上也流露出一種動物般粗野的好奇。但這些旁觀者所得到的滿足，大概不會與我們自己從食物中得到的同樣多吧！馬雅各醫生依照慣例，在這裡和原住民交談，並爲生病的人開藥方。

之後，我們在一大片平靜的水域旁又停留了下來，而且在這裡游了一會兒泳。這也許有點冒失，但卻讓我們恢復了精神。幾個小時後，馬雅各醫生感覺身體非常不舒服，因此不得不躺在灌木叢的樹蔭下。在這個地方，方圓數哩之內都取不到一滴乾淨的水。在馬雅各醫生的請求下，我給了他一劑奎寧和鐵，而一個小時後，我們又可以再次上路了。我在這地區拍了一張深泥坑的相片，可是我必須要多走十哩（約十六公里）的路，才能弄到一點水來洗玻璃版完成底片。但不管怎樣，這張相片是我最好的作品之一。

我們到了一家位於木柵上方的山間小屋，那裡的人請我們品嘗了一杯純正的蜂蜜。我從文章開頭描述過的山脊往下走時滑了一跤，幸好我抓住了岩石鋒利的邊緣，才沒有整個人跌下去，但是我的手也因此被割傷。

最後，我們終於到了木柵的禮拜堂。我要特別指出，這個晚上我們睡得非常沉，體力也恢復了不少。我的朋友馬雅各醫生雖然發燒又生病，第二天早上他還是能夠主持儀式。那一整天木柵萬事皆休，在小小的禮拜堂中，聚集了三百多名很虔誠的信徒。有一所學校和禮拜堂相連，不論是大人或小孩，都可以在那裡學習閱讀與書寫廈門方言。有一、兩首當地的曲子被改編成頌歌，這些曲子帶點曠野氣息，又有幾許哀愁，就像風吹過古老森林時的嘆息，也像是暴風雨呼嘯過岩岸的轟鳴。

據我所知，除了一、兩首這樣代代相傳的簡單民謠之外，平埔族沒有音樂，也沒有樂器。他們的生活習慣極爲原始，在耕種以外，他們沒有其他產業，就連耕種也是用最粗糙的方式。可是，這些未開化的部落卻有個非常吸引人的特殊之處：完全的眞誠以及沒有機巧的正直。在我整個旅途中，我的箱子經常是毫無遮掩地敞開著，一旁也沒有人看守，但是我連一根別針也沒掉過。

然而，我現在必須要離開這裡了，這個以自然美景，還有純樸好客居民著稱的島嶼。我經由陸路到打狗，希望能尋訪更南部的生番棲居地，但當時他們正與中國人交戰，我也就無法安全地進入他們的領地了。

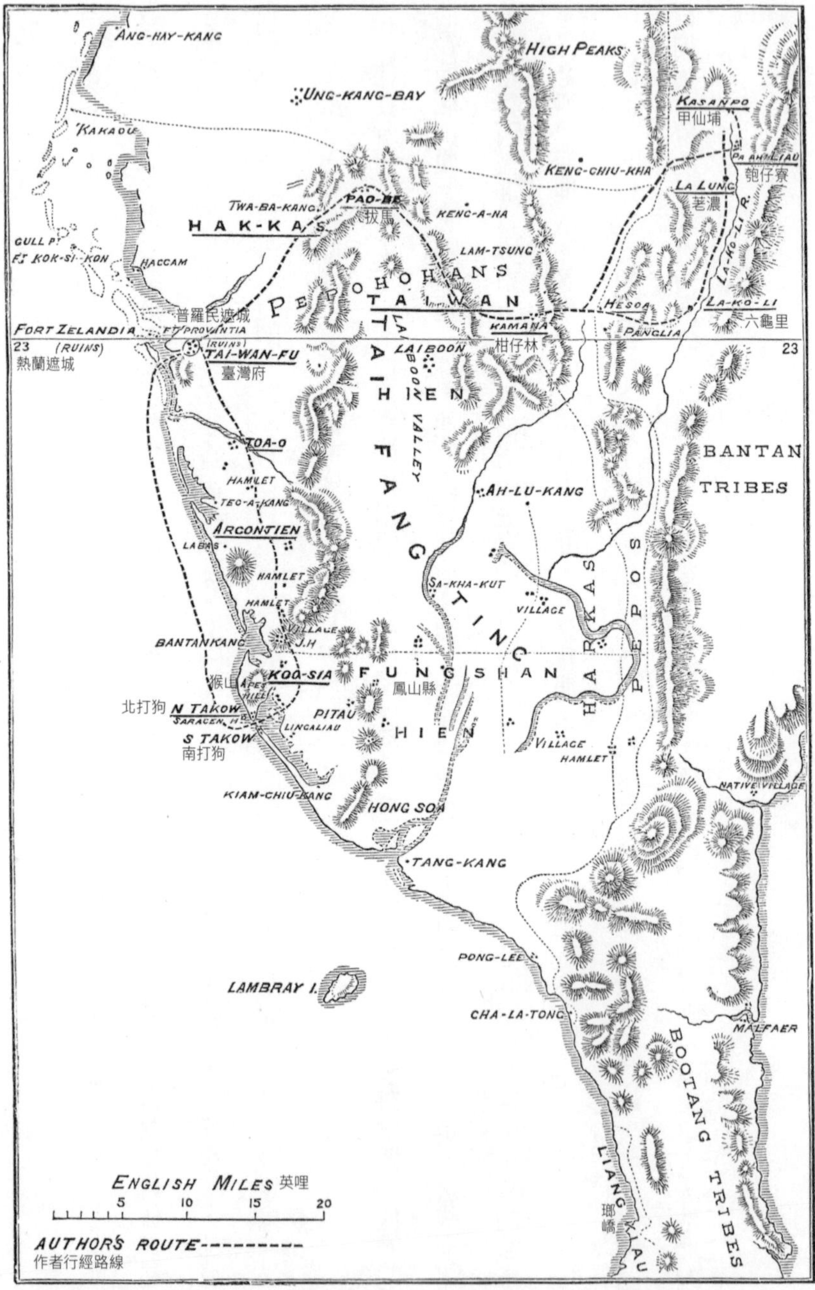

福爾摩沙西南部（編註：此圖標出本章提及地點中文地名，原圖未標出地點之地名拼音請詳文內附註。）

註解

1 譯註：四月三十一日可能是原文的錯誤。關於鄭成功抵達臺灣日期，中文文獻有許多不同的記載，幾十年來經過眾多學者的討論，現在普遍相信，鄭成功抵達鹿耳門的時間是永曆十五年四月一日（即西元一六六一年四月三十日）清晨。西方文獻裡對鄭成功登陸臺灣的時間也有不同的記載，四月三十一日的說發法出自 C.E.S.之《被遺誤的福爾摩沙》（*Neglected Formosa*，又譯《被遺誤的臺灣》）一書，此書作者應該是荷蘭在臺灣最後的長官，所以他的書有其權威性。西方學者時常徵引 C.E.S.此書，而湯姆生應讀過相關文獻，才會寫出「四月三十一日」。西方從十六世紀開始採用格里曆（Gregorian calendar）之後，四月只有三十天。因此，現在大家認為那是 C.E.S. 一時筆誤。湯姆生在《一具相機走中國》（*Through China with a Camera*，一八九八）一書中，已將一六六一年四月三十一日改為四月三十日。

2 譯註：當時防守安平的是水師副將江國珍，他負傷自殺。因此湯姆生說這位軍官怠忽職守，又被控叛國，完全是張冠李戴。被控叛國的是繼江國珍出任水師副將的蕭瑞芳。

3 原書註：*Chinese Notes and Queries*, ii. 135.

4 原書註：這些資料是翻譯自古老的荷蘭文獻，詳情請參閱 trans. Rev. W. Lobscheid, *Natives of the West Coast of Formosa*.

5 編註：湯姆生的遊記曾在一八七五年連載於法國《環遊世界》週刊（*Le Tour du monde : nouveau journal des voyages*），該雜誌每半年會集結成冊出版。本段文字以及此章稍後部分文字（見註6、7）出自該刊一八七五年七月的合輯，在英法文版成書中並未收錄，但其敘事生動仔細，為求完整，譯文中予以補回。

6 編註：此段後半談及風景與阿洪的文字，出自《環遊世界》一八七五年七月合輯。

7 編註：此句細節出自《環遊世界》一八七五年七月合輯。

第十二章

福爾摩沙的日本人。入侵原因。閩江。福州船政局。中國砲船。福州府城與大橋。墳場。其居民。乞丐。小偷。痲瘋病人。鼓山寺。鄭跪牛。隱士。白嶺茶園。上溯閩江。水口。內地的一處茶園。船長夫妻。延平城。祭祀死者。穿越延平急流。一艘當地的渡船

日本這個島國顯然是下定決心要做一個無與倫比的進步模範，在此引丁德爾教授（Professor John Tyndall）所言描述，他們偏愛「動亂勝於沉滯，飛濺湍流勝於平靜沼澤」，而我們在福爾摩沙也看到了，這些飛濺湍流猛烈行進間，如何在山邊闢出新通道，如何在下方的原野播下肥沃的種子，又如何挾帶著沖積物與大海爭地。

現在有一股動力正帶領日本從半野蠻的混沌中，進入光明開化的世界，這股力量中有旺盛的生命力、希望與無限前景，如果我們猜的沒錯，日本一路往前衝所凝聚的力量將能掃除一切障礙，並且將自己國家與其他土地上的陳腐一律剷除。

日軍侵犯福爾摩沙是一件充滿深意的事實，任何政府都不可能找到更正當的理由進行侵略行爲。日

本船隻時常會在福爾摩沙沿岸遇難，有許多船員也因此遭受當地野蠻部落的劫財害命，既然這類暴行發生在中國的領土上，自然該向北京反應求償。由於清廷官員一時軟弱——這種情況在中國歷史上倒是屢見不鮮——似乎便賦予日本自行向福爾摩沙求償的權利。

有一點特別值得注意的是，在最近傳出船難者遭到血腥屠殺的事件中，福爾摩沙原住民究竟扮演什麼樣的角色？殺害美國商船「羅發號」（Rover）船員的是原住民，似乎並無疑問，另外「馬克多號」的船長與船員也可以確定是打狗村民所殺害。

但假如我們因此認為日本侵略福爾摩沙純粹是基於人道考量的話，恐怕是對日本天皇與其大臣過譽了。我們或許不該忘記，日本人並未遺忘與中國之間的宿怨，也尚未擁有那看似遙不可及的高尚國格，因此可能會付出昂貴代價為慘遭暴行的日本船員追討公道。如今事件告一段落，結果我想應該是有利的吧！中國必須清償日本遠征的花費了事，儘管此舉有傷其自尊，卻也可能激勵中國急起直追，說不定還會超越日本以求自保。今日的中國雖然沉滯僵化如此，但我絕對相信以它幾百年來所累積的種種內涵，將來必能在世界各國當中出類拔萃。

中國這道古牆以古老的傳說和迷信為地基，以腐敗落伍的體制為牆體，時至今日，牆基周邊的泥土正不斷鬆動，不久古牆就會節節變矮，或是遭外力推翻，終至開出一條大道，通往一個體制較健全而進步的政府。倘若採取戰爭方式，很可能只會加速重生的腳步。

現在我要離開福爾摩沙島，再次跨海到中國大陸的福建省，關於中國人在天然防禦工事與武器建造方面的進步，我在此地蒐集到了一些資訊。

從福建省中央穿流而過的閩江，不僅是著名的武夷山山區主要排水通道之一，也是中國數一數二的產茶地區的運輸航道。閩江河道雖然寬廣，但一過了離海岸一百哩（約一百六十公里）、地處左岸險灘邊的水口，大型船隻便無法通行。

通往閩江口的南側航道幾乎與白犬列島（即莒光列島）相對，但另外還有兩條航道：北側航道位於大坵島與大陸本土之間，只能供吃水淺的船隻通行，而新近開發出來的中間航道則位於大坵島以南，寬約四分之三哩（約一點二公里），退潮時水深將近三噚（約五點四公尺）。南側航道並不十分寬闊，若非往南貿易的船隻，航線也不夠筆直。

目前，白犬島上正在興建燈塔，對港口將有極大助益。至於通往停泊處的金牌與閩江水道，倒是讓人聯想起珠江的入口。

港灣距離江口約三十哩（約四十八公里），足以容納整個中國的商船船隊。這個地點稱為「中國塔（即羅星塔）停泊處」，因為當地最突出的景觀就是一座小島[1]上的古塔。若不是這個純中國式的建築，還眞讓人有置身蘇格蘭克萊德河（River Clyde）畔的錯覺。港邊聳立著幾間外僑的住家，再過去有一座碼頭、高高的煙囪和一排排的作坊，裡頭汽鎚的鏗鏘聲和發動機的嗡嗡聲清晰可聞。這裡其實是福州船政局，建在一塊由舊沼澤地塡平的土地上，遠遠望去彷彿一個英國的製造村。

但是山上的住宅旁邊，有一個氣勢宏偉的新月形石廟，由於興建這座洋式造船廠嚴重破壞了風水，便利用此廟補救。

創辦這間船政局的目的和中國其他所有造船廠一樣，只因爲當地政府認爲軍備亟需重整，於是風水之說也就不那麼重要了。事實上，風水也不得不屈服於現實的時代需求，退居於這個無人聞問的山邊，憤慨的地龍和失寵的老虎也只能在此爲墮落的世代暗自飲泣。我們也由此發現，中國人最重視的風水之說，常常因爲一時的權宜之計而被迫讓步。

關於該區的最新消息著實頗令人震驚，聽說日軍登陸之後，福州與沿海地區間已經建立起電報聯絡系統（有關當局甚至提議在福爾摩沙和大陸之間架設海底電纜），地方官府還在電線杆貼上告示，若有人破壞電線杆被捕，將處以重刑。如此一來，便能輕易消除平民百姓的恐懼，因爲他們向來以爲博學的官吏應該比自己更懂風水才對。總之，我們就來參觀一下中國的洋式造船廠吧！

我們首先進入的建築物，從那高大的屋頂和整體外觀看來，便有如英國一個普通的火車站。這是一棟磚造建築，地基爲堅硬的花崗岩，四周的圍牆也是花崗岩，高達五呎（約一點五公尺）左右。我們從一道寬廣的大門進入後，沿著一條鐵道往前走，兩旁全是以蒸汽送風的熔爐。熔爐的發動機有一個巨大的主動輪，能驅動一整排汽鎚，其力道之大，足以鍛造全世界最大輪船的主軸，卻又精密得能夠將一根別針拉直。說也奇怪，當中國人第一次看到這些龐大機具運作，竟然幾乎不感到驚異。

我不知道是因爲這些天朝人士面對新奇事物時，不想過度失態，還是因爲麻木與漠然本來就是他們的民族性，但我記得很清楚，有一位女士對我說，當她帶著一名從未到過歐洲的中國護士抵達英國後，護士看到倫敦街道上的一切竟然絲毫不爲所動，踏上火車車廂也好像已經習以爲常似的。不過她倒是說了一、兩句感想：「這個玩意跑得太快了，對英國人很好，但是對中國人來說晃得太厲害。」

我們參觀的第二間工廠和第一間同樣寬廣，裡頭有一架尚未完工的機器，是專門製造裝甲艦的薄鐵板和裝甲鋼板，但有一個直徑十八呎（約五點五公尺）的驅動鐵輪已經架設就位。接下來，我們穿越一個鋪了石板面的大院子，沿著院子的一邊有一條鐵軌可供運送材料到各個工廠，這些工廠都和軌道平行，且面向著河。每個廠房都是一門工程與造船技術學問的落實，此外還有一間學堂，聘請法國人教授機械製圖與模型製造。所有的教授都向我表示，中國人在學習造船廠各種機器設備方面極具天賦，有很多現在負責蒸汽車床或控制刨刀的人，兩、三個月前都還只是普通農民，如今卻能掌控轉軸、將鐵板刨成一定厚度，專業程度便彷彿已經受訓多年。

在其中一個廠內，有一架強而有力的鍋爐板打洞機，要是靠當地鐵匠鑽洞得花上半天工夫，在這裡卻不到一秒就能完成。在另一處我們看到有些人在製造鑄鐵木模，還有些人在製作教導學堂學員用的蒸汽機模型。

光是依照設計圖就有許多令人嘆爲觀止的複雜工程，因此工人必須擁有非常先進的技巧與知識，而這一切結果都是在歐洲監工的領導下達成的。根據我在船政局的體驗，我絕對相信：當中國人發現自己也該拋去對外國發明與設備所抱持的迷信觀念時，他們在所有精密科學的相關領域，以及實際的造船工程方面，將會有非常傑出的表現。一般而言，中國人對自己的工作都很謹慎、很能吃苦，也很一絲不苟。

正因爲這樣的優點，所以一名普通農民也能接受像造船廠這種機構的訓練，最後還能負責操作機器，而這當中只要一個小小錯誤——無論是拉桿或是螺絲——隨時都可能要了他的命。

船政學堂的學員食宿全包，還有專業的外國教授指導，此外也要學外文、讀外國書籍，以便讓他們知道科學才是使外國進步的好風水。只要能提升造船廠的效率，任何花費都在所不惜。當船政局相關官吏眼看著蒸汽砲船完工，又從他們管轄的船塢正式出使任務，全都露出一副自負的神情，他們的感受當然不難理解。就在我們造訪的幾天前，才剛有一艘砲船下水，如今造船臺上又有另一艘等著了。

我們上了前一艘砲船後，中國籍的船長與副手都殷勤招呼，還帶我們參觀全船。我有一位船員朋友也在場，他說這整艘船建造得非常完美而堅固。船艙的木板只塗上清漆，再襯以細窄的金色嵌線。軍官的艙房和餐廳的風格也同樣簡單卻不失優雅，而在下屬區裡，我們發現每名船員都有一只厚重的柚木箱，既可放置物品又可兼作臥榻或椅子。

這艘砲船的上層甲板架設了一座阿姆斯壯巨砲，而將來船上裝設的都會是同樣的大砲。這艘船的裝備對付海盜綽綽有餘，但若是與歐洲強國交鋒，則恐怕派不上大用場。

我們接著參觀的船艦，停泊在船政局外稍遠處，船上所有人員——從船長到僕役——全都是中國人。從舷門登上甲板後，有一位寧波水兵向我們行軍禮，然後以差強人意的英語說船長在船長艙裡。這名水兵的服裝十分好看：黑色頭巾、藍色上衣、紅條長褲，配上一雙乾淨、牢靠的中式鞋子。腰間紮著一條腰帶，腰帶上則繫著一個彈匣和步槍。

接著迎接我們的是一位水師軍官，他說：「你們願意的話，可以來看看我手下的操練。」這個提議我們欣然接受。「我有兩組人，其中一組還太嫩，另外一組則是訓練精良。」距離操練時間還有十五分鐘，我們便應船長之邀先去瞧瞧船長艙。

大體而言，這間艙房和英國的某些砲船類似，只不過在一張以優雅托座托起的小桌上，我們發現一個奇怪的景象：各式各樣的外國航海儀器散布在一尊小雕像四周。這尊雕像是船上僅見的迷信物件，搭配著氣壓計與溫度計使用，以避開即將到來的暴風雨或是決定出航的吉日。除此之外，周遭一切確實都有明顯的進步。與熱情的主人喝了點酒之後，我們又回到甲板上看水兵操演。

只聽號兵吹響號角，手持恩菲爾德步槍（Enfield）的水兵立刻（匆促）列隊，每排六或八人。有一個動作較慢的人把頭探出艙口，想看看自己是否能不出來，結果還是得拖拉著衣褲邊跑邊穿，入列時趕緊將腰帶繫好。還有些人把步槍擺錯位置，不過現在大概都就位了，隊伍看起來還頗爲整齊，不料有個可憐的傢伙大概一時癢得受不了，竟丟下武器搔起癢來。他的一名同伴則禮貌地離隊，到船邊上去吐痰，操練就這樣持續著，多數人似乎都瞭解演練的形式，但根據我們的觀察，幾乎沒有人知道演練的目的。正因爲如此，這裡完全見不到軍隊訓練時所該有的紀律。也許過去兩年當中，這些士兵對於較嚴格的紀律已經略有所知，因爲船政局最近請來一位駐地的歐洲指導員，只不過他主要針對的是船政學堂新進的子弟兵。

據說砲船上使用的經線儀與望遠鏡，都是由當地技工製造，爲了探查中國人在這方面的技術如何，我們就一起去看看他們的光學與鐘錶工廠吧！在這裡當然會看到當地技師在磨光鏡片，不過那些都是最簡單的平凸鏡——用作望遠鏡的接目鏡——看不出來他們究竟會不會製作消色差接物透鏡，而這才是最重要的部分。同樣地，他們對經線儀也是一知半解，而且手邊也沒有足夠的設備能製造出完整儀器。這些光學工匠製造了船上使用的羅盤、一部分六分儀和其他海上銅製儀器。不知道他們是如何學得這些技術，因爲他們的外籍教授也承認自己完全不懂當地語言。

船政局的監督是法人日意格（Prosper Giquel），中國人能有如今的成果，他功不可沒。他在有限的時間內，將中國工人訓練到能夠獨力製造出一批精良的小砲船，甚且技術不輸給家鄉的造船廠，這是何等的成就！

力主創辦船政局的閩浙總督左宗棠也是一大功臣，然而他卻不是最早發現有必要改變國內武器生產方式的人。

據說，整個船政局每月費用約爲五萬八千兩。最近船政局似乎開始遣退外國雇員，至於此舉恰巧發生在日本入侵福爾摩沙前夕，其原因爲何就不得而知了。

福州是中國的主要茶葉市場之一，位於船政局與茶葉裝船港口上游約七哩（約十一公里）處。福州可能是所有通商口岸中，風景最優美的一處，其萬壽石橋更證明了中國古人——只要他們願意——也可能爲後代子孫，留下比那道笨重的大城牆更能展現文化與勇氣的紀念建築，也爲過往的晦暗歷史留下幾頁輝煌。

這座橋據說建於九百年前左右，除了石欄之外，可以說毫無裝飾。造橋者當初顯然只考慮到便利與耐用，因此使用的都是又大又堅固的花崗岩，如今儘管年代久遠卻仍損壞不大，而古代工匠竟能將如此龐然巨石置於石柱之上架出水面，技藝之高自是不言可喻。這一整座橋有四分之一哩（約四百公尺）長，橋墩之間的花崗岩石塊有些甚至長達四十呎（約十二公尺）。

外僑居留區就隔著這座橋與江心一座小島和福州相望，這地點原是中國人的墳地，最初計畫買地建屋時，當地人不願見到「洋鬼子」住在先人安息的土地上，因而引發不少爭議。然而，金錢的影響力各地皆然，最後難題終於解決：適時的祭祀還是能安慰亡魂在天之靈，於是在這片山上，早被遺忘的死者遺骸也就這樣讓自己所痛恨的外國侵略者踩在腳下，還和他們花園裡的玫瑰混成一片。有些人甚至將墓穴善加利用，生者與死者和平共處，還能見到豬隻或家禽在大大的花崗岩墓碑底下乘涼呢！

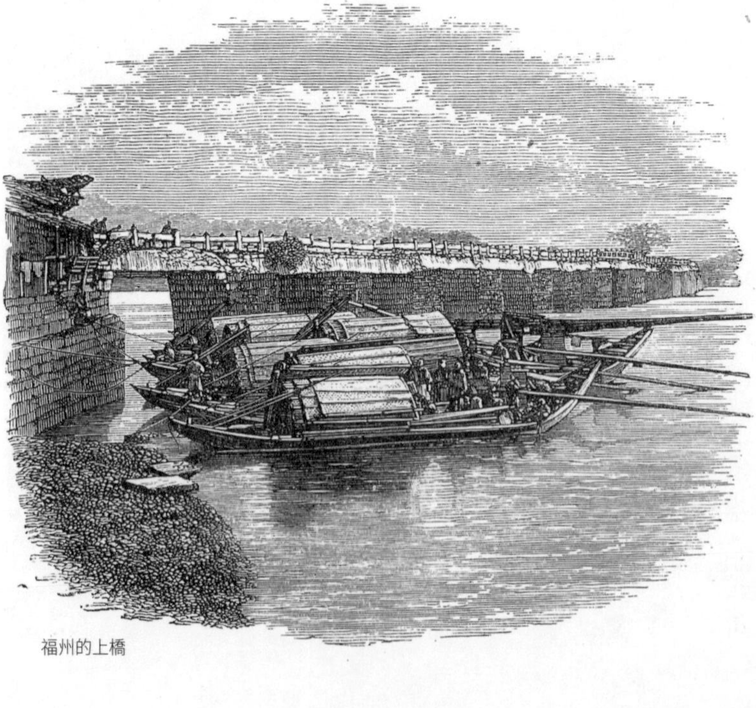

福州的上橋

關於福州的外僑住宅，我想我也不用多加描述。如果讀者曾經住過不太新式的房子，就像在索立郡（Surrey）經常可見環繞著一、兩畝庭園的那種，也就差不多知道了。其中的家具和裝飾只要能經受得起熱帶氣候，絕大多數都是歐洲製品。至於河邊那許多辦公室，恐怕得寫上好幾大本才能盡述其中茶葉交易的祕辛。居民組成了一個非常和諧的社區，但吵吵嘴仍是難免，畢竟茶季一結束大家都很閒，不過他們倒也不會浪費太多時間爭吵，而是到附近的山間峽谷進行健康的休閒活動。我離開福州時，唯一遺憾的就是不能多待一陣子。

既然提到了外僑居留區的墳墓，不妨順帶一提住在附近另一墳場的一群人。但在描述這些可憐人的遭遇之前，我想先讓讀者對於福州的窮人有個概念。

在中國，行乞非但不會受欺負，反而還可能受到官府的保護和認同。事實上，當地人民窮苦匱乏，慈善機構所能解困之數根本不到十分之一。爲了彌補缺乏窮人相關法令的弊病，唯一採用的方法就是允許他們公開乞討，然後選出一名首領負責管束這群遊民。福州城分爲好幾個地盤，每個地盤上都有一名世襲的丐頭，其祖上各代也都是負責管理約束手下弟子的丐頭。

我在福州期間，經人引見了一名丐頭，他是個吸食鴉片的老煙槍，經常顯得十分落魄。後來我又造訪過另一名丐頭的住處，對於其環境的舒適與富裕感到十分驚訝。他的大兒子在門口迎接我，帶我到一間客室，我坐著等候之際，有兩名穿著絲綢、神態相當優雅的女子從門外經過，只爲了窺探來客一眼。這兩人分別是那位丐頭的妻子與妾室，只可惜主人有事外出無緣得見。

丐頭有權利和自己地盤上的店家簽訂契約，抽取所謂的窮人稅以維持自身與手下的生計。有了這樣的合作關係後，丐頭做了記號的街道與商家便能免於受丐幫群眾騷擾搶奪。若有店家膽敢拒繳救助金，下場可慘了！丐幫會派出一群最髒、最難纏的乞丐，將這家店團團包圍。我有一回走在城裡一條很高級的街道上時，就眼見一名幫眾肩上扛著一名又病又髒又臭的兄弟，走進一家店裡，也不管店家正在招呼顧客挑選神壇的裝飾品與供品，就把扛來的人往光亮的櫃臺一放，然後若無其事地點菸抽了起來，直到店家付了錢，他才把那個跛子移走。

我還聽說有人曾經目睹過更誇張的情形。有個綢緞商拒絕繳乞丐稅，丐頭照例又派人到他店裡去。來人全身塗滿泥巴，並帶來一只吊著好幾條繩子的碗，碗內裝滿污水，眼看就要溢出。只見他往店裡一

丐頭

站，就開始把碗繞著頭打轉，水倒是一滴也沒漏出來，但要是有人企圖拉住他，污水就會潑濺到櫃臺和架子上的布料。

另外還有一種乞丐更可憐，他們是一群無人管束的社會邊緣人，也就是我所發現住在停屍間內的人。在這個陰鬱的地方，有許多磚砌瓦頂的小屋，裡頭有幾具裝著屍體的棺材正等候吉時下葬，等到正式的葬禮舉行過後，死者便能在好的風水土地上安息，不受侵擾。然而，在世的親人卻很可能因爲貧窮、死亡、困苦等種種因素，始終無法選定好地點，正式舉行下葬儀式，最後棺木便遭人遺忘而化爲塵土。此外，貧窮的遊民也侵入墓穴尋找一個遮風避雨的處所，他們總是高高興興地爬到墓中陰暗的角落裡睡覺，甚至還以模仿死人爲樂。

記得我第一次來到此地時，就聽到一座陰森墳墓傳出呻吟聲。當時天快黑了，我探頭一看，發現裡面好像有個老頭，衣服破破爛爛幾乎遮不住一身瘦骨嶙峋，心中頓生一股不祥之感。他用枯枝生了火，手裡一面搧著，但他卻不是墓穴裡唯一的房客，裡面陰暗處隱約可見還有一副棺材，我幾乎就要以爲他是棺內屍體的鬼魂呢！但不是！那是人類痛苦的呻吟聲，錯不了。冷風凍結了他稀薄的血液，也折磨著他的關節，我幫老人暫時減輕疼痛後，他咧著嘴笑，像個微笑的死神。

接著，我走到另一個傳出歡笑聲的墓穴，裡頭住了四個人，組成一個小丐幫。第二天早上我又來了，他們正好在吃早餐。他們的首領——一個健壯、懶惰、半裸著身子的漢子——正站在入口前抽著飯後菸，還以中國仕紳的風度請我一塊抽。抽完菸，他請我到裡頭參觀，他的同伴們都還拿著筷子爭食前一天搜括來、已經發臭的剩飯菜。他們一面吃一面七嘴八舌地聊天，把煩惱都拋到腦後，也不把棺材當回事。其中有個人是大夥的開心果，他跨坐在一副棺木上，還拿死人頭骨開玩笑。

飽餐過後，他們又得裝出病殘畸形的模樣，並詳細規劃當天的行程。有一人扮演虔誠的信徒，往腦袋裡插上一把斧頭，經常獲利豐富；另一人裝成罹患令人作嘔的皮膚病，也是生意興隆；還有一人每天都是天生跛腳。儘管在這片土地上，無論多麼勤奮的窮人也難以維生，但是憑著他們的機靈，或許可以正正當當地過日子，不過他們卻寧可過這種欺詐拐騙的悲慘生活，日日以鋪著乾草垃圾的棺材爲床蓆。

造訪過福州的乞丐之後，我想也應該看看警探是什麼模樣。警探在此地稱爲「馬快」，隸屬於地方衙門，領取微薄的公家俸祿，不過他們主要的收入卻是來自於物品失竊的失主，或甚至是竊賊本身。

轄區裡所有專業盜賊，馬快應該都認識，因此失主想尋回財物，必須給馬快豐富的酬勞——至少得有失物的一半價值——否則便很可能永遠無法失而復得，

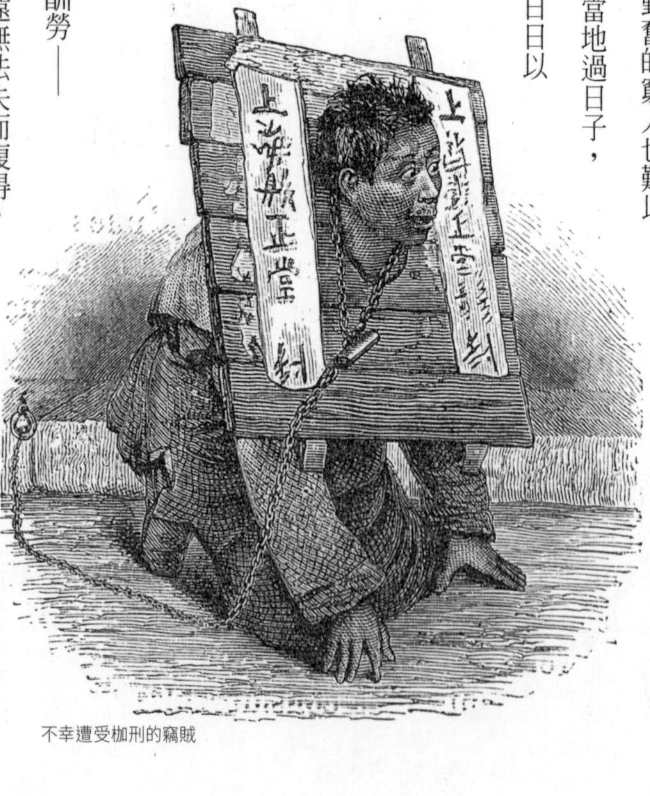

不幸遭受枷刑的竊賊

除非他能私下和竊賊面對面談判，或許竊賊會答應損失一點，省得還要和馬快分贓。不過，這種交易通常也是透過馬快居中牽線，再向雙方抽成。要是竊賊拒絕以馬快提議的價碼放棄贓物，就可能遭到被關或刑求的厄運。我拍攝到一個剛從監獄逃出來的竊賊，由於馬快認爲他不合作，便以繩索綁住他的拇指，再將整個人吊起，直到繩索深陷把整塊肉刮去露出骨頭來。

據說某天，這名馬快——應該稱之爲賊王更適當些——遇上一名從前認識並曾經賄賂過他的竊賊，但此人如今穿著體面，並試圖要改邪歸正。他立刻將此人押入大牢，並且爲了讓他認清自己重新做人之後會面臨什麼樣的危險，便將他從拇指吊起，脫光他的衣服，還扭斷他一條手臂。倘若偷東西的不是專業竊賊，馬快又抓不到人，便得接受鞭刑。然後他便鞭打下屬，下屬又去鞭打竊賊。萬一計畫還是失敗，便呈報上級說馬快已經受罰，失物無法尋回。

順帶說說痲瘋和中國的痲瘋村。這種病在中國十分常見，幾乎每個城鎮的街上都能看到各種可怕的病徵，包括我們的殖民地香港在內，我就曾經在清晨的香港，遇見一群十二名痲瘋病人公開在大街上乞食。但願此時，香港已經有收容所，可以讓這些遭社會遺棄的可憐人掩飾住自己遭死神快速侵蝕的慘狀。在檳榔嶼也一樣，從前痲瘋病人總喜歡聚在一大片綠蔭下的草地，沒有痲瘋病人時，我也見過當地的保母帶著歐洲小孩到那兒去玩耍。

然而，許多亞洲人以及一部分必須照顧痲瘋病患的歐洲醫師，都認爲痲瘋並非傳染病，我本身也比較傾向於這個看法。醫學上也證明了這種病雖然有某種程度的遺傳性，卻也可能從家族病史上消失。例如在廣州的痲瘋村，有一些痲瘋病人的直系血親至今仍健康地活在世上，我還聽說在福州的痲瘋聚落，居民可以自由結婚生育小孩，這話倒是不假，因爲我在那裡看到許多父母膝下的小孩都是健健康康，有些即使已屆成年，卻還是沒有被籠罩在周遭環境的可怕陰影給纏上。

我所說的這個村落四周有圍牆圍起，大約位於福州東門外一哩〔一點六公里〕處。一八七一年二月二十五日，我與馬扈牧師（Rev. Mahood）一同前往造訪這個收容所。當時是下午四點左右，天上開始飄起毛毛雨，我們走進村口時，天空忽然變得一片陰霾。惡劣的天候加上烏雲罩頂，更加深了眼前景象的淒涼況味。不久，我們身邊立刻圍上一群男女老少，有些人的面貌實在可怕得無法形容，所有人全都吵著要錢買糧食，勉強度日。他們哀求不休，直到村長——也是痲瘋病患——出來維持秩序，才安靜下來。

看來這個村落最初的立意已經消失

福州痲瘋患者

殆盡，如今這不僅僅是向富有的痲瘋病人敲詐的手段，也是爲了社區利益而將痲瘋病患與外界隔絕。他們當中無法獨力謀生的窮人，官府每年會發給一筆錢，但金額少得大概只足以供他們生活一個月，至於其他時間，就得每天到人來人往的大街上去。我想，這種情形也和一般乞丐一樣，某些商店和街坊可能會一起出點錢，讓這些不受歡迎的人不再來騷擾他們。

這個小聚落約有三百來人，村裡曾一度有個戲臺爲居民提供休閒娛樂，但那棟建築卻早已傾圮。不過，這裡的街道倒是非常乾淨，房子也多半如此。有部分居民會從事各種工作，但多數人都已力不從心，因爲他們的手指要不是不全，就是全沒了。整個村落最令人感到驚訝的是，有很多人還是抱著非常樂觀的態度，雖然與外界的互動幾乎完全斷絕，卻仍帶著溫柔、感激的心，仔細照顧他們種在自己家門外與窗邊的花——這些花總是會無私地回報他們，在這片活人墓裡也能和在富家花園一樣，看到美麗嬌豔的花朵，聞到清新的花香。

福州的街道和華南其他城鎮的街道簡直一模一樣，無須多加敘述。福州也有自己的校場、衙門、廟宇和寶塔，這一切對本地居民而言都極其重要，但對外地人卻沒什麼吸引力，除非他有興趣研究種類繁多、細節枯燥的宗教、風水或地方司法等等，而我這麼一小本書當然不可能消化得了這許多主題。因此在離開之前，我只想再提出一點，此地的牡蠣不但美味而且相當奇特，絕不能錯過。

據我所知，這種珍貴的貝類並無攀爬的本領，然而在福州的大街上，到處都能看到魚販拿著掛滿一簇簇牡蠣的竹竿，向過往行人兜售。養蠔人家在適當季節將竹竿插入養殖池內，等牡蠣成熟了再拔起竹竿，直接帶到市場上賣。歐洲的牡蠣形狀幾乎一致，但福州所產的卻不同，每個牡蠣的外殼全都依著自己的喜好與需求生長，因此掛在竹竿上的牡蠣個個奇形怪狀，外觀絕無重複。

這座城裡有一些特殊的行業，其中最有趣的要算是燈籠業。此地製作的燈籠非常美麗，卻也十分脆弱，燈匠們將很細、很細的玻璃棒編成有如竹籃一般，燈光透過這些玻璃棒射穿出來，極爲明亮。雖然歐洲似乎尚未引進，但我想在戶外宴會上懸掛這種燈，應該十分新奇有趣。

福州附近有許多迷人的休閒勝地，我最難忘的應該是方廣岩天泉閣。我運氣不錯，當時恰巧有一名外商要組團遊覽閩江支流永福溪（即大樟溪），便邀請我同遊。我們配備了兩艘船，午夜由福州出發。此時是退潮時間，翌日醒來船已下錨，遠方仍看得見中國塔島（即羅星山）。

此時寒意逼人、霰雨紛飛，情況似乎不妙。山勢險峻的五虎山原本薄霧繚繞，如今霧氣已漸漸散去，然而，當最後一絲氤氳從人稱「殉情崖」的懸崖峭壁間消失時，卻已接近中午。這五頭老虎似乎對位於山北的福州有某種地理上的影響，當地人爲了制住五虎，便在城內一條大街上雕製了相同數目的石獅，[2]至今仍可得見。

這帶流域的山勢嵯峨，山頂上石崖巑岏，但下方只要是能耕種的土地便有人居住，甚至連岩石表面上都有作物的蹤跡。無論沿著河岸走或爬上峭壁間，都能大飽眼福，形形色色的美麗景物盡在眼底。這裡有各種蕨類與花卉，有高大的杉木，還有叢生的竹子在突出的懸崖邊搖曳生姿。這頭有塊奇岩頂著灰苔有如滿頭白髮，底下長滿蕨類，看似一個巨人斜躺在青苔上；那頭又有一塊草地，比我所見過的任何天鵝絨披肩都還要華麗，旁邊還繡有千朵鮮豔野花。在那邊的山谷裡，只要稍微運用一下想像力，便會有一閃一閃的螢火蟲帶領我們進入童話的饗宴。偶爾蕨類會拱出一條走道，通往隱祕幽靜之處。偶爾一根古老樹枝架在岩石縫隙間，好像面目可怕的精靈在夏日傍晚吹起他的號角，為底下翩翩起舞的小仙子們伴奏。然而，此地雖然景致優美，卻潮溼得很不舒服。

兩天下來，沿途盡是這般多采多姿的山河景色，第三天早上，通過第一道急流後不久，我們便上岸徒步前往永福寺。友人們全都帶上了自己的轎子和轎夫，我則就近在村子裡雇了一頂，我的狗照例馬上鑽進去，舒舒服服地蜷縮在座位底下。這種山路專用的轎椅很小，我得採取一種拘束怪異的坐姿。爬上陡坡時，轎夫故意使勁地搖晃，我被晃得受不了，便下轎威脅說要將他們遣回，後來又說我可不想自己走上去，他們最好別再作怪，否則別怪我不給錢。

這是轎夫們的老把戲。爬陡峭山路時，他們會說搖晃是在所難免，可是我的威脅卻奏效了，從那刻起，登山之路便順暢許多。到了某一處，有一段四百層的階梯（由於前進緩慢，我心裡又好奇，便數了數），可通往寺廟俯臨的小山谷入口，這裡也可能是附近風景最美的地方。階梯上方有條小徑蜿蜒林中，兩旁的蕨類與開花灌木蓊蓊鬱鬱，最後在一個洞穴前戛然而止。這處洞穴其實就是進入小山谷的通道，入口右側的岩壁腳下立著一尊小神像，壇前香煙裊裊。

在這天然地道的石壁上和每塊巨岩之上，也都有許多古人留下的摩崖題刻，其中最具代表性的應該是「方廣洞天」一詞，至於其他石刻無非是一些入寺遊覽的名人留名罷了。我們走過迂迴幽暗的通道，從山邊巨石底下走進一個彷彿棕櫚遍布的熱帶山谷，就好像溫帶與熱帶也不過幾步之遙，但其實那些寬大的葉片都只是巨型蕨類。

我舉頭仰望想從葉縫中窺探天空，卻只見到懸空的黝黑山洞前，有一棟色彩鮮豔的奇怪建築。此處的岩石表面鑿出一條窄道，走上去之後，便看見寺廟的全貌。寺廟坐落在我們頭頂的一塊巨岩之上，上方一大片鐘乳石垂掛下來，有如某些大教堂圓拱屋頂上尖尖的裝飾。我從來沒見過、也從來沒想到會有如此怪異的建築。該寺屋簷寬闊、屋頂精雕細琢，還有美輪美奐的扶欄，這一切只靠著幾根看似細瘦的木梁支撐，聳立於兩百呎〔約六十公尺〕高的崖面上，眺臨這萬丈深淵。

石灰岩穹窿外緣爬滿了蔓生植物，鮮亮的色彩和底下幽暗的洞穴形成對比。其他友人當日便返回福州，我卻又在寺中多待了幾天。這裡只住了三名僧人，其中一人還只是個頑皮的孩子，另一人是名身強體壯的年輕人，最後一位則是又老又病又盲的住持。我的房間視野很好，可以遠眺山谷景色，房間下方也只是用石灰將杉木固定在崖壁上作為支撐。房內有一張杉木桌、一張杉木椅、一張杉木床，床上還有一個同樣樸實耐用的木枕。至於床本身，說穿了就是一個巧克力色的木架，而我卻得在這麼簡陋的設備裡，度過此地其冷無比的夜晚。我的苦力們睡在底下的另一個房間，大夥像沙丁魚似的擠在一起取暖。

每天到了日落時分，三位僧人便穿上黃色僧袍入殿誦經。其中兩人分別坐在小神壇的左右，第三人則夾在二人中間，然後在佛教法器的單調伴奏下，向神佛誦唱經文。我發覺誦念冗長的經文對於僧童而言，根本只是毫無意義的儀式，他們的禱告熱忱在我眼中也因此打了折扣。過了一會，小僧童起身用木槌敲打一個大鐘。不只如此，他又用同樣的力道敲打一面大鼓，還一面低聲說了幾句重話。儀式結束後，老僧大步走出庭院，我總覺得他好像瞎得更厲害了。

天剛亮，我就被同樣的誦經聲吵醒。清晨又暗又冷，對面群山彷彿一個睡在極度潮溼處的巨人，厚重的雲絮則像是巨人側身後滑落一半的被子。風陣陣吹過山谷，黑色的杉木搖頭晃腦並發出淒厲的嘎吱聲，竹身也彎得好像快折斷似的。

我在一個神壇上看見一尊保佑長壽的彌勒佛，在這尊滿臉笑容的神像前面，點著一種類似計時器的香，也就是在香爐內點上兩排平行的香，每根可以燃燒十二個小時，一根快要燃盡時便會引燃另一根，如此一來，一天的時辰便可一目了然。據老住持告訴我，這香火就如同羅馬的灶神之火，早在他到此地之前便已經持續燃燒不知道多少年了。

鼓山位於福州以南約七哩（約十一公里）處，也是從平原耕地陡然竄起的山脈的一支。鼓山之所以聲名遠播，乃是因爲山頂附近的山谷之中，建了一座名剎鼓山寺（即湧泉寺）。據傳該寺原址曾有毒龍出沒，散布瘟疫、興風作浪、損壞農作，當地便請了高僧靈嶠禪師前來收服。禪師前往毒龍居住的潭邊誦念《華嚴經》，毒龍立刻遁去。這段經文想必威力強大，就連凶狠的惡龍也不敢冒險再聽一遍。帝王聽聞奇蹟之後，遂於西元七八四年在此地建華嚴寺。[3]

這座寺廟雖屢遭摧毀，卻仍在原址上不斷重建，規模也不斷加大，至今寺內已可容納僧侶兩百人。

由平地上山，山路崎嶇險峭，但沿途卻能欣賞四周美景，最後通過位於海拔兩千五百呎（約七百六十公尺）高處的古松林後，終於抵達了目的地。

整個寺廟群占地極廣，這點與北京的喇嘛寺頗爲類似，也遠比我在華南地區所見到的其他佛寺規模更大、香火更盛。殿門內端坐著巨大的佛教護法神四大金剛像，附圖中便是其中兩尊。鼓山寺和中國其他同類的建築一樣，由前而後共有三座主要建築，其間則有石板鋪地、面積廣闊的天井，將圍牆的門往內推開，可以見到僧侶的禪房。這座殿內供奉著佛祖的舍利子，據說每年都吸引了許多不遠千里而來的信徒人潮。

在院子裡養了許多神聖動物，假如有哪頭牲畜顯示出不凡的靈性，也能入主於此。在我造訪期間最有趣的是一頭神聖的跪牛。傳說中，有一天主人正牽著這頭牛要往屠宰場去，牛突然掙脫繩索沿大街直奔而去，一口氣跑到了總督衙門前，此時總督大人正準備上轎，這

鼓山寺的兩尊金剛像

隻長角畜生竟雙膝一彎跪倒在官員面前，還發出短短的哀求聲。總督詫異不已，只得命手下將牛帶開。於是這頭牛便來到這座寺院，從此享受著天堂般的生活，再也不用擔心面臨斧鉞之災。後來又有人說，這頭牛其實是衝到衙門前時被階梯絆倒，這當然是那些無神論者造的謠，特此予以駁斥。

三聖像是每間佛寺的主要神像，在此自然也是醒目地坐鎮於大殿上，每一尊都超過三十呎（約九公尺）高，卓然矗立於擺滿了燭臺與各類供品的供桌後方。

我在此地停留了三天，閒暇時便到禪房找僧侶聊天，其中有個人特別令我感興趣。走上通往禪房的階梯後，便來到一間空蕩蕩的房間，房中只有上方一扇透光的小窗，和杉木桌椅各一。裡頭一定有名僧人正如雕像般在打坐，一邊默誦經文，久久才到附近的鐘樓去敲一下鐘。

離大殿不遠處，在山側某一條美麗徑道上，有一口水力鐘，鐘聲日夜不絕，而鐘樓俯臨處，一條縱深幽暗的峽谷從濃密的林木與兩側巉岩間蜿蜒而過。山腳下，有一間小屋貼壁而建。有一天我大著膽子走進屋內，發現石臺上豎著一尊佛像，我正欣賞著這前所未見的精美雕塑之際，佛像的頭竟往前一傾，兩腳伸直，步下臺來。「神明顯靈了？」但看著這個光頭黃袍的神，我實在沒把握。

「請請，先生，早安，您打哪兒來呀？」他著地後一開口就說了這句。我倒也沒有先前想像的那般害怕，回答他的問題後，便又反問：「您又打哪兒來呢？」他也立即回答：「我來此很久了。」這麼說，他正是傳聞中鼎鼎大名的隱士。原來他本是廈門商人，汲汲營營多年之後，決定到這個長滿青苔的小山谷中度過餘生，也爲自己贖罪。

在鐘樓裡有個高大、骨瘦如柴又極不守清規的和尚，我們參觀過神奇的水車、聽過低沉的鐘聲後，他便緊跟在後硬要我們給點錢，但他的糾纏不休卻更讓我們鐵了心不給。幸而佛教徒不殺生，否則這個形似殭屍又死要錢的人一定會要了我的命。

福州一帶的其他寺廟當中，最令人讚嘆的還有府城八哩〔約十三公里〕外的洪塘金山寺，該寺占據了江中一整座小島，祭祀的是閩江船家信奉的天后媽祖。島上長了一棵榕樹，可為廟宇遮遮蔭，但這棵樹的養分恐怕全靠著媽祖的施捨而來，因為樹根似乎已經被岩石固定死了。

白嶺是福建省境內離此最近的產茶區，位於福州以北約十五哩〔約二十四公里〕處。我是應兩位福州友人之邀前往參觀。我們住宿在某茶園的一間小廟，總共待了三天。在我們之前有外國人來過，還教了小廟住持很有限又很混亂的英語，當我們到達時，這位穿著破爛的佛家弟子顯然想炫耀一下，便以英語

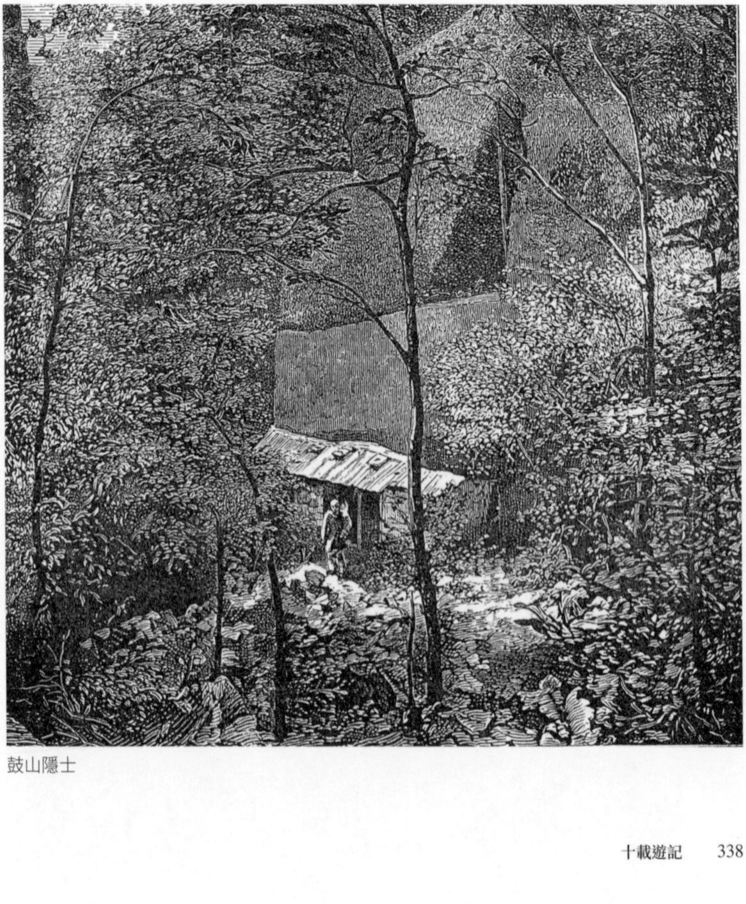

鼓山隱士

閩江的金山寺

招呼道：「Good morning, can do! You bet!」（早啊！可以！當然！）卻聽得我們一頭霧水。我們問他可以做什麼，不料他會的僅此一句。他說其他的都忘了，或許忘了也好吧！

我們停留期間，雲霧始終像條溼溼的被褥蓋在山頭。每天早上總期盼著見到一絲陽光，然而眼看著霧氣被風吹散後，不一會又回到原位。不過我們還是在氣候許可之下，盡可能地參觀茶園，同時也發現到雲霧的變幻無常，偶爾聚積在山谷中，偶爾如棉絮般散開，使我們得以窺見遠方山下陽光普照的平原與村落。有時候，我們轉頭回望陡峭的山路，卻只看見苦力們的頭與肩膀，他們背著重負吃力地爬上山去，腳底下卻是雲霧繚繞。

據說白嶺地區有一處茶園的主人是受雇於廣州洋行的買辦，該茶園占地極廣，這在福建產茶區十分罕見，因爲當地人種茶總是零零散散，情況大致如下。此地茶園通常不大，多半不會超過幾畝地，並且是由地主租給窮人栽種，然後佃農再以事先約定的價格將茶葉賣給地主。因此，儘管茶葉是中國的一大財源，種茶的農民自身卻幾乎沒有任何資產，他們就和數百萬的勞工同胞一樣，只能靠著種植這類奢侈品辛苦地賺點溫飽。若有幸運的茶農不用一開始就把收成抵押出去，已經可以被視爲是有錢人了。

收成季節一到——通常是四月初——便開始採第一批茶。採收後的茶葉先在太陽下大略晒乾，裝籃送到類似市集的地方，販售給鄰近各地的買家。來自通商口岸的買主——通常是廣州人——競爭十分激烈，總是能買多少就買多少。接下來，買主便將從各小茶農處買來的茶葉加以混合，並在租來的屋子裡進行前面已經描述過的烘焙過程。

然後，他們會雇用數千名窮人家的婦女、孩童來揀枝，茶葉經過挑揀之後，處理好的部分先送走，尚未處理好的還要再烘焙一次。烘焙結束後便開始篩選，將茶葉分成兩、三種不同等級，其品質也會隨著每次茶葉的數量而異。葉片最小、捲曲緊密的是一級茶葉，次級的稍微差一點，三等則全是一些茶末和茶梗。這種三等茶對身體完全無害也合乎衛生，經常被混入較好的茶葉當中，製造便宜的好茶。

分級後的茶葉接著分別裝箱成九十磅重、四十或四十五磅重與二十一磅重，再以鉛線封箱，送到各通商口岸出售。武夷山的茶大都經由閩江運到福州，在下文中，我們可以看出這趟行程並不需要特別的膽識與技巧。貨物送達的時間通常是在四月底，但在我所說的那一年（一八七一年），市場卻等上兩、三季才在六月中開市。前一年，官府准許茶商延繳茶葉稅，致使商家能夠扣住茶葉，最後由於市場供應量不足，售價提高，中國也因而獲利。

歐洲人似乎並未能像中國人一樣團結起來，共同爭取利益，也許首先攻占市場的可能獲利實在太誘人了，叫性急的外商如何抵擋得住？但儘管中國賣方得以享受許多便利措施，例如以扣住的茶葉為抵押向福州錢莊借貸等等，他們卻得付出很高的利息，再加上內地茶農彼此間的競爭也相當激烈，因此偶爾也會損失慘重。然而整體說來，他們憑藉著謹慎的態度與商業結盟的手段，仍獲得了穩定而豐厚的利潤，這一點從福州與其他各地中國茶商的富裕程度便可輕易看出。

現在且讓我們進入內地，瞧瞧運送這珍貴物品有何困難。我上溯閩江兩百哩〔約三百二十公里〕直到延平城〔今南平〕，與我同行的盧公明先生（Justus Doolittle）寫過一本《中國人的社會生活》（*Social Life of the Chinese*），這是他多年來在當地辛勤耕耘、仔細觀察所得的心血結晶。我們於十二月二日中午，帶著必要的通行證出發前往水口，搭乘的船是福州一位英國商人好意出借的。

對歐洲人而言，在中國河流上搭乘中國人的船，除非事先已談定多少錢、多少時間內該做多少事，否則真可說是對自身性情的一大考驗。假使疏忽了這個前置作業，船夫們總會認為外國人天生富有，而自己又是生來一輩子窮苦，這種千載難逢的好機會當然不能放過。這麼一想之後，這些人也就會休息得更久一些、吃得更多一些、多抽點鴉片、多喝點酒。因此，我的日記中經常會出現這類摘記：「船夫整天不做正經事，不是把船划到沙洲岸邊，就是吃飯。」「縴繩又和另一艘船攪在一起，兩邊的船夫吵了將近半個小時，又花了半個小時道歉，再花半個小時解開繩索。」

我在一個叫作「白頭」的地方停下船來拍照。有一名小販把貨物扛在肩上沿著河岸叫賣，他看我操作機器看得入神，竟沒注意到對面走來兩頭水牛。這兩頭牛被我的相機嚇著了，立刻拔腿飛奔，把小販撞得翻了個大觔斗。不過這名小販可不是省油的燈，只見他很快收拾起行當重新扛到肩上，又回到原地，把剛才沒看夠的繼續看個過癮。

星期日，我們在一個叫作「竹岐」的地方度過平靜的一天。我和僕人阿洪沿著河邊散步，在一處長滿青苔的堤岸上休息了一會，這時候江面忽然一片煙霧瀰漫，好像從大鑊裡吐出蒸汽似的，船幾乎都要隱沒不見。這陣霧氣幻化成各種古怪的形體往山上飄去，一會兒為巨杉點綴美麗的藤蔓圖樣，一會兒又改變心意循著林木茂密的懸崖往上飄，再次將四周景致抹去。這種霧氣每天都會發生，我想應該是水與空氣的溫差所致。

我們接著經過一處美麗的鄉間，到處可見水果園中橄欖樹與橘子樹上結實纍纍，壓彎了樹枝，空氣中似乎也充滿香味。在一處果園內，我們遇到一個看守的人，他住的茅屋雖小卻十分舒適，裡頭有一張竹桌、一個茶壺、兩張椅子，還有一隻漂亮的貓和幾隻小貓。這個人很老了，他說不出自己有幾歲，但據說他已經看守這座果園超過半個世紀。老人為我們帶路，他帶我們走過一片甘蔗園來到聚落處，那裡有一群建造堅固美觀的磚屋。我們發現地主的屋子四周有密實的圍牆圍著，旁邊一間小小的附屬建築是家庭醫師的住處。

醫生名叫阿坤，本來正在看一個遊方鐵匠幹活，見我們來了，便以一種我想應該是沒有惡意的心接待我們。只不過他臉上的表情很難判讀，他的眼睛有缺陷，而勉強可用的鼻子已見不到鼻梁和鼻尖，因此當他一隻眼睛閃著友善的光芒，另一隻眼卻彷彿嚴守著斷了的鼻梁。我們走進他的屋裡，許多人都跑出來看我。他們多半從未見過外國人，在這群十分美麗的女人和胖嘟嘟的小孩眼中，我顯然成了奇珍異品。只要我動一下，他們馬上跑進內屋，然後從各種洞眼、各個角落向外窺視。我送給老人一樣小禮物，他則回贈給我幾個甜美的橘子。

我們離開之後，在山邊找個地方坐下，談起了過去種種和旅途中發生的一些事。阿洪坦白告訴我說，他並沒有特定的宗教信仰，他在新加坡時曾是基督徒，但因受到朋友威脅便改了信仰。大致上說來，他認爲人生在世能有很多豬肉吃，死後有一具舒服

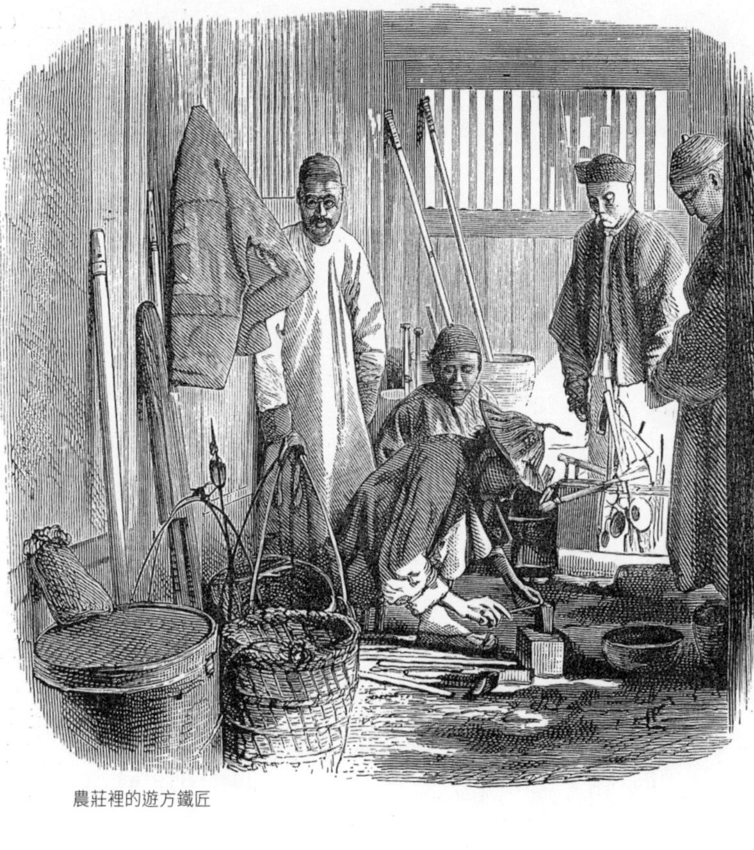
農莊裡的遊方鐵匠

福建水口

的棺材，埋在一個乾燥的墓地，然後受世代子孫供養，這樣就夠了。我向他談到基督教，我說世上每朵花、每隻昆蟲都能明白見證有個隱形而偉大的上帝，你再去膜拜偶像實在太荒唐。但我不知道這番話對他那顆頑固的中國心，能起多大作用。

第二天我們到達水口，發現城鎮建在左岸的山坡上。這座城和我在平地上所見到的都不一樣，層層相疊的建築和詩情畫意的地理環境，在在透露出某種新意。我還發現此地居民發展出一套特殊的排水系統，他們在屋子和屋子之間架設竹製水管和排水溝，將遠在一哩（約一點六公里）外的山泉水引來。

我在水口租了一艘「快船」載我們到延平府。船長是鄭壽，或者應該說是他的妻子，主要說話的人都是她，儘管身高不到四呎

〔一百二十公分〕，卻比高出她兩倍的女人多出一半的話。老實說，她眞可謂是女中豪傑，現代中國的奇女子！當我們逆流而上第一道急流，只見她人還在船頭餵幼兒吃奶，轉眼間便將孩子丟入籃中，拿起長篙把船撐開以免撞上岩石。緊接著又去照顧小鬼，要不就是煮飯、打掃、逗弄丈夫，無論是心血來潮或是情勢所逼，她總能把每件事做得妥妥當當。

我們這艘小船和其他船隻一樣有個高高的座臺，還有一支如長槳般的舵懸在裝有轉軸的船尾上。這支槳幾乎和船身一樣長，作用便在於讓整條船立刻轉向。船身皆由杉木打造，又輕又牢固，各方面都非常適合航行於水口過後約半哩〔約八百公尺〕處便開始一一出現的急流險灘。這些急流中布滿了大大小小的岩石，有些突出於水面，有些則暗藏水中危機重重。我們在一處兵營附近停泊過夜——美其名說是兵營，其實也不過兩、三間簡陋的小屋，加上六、七個配備火繩槍、狀甚落魄的士兵罷了。

第二天早上，江上照常籠著濃霧，視線僅止於船邊兩、三呎〔六十至九十公分〕的範圍，因此直到上午十一點多之前，所有船隻都停止通行。當晚我們停泊在樟湖坂〔今樟湖鎮〕，盧公明先生和我還上岸去參觀一間蛇王廟。廟裡並沒有蛇的圖像，卻有蛇王的牌位供人祭祀，據說七月期間祭拜對象成了一條活蛇。翌日，鄭夫人和丈夫起了點小爭執。夫人的小腳往甲板上重重一跺，回聲四起，又見她暴跳如雷，威脅說她寧可死了也不再碰船槳。而鄭船長只是靜靜地坐著抽菸，沉著地等待暴風雨過去。半個小時過後，他的妻子又照常忙得不可開交。

每晚，船上都會用一種長四十呎〔約十二公尺〕、寬十呎〔約三公尺〕、高四呎〔約一點二公尺〕的套疊式竹蓆，把整艘船覆蓋起來。我和友人睡在船首的一個小空間。廚子阿洪和十四名船夫就直接躺在船中央，船尾則以布簾爲船長夫婦隔出一個小空間。鄭家三代同堂都生活在船上。先是爺爺，他除了抽菸幾乎無所事事，對那根末端有個圓球的竹管菸更是寶貝得不得了。他頭上也有一樣與他不相上下的古董——一頂邊緣已經破爛不堪且似乎滿是油垢的帽子，至於身上那件厚棉襖，據說每個星期只會脫下一回，以便攆走那些擾得他不得安寧的小寄生蟲。五十幾年來，他一直想學會吞下菸管冒出來的煙，但並不十分成功，有一、兩次我都覺得他幾乎就要嗆死了，不久卻又清醒過來，菸也抽得更凶。

每天晚上船頂拉上之後，抽菸時間就到了，所有的人——包括鄭夫人在內——都開始吞雲吐霧，由於煙霧沒有出口，那種環境實在叫人難以忍受。第二天我們看見一艘撞上暗礁沉沒的船，看來剛遇難不久。另外還遇上一艘船不要命似的衝下這道急流。那艘船偏離了主要航道往岸邊的岩石衝去，舵手無法控制方向，最後還是撞了船，不過此時船夫們已經爬上岸石，並迅速地以繩索拉住即將沉沒的船。

我們在某個小村莊上岸，看見一群小腳婦人在河邊洗衣。我們一靠近，她們立刻以驚人的速度逃離，爬上岩石堆，這應該是山羊這種偶蹄動物才有的能耐。

這帶河段的景色美麗多變。多道急流之間有懸崖峭壁聳立，山巔花開草長隨風擺盪，崖壁上則是一片青蔥綠意直瀉而下，映入平靜無波的池水中。河岸那頭有參差錯落的山陵、峽谷與巨岩，滿山滿谷的杉木與其他樹種都覆上繽紛的秋色。

至於急流，有時如萬馬奔騰，有時卻只是一大攤平靜池水緩緩流過一個又一個沙洲。有些河段石崖密布，總得等到最後一刻才看得見河道。行駛延平急流時，水聲轟隆作響，幾乎都快把耳朵震聾了，洶湧飛濺的水花也模糊了視線。我們在此逆流而上之際，鄭船長這般老練的水手也在緊急關頭丟下菸管，向岸上的縴夫大聲求援，然後抓起長篙抵在一塊暗礁上，以免撞斷縴繩觸礁沉船。此時此刻著實危急萬分，洶湧的水勢似乎讓船夫們都使不上力，直到每雙手都握住長篙，大夥團結一致，才開始慢慢前進。老爺爺連忙趴伏下來，燒點金紙感謝神明保佑。

我們在星期日抵達延平，剛好趕上當地美以美教會的禮拜。延平府坐落於山坡上，俯臨閩江，有兩條大小相當的支流在此交會，一條來自武夷山區，另一條則來自更遠的東南方。府城居民約三萬，紙類、漆器、竹籃與茶葉的交易興盛。山腳下有一道高牆環繞，牆內一片屋瓦向上斜升，間或冒出幾株樹和廟宇，但整體望去仍有如一段堅固的磚瓦坡梯，直通上最外層的城牆，城區四周環山，這道牆垛線便隱約池邐於山林間。府城所在山勢險要竟似天造地設，後方一群高山拔起，更有如一條深紫色的帶狀堡壘。

位於大街上的教會實在非常簡陋，聽說是因爲沒有人願意把好的屋子租給基督徒。我們走進禮拜堂時，當地的傳教士正在主持早禮拜，信徒們專注聆聽。傳教士和家人就住在這裡，他看起來十分快樂滿足，但我也說了，他的住所相當破舊，外牆和隔牆都只是薄薄的編竹夾泥牆，薄到用手指便可戳穿。屋頂上也結滿了蜘蛛網，雖然光線充足、空氣流通，卻是過度得叫人不舒服。不過，底下內部倒是顯得乾淨宜人。這間屋子和其他屋子一樣，屋背就靠在城牆上，城牆下方有一條小路經過，我雖然戒愼小心，卻還是險些被豬隻給撞倒，這群畜生正趕著去享受上方人家倒下來的餿菜剩飯。

延平確實可以說是個很中國式的府城，但你卻可以在高高的城牆上呼吸到山中純淨的空氣，還能欣賞到一些很美的景致。有一回，我到河對岸的陡坡上取景，爬上一處平臺途中，腳下突然打滑，我連忙抓住一旁十二至十五呎〔三至四點五公尺〕高的草。這些草的邊緣成鋸齒狀，像把鋸子似的割破我的手掌，卻也使我免於滑落兩百呎〔約六十公尺〕深谷，或繼續下墜一百呎〔約三十公尺〕落入河中。

我們在這附近的一個小村莊裡，看見一名已故官員的兩名寡婦和家人，正要送一批僕役去侍奉老爺

福建省的中國牛犁

在天之靈。紙屋、紙家具、紙船、紙轎、紙丫鬟、紙男僕全都堆得高高的，送到河岸邊上，當著哀泣寡婦的面燒掉。我覺得其中好像有位女子哭得特別傷心，不過也可能只是我的錯覺。這些紙紮的人物一經火化，就能在冥冥中轉化爲實物。其中有許多物品貼著錫箔，火化儀式過後，有個看起來邋邋遢遢的商人買下了灰燼，可能是過篩之後還能取得沒有化成空氣的錫。

這一帶很多人都長得有點畸形，這是因爲他們在衣服底下藏著一個小小的炭爐以便取暖。由於屋裡沒有火爐，這些隨身攜帶的暖爐倒是十分實用的替代品。起初看到這麼多人長肉瘤，我還以爲當地有什麼特殊傳染病，要不就是全國各地的病患全湧到此地想試試某種和福州溫泉一樣的神奇泉水，我就曾經看過許許多多身體虛弱的人泡在具有療效的泉水熱氣中。不過，這種裝在竹籃裡的小銅爐，倒是沒有那麼令人感傷的背景。

當我看著這些窮苦的船夫冷靜、勇敢而大膽地穿梭於閩江急流之中，每一趟無不是冒著生命危險，而且在這裡，除了行會可能提供些許補償之外，也沒有其他保險，賺的又是僅供餬口的微薄工資，我開始有了更深一層的體認：這群受無能政府管束的中國人，其實潛在有一種剛毅、不屈不撓的特質。

有些懸崖底下的水道左扭右拐，而且每隔兩、三艘船的距離就會來個直角轉彎。有一回我們順流而下，脆弱的船隻在急流彎道中猛衝的速度，一度讓我以爲此命休矣，誰敢相信舵手竟每次都能及時讓船轉向，避開瞬間冒出來的巨石呢？只見他鎮定地屹立於船橋，鐵掌牢牢握住長舵，不動如山，眼看著就要撞上石頭了，我正準備要跳水逃生，他卻以全身的力量推動船槳，整艘船隨即橫掃一圈，在千鈞一髮之際避開危險。我們就這樣前進，然後退！退！退！有如一片羽毛在亂流之中飄搖不定。

往下游去時，我們看見一大群人正利用鸕鶿在捕魚。這些漁夫撐著竹筏來來去去，竹筏上有一個簍子，還有兩、三隻經過訓練的鸕鶿會沒入水中爲主人抓魚。我本想在回福州的途中拍一些照片，但由於友人時間急迫，便決定搭乘一艘即將自水口起程的當地渡船返家。吃過飯後，我陪他上船，由於他只是稍有不適，我便試圖在他臨行前說服他以我們來時搭乘的小船或船屋走完全程，但並未成功。

中國渡船船速極快，或許很適合當地人，但是對歐洲人而言，卻完全談不上舒適。船上的統艙是個矮長的船艙，即使跪著也幾乎直不起身子，但我們發現在這狹窄的空間裡竟窩著五十來人。其中多數是沿途叫賣的小販，而這個密閉空間裡充滿了蒜頭、菸草、燒酒、鴉片和其他各種中國氣味，全是從一群又扭又滾、想要找個地方休息而不可得的人身上散發出來的。

當他們終於大致坐定後，我們才在漫天的詛咒與叫罵聲中，幾乎可說是摸索著走過一個臭氣沖天、滿布半裸的手腳與軀體的平臺來到大船艙。我那位高大壯碩的友人費了好大的勁，才總算坐下來。這個船艙大約長四呎（一百二十公分）、寬三呎（九十公分），門關上後，他就像是被鎖進櫥櫃裡，只留下一、兩個小孔透透氣，或者說是透透統艙裡骯髒喧鬧的那夥人的臭氣與噪音吧！我們便在此分手，待回到福州後再相聚，細數我們的驚險歷程。

當我走過水口的街道要回船上時，一直陪伴在我身邊的狗「斑斑」（Spot）不見了。我想起方才有一扇門很快地開了又關上，小狗一定是在那裡被抓的，牠那身白色柔細的毛一向很討中國人喜愛。我於是拖著沉重的腳步回到那扇門前，吹了聲口哨，似乎聽到狗兒嗚嗚的回應，我便開始使勁敲門。這番激烈舉動很快便引來圍觀群眾，我向他們解釋我遇上的麻煩，接著在一次更劇烈的敲撞之後，才有人靜靜地把小狗遞出圍牆還給我。我們隨後掉頭就走，順流返回福州，一路上還拍了些照片。

註解

1 譯註：其實古塔屹立之處為羅星山，舊時位於江心成島。
2 譯註：應該只有三隻石獅，即俗稱「三獅朝五虎」。
3 譯註：華嚴寺其後幾經更名，最後於明朝正式定名湧泉寺。

第十三章

中國海的輪船交通。尾隨颱風。上海。簡述其早期歷史。日本的侵擾。上海租界。徐保祿，即徐光啟。上海縣城。寧波當地官兵。雪竇山。山區。杜鵑。雪竇寺。千丈岩。佛教僧人。揚子江。漢口。揚子江上游。宜昌。三峽。著名險灘青灘。神祕的山中燈火。危險的意外。夔府。回程。九江。南京，南京兵工廠[1]。曾國藩逝世。中國人的迷信

蘇伊士運河啓用後，中國貿易所受的影響很可能並不亞於馬來群島，而影響最深的則莫過於中國沿海各港口間的運輸業。地方公司所提供設備豪華的輪船漸漸取代了舊式笨重的中國帆船、三桅帆船，甚至於橫帆帆船，定期往返於香港與旅順之間的各站。接著無論是私人或公家擁有的眾多船隻——前者爲數不少——在茶葉與絲綢季節開始之前，總能靠著來往於通商口岸之間，或是前往印度支那稻米市場的短距行程，賺取豐厚利潤。

我很幸運能夠搭上一艘私人公司的豪華輪船，循行中國海岸直到上海，這家公司一年到頭多半以茶

葉爲主要交易，但當時還等著漢口茶葉市場開張，便一路往北漫遊，途中順道停靠了先前介紹過的一、兩個地點。船長是個安靜樸實的人，但很爲自己的船、上下船員以及船上豐盛的伙食而自豪。他在中國沿海從事交易已有多年，撞過幾次船，和海盜拚過命，也和比海盜更無情的颱風搏鬥過。他堪稱是個天才，發明過幾樣新式航海儀器，但卻是太先進了，還設計了一艘再大的風雨也不怕的安全船，只不過這艘船和儀器一樣，都尚未製造出來經過測試。

此外，他根據個人經驗與實際觀察，發展出一套關於暴風雨的新理論。他認爲若想得出所有重要數據，不僅要在風強雨大之際投身遼闊大海，還要勇敢地深入風暴中心，才能以風速計測量風速，並以氣壓計測出空氣稀薄的程度。即將抵達上海時，晴雨表顯示若非有颱風接近，便是我們剛好處於颱風邊緣。後來證實是後者，原來我們是尾隨著颱風前進，從這次的經驗便可知道，暴風圈的範圍是有限的。航程當中，我們只遇上無風或微風的狀態，但進入上海的河道後，卻發現許多船隻被摧毀，有些甲板上甚至空無一物，桅杆、帆桁、索具全都被風吹到岸上去了。

我們在這裡待了十二個小時，等候一名有執照的領港人，好不容易等到他出現了，這人卻神情嚴肅地說自己只是個十五呎（約四點五公尺）的人，他會再找個更深的領港人帶我們入港。這意思其實是說他的執照只允許他引導吃水十五呎深的船隻。

正當我們循黃浦江前往上海碼頭時，發生了一件不幸的意外。中國人有個迷信：如果剛啓程時無法通過橫向交會船隻的船首，就是不祥之兆，因此當我們的輪船全速前進之際，竟發現有一艘當地商船僅以帆槳的力量便拚命地想通過我們的船頭。我們不斷鳴笛，卻沒有用。他們就這樣航向了毀滅，尖銳刺耳的汽笛聲對某些罹難者而言，恐怕就像是一記喪鐘吧！來往船隻太多，我們無法後退，我只能在船舷邊上眼睜睜看著我們的船撞毀那艘不幸船隻的船身。我聽到一聲絕望的呼喊，接著便看見船的殘骸順流漂去。那艘船上的不少船員被這衝擊力道拋向遠處落入水中，還有些人在船沉沒之前一直攀著船身，許多船隻見意外發生紛紛伸出援手，因而無人死亡，也算是不幸中的大幸。

一直以來，上海都是中國對外貿易的中心，因此當我第一次見到黃浦江邊美輪美奐的外僑居留區，內心充滿了濃厚的興趣。尤其該區如今坐落之處，三十多年前只不過是個沼澤地，零星散布著幾間漁民小屋，裡頭住著一群半水居的窮苦中國人。一八三一年，郭士立醫師（Dr. Karl Gützlaff）首次搭乘中國帆船造訪此地，他將上海描述爲當地的大貿易中心，並告訴我們從這個港口「每年有一千多艘小船多次前往北方，輸出絲綢與其他江南製品」，此外，福建人與印度群島之間也有大量的貿易往來。

但且讓我們回顧本地更早遠的歷史。幾百年前，黃浦江甚至仍無法通行船隻之際，在現今的蘇州河畔，亦即距離我們剛剛停泊的港口二十五哩（約四十公里）之處，便有一個很大的市集。[2]從本區地形史的紀錄中可以看出，上海地處的廣闊沖積平原，地形外貌經常改變。河流淤積，新的河道便自然形成，然而儘管問題重重，變化不斷，同樣一片狹窄土地——也就是每年揚子江大水所帶來的沖積物，在海岸邊填積形成的那片新土地——卻始終維持著很重要的貿易地位。

本區的政治史也和商業、地貌史同樣有趣。隨著時間演變，舊時的吳淞江已逐漸無法通行船隻，十三世紀期間，在目前上海所在之處形成一個村落，但由於舊河道封閉，此地的商業很快便轉移了。後來到了一五四四年，該村落發展成爲城鎮，城牆圍繞以抵禦日本人一再侵犯。日本人的侵擾源自於一三六一年，即明朝初年，範圍卻不僅限於此區，甚至遍及北方沿海各省。多次征戰的結果，日本人比起較不好戰的中國人確實要強得多，但是中國人最終卻仍能把守住備受覬覦的海岸地帶，不讓勇猛的侵略者永久占領。中國人的勝利有時候是憑藉著計謀與策略，有時候則靠著重賞與賄賂，只有當所有計策均告失敗，才會採取重兵壓境的戰術。

關於這兩種退敵之計，我就以下面這則故事來說明。一五四三年，上海周圍廣大的區域都遭到日本人侵犯蹂躪，上海方面知道自己實力太弱，無法與敵人抗衡，便決定智取。於是，浙江巡按假意勸降日本人首領徐海、陳東、麻葉與王直等人，並許以高官厚祿。這些人受不住誘惑，出面打算商談，卻因此被捕並押送北京當眾處死。據說還有一回，日本人帶領三百艘船前來突襲，大肆搜括劫掠，正當他們帶著戰利品打算離境之際，中國軍隊隨後趕到，並在岸上對著揚帆而去的日本船隻展現壯大兵力。

從這些記錄在上海地方志中的史實可以得知，假如福爾摩沙的問題沒有和平解決，這也絕不是日本與中國的第一次交鋒。昔時日本人曾占上風，但不久中國便靠著財富與較豐沛的資源驅走敵人，也叫他們知道想打仗就留在自己有限的群島範圍內打吧！如今，這兩個宿敵若是再以類似的因素開戰，很可能結果也會相同，而在此同時，文明諸國則在一旁觀戰，等著看多變的情勢將會如何收場。不過，想想上海那一小塊租界關係到世界各國的利益，也受到各大文明強國的保護，因此，如今日本侵襲上海的勝算實在不大。在這個外僑區中，將近有二十個不同國籍的人，他們組成自治團體，由各國、各族群或各宗教團體分別選出治理委員。

至於租界本身，未曾到訪中國的讀者應該會有興趣看看它目前的景觀。由河道進港所見的景象，幾乎和歐洲所有繁忙的海港沒有兩樣。在這裡可以見到各國船隻，一長列的遠洋輪船或是已經下錨、或是正前往停泊處，還有載著郵件與急電的大快艇衝進衝出，四周則全是當地船隻揚起棕色風帆乘風而行，彷彿長了翅膀的昆蟲飛掠過平滑如鏡的河面。到處一片繁忙景象。放眼望去，寬闊的河上找不到一吋空隙，卻又見到一艘輪船的巨大船身擠進這片檣帆林間與濃煙密霧中，加入這群正等待裝載人貨後再循曲折河道出海的船隊行列。碼頭邊上，有船隻正在裝卸貨物，在嘈雜的人聲與規律震動的引擎聲中，還可以聽見水手的歌聲、鐵鍊匡啷聲，以及船錨拋下混濁河水時，隱約的噗通聲。

我們循河而上，沿途經過一排排的倉庫、鑄造廠、船塢和小庫房。接著是美國租界的堅實建築，再接著開展在眼前的是英國租界上的一大片公園，和一整排宏偉的歐式建築。最令我驚訝的是這些建築絲毫沒有馬虎草率或未完工的感覺，總之，不像是建立在一個充滿敵意、不受歡迎的土地上的商棧，反而以一種可能令當地統治者嫉妒的外觀屹立於此。當這些冥頑不靈又自負的人反躬自省之際，看到這塊「模範租界」，發現自己費盡心力、耗盡數百年時間，在遼闊的帝國領域上任何一處的政績，竟比不上一小群外來野蠻人在這三十年間，於中國政府不情不願分配出來的這一小塊沼澤地上的發展成果，那該有多麼懊惱悔恨！

誠如我先前所說，整個租界呈現的是一種優雅與完美，建築物宏偉氣派、道路寬敞且有歇憩之處、碼頭廣闊、倉庫優美，猶如對中國各大城市的嚴正譴責，瞧瞧在那些城牆所圍起的狹窄區域內，數以萬計的人民在簡陋住處中忍受著狹隘空間與專政的折磨，不斷地爲求生而搏鬥，呼吸的是窄巷裡發臭的空氣，還不時生活在火災、瘟疫與飢荒的恐懼之中。

中國官員當中確實也有優秀人才，當他們見到這一切，體認到歐洲社會的自由與高品質生活，必定很樂意爲同胞除去戕害心靈的桎梏，並且——只要他們知道該怎麼做——提升民眾的層次，讓他們呼吸到更自由的空氣。其實從中國歷史上一次又一次的叛亂便能知道，他們從未停止過對自由的渴望。

或許太平天國的天王一開始也抱有同樣的夢想，但是他很快便陶醉在得來容易的成功當中，甚至得意忘形，最後終於在南京的血腥宮殿裡孤寂以終。

利瑪竇的知名弟子，也是十六世紀偉大的耶穌會傳教士徐光啓（又名徐保祿），似乎便對自己國家的景況感到悲哀。他是一位相當著名的學者，原籍上海，不僅協助利瑪竇翻譯了歐幾里得的幾本書，身後也留下不少珍貴著作，尤其是其中一部關於農業的著作，至今仍有極高評價。儘管嘉慶與道光皇帝都承認他能力獨特，具先見之明，但他的明智建言卻未受到重視，他本身也因爲同儕的嫉妒陷害，而屢遭帝王猜忌。因此他的忠言被置之不理，他爲了維續與防衛中國最後王朝所提出的策略，自然也無人聞問。今日，上海同鄉爲這位先賢立了一間祠廟，受世人供奉。

關於上海目前的貿易情形，我只有一句話說。大多數讀者都注意到了，儘管動亂事件不斷（尤其是太平天國之亂，或者是小刀會的起事），上海始終穩定地向前邁進，並且一直維持著中國最大貿易中心的地位。但大家也別忘了，上海在商業上的成功不能不歸功於——或至少部分歸功於——一八四三年首創於本地的半歐式海關行政，如今這個措施已經遍及所有通商口岸。

當然，中央政府手中仍有一些貿易弊端（諸如釐金與內地的過境稅等）有待改革或調整，但不可否認，海關行政的重整不僅開啓了商業的新紀元，也同時爲歐洲各國及中國本身造就了極大的利益。

有些讀者可能會問，這片荒涼沼澤之所以變成我剛才所形容的模樣，興建起與歐洲大都會相當的房屋，甚至遠比歐洲大港口某些建築更美，這些人工從何而來？大家可能以爲這樣的建築結構必定出自歐洲技能出眾的工匠，但只要你在上海小住一段時間，便會恍然大悟。此外，我們還會發現當地的建築工、土木工、技工等各類工匠，彼此間是多麼激烈地競爭著這些利潤豐厚的工作機會，他們又是多麼輕易便能學會廣博的知識以便履行合約，將外國建築師所要求的優雅與完美等高級品味呈現出來。

中國人勤奮本性底下所隱藏的資源，可不僅止於建築方面。我們再到船塢和鑄造廠去，看看那些中國技工、修船工、機械師、木工、油漆與裝潢師傅忙碌地工作著，而負責監督的歐洲領班對這些手下的能力都非常肯定。我們接著到城牆外的江南製造局，在這裡或許會見到中國在製造步槍、野砲與戰船等技術工業方面的最高度發展。

上海當地人居住的城區位於外僑居留區南側，中間隔著法租界和一條運河，運河在此急轉彎，與蘇州河和黃浦江匯流，將整個英租界隔離開來。英租界區西端容納了五萬名中國居民，但在中國區城牆內那塊長一哩多一點（超過一點六公里）、寬四分之三哩（約一點二公里）的區域，一個位於水邊人口密集的郊區，卻有十三萬左右的人口。

上海也和其他中國城鎮一樣有自己的守護神，而且還是天子敕封的。這尊守護上海財富的神明，居住在城北的城隍廟，雖然神像和廟宇都曾多次遭到破壞，但每一回總能風風光光地修復。如今，我們所見的神像便高高在上俯視著廣闊的遊樂園，雖然模樣有點破舊，不過偶爾還能欣賞戲曲表演，對一尊偶像而言，生活還算怡然自得。同一處還有兩座鼓樓，由一些層級較低的神明監護，主要是作爲通知火警與敵人來犯之用。另外還有孔廟，在這個小得連居民都幾乎沒有喘息空間的城裡，這許多佛道儒的寺廟祠堂，卻占據了最佳的位置。租界區爲當地居民提供了三家醫院，但據我觀察所得，若想拯救這塊土地上許許多多的菸癮、酗酒者以及不幸的病患，還需要更多這類的慈善機構才行。

現在我們即將穿越杜鵑花遍地的浙江山區。但在啓程前，一定要再看一眼我們「模範租界」的街道。這裡沒有出租馬車，不過多數居民都擁有私人馬車。在這裡以獨輪木推車取代出租馬車，這種交通工具坐起來很不端莊，但一旦習慣之後，倒也十分舒服。看著中國僕人和家人，或是當地女子穿著絲綢，梳得油亮的頭髮以一條寬寬的、鑲有珠花的黑絲絨帶固定住，坐在手推車上沿著堤岸前進，頗爲賞心悅目。

不過，歐洲人只會在天黑之後才搭乘推車。阿洪到最近的招呼站幫我叫了兩臺獨輪推車，我便帶著兩名僕人、行李和小狗斑斑，往寧波的輪船出發。這類交通工具坐起來很穩當，發生意外的機會不大。

推車的苦力既不輕浮，也不容易受到驚嚇，步伐扎實，一點也不危險。

大街和四通八達的街道都很寬敞，因此爲這種不斷增加的交通工具帶來不少便利，而且這裡的路面就和撞球檯一樣平坦，所以搭車的人至少不必擔心，會和在大清帝國那些坑坑洞洞的道路上一樣，隨時有跌斷腳或洗個泥水澡的危險。

輪船轉出了碼頭，小心翼翼穿過群船駛出河口，然後愉快地投向大海。船上有名乘客對我們說了關於寧波舊港口的一則怪事。他說他有好些年沒到寧波，但上一次來的時候，竟然四下都沒有人。

「那裡已經沒有買賣交易，整個地方好像荒廢了似的。我在外僑區下方下錨，然後划著小船進入，想試試能不能找到我的承銷人。後來，看見兩棟半歐式的老宅，屋前有幾呎寬的空地，我便停船上岸。不過還是找不著半個人影，最後，終於有個

上海的獨輪推車

很落魄的歐洲人從其中一間屋裡冒出來，身上穿著舊時的裝束。這個怪人一看見我，立刻欣喜若狂大喊道：『親愛的朋友，不管你是誰，能見到你真是太好了。這麼久以來，你是唯一出現在這裡的歐洲人。我都幾乎要忘記自己的母語了。你身上有硬幣嗎？』

「『有的，我剛好有一、兩枚。』我回答道。

「『那麼讓我瞧瞧吧，朋友。快讓我瞧瞧！』

「他熱切地盯著銅板看了許久，才說：『唉呀！我已經好久好久沒有看過這樣的硬幣了。』

「『你能不能帶我去見我的承銷人摩爾茲先生？』我問道。

「『我就是摩爾茲，我已經在這裡待了半個世紀。到我辦公室來吧！』

「辦公室四周有如一處茂密的植物王國，在此生意領域中悄然無聲、草木叢生。門全被卸了下來，也可能是自己脫落，如今靠在牆邊爬滿藤蔓植物，倒也顯得優美。地板上好像鋪了一塊舊地毯，也不知道是青苔或菌類，而椅子上則覆著一層毛茸茸的青黴。屋子的各個角落全都懸掛著如絲綢般的蜘蛛網簾，其中一處還有……

「『看起來，』我對承銷人說：『你很喜歡大自然，你該不是植物學家吧？你瞧瞧那個角落的標本箱多美，多美的蕨類！』

「『別取笑我了，先生。』我的承銷人說：『你應該知道那是我的保險箱，已經太久沒用了。這個地區的黴菌和植物之類生長快速，實在很麻煩，不過等到景氣復甦，我們絕不會再讓腳邊長出一棵草來，絕對不會！』」

我想這番描述可能稍微誇張了些，至於故事中那位老商人則可能是十六世紀初最早定居於甬江邊的葡萄牙人倖存的後代，因爲依據中國人的說法，那些葡萄牙人野蠻粗暴，最後當地人爲了報復，幾乎將他們全數殺盡。

據說當時這些葡萄牙人曾有幾次與日本人聯手掠奪中國沿海省分，大家也不會忘記大約十六年前，就在這個地方還有另一批葡萄牙人和馬尼拉人遭到殺害。這些人多少都和當時天天在中國海發生的海盜事件有關，因此，一般都認爲他們的下場可說是罪有應得。一八六一年，寧波再度遭逢劫難，落入太平天國分子之手，大約六個月後，才由英法戰船協助清廷收復。自那時起，此地便如同中國其他許多城市一般，費盡力氣卻又有些力不從心地想恢復在叛軍與清軍手中失去的一切。

我們循甬江而上之際，天已經亮了，群島與鄰近的鎭海海角原本稜稜角角的線條，也在日光下變得柔和。一大支漁船隊伍正朝海上駛去，畫面顯得生氣勃勃，另外還有福建的木材帆船吃力地逆流而上，船上滿載著木頭，彷彿一座水上木材工廠。

有個景象十分新奇，那就是河岸邊一整排綿延數哩長的冰屋，乍看之下像極了兵營。這些冰屋以茅草葺頂，裡頭的冰塊則是夏季期間用來爲魚貨保鮮。

甬江邊上有個小小的洋人居留區，全部居民約有八十人，分屬不同國籍，其中也包括傳教團體。

當地人的城區也還是以圍牆圍起，範圍較上海稍大，卻有將近兩倍人口。然而，儘管寧波距離省城杭州府——亦即馬可．波羅所形容的東方天堂——很近，當地的外國貿易卻始終不甚繁榮。

福建會館天后宮是寧波的重要景點之一，也是最美的中國廟宇建築之一。事實上，中國境內具有特殊建築風貌的也只有廟宇、衙門和富家宅第——就中國如此龐大的人口而言，這些不在官府之列的有錢人實在少之又少。在我們家鄉市郊常見一些舒適、優雅、美觀的中產階級住家，這在「華疆」顯然並不存在。

在福建會館我們看到了非常典型的中國廟宇建築。這間營利性廟宇的主殿有一系列獨石柱，每根上面都有雕工精美的龍，至於天花板上方，可以見到層層上疊的藻井支撐著屋頂的重力，這也是最典型的中國建築特色。

在寧波，我也見到了昔日戰無不勝的「常勝軍」。經過這許多動亂之後，如今這些戰士已經退出前線，組成寧波城的衛隊。這支有紀律、小巧而精幹的當地軍隊，由兩名英國軍官領隊，訓練有素，酬勞待遇也很好。這恐怕是所有——或至少是大部分——備戰中的中國軍隊所望塵莫及的，一般士兵不僅待遇不高，甚至難得按時領俸。儘管如此，中國士兵的情況已經比前幾年要好了，我相信如果清政府受情勢所逼，應該可以創建一支遠比我們一般所想像配備更好、規模更大的軍隊，只不過如此招募而來的中國士兵要想應付現代歐洲戰場上那些精兵部隊，無論紀律、組織或技術仍是大大不足。

這是我仔細觀察大批紮營接受校閱的中國士兵後，所得到的感想。我想不僅僅是中國政府無法以其目前所擁有的現代武器科技，建立一支足以與我軍匹敵的軍隊，就連接受過基本英語教育的中國人，也無法用純正的英文拼湊出一封信來。當然，我沒辦法讓讀者親眼檢閱中國部隊，不過倒是可以舉出一個文筆怪異的例子。

有位英國人送了一封短箋給他醫師的中國助理，助理的回信如下：

Dear Sir,—I not know this things Dr.—no came Thursday More better you ask he supose you what Fashtion thing can tell me know I can send to you.

Yours truly

Hang Sin

（先生，我不知道這些事，醫師星期四沒來，您最好問他要什麼樣的東西，可以告訴我，我再寄給您。）

從這封短信中我們可以很清楚地知道，中國人自詡能寫出完美的英文，結果卻是如何。他們學會了字母以及句法與文法的皮毛，卻還是不夠，而今日的中國士兵也是如此。他們擁有良好的武器，卻不懂得如何有效使用，也缺乏紀律，殊不知單靠完善的紀律便能將所有士兵兄弟結合成戰場上一個精良有組織的團隊。

四月四日，我從寧波租了一艘船逆流而上到江口，準備前往雪竇山。我們從寧波出發時約當午夜，預計在隔天上午九點或十點抵達江口村。但我們並未考慮到寧波當地人悠哉懶散的天性。在上游的河面上，有一座活動橋梁，我們第一件事就是得等船夫找到人拉起中央浮橋，好讓我們的船隻通過。這件事弄妥了，船夫又忽然發現潮水不利航行，便打算停船去睡覺。我見狀趕緊要他們先把我送回城裡，經過無數的麻煩與延宕之後，他們才終於上路。

不久，我便睡著了，醒來時發現我們正斜斜地往下滑。我嚇得急忙起身，原來是到了一處水壩，剛才用絞盤拉住定在頂端的船，現在正往另一邊的斜坡滑落。最後，我們還是在預定的時間內到達江口。同行的人包括我的兩名中國僕人，和四名負責運送行李上山的寧波苦力。沿途兩旁全是花朵盛開的豆田和油菜田，氣味芬芳，和清晨在中國田間散步時經常可聞的陣陣水肥味有天壤之別。這一帶所有事物都散發著清新與美麗的氣息，我們顯然來到了眞正的農耕天堂。

前面不遠便是江口村，適然地坐落於群木之間！我一面往前走，一面在腦中勾勒一幅鄉間寧靜小村的景象，就像英國鄉下的那種村莊：幾間可愛的小屋，玫瑰和忍冬爬滿簡樸的牆面，偶爾探入敞開的大門；臉頰紅撲撲的孩子們嘰嘰喳喳地在玩耍，結實健壯的村民也正忙著日常農活。

然而，儘管江口附近美景天成，村莊本身卻令人失望。到了村口，沒有玫瑰或忍冬的香氣迎人，沒有簡樸小屋，沒有臉色健康紅潤的小孩，甚至沒有我深切期盼的健壯農民，整個地方彷彿荒頽已久。大街上的房屋擠在一起，爲了爭一點呼吸的空間推來撞去，俯臨處破碎泥濘的地面破敗程度不一，至於屋裡的人也好不了多少。有不少人蒼白萎縮，一看就知道是鴉片煙的受害者，大多數人也都顯得又病又髒。

當我站在這個小村落的古橋上，忽然發現一個令人驚訝的對比。望向群山那頭，透過遮掩著古牆的淡綠色葉簾，可以看到河水從長滿蘆葦的沙洲間流過，水中映著河岸的風搖垂竹與暗紫色遠山的倒影；還可以看見河水蜿蜒流過遠方田地，直到沒入平原上氤氳的熱空氣中；較近處，滿載陶器的舟筏優哉游哉地順流而下，船主靠在一口甕上，邊晒太陽，邊心滿意足地抽著菸。我們再看看左邊江口方向，一棵古樹的樹蔭下立了間小廟，廟旁聚集一群髒兮兮的村民想看看我這奇怪的儀器。有幾個人爬到高得可怕的堆肥上，這堆肥可能也受不了自己散發出來的味道，已經坍到廟門口來。廟裡的守護神想必是聲譽不佳的無用之輩，否則怎能讓信徒落到如此污穢、不堪的地步？

我們在這裡租了幾頂轎子，前往十八哩（約二十九公里）外的天臺寺院。轎夫個個看起來既憔悴又瘦弱，不過走了許久，他們似乎並不太累。我們已經差不多越過平原，最高興的還是脫離了臭氣薰天的村子。沿途經過的一、兩個小村莊，可比江口迷人多了，而且好像愈往內走，居民的狀況也愈好。近山處的婦孺都在髮辮上插著亮麗的杜鵑花，這種花在這一帶高地上比比皆是。我們借宿在路邊的一間小尼姑庵，庵裡有兩名尼姑，眞可說是神形枯槁、面容醜陋的老太婆，讓她們準備晚餐，我心裡其實有很不祥的預感。

她們在內院裡拿蘆葦生火，在黯淡的火光中見她二人彎著腰身，四周還有可怕的雕像明明滅滅，如果她們就這樣消失在煙霧中，我也不會感到訝異。後來，我看到其中一名老太婆伸出皺巴巴的手，從神壇附近一棵奇怪的植物上摘下一片葉子，然後神神祕祕地將葉片浸到杯中，當她將茶遞給我時，我還眞懷疑她是不是對我施了什麼符咒。我還是啜飲了幾口，眼睛也一直盯著老尼姑看，但什麼事也沒有。她很可能看穿了我的心思，如橡木般的臉上竟皺起一絲怪異的笑容。

轎夫總是一逮著機會就休息，而他們的錢和空閒時間也全都花在賭博上，有時和自己人，有時則找路邊的小販。這四周有幾間小廟和我在中國所見的其他廟宇都不一樣，這些廟門外擺飾著兩、三尊真人大小、製作精巧的雕像，裝束則像是明朝時期的執法吏。不過殿內的偶像也還是千篇一律的佛教三聖像。廟宇周圍每個陰涼的角落都是旅者休憩或甚至過夜之所，還有賣水果與其他食物的小販也會在此設攤，如果遇上喜歡賭博的客人，便以攤上的食物爲賭注賭上一把。此外，當然少不了走唱和說書的，到了午餐時間，便從當地豐富的民間傳奇中選一段，說唱娛人。

在某個休憩地點，苦力們正在和一名上了年紀的小販擲骰子，有個中國販子也放下扁擔在此休息。他挑了兩個簍子，裡頭不停傳來啪嗒啪嗒和吱吱啁啁的聲音，我忍不住好奇便掀開簍子瞧瞧，發現裡面有上百隻大小相仿、毛茸茸的小鴨，拍著尚未發育完全的翅膀，張大著嘴巴嗷嗷待哺。這些全是這個穿著破爛、面黃肌瘦的小販自己孵育的鴨子，正要帶到市場上去賣，小鴨出生才一、兩天，卻也在這短短的時間裡，和主人一樣有了自保的本能。

以人工加熱孵育雞鴨的技術在中國已達爐火純青的地步。我的小狗斑斑對這群羽翼未豐的雛鴨倍感興趣，牠眼中泛著淚光，悶悶不樂地垂著尾巴，當我堅持不讓牠繼續看簍子和簍內的鴨子時，牠還很遺憾地哀嚎一聲。斑斑是一隻非常貼心的狗，每回我睡著以後，牠一定會在翌日清晨跳到我身上，用黑黑涼涼的鼻頭輕撞我的胸側叫醒我。當我差不多起床了，牠便接著去叫醒僕人準備早餐。斑斑總是高高興興地搖著尾巴，不過在這些奇怪的中國人面前，牠就是忍不住會流露敵意。我用餐時，牠覺得自己有義務陪在一旁，一面和我無聲地交談，只見牠一隻耳朵豎起，另一隻下垂，同時不停地以眨眼和各種搖尾巴的方式回應我。牠也吃飽後，便開始精神抖擻、興奮異常，先是追著尾巴繞圈圈，然後便衝到前頭探路。牠也是隻有種族傲氣的狗，絕不肯與中國的野狗打交道，即使只是看見都不行。

我們此時穿越的平原上，零星可見幾座小墳塚，墳上雜草高大茂密。偶爾有間農舍從樹林中冒出頭來，或見乾草棚架貼在樹幹上，離地足足六呎（約一點八公尺）高。

登上雪竇寺途中，放眼望去盡是浙江省最美的景致。本地最出名的杜鵑花此時正全面盛開，滿山滿谷染成一片粉紅，一簇簇鮮豔的花朵在路旁茂密的深綠樹葉襯托下，更為迷人。群山之間則是變化多端十分混亂，一會是林木蓊鬱的小圓丘，或是高峻的懸崖峭壁，一會則是萬丈的陰暗岩石峽谷或森林谷地，還不時傳來鳥兒啼囀與山澗潺潺的聲音。但我們卻是在即將抵達寺院時，才見到最美麗的景象。我們從海拔一千五百呎（約四百六十公尺）的高度往回看，眼下重巘疊嶂連綿不絕。一朵雲停駐在遠方山巔，彷彿是為了觀賞一彎溪水在夕陽餘暉中蜿蜒流過，有如一條金帶隔開山谷，繞過遙遠的山邊。

隨著太陽西下，群山似乎也漸漸融入火紅的雲霞中，黑影投射過小徑，吞噬了林木茂密的深淵，預示著黑夜即將降臨。我們尚未到達目的地，天色便已全黑。斑斑一直往前跑，後來引出一位老僧，毫無疑問他是停下了晚課，為我們點燈帶路前往後側的一大片建築群。他為我們安排了一間以杉木搭建、塗灰泥且粉刷過的禪房，房中有一張硬木床，這是我旅途所見最美也最硬的一張床了（除了一、兩張磚塊砌成的床之外）。老僧語帶暗示地說洋酒比中國任何一種酒都好之後，便離開了。

不久，我們自己找到廚房，僕人開始生火，我則和僧人們一塊抽菸。這些隱士之中有一位長相不錯、性情開朗，有點像昔日那些不僅懂得栽種葡萄，還深諳葡萄酒功能的修道士。他或許過度輕忽佛家嚴謹的戒律，改而採行一種較寬容的修行方式，偶爾可以稍微放縱一下，這種情形對某些中國出家人倒也並不陌生。

雪竇寺地處一遼闊肥沃的谷地，人跡罕至，遠離市囂，至今寺僧仍靠著這片帝王產業維生。這所寺院當然也有一段傳奇故事，據說和許多其他類似的廟宇一樣，歷史極爲悠久。該寺可能始建於史前時代。關於此地，相傳在西元一二六四年，宋理宗夢見這間寺廟，而名之爲「應夢名山」。[3]此乃雪竇寺史上的重大事件之一，因爲皇帝夢後曾給予寺方重賞。還有一則傳說是關於一名聖僧與一位欲殺之而不得的帝王。最後，皇帝跪倒在地膜拜此僧，因爲從未有他殺不死的人。該名以賢明治世著稱的帝王剛剛處死了百萬臣民，但他很希望能殺一個身分較崇高、品德較高尚的人。此後，這位帝王終其一生篤信佛教，並在逝世後留給寺方不少賞賜。

這類情事至今仍時有所聞。據說在這些地方有些僧人原是惡貫滿盈之徒，他們發現躲到這些清幽隱祕的地方（頗像是古代猶太人與希臘人作爲避難所的神廟），誦念阿彌陀佛安度餘生倒也是便宜之計。

然而，這些逃離司法魔掌與地獄虎口的僧侶總會想盡辦法讓自己活下去。若依佛教信仰來評斷，有許多僧侶確實是誠實的好人，而我所遇到的僧侶對待陌生人也多半熱忱而親切。不過，假如我送的禮比不上其他遊客的奉獻，他們多少還是會向我暗示一下。

第二天一大早，一名啞巴老僧帶我去參觀千丈岩。我隨著嚮導循山徑而上，一路上濃濃的雲霧如黑幕般籠罩著，頭頂上和眼前的樹木若隱若現，彷彿一群黑色妖怪伸出長長的手臂，在霧中摸索前進。我的同伴顯然十分急促，在前頭走得飛快，長袍飄揚，好似騰雲駕霧的幽靈。

最後我們來到一處聳立陡峭的山頂，空氣中仍飄著濛濛水汽。山岩上屹立著一間小涼亭，我們到亭子裡坐下來，傾聽下方瀑布轟鳴與湍流嘩然。

老僧接著帶我到崖邊一棵樹下，爬到樹上便可直接俯瞰深淵，只可惜除了一片雲海之外什麼也看不到，但瀑布的水蹦越過一塊塊岩石直衝下一千多呎（超過三百公尺）深的山谷，那水聲傳來依舊震耳欲聾。

夢境（中國畫作）

我正自迷醉在這感人的一幕，忽然被一隻禿鷹驚醒，禿鷹從岩石表面飛射而出，盤旋雲端之際捉到一隻小鳥。見到這番景致後，我帶著深深的感動與期待返回寺院，早餐已經準備好了。

太陽逐漸露臉，我們藉著陽光穿越陡峻的林蔭小徑，走到瀑布底下，並拍了幾張照片。這道大瀑布一縱便是五百呎（約一百五十公尺），然後順著岩石裂縫與邊緣往下流淌，有如優美的新娘面紗，而披覆著蕨類和開花灌木的岩石表面則是色彩繽紛。我爬過巨岩，穿過竹林，好不容易來到下方的岩石水窪。在這裡，水花閃爍著彩虹色調，蕨類植物垂著大大的葉片以負荷瀑布的重擔，這永無休止的苦差事卻有傾盆而下的閃亮珍珠作爲回饋。

僧人們用餐也是個有趣的景象，我盡量躲在一旁偷看。我發現他們總是一絲不苟地遵守著佛教清規戒律。以下是關於飲食的幾項規定：[4]

「僧人一餐得食七粒米、指甲許的麵條與大約等量的餅。太多為貪食，太少為慳食，不得吃其他種類蔬菜。」

至於最後幾項規定在中國則是少有人恪守：

「僧人須出生飯食給鬼神眾，食存五觀。不得論食，不得如狗一般竊食，不得抓頭，不得噴食觸及鄰人，不得含食談笑，不得聚頭笑語，不得嚼飯啜羹作聲；若食中有蟲，宜密掩藏，莫令鄰單見生疑心。」

其他還有許多立意極好的規約，但通常卻會使得僧人的用餐時間變成他一整天——其實也夠乏味的——最嚴肅而寂寥的時刻。我們若仔細看看，就會發現這些佛教戒規範圍廣泛，細節詳盡，將僧人們徹底加以約束，讓他們無法滿足最自然的欲望，我眞的很懷疑在中國可能有任何絕對虔誠而信實的佛教徒存在。

有些僧人會偷偷喝酒，有些會抽鴉片、賭博，這是不爭的事實，至於他們的貪婪、吝嗇以及穿著的極度骯髒，也是大家有目共睹。即使在這環繞著最宏偉、最高貴的美景的雪竇寺，也未能完全將俗世陋習摒除於外。有些寺僧雖然還算誠實，對於金錢等身外之物卻仍戀戀不捨，再加上其他幾項癖好更是醜態畢露，但他們卻也毫不避諱。

距離我住的地方不到三分鐘腳程，有一處天然淋浴間，底下一方石砌水池十分方便，我每天早上都會到那兒泡澡。順著溪水往上走約一哩（約一點六公里），便會見到第二大瀑布，當地人稱之爲三隱潭，可經由一座隱沒在濃密藤蔓中的單拱橋通達。這道瀑布的水瀉入一個又深又窄的岩石罅隙，峭壁邊緣上有一群灰暗的松樹鬱鬱地俯瞰著下方黑壓壓的深淵。遠方山下仍可見河床磊砢、逶迤曲折的水流：上方是已經開墾、氣氛寧靜的群山，前方卻是起伏崎嶇，形成令人驚訝而罕見的對比景象。

返回寧波與上海的旅程我便不再贅述，我想趕緊說說沿著揚子江逆流而上四川的經歷。

一八七二年一月十三日，我在上海與一位學者友人吃過晚飯，於半夜時分回到旅館，僕人們已經打點好一切，一群苦力也已等著將行李搬上即將前往漢口的「富士號」（Fusiyama，又譯「飛似海馬號」）汽船。當夜苦寒，夜色幽暗陰鬱，寒風刺骨。燈火在陣風中搖晃不定，遠方隱約可見上千艘小船與汽船

雪寶山谷中的三隱潭瀑布

的燈火閃爍，在陰冷的河面上投下一道道長長的、斷斷續續的光線。船上響起午夜的鐘聲，這時打了一回盹的中國更夫紛紛起身，敲梆子打更去了。堤岸邊空空蕩蕩，只偶爾有位婦人從暗裡冒出來，又再度被黑夜吞沒。

不一會，我們便走過「富士號」停泊處旁邊的棧橋上船去。這是一艘很高級的輪船，但絕非旗昌輪船公司（Shanghai Steam Navigation Co.，又名「上海輪船公司」）裡最高級的一艘。船上有許多乘客，都是準備前往揚子江沿岸的通商口岸。其中有位美國人似乎十分多才多藝，他說自己在家鄉時曾從事多種行業。「當你從事某種行業失敗，你當然應該轉行試試其他選擇，直到發現自己的專長爲止。」他說。因此，他最初和朋友合夥經營一家鋸木廠，有一天工廠突然倒閉，他也曾試圖挽救，卻怎麼也救不起來！接著他身無分文地轉而投入鐵路業，當起火車駕駛，撞了三次車，「幸好都不是我的錯。最後一次可嚴重了：死了二十五名乘客，車廂也擠成一堆。所以我又轉行幹起了礦工，倒是做得還不錯。然後我就來了這裡，想從商碰碰運氣。」

在此，我先保留對南京及揚子江下游港口的描述，直接將讀者帶往約六百哩（約九百六十六公里）遠的漢口，這裡也是揚子江汽船航運的終點。漢口地處漢水與揚子江匯流處，地理位置十分重要。漢水古名沔江，河道以及與揚子江匯流地點經常變動。直到十五世紀最後十年間，漢水目前的河道才正式形成，而漢口的繁榮也有絕大部分要歸功於這個有利的位置。這一帶早期的貿易只限於漢陽一地，據說此城在遙遠的三國時代是個非常繁榮的港口，如今雖然主要是官員居住之所，郊區卻仍是當地重要的交易中心。

漢口在明朝期間興盛起來，即使改朝換代，似乎並未造成太大影響。當時的漢口被譽為大清國的集散中心，北方各省與南至江蘇、雲南等省分的商人無不群集於此。各省商幫在當地大都設有行會，這些會館的規模與裝潢至今仍是聞名遐邇。乾隆時代，漢口仍持續發展，直到太平天國之亂受到重創才開始迅速衰敗，最終到了一八五五年，整座城全部遭到燒毀。

太平軍被逐出湖北之後，漢口再度重現生機，一八六一年，英國王室在漢口的租界終於拍板定案。英國國旗升起後，華美的外僑居留區立刻隨之興建，然而選定的地點卻非常失敗。整片土地是分批購買，每一小塊地皮值二千五百兩，虛擲了大筆銀兩之後，才發現這個租界區常遭嚴重的洪水氾濫。在我抵達的前一年，季節一到從未缺席的洪水再次慷慨施惠，上游郊區已是蕩然無存，而誰也不知道漢口一帶又會氾濫到什麼地步。

因為一開始水只是慢慢上升直到漫過河岸，然後往外圍街道延伸，彷彿敵人靜悄悄地往上爬，攀上了城牆，最後終於讓整個租界陷入一片汪洋。居民退守到閣樓的最後防線，豬和雞鴨甚至牛隻若非趕到船上，便是躲進較高樓層的房間。無論如何，把乳牛安置在嬰兒房旁邊，讓公雞立在床柱上高啼報曉，倒也十分便利。但是當新鮮感一過，當糊上華麗壁紙的牆壁開始出現黴菌花邊，上過漆的家具腳下也開始有分解的跡象，當絲綢帷幔漸漸發霉泛白，圍牆也搖搖晃晃，然後噗通一聲落入紅流之中，對自身所處情勢的不安全感與災難即將來臨的恐懼感，深深壓迫著沮喪消沉的居民。

然而，他們卻仍抱持異常冷靜的態度，做到了物盡其用。廊道和樓梯成了絕佳的碼頭與棧橋，以供訪客上岸，而餐廳或客廳可作爲大泳池，其舒適程度恐怕超乎想像。還有單身漢也不例外，晨泳之際可以順便打電話到銀號詢問匯率，也可以潛到某位好客友人的門前共進早餐。水終於升到最高點，並開始慢慢退去，讓大夥都鬆了口氣。後來發現，若非有一道後牆充當防波堤——這是中國政府當初花費了大約二十七萬二千兩興建，以防禦平原搶匪有計畫的劫掠——整個租界可能已經被漢水強力倒灌的河水掃入揚子江中了。

漢口開埠之後，歐洲人便成群而至，雖然當地貿易的情形始終不如預期，但此地畢竟是工夫茶產區的集散中心，在外貿方面總能保有重要地位。據載，一八七一年外國船運貿易總額約爲一千四百萬英鎊，而一八七三年似乎衰退了些，不過這是因爲中國各地經濟蕭條所致。

發給我長江上游通行證的漢口道臺李明墀，曾與我見過兩次面。他出生於江西省，三十歲才步入仕途，一開始只是戶部小官。由於他能力頗強，便開始步步高升，終於升到現在的位置，並且以公正、柔性與賢明的治理手段贏得了極高聲譽。

位於河對岸的武昌風景優美，有幾分是因爲地勢較高，也有幾分是因爲那座著名寶塔。該塔相傳始建於一千三百年前，在太平天國之亂期間遭天王的追隨者摧毀，直到最近四年才重建完工。這座建築物與一般中國寶塔迥異，其外型設計特殊，絕不可能錯認。

前往長江上游途中，有兩名美國紳士結伴同行。我們雇到兩艘當地船隻，將我們載送到宜昌。我們讓廚子和僕人搭乘較小的一艘，大船則留給我們自己以及放置行李。我們搭的船有三個船艙，隔牆上還有精美雕刻。第一個船艙給服侍我們的僕人，和我們新雇用的中國祕書張先生。這位祕書長得短小結實，是個典型的中國人，飽讀詩書、志得意滿。中間的大艙房是我們的房間，王船長和妻子則住在後艙房。另外還有一個寬敞的船艙，可容納我們的行李、食物和其他人員。

我們於一八七二年一月二十九日中午時分離開漢口，因爲沒有風，只得擠在數千艘當地船隻間撐篙前進，當晚在大軍山下錨過夜，只走了十哩〔約十六公里〕遠。夜裡結起濃霜，似乎怎麼也無法驅走刺骨的寒意。

更糟的是船長夫婦抽了大半夜的菸，菸草不新鮮，難聞的菸味從隔牆滲入，瀰漫我的臥鋪。第二天，我們開始用紙和漿糊把所有的縫隙貼上，以隔絕嚴寒和濃煙，並且將友人借給我們旅途之用的火爐架設起來。這些預防措施讓王夫人很不安，脾氣也變得暴躁，她的剽悍可說更甚於閩江那位夫人。

船夫全都是赤貧之人。一路下來，他們既沒有換過衣服也沒有洗過澡，張祕書說：「何必洗呢？」他們也只能彼此換衣服穿。他們每人都只有一套衣裳，有些人還是租來過冬用的。這些衣服都塡了棉絮，白天穿在身上，夜裡當作被褥。可憐的人哪，看他們是怎麼爬進船艙裡縮擠成一團！早晨從他們窩裡冒出來的味道又是多麼地嗆人，因爲他們全都是抽著菸入睡，有些買得起的人還抽鴉片呢！

要想讓他們起身到冷颼颼的甲板上來，可眞不容易，我承認我也從來不想當第一個掀開艙門的人。不過王夫人的聲音便足以擔此大任，她用刺耳的嗓音把那些懶惰蟲從睡夢中驚醒，在她自己的艙房裡一跺腳，咒罵聲立刻如連珠砲般連番轟來。七點左右，終於見到他們心不甘情不願地走到船邊拉起船錨，而船錨上升的速度就和他們的動作一樣緩慢。我們剛好是順風，揚起帆後，船輕快地逆著褐色水流而上，兩側河岸高高聳立，並因年深日久而出現一條條紋路。

我們順利地航行了一天，不過鐵爐子好像壞了，要不就是煤炭無意點燃。我們費了大半天工夫，好不容易才轉過「農家灣」〔即簰洲灣〕，若是徒步，卻只要十五分鐘便能輕易通過彎道最狹窄處。要是能在此處開鑿一條運河，對於河運倒是省事不少。我們遇到許多載著木材的竹筏由洞庭湖而來，好像一個個水上村莊，老實說，和小村莊還眞是沒有差別。每艘竹筏所載運的木材上方，都有兩排小屋，把時間、勞力和小筆資金都投注在這買賣上的中國人，和他們的家人就住在裡頭。竹筏抵達漢口後，他們便將小屋搬到河岸上，一直住到木材全部賣完爲止。

若有汽船要溯江而上，尤其是遠行至此（離漢口四十六哩路〔約七十四公里〕），都需要經驗豐富的領航員，特別是現在這個水位極低的季節，此外，因爲河道經常變更，甚至還需要每年勘查河水。我們在簰洲停船過夜，看見那兒有人在製造竹索。他們沒有製繩廠，只有看似臨時架設的高大鷹架，幾人在上、幾人在下，編織扭絞厚厚的索股。

第二天上午出發之前，船長夫人和船夫們破口對罵了一陣。雙方都扯開嗓門，王夫人在船這端的艙房喊過去，船夫們又從那端的船艙喊過來。船夫們說除非船長站到崗位上，否則他們不開船。最後這位賢妻把丈夫踢下床趕出甲板，當頭劈里啪啦一陣臭罵，還連帶鍋碗瓢盆一塊伺候，總算解決了這個難題。

我們的當地船隻

讀者們不妨想像一下，搭著我所形容的這樣一艘船，跟隨這樣一組船夫，在低矮單調的泥土壁之間，循著一條如土壤般紅、寬度從半哩到三哩（八百公尺到四點八公里）不等的河水逆流而上，那麼你大概就能勾畫出我們上溯三峽這許多天當中，船隻的狀況與四周的環境了。

我們吃過早餐、用過晚餐、下錨、睡覺，盡可能仔細地勘查河流，並將第一張也是唯一一張水路圖畫成之後才形成的各處沙洲與其他不利交易的障礙一一註明。

我們的運氣不錯，水位最低的時候也正是觀察河流的最佳時機，而此時揚子江的水位便和夏天裡完全被江水淹沒的河岸差距甚遠。不過我們詳細的測量、測量所得的數據以及河圖的繪製，在此也就不多加敘述。這些千篇一律的工作終究會令人生厭，至於我們的張祕書，倒是很樂意繼續航行下去，盡情喝我們的酒、抽我們的雪茄，直到他把所有的古文學都消化吸收爲止。他的衣服可特別了！古典剪裁的棉襖，袖子長過膝蓋，領子豎得高高的，有如一道城牆護著細瘦的脖子。當他坐在角落裡讀書時，看起來好像一個巨大的長枕上面戴著一頂小帽子。他會維持同樣的姿勢達數小時，閉著眼睛，大聲背誦著整本古書，不過他對自己的國家倒是有許多正確的認識，爲人非常謙恭有禮，也很樂意幫助人。

當初眞不該雇用兩艘船，由於航行速度不同而大大延誤了行程，這剛好讓僕人和廚子爲種種過失找到藉口，也讓按日計酬的船夫們有了偷閒玩樂的大好機會。

二十三日，我們經過了大江與洞庭湖水的匯流處。在這裡我們不斷地與船隊交會，由此可見其商業之發達。汽船在這附近某些長河段間航行或許會有危險，但也只是河岸被淹沒的那幾個月，這段期間方圓數哩之內見不到一棵樹、一叢灌木或一團山丘，因此應該設置適當的地標才是。冬季期間，所有的沙洲淺灘都有明顯的標示，唯一例外的是兩處由軟泥與沙組成、矗立於水面上的岩礁，正好坐落於河灣，經常在河上航行的人都會知道。只要河道底下是黏土河床，幾乎都有利於航行。

二十四日，我們上溯一條小急流，水速每小時約五浬（一浬約為一千八百五十二公尺），還因爲遇上一場暴風雪耽擱了六小時。我們日復一日經過或停靠的小村莊，外觀都相當貧窮落後，彷彿來到一個人煙稀少的地區，而居民的貧苦模樣則是在中國其他地方也屢見不鮮。我們在這地界上、河岸邊走了大半天，卻連一個人也沒遇上。

有多處河岸已漸漸遭河水侵蝕，陷落成八或十呎（約二點四或三公尺）寬的大洞。我們在某一地看到舊日屋舍的地基暴露在外，還有許多棺材從河岸邊凸出來，想必江水流經之處曾是村莊所在。

二十七日，我們抵達上車灣，發現一座古塔前的河岸仔細鋪上了石板。如此對於防範河水侵蝕頗爲有利，然而其他房舍還是隨著河岸的塌陷給沖走了。

這個村莊稍有些熱鬧的感覺，冬景也十分美麗。一整排枯樹朝著鉛灰色天空伸出雪白臂膀。屋頂上、河岸斜坡全都覆蓋著積雪，敞開的大門和牡蠣狀的窗口內，閃耀著蘆葦起火後的熾烈紅光。戶外一個人也沒有，覆蓋著大地的雪白大衣也尚未沾上一個腳印，只有在一小塊平地上，一列列冬天作物開出新葉，爲雪地平添一抹淡綠圖飾。再遠一點便是上車灣鎮，僕人們上岸去找了老半天，還是找不到煤炭。接著我們又得到處去找船夫，後來一個個回來了，要不是極盡所能地抱藏著酒，就是抽鴉片抽得茫茫然。我們在一條髒兮兮的巷弄裡找到王船長，他正和一群當地人及六、七隻大豬一起享受著酒館買來的美酒，其他人還興致盎然地聽他敘述關於外國人的風俗習慣。

這些當地人還算禮貌。他們幾乎都沒見過道地的白人，紛紛以和善的口氣詢問關於我的親人和服裝，有個老人甚至以爲我們只是利用某種神奇的化妝品把臉和手變白，其實身體還是黑不溜湫。我爲了反駁這樣的中傷便挽起袖子來，許多人伸出粗糙的手指摸著我的白色手臂，同聲讚嘆。由於不瞭解我們這些野蠻人對禮儀的體認有多少，有一位不太乾淨卻彬彬有禮的人便好意勸我，不必脫光衣服來滿足那些下等人的好奇心，我這樣做對於學識程度較高的人而言已經足夠了。

從類似的事件中，讀者便可輕易推斷出部分中國人對於我們本身與我們的習俗，抱持著多麼謬誤的觀念。他們似乎總是覺得我們還有許多地方有待學習，即使只是小小的苦力，倘若他是個性情和善的人，也會隨時準備和我們分享他的知識，好讓我們學習一點較爲純粹的中華文化。我手邊有一部十分珍貴的作品，書中便充滿這種普及民間的觀念。這可說是一篇民族學論文，但作者對事實的認知有限且過度追求神話，這可是中國這個高度迷信的國家裡，低下階級的一大特色。

作者煞有介事地形容一些住在世界外圍的民族，這些民族就和我們一樣未曾受到中華文化的教化。有些人全身長毛，披樹葉爲衣；有人只靠一條腿蹦著走；還有人長著鳥爪。其中倒是有一種人非常特別，他們只有額頭上有一個眼睛，婦女則有好幾個胸脯。還有人心臟上方的部位穿了個大洞，所以他們可以像燻鯡魚一樣串起來，也可以用竿子扛著到處跑。另外還有一國人更厲害，可以展翅飛翔。

在上車灣有個老人到我們船上來賣甜食。他的手腳和頭好像剛從一件老舊的棉被中穿過，覆著一層油亮的污垢，滴水不透。我們讓他送一些貨品給當地居民，作爲臨別贈禮。

張祕書在此地感染風寒，差遣一名船夫上岸去買瓶燒酒。他對船夫人格所表現的信任，眞是令人感動萬分。「我不知道這裡頭有多少錢，」他把錢包交給船夫時說道：「需要多少錢盡量拿，剩下的再放回來。」不過，稍早我才看到這個狡猾的傢伙數過袋子裡的錢，後來也證實金額不多不少，剛好足夠買一瓶酒。

二十九日通過一處海關時，有名火爆官員追趕上來，他上船後接受我們一根雪茄和一杯酒的招待，離開時便完全相信我們是清清白白、正正當當。我們還經過一艘擱淺在岸邊的棉花船，還有一艘則是在江水較深處觸礁，這些船主現在正在沼泥洞裡等著水位上升，讓船浮起來。「單調無趣的三天，間隔許久才偶見幾間簡陋茅屋。」我接下來的日記如此寫道。

我們在石首縣買了許多魚，其中有一種魚嘴巴很大沒有牙齒，上頷成劍狀，布雷基斯頓船長[5]曾經描述過。據說這把劍是用來插入軟泥將小魚趕出，小魚為了尋找庇護，便會自動送進箭魚那黑黑大大的喉嚨裡。我們買來的箭魚腹中也還留有一、兩隻尚未消化完全的小泥魚。箭魚自脊背下半部至腹部呈深藍色或鼠灰色，腹部是白色，尾巴和鰭則是紅白相間。劍狀吻部尖端至尾部全長四呎二吋（約一點三公尺），劍狀吻部長十四吋（約三十六公分）。

石首縣曾遭叛軍占據，在此建立一座城寨，遺跡至今仍在。如今已經看得見湖南省境內的山脈，其中一座近在咫尺的山上有一間寺廟名為團山寺，是河上船隻航行時一醒目地標。通過此地後，開始出現許多小島與沙洲，河道也開始變淺、變複雜，河床的情況年年都有變化，還是需要經常探勘。海軍部畫成水路圖後變遷甚大，無論在哪個河段，地圖幾乎起不了作用，至少低水位時期是如此。

我們在沙市（今荊州）下游約十哩（約十六點公里）處的一個大村莊停船，遇見一名小販，便向他買了些東西。付錢的時候，他竟然開口要三倍價錢。起初我們拒付，但這個老騙子卻上船來賴著不走。群眾漸漸聚集過來，幾位年高德劭的人認為我們有理，便建議我們把這名不老實的生意人丟入水中，或是把他抓起來繼續我們的行程。不料這名遭受我們迫害的弱者秉持著更崇高的決心，寧死也不放棄自己的權益。我們為了息事寧人只得按數付錢，老人上岸後開懷大笑，咬定我們根本是一群愚蠢的洋鬼子。光是從這份敵意就能知道：大城不遠了。

沙市位於揚子江左岸，此地河道寬超過一哩半（約二點四公里），河水又闊又深，府城那側與其堅固的石堤附近，停泊了許許多多當地船隻，看得出我們來到一個重要的商業中心。

堤岸靠上游的末端形似防波堤，岸上有一座揚子江沿岸最美的寶塔。官府為了強固此處河岸不受水流沖刷侵蝕，曾投注大量人力，該城與河道所形成的角度絕佳，在江水運作下，堅固擋土石牆附近的航道總能暢通無阻。揚子江上游石材使用極廣，沙市上游的峽谷中便有取之不盡的資源。在本城的堤岸邊，幾乎到處都能架設汽船用的棧橋，江水對岸的山坡則是租界地點的最佳選擇。

湖南與四川盛產煤礦，卻也不易購得。湖南境內，只有黔陽縣與巴東縣[6]兩地有煤礦加工業，而且規模極小，至於四川的煤礦業便興盛許多。煤炭的品質很好，十分適用於汽船——至少我們買到的是一等貨色。

接著又經過一、兩個小鎮，鎮民的穿著比下游居民好，看起來也較為富裕。二月三日抵達江口鎮，船夫們罷工，說要上岸去買米，不過張祕書卻翻譯成買酒。我們答應給船夫米，他們卻不接受，反而要求我們先付錢，並讓他們放個假去花錢。這點我們堅決不肯妥協，甚至威脅船長若不說服手下就不付他錢。接著這些不安分的船夫把帆拉起來，然後坐下來抽菸，過了大約一小時，見我們確實無意屈服，船長和親愛的妻子商量過後，立刻命令船夫開工，否則就要把他們交給他的愛妻處置。這番威脅大有作用，話才說完，船夫就立刻上工了。

我們差不多已經離開面積遼闊、向南延伸數百哩至沿海的沖積平原，進入了山區。天色轉黑之際，正好看見「七門山」一大片黑壓壓地聳立於地平線上，我們便在此地碇泊過夜。船長決定報復我們的固執，便信誓旦旦地對我們說當地盜賊橫行，必須徹夜持械守衛。也許他怕的是自己人吧，這些船夫長得還眞像強盜呢！

我守第一輪，順便寫寫信，手槍就放在一旁。有一、兩回船艙窗口有些聲響，似乎有人企圖開窗，但當我望向外頭的夜色，河上一點動靜也沒有，除了下方船艙中船夫們粗粗的呼吸聲之外，萬籟俱寂。剛過了午夜，船隻附近有人聲響起，好像還愈來愈清晰。我抓起手槍，鼓起與敵人同歸於盡的勇氣，再次躡手躡腳地走到窗邊。我遮住燈光，往外一看，原來是我的同伴要來和我換班。

在這帶河域裡，我們發現有人利用訓練有素的水獺捕魚。河上有好幾艘船，每艘船上都用繩子拴著一隻水獺。水獺被推下船後一直待在水中，抓到魚時漁夫才將水獺拉起，一腳踩著牠的尾巴用力蹬，直到水獺丟下捕獲的魚爲止。我們又經過兩個看似頗爲繁榮的小鎭白洋和枝江，到了二月五日早晨，兩岸已是陡峭岩壁，後方則是一片崴嵬奇峰。

在最高峰頂上，有一間佛寺峭立於懸崖邊緣，放眼所及，這應該是最靠近天堂的一角。寺廟前方便是一段六百呎（約一百八十公尺）深的斷崖，從垂直距離一千兩百呎（約三百六十公尺）的江面往上看，彷彿遙不可及。然而，爬上如此高的石壁並在雲端建立廟宇，雖然稱得上一項壯舉，但和寺中和尙每日自我克制與約束的課題相較起來，也就微不足道了。這些僧人儘管來到如此偏僻、遠離塵世之地，肉體與名利的欲念卻還是強烈得難以壓抑。

誠如我們先前所見，中國許多佛寺都建在非常美麗浪漫的地點，眼前這間也不例外。大自然在寺廟四周展現出最雄偉的氣勢，即使當我們從底下經過時，仍見到被冬季寒風吹得飄搖不定的烏雲之間，有幾絲陽光穿透照在廟宇所在的岩石上，在一片幽微之中閃閃發光。但夏季的景致必定更爲動人：偶爾狂風暴雨的怒吼聲在深谷中回響，雲霧瀰漫的天空被一座座晦暗的危崖撕扯得四分五裂，雷電交加之際，上千道瀑布一躍而下，急急瀉入揚子江中，助長江水洶湧澎湃之勢。

凶猛的江水不斷滾滾向前，有時肥沃了土地，有時卻造就一片荒蕪。人類一次又一次努力地想限制拘囿其路線，卻終究是功虧一簣，再偉大的工程在大水的侵襲下，還是悄悄地夷爲平地。如此說來，當高踞於崖頂的佛寺僧人向下眺望，見這條大江偶爾在陽光底下嫵媚迷人，帆影星羅棋布，偶爾混濁的江水又成了城鎮的墳場，他如何能不感慨世事多變，進而追求心靈絕對的平靜呢？經書上也說了，這種平靜只有拋卻七情六欲方能獲致。

同一日中午或是稍晚些，我們在宜昌停泊靠岸。此城乃是最重要的商業中心之一，地處三峽入口，是汽船航運的終點。要想讓汽船通行，除非從宜昌往上延伸一百哩（約一百六十公里）長的崖壁窄道能夠經過徹底探勘，並將部分障礙移除，也正因爲這些障礙，使得此地成爲全中國最危險的航行水域。宜昌終將開放通商幾乎是確定的事實了。唯一令我感到驚訝的是竟然至今仍未開放，其實不僅是中國人本身不願意開放新港口，就連漢口的外商恐怕也不樂見宜昌成爲他們的勁敵吧！然而，假如開放宜昌是有利的話——這點無庸置疑——漢口商人與中國人絕對無法阻撓，除非他們能提出很好的理由不讓外商進駐揚子江上游。

關於宜昌貿易的資訊，我想請讀者參考一八六九年公布的「上海商會代表報告」。目前，從該港口流通到鄰近各省的外國物資數量有限，而富饒的湖北平原上除了一般穀物如豆類、小米、稻米與油菜之外，還生產黃絲、桐油和鴉片，不過鴉片產量不像四川和雲南那麼多。

宜昌縣城坐落於揚子江左岸的河灣上，呈一新月形，由一條運河隔成兩邊。一邊占據高地，另一邊地勢較低，大半的郊區在一八七〇年的洪水中受創不小，後來已經重建，有兩、三處空地倒是頗適合作為外僑居留區。此地的建築材料種類與數量都很多，而尚不能稱之為貿易商品的煤，在這一帶的產量卻也非常豐富。至於汽船航運，我敢毫不猶豫地說，吃水淺的小船絕對可以輕易抵達宜昌，即使在此水位最低的季節也不例外；夏季期間，平常往返於下游城市間的汽船在此航行，應該不會比從上海到漢口更困難。

下午，我們去參觀了水師的校閱儀式。六艘小砲船一字排開，每艘船首架設了一具六磅（約二點七公斤）重的火砲，並且不定時開砲。所謂不定時是因為有些大砲根本無法發射，但作戰演習結束後，半夜裡卻又聽見砲聲自動響起。砲船不大，每艘船上約有四十名划槳手。閱兵結束後，水師將領上岸騎著一匹穿著華麗的小馬離去，侍從跟隨在後。

在宜昌，我們得雇用一艘大型的快船上溯三峽，讓帆船留在當地等我們回來。出發前，船家殺了一隻公雞祭拜河神，將雞血和羽毛灑在船頭，並奠酒於江面。船上共有二十四名船夫，和著尖銳刺耳的歌聲節奏——或說是吼聲——划動長柄大槳，在他們賣力的動作中，很快便將宜昌拋在身後，第一個峽口也近在眼前了。此處的江面由半哩（約八百公尺）驟減爲幾百碼（一百碼約九十公尺）寬，水流急速衝入岩壁間的狹窄通道，因此很難進入。

此時，江岸邊上豎起兩道不規則的石牆，高度由五百（約一百五十公尺）至兩千五百呎（約七百六十公尺）不等，在歲月的摧殘下早已千瘡百孔，而如今我們正努力上溯的冬季河道上方七十呎（約二十一公尺）處還留有明顯的水位標記，這當然就是揚子江前幾次漲水時節所留下的高度記號。

我們愈深入峽谷，景象便愈幽暗荒涼，從沿海地區至此所行經一千多哩（超過一千六百公里）寬廣的耕地平原，與此處貧瘠的隘道眞有天壤之別。

這一帶似乎只住著一些漁夫，他們在岩石間捕魚，簡陋的小屋則遠在高山之間，彷彿遙不可及的偏僻罅縫中。其實，那些住所還眞稱不上小屋，至少我們造訪的幾間要不是天然洞穴，就是在隱祕的岩石下挖出的石洞，四周再以類似一般茅屋的門面包圍起來。

這些滿布煤灰的住所，讓我想起了我們蘇格蘭祖先在威姆斯灣（Wemyss Bay）的穴居。洞裡陰陰暗暗，泥土地板又冰又涼，到處都是魚骨和垃圾，石洞深處有根小蠟燭閃爍不定，從微光中隱約可見一尊小神像和幾件簡單的家具，這便是居民的所有家當。像這樣的住家連同所有家具，總價值可能也不過三、四兩，但也正是在這樣的地方，我們看見了中國人勤奮節儉的具體實證：洞外的岩石表面只要有一點點土壤，他們就會把土湊到一處種植蔬菜，以便貼補家用。這分明是與石爭食！

稍遠處，我們看見一群人正在採石築堤。這附近多處崖壁的石灰岩層遭江水不斷侵蝕，較不堅固的部分已被沖刷走，留下一連串奇形怪狀的堅硬石柱，支撐著上方岩層，也就是如今聳立在我們頭頂上方高達千呎（超過三百公尺）的絕壁。他處的崖壁則有如碉堡的高牆壁壘，又像城堡的塔樓與雉堞。在這片不毛之地上，居民謀生定然艱辛萬分，但他們卻能吃苦耐勞、自力更生，對於平原同胞的乞食伎倆深感不屑，因此儘管多數人都極爲窮苦，我卻只在山徑中遇到過一名乞丐。

船夫們都露天睡在甲板上，我總是很擔心第二天早上會發現有人死了，因爲夜裡實在嚴寒。不過他們全都縮著身子擠成一團，躲在蓆子下面，盡量不讓夜風將血液凍結。上游峽谷末段一帶，小屋的狀況改善了，土壤也較爲肥沃，眼前開始出現小小的果園，即使在此時節，李子樹上依然繁花盛開。

二月八日，我們被迫在一個叫作黃陵廟的地方停留半天，好讓船夫們慶祝

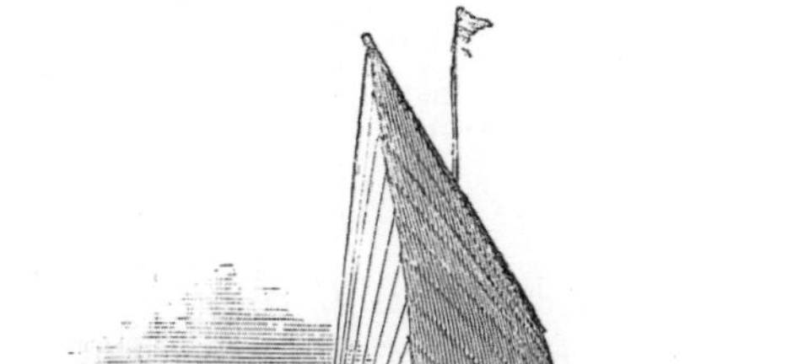

揚子江上游的四川船隻

中國的新年。慶典在村中祠堂舉行，坐落之處蒼松環抱，背倚兩千呎（約六百公尺）高山，風光明媚。張祕書在這裡和船夫們起爭執，他指控他們詆毀自己的名譽，抱怨他們酒醉後行爲粗暴，但不久我卻發現我們這位可敬的翻譯本身也並非聖人，他連站都站不直呢！他主張把帶頭鬧事的人抓到最近的官府去，必要的話把頭砍下讓他們清醒清醒。

一整夜下來，他們確實喧鬧不休，又是爆竹、又是爭吵、又是賭博；不過翌日清晨他們又準備好上工了，只是有些人賣掉一部分僅有的衣物，希望新年能有新氣象，但改變之後卻顯得更野蠻。不一會，他們開始變得激昂，因爲我們已經通過第一峽，現在要上溯一道湍流。

雖是第一段卻也驚險萬分。大半數的船夫都上了岸，緊抓住縴繩，一面疾奔，一面發出魔鬼般的怒吼壓過轟隆水聲，我的僕人廚子也湊上熱鬧，一人敲鑼一人打鼓，以便激勵船夫使出全力。大約到了中途，儘管縴夫手腳牢牢地扣在岩石上，拚了命地拉，船卻像是卡在江心的岩礁上，動也不動。船長在甲板上又跺又跳，對著手下又吼又叫，船夫們應和著大喝一聲，拚著最後一點力氣猛力一拉，終於把船拉入上方平緩的水面。這道急湍危險之處倒不在於水勢凶猛，而是河道狹窄，江石遍布，有些暗藏水中，有些矗立水面，船隻若是脫離了縴繩，必定會撞得稀爛。

第二峽段牛肝（馬肺）峽的山勢更高，有些地方山岩突出，彷彿有意交接在一起，將原已幽暗的江面的光線完全阻斷。這些岩石表面上有許多奇怪的垂直紋路，好像採礦用的鑽探記號，但顯然是某種天然岩鑽的傑作。被困在鬆軟岩石深處的堅硬小石子，藉由砂石和水的助力，總會鑿出這一條條又深又直的坑洞，再加上水不斷摩擦岩石表面，最後坑道細縫便露出來了。

在下一段急流三斗坪，我們看見兩艘四川商船的殘骸，連這兩艘算在內，我們從宜昌出發到現在，總共已經見到九艘遇難船了。當我們費力穿越岩石朝著延伸至水邊的村莊前進時，正下著大雪，天色將暗之際，我們來到一間由船骸改造成的小屋前。屋主是名老人，在裡頭已經住了幾天，他看起來很冷很可憐，卻不願向我們開口求助，我們主動提供協助也被他傲然拒絕。

接著，我們來到米倉峽（又稱兵書寶劍峽），[7]也是揚子江上游著名險灘的入口。當我正忙著拍攝風景時，遇見一名官員問了我許多問題：我尊姓大名、有何頭銜、什麼國籍、有哪些親戚等等，又說他從來沒見過攝影器材，希望看看我的作品。我把照片拿給他看，他問我究竟用什麼方法能在這麼短的時間內完成這麼精密的畫，但我還沒來得及回答，他就匆匆進村去了，臨走前還憂心地斜瞟一眼，看我是否長了犄角、爪蹄或尾巴，他大概以爲我不僅會使某種妖術，還狡猾地把我的惡魔標記隱藏起來。

因此，當我在同一個村落拍下一張照片時，立刻有一群憤怒的村民圍了上來，儘管我解釋了這只是攝影，他們還是將恐懼化爲土塊和石頭向我拋擲過來，張祕書也鼓起三寸不爛之舌想說服村民，但效果不大。我們趕緊以最快的速度收拾器材，走下河岸到另一邊去，此時我的同伴們正準備著要溯流而上。這些村民當中一定有人聽過流傳極廣的謠言，說我這種照片是用中國小孩的眼睛拍出來的。我逃到一艘船上去，差點被人用船槳擊中，不料揮槳落空的人卻因爲用力過猛，自己險些就倒栽蔥掉入水中。

這道險灘是整條揚子江最壯觀的風光之一。河道上原本水勢平緩，突然間江水卻有如磨光的玻璃圓筒一轉，瀉下八至十呎〔約二點四至三公尺〕深處，最後又往上一彎激起滔天白浪，然後以千軍萬馬之勢湧入峽谷。在此季節，江上岩石遍布，穿越急流更是危險。順水而下時，我們說服了張祕書一同上船，但是當船衝入浪中，船身彷彿承受極大痛苦發出咿咿呀呀的聲音時，他開始嚇得臉色蒼白。

其實這也不奇怪。這回我們雇用的舵手是個高大瘦削的人，目光深邃銳利，蓄著一撮濃密的黑鬍鬚，滿口如狐狸般的利牙。他和助手似乎專挑急流最凶險的部分，然後以舷側衝入洶湧的江水之中。衝過第一段之後，船頭立刻打旋向前，整艘船在浪裡顛簸翻滾，我幾乎以為船就要粉身碎骨沉入江中。這時候，舵手高高揮舞著手臂，像魔鬼似的在甲板上又吼又跳，讓人有一種被詛咒的感覺，其實他只是在指揮底下的人。但儘管咒罵聲不斷、槳忙舵亂的，船還是以可怕的速度往前衝刺，眼看就要直接往礁石撞去，正當

揚子江上游的米倉峽

舵手感到一陣驚慌絕望，卻又在緊要關頭閃過，最後飛奔過了一大段距離，終於在眾人鬆了口氣的嘆息聲中，進入平靜的水域。

舵手所有誇張的舉動都是他的手段之一，所以當他領取應得的酬勞時，又額外要求一點小費，作爲他冒險救我們性命的報償。其實只要算算遍布江邊的船隻殘骸、看看那些隨時待命的救生小船，再瞧瞧中國人都在險灘頭下船，自己帶著貨物走陸路直到水流平緩處，就可以知道穿越這道急流有多麼危險。

這個名爲青灘的急流是汽船航行揚子江上游的最大阻礙。我們必須從村子裡雇用五十名縴夫來幫忙，把船逆著每小時速度約八浬（約十五公里）的湍流往上拉；但我以爲布雷基斯頓船長所提到的那類汽船，沒有理由不能航行於此處或其他急流河段，因爲我們可以將蒸汽的力量隔離出來加以利用，或是拖曳船隻上行，或是防止船隻下衝過猛造成危險。只要揚子江一

米倉峽的激流險灘

旦開放通商，必定馬上會有嶄新的科技來完成這項目標。

這段峽谷內的山勢和下游牛肝峽同樣雄偉。十一日，我們來到一個圍著城牆的小鎮，鎮名叫歸（今秭歸），在這裡沒有看到一艘船、一個人，一點買賣的跡象都沒有。喔不！我想起來了，河岸上的確有個人，是個乞丐，但連他也準備要離開了。我們在此停留一夜，翌日上午去參觀一個叫巴東的地方的幾處礦場，蘊藏煤礦的石灰岩層與江岸幾乎成九十度角巍然聳立。岩石表面挖了一些平坑，但規模都很小，只是簡陋不深的溝槽，既未挖鑿豎坑也無通風設備。

此地礦藏豐富，即使只靠著礦工這些簡陋的設備，產量仍十分可觀，但品質卻比不上我們在更上游處所購得的煤炭。礦工工作時，帽子上都附有一盞燈，和我們在戴維爵士[8]發明安全礦燈之前使用的帽燈差不多。礦工將煤礦從坑口沿著石壁表面鑿出的細長凹槽往下推，再由婦女放入簍中進行搬運。

這一帶有幾個煤礦村，村裡的每戶人家全都從事此業，小孩負責將煤與水、泥土混合，然後注入塊狀模型中，製作每塊約一斤重的燃料。礦工每個星期大約可以賺七先令，工作時間則是從上午七點到下午四點左右。

馮．李希霍芬男爵[9]在書中告訴我們，湖南與湖北的煤藏豐富，四川也有廣大煤田。他還說以目前全世界的煤消耗量來看，光是山西南部蘊藏的煤礦便足以供應數千年之久，然而，就在上述各地，儘管腳下藏有取之不盡用之不竭的煤礦，當地的中國人卻還是經常儲存木柴和小米稈作爲冬天取火之用。這廣大的煤礦田將是中國未來強盛的基礎，而蒸汽則是開發這片礦物財源的一大利器。

湖北省的一個採礦村

十八日上午抵達的巫山峽〔即巫峽〕全長超過二十哩〔約三十二公里〕，進入時大約是十點。江水非常和緩，峽口的風光更是我們至今所見最美的景致之一。此處亂山林立，最遠端的山峰有如一顆經過琢磨的藍寶石，一道道雪線在陽光下閃爍不定，就好像寶石表面閃耀著光芒，而懸崖峭壁的線條顏色逐漸加深，直到融入了層巒疊嶂、光影氾濫的前景。

駐防在川鄂邊界的一艘砲船的軍官，警告我們要提防盜匪，他們這麼做並非沒有道理。我們下錨的地方巨岩參天，把四周圍遮蔽得漆黑一片，將近十點的時候，船長派人轉達要我們隨身備著武器，因爲到處都有盜賊伺機而動。剛剛有一艘船靜悄悄地從旁駛過，船上的人還竊竊私語。我們和對方打招呼，但他們沒有應聲，我們便朝他們頭上開槍。我們開槍後，岸上不遠處有幾個人以一閃火光、一記槍鳴作爲回應。從此刻開始，我們便徹夜戒備，到了凌晨兩點左右，所有人又再度被喚醒，準備對付一艘悄悄移近我們停泊處的船隻。這回我們逼不得已還是開槍，槍彈打在岩石上砰然作響，倒也嚇阻了暗處的敵人，使其不再繼續靠近。

這些擾人清夢的盜賊對這個河段的地勢必然瞭若指掌，因爲這裡即使在白天也相當陰暗，晚上更是一絲光線也沒有，一般商船根本不敢冒險駛離四周爲岩石所包圍的停泊處一步。在這處峽谷停留的另一

四川人

夜，僕人在我的艙房外叫喚，只見他滿臉驚恐地告訴我，說他剛剛看到一群發光的鬼魂在江面上遊蕩。我從未見過這名僕人如此驚惶失措，顯然是發生什麼不尋常的事，於是我們隨著他來到甲板上，朝頭頂上高約八百呎（約二百四十公尺）的崖壁望去，竟見到三盞燈火在岩石表面展現一連串不可思議的變化。這時候老僕人臉上冷汗直流，他說他看得出來有幾個像精靈一樣的形體在揮舞著燈火，警告旅者遠離深淵邊緣：

這群天使，個個揮舞著手，
多麼美妙的畫面：
他們猶如陸地上的信號，
是一盞盞美麗燈火。[10]

其實這個現象可以有合理的解釋，那就是在巫峽之中，有一些可憐的罪犯，被關在由岩石挖鑿的牢獄，獄卒將他們從上方拋入獄中之後，他們再也沒有希望逃離，除非以身試險縱身躍入底下的江河。在這裡我們也發現各種類型的居民，有一部分是老子的信徒，在此幽暗偏僻之處，過著遺世獨立的生活。我們在某個洞穴中，看見這樣一位道教哲人的遺骸，據僕人對我說，這名隱士去世時已屆兩百歲高齡。有幾名船夫也說他們知道他至少也有一百歲了。他的骨骸就在洞穴中央，上面放了一些石頭和土塊，那是過往的山中居民草草堆起的小石塚。

二月十五日，上溯急流時出事了。忽然間一陣大風襲來，加上江水的強力漩渦，船幾乎整個翻覆。這時候船長的副手——也是全船最敏捷的年輕人——機警地跳向前去割斷縴繩，原本緊繃的繩子在毫無預警之下鬆斷，縴夫們全都被甩到岩石上摔得四腳朝天，而船卻也立刻恢復平衡，只是不斷地轉圈，順著急流漂往下游，最後在意外發生地點半哩（約八百公尺）外的一個沙洲上停了下來。至此結果還算差強人意，可是我們和船夫卻分隔兩岸。

剛好附近有個村子，我們立刻前往，想雇一艘船去把船夫接過來，可是村民要求我們先付一筆幾乎足以買下整個村莊的錢，否則誰也不會動。我們答應付給他們一般船夫認爲合理的價錢，但他們堅決不肯接受，到最後，我們跳上其中一艘船，威脅說我們要自己來，村民重新評估一下情勢之後，這才道歉並達成公平交易。當晚我們在巫峽上游過夜，前方左岸便是巫山鎮，該鎮四周環繞著較低的山與耕地遍布的山谷，我們還發現有一條小河在此匯入揚子江，大寧一帶大量生產的鹽便是經由此河運至巫山。

鴉片、絲綢和茶葉都是這個地區的主要產品，此外還盛產各種不同的水果。我在這裡買了以前從未嘗過的甜美橘子，一百個才二十文錢不到。第二天，我們費盡力氣要前往夔州府（今奉節），卻是徒勞無功，暴風雨從峽谷上方狂掃而下，我們根本無法逆風前進，風中夾帶的細沙更是扎得人眼睛疼痛不已。於是十六日當天，我們在從上海溯江而上一千二至一千三百哩（約一千九百至二千一百公里）之後，終於離開四川。

回程相當順利，從四川出發十八天後，我們再度踏上漢口的租界。當地的友人熱烈歡迎我們之餘，還鉅細靡遺地詢問關於江水的狀況，以及可能成爲新通商口岸的宜昌的種種風貌。有些人甚至認爲我們一定在新的租界區中找了土地，說不定還在適當的地點做了某些祕密投資，其實後來事實證明，類似這樣的投機行爲根本過於草率，而且可能血本無歸。

我在漢口和幾位中國的老友重聚，他們歡迎旅行歸來的我，幾乎像是歡迎一個死而復生的人。我登上輪船與他們分手，心中確實非常依依不捨。

我順流而下，在九江的租界停留兩、三天。該城雖然占據重要的地理位置，地控鄱陽湖口，與運河水道網絡的交通便利，可藉其深入江西、安徽廣大的綠茶園，但當地的商業地位卻始終不高，租界的外國人也未曾積極試圖壟斷物產豐饒的九江地區的交通。九江在太平軍手中飽受蹂躪，一八六一年叛軍離去後留下滿目瘡痍，即使在我到訪期間，仍未恢復昔日榮景，不過街道倒是已經一步步從天王追隨者所留下的殘瓦破礫中掙脫出來。

若是鄱陽湖開放汽船航運，九江的商業地位將很可能大大提升。我到附近地區走了一、兩趟，對於當地土壤的肥沃和農民生活的富足，都留下深刻印象。只不過這一帶似乎人口稀少，光是這一點就足以解釋爲什麼在中國許多地區有數百萬辛勤工作卻還是貧困交加的人民，而此地卻不見這般景象。

從九江往內地約十哩（約十六公里）處有個地方叫太平宮，我在這裡發現一處古廟廢墟，建築樣式美得出奇。此廟原本建地廣闊，如今只剩下兩座塔樓，塔上的窗口有點像是中古歐洲建築尖尖的窗洞。毗鄰的一間小神殿，部分牆壁裝飾著精美石雕，整棟廢棄廟宇的樣式我在中國確實未曾得見。廟宇的風格似乎比較歐式，可能與一五九〇年利瑪竇在這個地區成立耶穌會傳教團有關。不過，據說這座廟宇曾經是中國最重要的佛教建築之一。

自古廟返回時，途經古人題刻區，其中一些岩石上刻的是朱夫子（即朱熹）的稱頌文辭，這位朱夫子生於十二世紀，是著名的儒家思想詮釋者兼哲學家。就連他隱居之處至今仍有明顯標示，而他的墳墓則位於一個古柏蒼松環繞的小丘上。如今，中國現代學派的學者卻批評他的學說基礎薄弱，且受到佛家思想影響。

我接下來停靠的地點是中國的古都南京，這裡既沒有租界區也沒有開放通商的口岸。我帶著僕人、行李，連同兩名總督府的中國軍官，一塊走下「平戶號」（Hirado，又名「氣拉度號」）輪船，登上一艘當地船隻，然後在這座著名都城泥濘的外牆角下上岸。我們得在一間小屋裡過夜，這是專門提供給河上汽船乘客的便利設施。屋裡擠滿了中國人，不過倒也還頗有秩序，他們好意騰出一張桌子讓我作爲床鋪，但我卻怎麼也睡不著，不僅因爲空氣中煙霧瀰漫，交談喧嘩聲更是整夜未停。正巧他們的話題十分有趣：當初與李鴻章、戈登上校並肩作戰，敉平太平天國之亂的中國名將曾國藩，剛剛在他南京的府邸過世了。在場有不少人說他是自殺身亡，也有人說他是吞了過多金箔而死，後來我才知道，他其實是因爲二度中風去世的。

聽聞他的死訊讓我十分失望，因爲我造訪南京的主要目的，便是想見見這位著名的首領人物，可能的話，順便爲他拍照以便將來放入我的重要著作中。我原本帶了一封直隸總督李鴻章所寫的介紹信前來拜見，後來只得將信交給他的兒子，後者在回函中表示，他們家人對於錯失拍照機會都深感惋惜。但後來有一名總兵卻說，我沒來得及拍照對我和對他本身也許都是好事，否則大家——包括他在內——都會把曾國藩的猝死怪罪到我頭上來。中國人普遍相信——連高級知識分子都不例外——人在照相的時候，有一部分靈魂會被攝走，因此必會在短期內死亡。

讀者們應該可以想見，如此一來我自然經常被視爲如復仇女神涅墨西斯（Nemesis）之類的死亡使者，我甚至遇過一些可憐人在迷信誘發的恐懼下，跪倒在我面前，哀求我不要爲他們拍照，不，應該說不要用我攝影機的致命鏡頭取走他們的性命。但話說回來，早幾年這種現象也可能發生在我們國家，當時攝影可能被視爲惡魔之舉，又或者以幽暗的科學之眼捕捉到光明燦爛的影像，也可能被比喻成古代上帝使盲者恢復視力的奇蹟。

曾國藩是當代最重要的政治家之一。他任職六部侍郎，後來將太平軍逐出南京後升至一品，[11]此時正值其權勢顛峰，甚至傳言北京朝廷對於他影響勢力範圍之大，有所忌憚。一八六八年，他轉任直隸總督，天津教案發生後，第三度調任兩江總督。

我見到南京之後眞是大失所望。這只不過是以總長二十二哩（約三十五公里）的高牆圍囿起來的遼闊地界，也因而成爲全國第一大城罷了。近處幾個高地上有一些廟宇之類的建築，空闊的平地除了農田種作之外，還有衙門與宗教建築零星散布其間。然而府城本身和其他城鎮並無兩樣，同樣是在極狹小的土地上擠滿了人，擠滿了五十萬奮力謀生的漢族子孫。

城中有許許多多的街道至今仍空無一人，但有些地區的重建工作卻又已進行得如火如荼。這個偉大的「南都」很可能一度曾如李明[12]所形容，是「一個由城牆重重圍起的繁華都城」，最外層的圍牆「共有十六里格[13]之長」。這可能是一千四百年前左右，南京首度被立為國都的景況，也或許是十四世紀期間，據說明朝洪武皇帝曾重建南京，使其恢復昔日光彩。但是自從天王臨幸，建立了中國史上再次建都南京的朝代後，由於名不正言不順，府城的頹勢便再難挽回。據傳天王稱帝時，乃是聽從一位昔日擔任水手且忠貞不二的下屬建言，方才以南京作為太平天國的首府。然而在其他方面，這位自封的帝王卻並不容易說服。這是當然囉！因為他相信自己是上帝派到人間拯救中國的第二個兒子。

當清廷軍隊勢力包圍明皇陵，當他的舊部屬和忠心的擁護者餓倒在街上之際，他還下令讓大家一起吃甜露（草團），合唱新歌，直到獲救的時刻到來。他平靜地坐在宮殿裡，不屑地看著不斷聚集過來、不久就要給予迎頭痛擊的清軍。京城尚未落入敵軍手中，信念與剛毅的精神便已捨他而去，他親手結束了自己的性命。

沿著護城河來到南門這趟路實在乏味。沿途有許多船隻順著這條運河蜿蜒前進，而幾艘船聚在一起形成小小市集的景象也隨處可見。偶爾岸上會出現一、兩個破敗不堪的小村落，看起來簡直就像被拋出城牆外的殘渣垃圾，從一座小橋下面通過時，我還聽說南京陷落後，這帶的運河全被叛軍的頭顱給堵塞住了。南門外有一大片郊區。城內還有那麼多空地，為什麼這些人要聚集在城外呢？原因不明。多數住家都只是簡陋的茅屋，原本葬身於這塊地面的太平軍與清軍的屍骨，早已化為塵土融合在一起，墊在這群屋子底下。

此外，我也在這裡見到了古老的南京瓷塔[14]（曾名列世界七大奇蹟之一，如今卻已夷為平地），還有不少小販在販賣寶塔的琉璃磚。不過，這座大報恩寺琉璃塔的磚石，大都用來建造附近的南京兵工廠：就這兩棟建築而言，由傑出的漢人子弟李鴻章建立在中華疆土核心區域的兵工廠，應該是遠比寶塔更為出色，但那些偏愛琉璃塔的人當然不這麼想。如今，原來的佛教寶塔、寺院與單調的誦經聲，已被供奉中國火神與戰神的殿堂所取代，以熔爐為祭壇，熔鐵匠便是信徒，聖殿中機器隆隆作響和測試槍砲的轟鳴聲不絕於耳。

這所由李鴻章籌設的兵工廠在中國乃是首創，有最先進的科學技術，由英國人馬格理（Halliday Macartney）負責監督。這的確是一項驚人的革新。假如果眞是中國人率先教會我們使用槍砲（據說他們曾在一二三二年開封府陷落之戰中使用火砲），那麼如今我們教導他們如何製造致命武器，也算是給予回報。這座兵工廠每年要製造千百噸的槍砲與火藥，我相信陝甘回亂能迅速平定，便已證實這些產品的效能。

在這裡，中國人能製造砲兵連的重砲，以及野砲、榴彈砲、格林砲、水雷、火箭、霰彈槍、砲彈、彈藥筒和雷管。火箭廠設在距離主廠不遠處的一塊開放空地上，作為塡裝火箭與砲彈等易爆物的場地十分合適。關於這些兵工廠與其高效率，我還想提出一點，那就是兵工廠發展至今一直受到洋人的嚴格管理，假如撤除了，廠務便不可能確實有效地運作。他們可能還是會投注同樣的維護費用，可是這些錢在官員層層回扣之後——這種情形應該無可避免——便只能購買品質較差的原料，工人的工資也會低得讓他們無心努力工作，而無法製造出目前這些最令他們感到自豪的產物。

這樣的實驗試過一回：有名軍官誇口說他能把每樣現代武器製造得和中國境內所有洋人一樣完美，上頭便成全了他。不過這種事卻是下不爲例，因爲他的砲彈全是以粗鐵鑄造，品質不精已經夠危險的，裡面還以塗上石墨的泥土塡充，所以還沒能上場殺敵，就已經先讓自己人死傷無數。依我的淺見，中國人要想名列世界文明強國，最重要的就得學會誠實一項，並捨棄他們精心修鍊以備對付敵人的騙術。也許有朝一日，現今全中國最得勢的李鴻章能讓他的屬下知曉誠實無欺的價值吧！

金山、銀山和大運河口是我在揚子江上最後參觀的景點。中國這個民族耗費了多年時間與無謂的人力，去建造長城以防禦野蠻外族入侵，而如今當家作主的卻正是外族人，說起來大運河才應該是中國最偉大的公共工程。不過，這條巨大的人工水道卻已有多處荒廢且完全斷航，其實黃河時常洪水氾濫淹沒內地廣大的農田，而這條運河在排引黃河大水方面確是功不可沒。

註解

1譯註：在中文資料檔案中，或稱金陵兵工廠或稱寧廠，並未用過南京之名，但外文資料則一致稱為南京兵工廠。

2原書註：參閱《上海縣志》。

3譯註：夢見雪竇山的應是宋仁宗，後宋理宗賜題「應夢名山」。

4原書註：參閱《中國佛門清規》。

5編註：布雷基斯頓船長（Thomas Wright Blakiston，一八三二—一八九一），英國博物學家、探險家，曾在一八六一年率領一支探險隊溯揚子江而上，著有《揚子江上的五個月》（*Five Months on the Yang-Tsze*）。

6譯註：巴東位於湖北省。

7譯註：作者描寫西陵峽中這幾處峽谷與險灘的順序似乎有些錯亂。

8譯註：戴維爵士（Sir H. Davy，一七七八—一八二九），英國理化學家。

9譯註：馮・李希霍芬（Ferdinand von Richthofen，一八三三—一九〇五），德國地質地理學家，著有《中國》（*China: The Results of My Travels and the Studies Based Thereon*）一書。

10譯註：英國詩人柯立芝（S. T. Coleridge，一七七二—一八三四）的詩句。

11譯註：侍郎便已是二品官，太平軍失守南京（當時稱江寧）後，曾國藩晉封一等侯。

12譯註：李明（Louis Le Comte，一六五六—一七二九），法國耶穌會教士，一六八五年由法王路易十四派至中國。

13譯註：一里格約等於三哩、十四點五公里。

14譯註：即琉璃塔。

第十四章

芝罘。租界。黃河。蠶絲。絲製品。大沽砲臺。北河。中國的進步。直隸洪水。其影響。天津。仁愛會仁慈堂。人民的情況。一場午夜暴風雨。通州。北京。京城的滿人區與漢人區。其道路、商店與人民。外國人開的旅館。寺廟與住家建築。總理衙門。恭親王與大清帝國的大臣。科舉考試。孔廟。觀象臺。中國古代儀器。楊氏宅邸。婦女的習性。北京景泰藍工藝。圓明園。卓著的紀念塔。一支中國軍隊。李鴻章。忠善客棧。萬里長城。明十三陵

近幾年，芝罘〔今煙臺〕已經成為居住在北京與上海的洋人的濱海勝地，因為在這裡即使是最炎熱的夏季期間，也能享受涼爽的海風與海水浴。

歐洲旅館所在的沙灘正位於一連串綠草遍野的矮山腳下，沙灘的半圓形弧度與整體景觀，讓我想起了蘇格蘭西岸愛倫（Arran）的布羅迪克灣（Brodic Bay）。我對芝罘灣的印象極為深刻：當時船上有一位來自上海的女士生病，我和友人——他不但性情十分善良，體重和敏捷度也出類拔萃——為了替她訂

一間最好的客房，便搶在其他乘客之前衝下船去，我記得當時眼前那一大片沙灘彷彿永無止境，也還記得海沙踩在腳下又柔又細的感覺。那天在樹蔭下的溫度也有華氏一百度〔攝氏三十八度〕左右，因此任務完成後，我們立刻攤在旅館的陽臺上，盡情享受清涼的海風吹拂。這個清靜的住所雖不豪華卻也可愛迷人，而且殷勤的旅館主人還爲客人準備了許多舒適的設備。

芝罘租界區就在海灣對面，幾乎可以說是海岸線上最不迷人之處了。但我們也不能忘記：租界所在可是整個大清帝國最具歷史淵源的省分，著名的大禹治水時，有部分工程便是在此完成。此外，孔子與其繼承人孟子也都是山東人士。當希臘哲人畢達哥拉斯（Pythagoras）在克羅托內（Crotona）進行哲學思想的研究時，孔子也創立了正統的學術思想，並從此成爲引導中國的方針。

但這個爲國家指點社會、政治與宗教榮景方向的古老方針，一到了帝國今日的掌舵人手裡，卻也和軍艦裡的羅盤一樣靠不住，因爲軍艦的舵手根本沒有考慮到，先進科技製造出來的鐵板與鋼砲會對羅盤針造成什麼影響。然而，中華疆土上卻有那麼多智慧過人的儒家信徒，仍死守著這些古書不放，還有那麼多人靠著千百年前聖賢的智慧，點燃一盞幽微的科學與哲學之光，顫巍巍地照亮前路，殊不見眞理已如日中天地照亮了異邦。

芝罘的洋貨買賣雖然重要，規模卻不大。是因爲當地人偏愛古聖賢的簡單衣袍勝於較便宜的曼徹斯特棉布衣，或是因爲黃河的連年水患使得內地居民過於貧窮而影響交易，原因很難判定。總之，芝罘與外界的貿易關係不應該如此冷淡，倘若外國人與外國貨物能自由進入內地，又能利用歐洲的科技使老舊水道暢通、排乾平原積水，進而保護人民的土地不因每年淹大水而淪爲荒地，此地的商業必能熱絡起來。

由於黃河水道遷移，如今流到了山東山區北方，因此一大部分運河已遭棄置。許多地方的河堤都被沖走，有位目擊證人如此形容道：「再也沒有任何景象比此時黃河所展現的更加悲慘、淒涼；一切大自然與人工建造的事物，都不由自主地隨著黃褐色泥水衝向大海。」[1]

當我們經過直隸時，就會知道洪水對人民究竟造成何等影響。當全國有大片土地因黃河河道遷徙而受無水之苦，山東與直隸卻湧入了過剩的河水。儘管如此，山東省仍有部分地區的物產在世界上數一數二，而且氣候也很適合種植多種農作物，其中包括小米、小麥、大麥、稻米、菸草與豆類——豆類製成的豆餅是外銷大宗。

除上列產物之外，山東還生產一種名爲柞蠶絲的暗色絲綢，由芝罘出口，數量正持續增加。這是一種黑色野蠶吐的絲，這種蠶不吃桑葉而吃其他樹葉。中國人養蠶的過程非常精密費神，感覺上這樣的工作似乎並不適合中國人，因爲雖只是隻小蟲，習性卻異常苛細，甚至聽說蠶在陌生人面前不會吃葉或吐絲，中國人還說蠶也無法忍受見到外國人的樣貌或聽到蠻夷之聲。雖然這點與飼主相似，但有一點卻大不相同，那就是蠶厭惡臭味，在不潔的環境中，便會生病甚至絕食而死。因此，自蠶從蠶卵中孵化直到死於蠶繭中的那一刻爲止，多數中國飼主必須摒除自己處之泰然的濃烈氣味，想必感到多有不便。難怪每當蠶絲季節結束，小嬌客辛苦地織完自己的壽衣結束生命時，眾人會如此歡欣鼓舞。

爲中國賺進豐厚收入且已成爲全世界不可或缺的奢侈品的蠶絲，也和茶葉一樣，是我們所能想像到最簡樸的產業。蠶絲需得經過哪些階段才能放上中國或里昂的織布機呢?且讓我們一探究竟。

蠶卵約在四月中孵化,而出口的最佳時節則是在三月或四月初。孵化後的幼蠶置於竹筐內,以切成小片的桑葉餵食。蠶漸漸長大後,便分放到更多的竹筐,桑葉也不用再切得那麼細。同樣的過程不斷反覆,直到最後階段便可以整片桑葉餵食。桑葉價格每一百斤從七十七文錢到一兩四錢不等。

孵化後的蠶會持續吃上五天桑葉,然後進入第一次蠶眠,為期兩天。蠶醒來後胃口並不太好,通常只會再進食四天,然後又眠上兩天。接著又是進食四天、眠兩天。通常這種食眠交替的過程會反覆四次,養足精力之後,便開始吐絲結繭。吐絲的過程還需要四至七天,接著再花三天抽繭,大約七天之後,每個養蠶的小戶便會帶著蠶絲到地方市集上,交給當地商人打包成捆。

撇開一般人迷信的想法不說,影響蠶絲品質的因素首先是吐絲的蠶種,接著是桑葉的品質與餵養方式。我先前已經說過,噪音、陌生人的出現甚至經手,以及臭味都對蠶有害。此外還須定時餵蠶,養蠶房的溫度也不能太高。

中國絲最大的缺點在於當地人仍採用原始的紡紗方式,倘若他們願意使用外國紡紗機,蠶絲的價值應該能提高四、五成。目前這種粗糙的紡紗技術會使紗線粗細不均、容易斷裂。上海是主要的蠶絲市場,約莫在六月一日第一季蠶絲便會送達,但從來不是飼主本身將蠶絲送到外商市場。這些飼主全都是小農戶,他們或是向人購買桑葉,或是在自己耕地的小角落裡種幾棵桑樹,養蠶製絲絕不至於占用他們所有的時間,這只是家中婦女與較年輕成員的春季農活。中國的商人或掮客會到地方上的市集去收購,直到數量夠了，才送到上海或芝罘的市場賣給外國人作爲外銷。

我去了兩趟芝罘，剛好體驗到兩種極端的氣候。第一次十分炎熱，第二次再回去卻是嚴寒天氣，僕人阿洪的耳朵和鼻子都凍傷了。我們到一座山頂上拍攝芝罘風景，但是西北風從寒冷的蒙古大草原吹來，血管彷彿就要爲之凍結。我好不容易拍了一張照片，差人到附近一間小屋去討瓶水來沖洗底片，不料我才從暗箱中抽出感光片，淋上了水，水竟然就在底片表面結冰，還結了幾根冰柱垂在邊緣。阿洪所站之處雪深幾乎及膝，他把整個臉都埋在外衣的袖子裡，至於瓶子裡的水也已經結成冰塊。儘管遇上這些難題，我們還是找了一戶友善的人家，藉著炭火爲感光片解凍，再以熱水沖洗。阿洪的鼻端和耳朵周圍的血液循環受阻，不久便出現凍瘡，一個多月下來讓他對芝罘始終記憶深刻。

我們往北走的下一個重要停靠站是北河口的大沽。大沽砲臺是座泥土堡壘，有不少翔實的相關描述。我造訪期間，砲臺正在整修，尚無駐軍全面防守，槍砲也尚未全部架設好。我沿著一條石子路從河邊越過泥坑走到另一頭去。一八五九年，我軍在此試圖由南側襲擊失敗，喪命者無數，但十二個月後，便被我軍輕易攻陷。

要進入這座堡壘只能從後方跨越一道寬渠，我並未受任何詢問便走了進去，其實也只有一、兩名苦力在圍牆附近閒晃。牆身極厚，而且和原來一樣是以泥土混合小米稈建成，這樣的構造頗耐砲彈轟擊。堡壘內有兩座砲臺上下相疊，每座各有五十幾具大砲控制著河口。不過，有幾具大砲已經生鏽，架得也不穩，總之亟需維修。最後，我還注意到，在軍官營舍前面的泥地裡，半埋著兩管美國的無膛線大砲。

大沽砲臺

整體而言，這個地方說是堡壘，倒不如說是泥濘廢棄的採石場還更恰當些。

但我聽說後來起了很大的轉變，這些分占北河口兩側的砲臺如今不僅架設了克魯伯大砲（Krupp），也有軍隊正式進駐。如此說來，早在福爾摩沙的問題出現之前，中國對於首都的防守便已經有明確的計畫。在離開讓我留下不快回憶的天津之前，我便親眼見到一組克魯伯大砲在此上岸。中國人的的確確正加緊腳步更換現代武器，將那些可能傷害自己人的砲彈與火藥束諸高閣，認真地守衛海岸，防範外敵入侵。這一切可能是——不，一定是——有目的的。這些年來，中國政府並未盲目到看不見日本的進展，何況與更強大的敵人交手後，他們也開始懷抱更遠大的憧憬。

他們的想法當然還是沒變：在自己的土地上，對於自己的國家，他們有絕對的主導權利，他們很可能也只是做好準備，一旦有了適當時機，便能堅持或捍衛這項權利。恭親王在一份急疏中，拒絕疏濬上海吳淞江口的沙洲以利通商，他還認爲這塊沙洲是上天所賜屏障，以幫助中國人防禦國土與其門戶。他還進一步指陳，每個國家都有權利以他們認爲最好的方法來保衛守護自己的疆土。這樣的想法或許非常自然，他們認爲中國是爲中國人所獨創，其他種族皆無權過問上天這項安排，也無權妄想違逆天意疏通一方沙洲，因爲老天就想藉著封閉河道來阻斷通商，然而這樣的通商機會卻能讓數百萬中國人獲得前所未有的溫飽。

在此狹隘的政策中，絲毫沒有意識到成千上百的電報機、鐵路線與產業，正以超凡的進步逐一將全世界的國家聯繫成一體，無論哪個國家、種族，無論說何種語言的人，都將會在自由貿易與開放開明的政策下互相依存。

或許掌管直隸水文的官員也會說，紫禁城所在的省分之所以不斷遭大水蹂躪是上天的旨意，以便防止敵軍往京城推進。然而，黃河的滾滾濁水總是一年又一年，定期橫掃山東與直隸兩省的肥沃平原，每年所造成的災害幾乎沒有任何敵軍可以比擬。儘管如此，只要能稍有遠見、誠實以對，還是可能將大黃河——昔日的和平與富饒使者——維持在天然河道上。

在黃河漲大水、龍門口決堤的幾年前，便已有人預測到這場水患，如果能讓「始終是一條人工運河」[2]的水道保持暢通，便能輕易加以防範。然而，疏通之務一年拖過一年，到最後，紅色洪水終於沖向平原，豐饒明媚之鄉頓時成了可能散播瘟疫的水鄉澤國。

我們搭汽船上溯北河時，許多地方已完全見不到河岸，愈往上走，洪水氾濫的情景便愈是怵目驚心。小米作物都快被水泡爛了，一個個小村落也被沖走不少。大多數村屋和大沽砲臺一樣，都是泥土搭建，但無論能多麼有效地抵擋一般敵人的槍砲子彈，這些脆弱的住家還是一間接著一間，悄悄地消失在洶湧大水中，最後只留下有如墳塚的小土堆，彷彿每次水患後新豎立的標記，令人唏噓。有辦法的人全都到天津去了，據說天津當局十分盡力地救濟受難者。奇怪的是，我無意中聽到一名中國人說，他認爲這場洪水是一年前才發生的天津教案的報應。

這場災難剝奪了省境內辛苦窮人的食物、住所和燃料，悽慘的程度難以估量，尤其冬天眼看就要來臨。放眼望去四面都是水，偶爾可見一些村落廢墟和幾個泥洲，被困其上的牛群由於缺乏草料也快餓死了。我們還看見男女老少在自家被水淹沒的田園裡釣魚，幸好魚倒是很多，否則人民幾乎是無以維生。他們如何度過酷熱的白晝與寒冷的黑夜？又有多少人能撐過這回等著明年再受一次苦？我不得而知。只是從漂向大海的屍體可以看出，死神正毫不留情地以自己的方式讓生病與飢餓者得以解脫。

中國人非常忌諱騷擾死者的安息之處，這恐怕是古今一同的迷信吧！天津方圓數哩之內就是個大墳場，看見生者努力將死去親人的棺木綁在樹上或他們插入泥中的柱子上，不禁叫人心酸。但是仍有不少巨大笨重的棺材在水上沉浮，躺在裡頭的人已經沒有在世親人可以照料。

水實在太深了，在許多地方，當地船隻乾脆捨棄迂迴的河道，轉而經由陸路直接駛向城區。

我們搭乘的汽船「新南星號」費了好大的勁才穿過一個個急轉彎道，一下子船頭卡在這邊河岸的泥巴裡，一下子螺旋槳推進器又卡在另一邊，不過終於還是到了天津。抵達之後，我們發現租界區後方的水達五、六呎〔約一百五十、一百八十公分〕深，通往北京的驛道也被淹沒，俱樂部四周同樣一片汪洋，只能搭船前往。外國人都等著不久就要被冰海所包圍。

此處河岸上有一間英國旅館名爲「利順德」（The Astor House），規模小巧，幾乎被前邊的巨大招牌給整個遮住了。這也是一棟土造建築，在一側有個窗戶掉落，另一側的牆則已塌陷。我大略看了一下這悽慘的外觀，然後和主人閒聊幾句。旅館主人是個英國人，他向我哭訴自己損失慘重。前面還有兩個房間，一間是撞球室，一間是酒吧，但有幾間土牆臥室都遇水溶解了，從一個破損的牆洞可以望見房間溶解後的情景。

後側的馬廄也一樣，受不了馬兒流失的痛苦，便一頭栽進水裡消失無蹤。我接著走出門外，想看看各個附屬建築泡水後的情形，原已悽慘的景象加上這一帶夏季總少不了的蚊子成群飛舞，更添幾分荒涼。我在酒吧裡遇見一位在天津火藥廠做事的蘇格蘭人，他對某個中國裁縫頗有微詞。原來他拿了一塊不錯的布料交給裁縫想做一條褲子，但裁縫似乎爲了家庭因素不得不從天津搬到其他地方去，結果也沒打聲招呼留下名片，就把布一起帶走了。

我在船上過了一夜，八月二十九日出發前往北京。啓程之前，我雇用了一位名叫「道」（Tao，他的名字有「美德」的意思）的天津人，月俸九銀元，這點錢和他企圖從我這兒賺走的比起來實在微不足道，因爲不管是換零錢或買東西，每次交易他總會從中賺一手。我在南方雇用的僕人牢靠些，但是他們不會說北方話，只能以寫字溝通。但不久我便發現北方僕人都有偷竊的慣性。

我們雇了艘船前往通州，水路沿途以此地離北京最近。這艘船中央有一間木屋，到了晚上可以整個關閉起來禦寒，大小剛好能容得下我們一群人和行李。屋裡隔成兩間，後間有個土灶，僕人就安頓在灶旁。船家是父子三人，父親名叫王慶，兒子是王恕和王順。我們得沿著一條不斷遷移的狹窄水道，擠在數千艘當地商船之間，穿越天津府城。許多船隻外表看起來都已經腐朽不堪，但是根據中國人的奇怪觀念，只要船身還沒散開，就絕對能在海上航行。船上唯一完好的只有船舷的木材，以防過往船夫那釘著鐵鉤的長篙把破舊船身給戳破。

我們毫無顧忌地揮動這類長篙，發了狠地咒罵不歇，才終於走出這片混亂水域。左岸上到處都是壟斷鹽商設置的草棚，用來保護裡頭堆積如山的鹽。

這裡也有載運棉花與棉布的帆船，中國商人正準備將貨物運到內地市場去。這些當地商人在上海有專屬的委託人，會幫他們將棉花、布匹、鴉片和其他外國產品，藉由往來津滬間的汽船送到北邊來。

這段河面寬約二百碼（約一百八十公尺），道指著右岸幾面黑禿禿的牆，說是一年前被燒毀的仁愛會仁慈堂。我們還能看見醫院的廢墟，那裡曾經是仁愛會修女奉獻畢生精力照顧病患、拯救棄嬰的地方，儘管有如此善行，卻仍免不了慘死於一群迷信無知的暴徒手中。建築前面還有一堆灰燼，牆上也還看得到一道長長的裂痕，當初暴徒從這裡將可憐的受難者送上西天，如今裂縫卻已經用牆泥填起，中國人顯然想以這種令人不盡滿意的方法，來彌補那場幾乎是當著總督衙門的面上演的暴行鬧劇。

從這個地點，我們還能遠遠望見這道河段末端高處，矗立著羅馬天主教堂的遺跡，這也是天津府城中唯一醒目之物。以我對當地人迷信觀念的瞭解，心中不由暗忖：這麼一棟恢弘的建築高高立於中國人最重視的衙門與廟宇之上，必然會激起仇外心理，加上廣為散布的可怕謠言，更是大大加深了這份敵意。謠言起源於士大夫階層，他們異想天開地捏造事實，說外國人拿中國小孩的眼和心製造藥品，有時甚至取成人的眼睛來煉銀。關於這點，我們可以從下面附錄的一段文章中看出端倪，這是天津教案發生時，一份流傳極廣的宣傳品：「取其睛之故，以中國鉛百斤，可煎銀八斤，其餘九十二斤，仍可賣還原價。惟其銀必取中國人睛配藥點之，而西洋人睛罔效，故彼國人死，無取睛事……」接著又說：「佛蘭西國人，專習天主邪教，又能以妖術變幻人為禽獸……」

這份宣傳品中淨是一些不堪入耳的言詞，結尾還鼓吹人民起身反抗，將可恨的洋人全部消滅：「以是蚩蚩者激於義憤，心存君國，不惟稍洩不共戴天之憤，並可永弭肘腋反側之憂……如其姑息從事，異類復滋。」[3]作者依舊毫不容情，力主徹底消滅洋人，護衛高風亮節的儒家傳人。當我們想到這份宣傳品流布之廣（雖然據說只是私下流傳），特別是當我們考慮到這篇文章名義上要提醒與警告的飢貧階級，他們不但無知、迷信且野蠻粗暴，再想想文章中某些用心險惡的段落，其冷靜、溫和、巧妙的文筆會對這些人造成什麼可怕的影響，有後來這樣的結果也就不足為奇了。依我看來，未來仍是充滿黑暗與不祥，而且倘若天主教傳教士仍繼續讓教堂高高壓過最宏偉的皇宮，繼續利用政治手段保護改信天主教者，如此只會更加深中國人的偏見，情勢也不會好轉。

道十分相信他所聽到關於傳教士以及慘死的修女們的古怪傳說。這些廢墟目前由當地一支砲船隊嚴加戒護，然而真正需要救援的時候他們卻不在，暴行發生後，他們也晚了許久才到達現場。

我忍不住向新僕人提起，我對他的同鄉所居住的簡陋土屋的看法。他聽了之後，以中國人慣有的自負——當時還眞嚇了我一跳——細數著住在這種住所的好處。他的理由大致如下：泥土、小米稈等等材料在平原上每戶人家門口都能以賤價購得，至於木頭與石材，窮人家根本買不起。而且用這種材料，每個人都能自己建造，最重要的是，當屋子在大水和雨水中溶解之後，它會靜靜地往下沉形成土丘，家具和其他家庭用品可以擱在上頭，居民也可以坐在上面等到洪水退去，到時又能在原地將殘破的牆重新搭起。

這條河上有一兩座浮橋，要通過必須先將橋開啓。這些橋不管是對陸上或水上交通都造成極大的不便，因爲總要等到聚集了十來艘船，船主也因爲等得不耐煩，爲了搶先通行而大聲叫囂、大打出手之際，浮橋才會拉起。而當船隻通過的時候，陸地上的交通當然就會受阻，兩邊的路人和車輛無不爭先恐後地往前擠，等著浮橋歸位。其中有一、兩名行人一時停不住腳被擠落河中，我們經過時才用長篙上的鐵鉤將他們救起。橋上的木板道原本已經十分狹窄，再加上商店、攤位、痲瘋病患、乞丐和耍把戲的壅塞起來，就更窄了。

這一帶河岸兩旁顯得十分貧窮落後，絲毫沒有人口密集之象。我們經過的幾處泥土村莊內，有許多房屋都已經長滿雜草，簡直不像人住的地方。而這附近最美麗的——或應說是看起來最順眼的——居家建築，外觀看似堅固的磚屋，實際上卻不然。因爲有幾家正好有工人在施工，我們可以看到牆壁其實只有兩層薄磚，裡面則注滿泥漿，萬一屋頂漏水泥土潮了，就會慢慢沉澱。接著磚面也會開始向外隆起，慢慢膨脹，終至無法承受壓力而決口，泥漿便傾瀉而出。

另外有些屋主比較聰明，在蜂窩狀的磚塊內塡滿質地較硬的土搭牆建屋。這種價格低廉的方式倒是頗適合用來搭造倫敦現代豪華排屋的牆壁，我想這些房子之所以蓋成連棟，只是爲了避免讓風一吹就像保齡球似的一一倒下。不過這種蜂窩狀磚牆確實非常巧妙獨特，和我們倫敦都會區的石工技術全然不同。

愈接近環繞在北京北方的半月形山腳，地勢逐漸升高，我們也脫離了氾濫的平原來到一個比較不那麼荒涼的地方，這裡的人生活上較不匱乏，兩側沿岸也淨是成熟的小米田。我們的船夫和岸上居民一樣，都吃這種實用的小米粉，另以鹹魚和蒜頭佐味。小米粉通常會做成饅頭，或者放入水中煮熟後，將熱麵糰拉成麵條。這種麵食當地人吃得極多，似乎並無不良影響，可是對我來說卻有如吃了毛線球、棉絨線或橡膠繩一樣，難以消化。

我發現這裡的人經常使用小馬、騾子和毛驢，騾子的品種相當好，許多騾子腳上還有斑紋。至於毛驢已經完全被馴服，整天像狗兒一樣跟著主人跑來跑去。

我們愈靠近通州，茅屋的外觀改善許多，村民看起來也比較健壯，但儘管屋前有柳樹垂蔭，還有自家的農田，境況再好的人卻也難掩勉強餬口度日的事實。

我在這個地區看到一次讓我永生難忘的落日景象，就連我那幾個只重視物質的僕人也感到震撼。正因爲如此，王家父子堅持要停船，僕人則用當地的蒜頭爲我料理晚餐——此地的美景確實美不勝收，只是苦了我太過挑剔的味蕾。這天熱得很不尋常，悶得連一絲風也沒有。天空燃著番紅花般的紅光，岸上的小米頂著萬千羽飾卓然而立，彷彿雕飾華麗的黃金柱頂，而支撐在柱頂下方的，則是夕陽深深射入平靜水面所發出的閃耀光芒。隨著太陽逐漸隱沒，遠山從亮麗的寶藍色變成晦暗的鉛灰，此時平原被大片的陰影籠罩，一朵不祥的烏雲緩緩飄向西方，正巧擄獲了最後一線陽光。

船主老王不發一語又拋下另一個錨，他的兩個兒子把船首和船尾往岸上繫得牢牢的。不管怎麼勸，他都不肯走。他說：「我絕對不走，這世上沒有人能勸得動我，天色怪異加上天氣又悶又熱，這可不是什麼好兆頭。」他說完便坐下抽菸，讓他兒子做好一切防範措施。就連蟲鳥似乎也都不安地唧唧啁啁，彷彿因暴風雨即將來臨而惶惶然，鳥兒連忙躲回巢中，不久，四下陷入一片沉寂，只偶爾聽見風吹過小米田窸窣作響。

老王菸抽得比平時更凶，一直留神注意著。也幸好他這麼做了。我把手槍放到枕頭底下，火柴置於蠟燭旁邊之後，很快就睡熟了，約莫睡到半夜，突然一陣天搖地動把我摔翻到狹窄的船艙地板，我這才驚醒過來。我正奮力想從身旁掉落一地的雜物中掙脫出來，船竟像是飛出了水面，接著又猛撞一下，幾乎就要翻覆。我們遇上了暴風雨。我強行打開艙門探視情況，耳邊還聽到狂風怒號，蓄勢等待再次出擊。船夫在岸上檢查船是否繫牢了，他們告訴我，最糟的情況已經過去。

這時候，阿洪和其他人也從雜亂的灶旁掙脫出來。但是最糟的情況並未過去。大雨開始滂沱而下，彷彿一陣激動情緒過後洩洪般的淚水淹沒一切，就連我還沒來得及去碰的火柴也溼透了。我的衣服和棉製床墊情況也一樣慘，待大雨稍歇，我盡可能找個舒服的位置安頓下來，便又再度入睡，醒來天已大亮，僕人正忙著晾乾衣物，以便能體面地進通州。

我們直到第四日下午才到達，但途中也不過停了一次去參觀某個村子的廟會。廟會上有個變戲法的窮人憑著一些把戲賺幾文錢，這要是到倫敦舞臺上去表演，包準能讓他發大財。戲法當中最精彩的一項是把三個銅錢變成金幣。他的胳臂上幾乎毫無長物，他將銅錢置於掌心，還讓我將他的手掌合起。接著他拿棒子在握拳的手上畫了一下，鄉民的眼前便出現了有如純金般閃閃發亮的東西，大夥無不露出熱切又欽佩的目光。

他還將一把刀插進跟隨在他身邊的小男孩身上，小孩頓時間臉色發白，好像隨時都會斷氣，一轉眼卻又躍起身來，一手將刀子拔出，另一手忙著討賞。這位變戲法的還以靈巧無比的手法表演了一項絕技。他將一塊方巾平鋪在地，一手以食指和大拇指捏住方巾中心，另一手揮舞著棒子，當他慢慢將巾子掀起時，底下竟多出一個裝滿清水的大花瓶。

到了通州，至少有十來名苦力靠到船邊爭著要爲我們搬運行李。其中有個人一把搶過一只箱子，又冷不防被道給奪回去，一時重心不穩竟跌落水中。我的天津僕人這小小一個動作，惹得苦力們怒氣沖天地抓住他的辮子，差點連根扯斷，幸而我及時趕到，才救了他那寶貝辮子。我們在這裡雇車前往京城。這種行走驛道的車輛就相當於我們的火車、出租馬車和公共馬車，只不過這種車沒有彈簧。其實由於車內有座位，如果行駛在平坦的路面上應該還是相當舒服。道仔細地在車上鋪了稻草之後坐上車去，但我實在不喜歡這種交通工具的外觀，便決定走一會路。

下文中有些部分，歐洲讀者可能會覺得十分離奇，但我要在此重申，我所描述的都是我親眼所見、親身經歷。不久，我們進入了通州，跟隨在後的車子顛顛簸簸、隆隆作響，壓在車底下的還是曾一度大規模修造的蒙古驛道。車夫們勇往直前，努力地穿越一道古城門洞，突然發現道路被一群載滿貨物的騾車和驢車堵住，原來是騾驢被破裂的石板卡住動彈不得。上百名車夫發現自己無法前進，咒罵聲立刻從四面八方響起，聲聲不絕，整整花了半個小時才得以通過。

我想京城工部的大臣們巡視的範圍，恐怕未曾遠及通州吧！就算在這些街道上設置幾面小石牆，應該也不會比現存的老舊石板地更加妨礙交通。不過我正好可以趁著車子脫困之前，好好檢視一番縣城本身和當地居民。商家店面裝飾著華麗木雕，和南方所見大不相同，但卻因積塵日久而顯得髒污。縣民看起來也同樣乾癟、積滿塵垢，就好像和商店同屬於某個久遠的年代，突然間被挖掘出來重操舊業，卻因爲荒廢太久而有些不聽使喚。

由於前一晚下的大雨，連通州外的道路也是泥深及膝，我沒有其他選擇，只得勉爲其難地躲進車裡。我的車夫身上散發著酒味和蒜頭味，他完全信賴自己的騾子，正式上路後，他就靠在車把上打盹，我還得不時推他一把，提醒他想想辦法讓那頭精疲力竭的畜生和牠的重擔脫離沿路上的坑坑洞洞。有一段石板驛道無法通行，我們繞了一大圈，好不容易才又回到路徑上來，此時，我很理智地決定再次下車步行，因爲我想最好別把骨頭全硌斷了，還是留下一、兩根以備不時之需。

最後，我們在一間客棧停車歇息。這類客棧能爲人和畜生準備食物和芻秣，沿路上沒隔多遠就有一間，在某方面不禁讓人想起我們家鄉那些舊式的路邊休息站，只是現在已經快速沒落。這家客棧外頭有一道長長的低矮粉牆，還有用黑色大字寫成的招牌或標語「永福」。

建築前面擺了一整排的小矮桌，旅客成群圍坐在桌旁喝著熱騰騰的湯或茶，一邊討論京城的最新消息。他們的牲口已經都交給客棧小二照顧。

道和我的海南僕人們先走一步，我卻留下來享受一頓中式餐點。我在客房裡用餐，房間很髒，除了一張桌子、一張椅子和火炕之外，什麼也沒有。桌子上呢，覆著一層厚厚的塵土，都可以當成乾酪來切了。但我不得不承認，這裡供應的食物是我在中國客棧裡吃過最美味的，包括小塊的燉羊肉、米飯、煎蛋、葡萄和茶。這個房間最近被用來作爲馬廄，原本有一扇紙糊的木欞小窗，現在也已布滿又黑又髒的蜘蛛網。接下來，我們又繞了一大段路，才終於來到滿清都城的齊化門〔今朝陽門〕。

進城之前，我要先介紹一下我們剛剛抵達的這座城市的大概風貌。我們已經知道此城坐落於一個朝海緩降的平原上，實際上由兩個小城組成，一是滿人區（內城）一是漢人區（外城），兩城之間隔著一道二十多哩〔超過三十二公里〕長的圍牆。

滿洲人入主之後，這兩個城區便以第二道城牆（亦即內城牆）分隔開來；漢人——至少是對新朝親善的漢人——只能住在城南一個小小區域，而滿清八旗兵則分駐於城北的皇宮周圍，皇城這塊四四方方的地要比漢人區大上兩倍。

就我剛才所描繪的特徵而言，現在的北京和大約兩百年前忽必烈汗的子孫登基時的北京並無不同。在滿人城中，依然有同樣的高牆和九座雙城門，依然有同樣的城門樓、護城河和防禦工事，城牆內部的皇宮周圍也依然有滿洲駐軍的防守，就和中國大多數省城的軍備類似。

滿清軍隊原設白、紅、黃、藍四旗，接著增設鑲白、鑲紅、鑲黃、鑲藍四旗，後來又增編蒙古八旗與漢軍八旗。每旗在京城內都擁有——或者說是應該擁有——最初分配所得的土地，在每間屋舍門口則懸有各旗所屬顏色的燈籠。但隨著時間變遷，漢人也不再謹守嚴格的滿漢分界。由於漢人較為勤勉，財富日益累積，漸漸地便成為旗人士兵的主人，也得到他們在京城中所分配的土地。事實上，漢人的節儉天性與商業勢力確實征服了推翻明朝的滿清勇士的後代子孫。

初訪中國都城的人，若是看到那些可憐的窮人裹著皇室慨贈的羊皮，在有錢的漢人家裡當護衛，他定然不敢相信這些人的祖先竟然便是曾令西歐人聞之喪膽、後來又征服中華的遊牧貴族。[4]

京城的舊城牆的確是人工的偉大見證，牆基有六十呎（約十八公尺）寬，牆頂上約有四十呎（約十二公尺）寬，平均高度也大約四十呎。只可惜經過歲月與現代武器的摧殘，如今這些城牆也不過是一群吸引人的古蹟罷了，至於守護皇宮的效能大概就和木柵欄差不多吧！不過城門上的防守倒是十分嚴密，抬頭望向高大的城樓，可以看見槍砲密布，但再以小小望遠鏡仔細一瞧，原來只是以木板畫上砲口放在每個城垛縫隙中，用來嚇嚇敵人的一排假砲。

城門下散置著幾具生鏽解體的大砲，看起來似乎無一處完好。護城河已經變成一串淺淺的潟湖，那頭有百隻駱駝組成的車隊正靜靜地涉水進城。政府很可能知道這一切情形，因此明智地將注意力轉移到海岸與前線的防守，也許希望藉此將外國敵人擋在門外，讓他們永遠無法再跋涉過殘破的驛道，將戰爭帶到皇宮門前。除非中國已準備好記取現代戰場上的慘痛教訓，並迎頭趕上我們歐洲兵工廠日新月異的科技，否則這一切都只是癡心妄想。但中國如何辦得到呢?它也許可以在軍艦和軍備上砸下大筆金錢——這是榨乾長期受苦的老百姓的血汗與勞力所得來的——可是它上哪去找懂得善用這些武器的天才呢?在與外國強權的衝突之下，匆促購買裝甲艦與武器又能得到什麼好結果?

誠如某位中國知名學者前幾日所提，假如中國人要花一千兩百年的時間才能讓中國話增加一個聲調，那麼請問他們又要花多長的時間，才能讓全國各地的人民都明白：要想維持軍隊的效率，就必須定時給付士兵酬勞，而且酬勞要豐厚，以免他們尚未威脅到敵人，便已先威脅到自己的平民同胞。至於他們目前自行製造的新式武器，也但願統治者不至於盲目到將這些武器交給未經訓練的士兵，來捍衛嚴重妨礙中國進步的閉關自守的老舊政策。

我們還是加快腳步，趕緊進城門去看看這座偉大的京城。此時有一大群人湧向那幽暗的城門，我想城門的守衛一定會檢查我的通行證，便又坐回車上。結果我們跟在一支從附近礦場運來煤礦的駱駝隊伍後面，卻也不知不覺就通過了。整個場面又吵又亂，由車輛、駱駝、騾、驢和人組成的兩條長流到城門口碰了頭，爭相擠著離開黑壓壓的城門洞。城內有一條寬廣的大街，比我在中國任何城鎮所見到的街道都要寬得多，也堪與倫敦的大道相比。

北京的一座內城門

北京城裡的主要街道都有這點好處，但車道卻只占道路中央窄窄一段，寬度只能容兩輛車交錯。中央的石子路是靠著苦力們從道路兩旁的深溝或泥坑舀出來的東西進行修護。天黑後走這段路的城民有時候會跌落這些泥坑淹死，我在北京時，就有一名老婦人是這麼死的，因此每當夜裡騎馬經過這些街道，我心裡總是不太踏實。而白天裡，當工部人員盡忠職守地揮動著柄杓時，你卻又得忍受爛泥的惡臭。另外中午時分，尤其當天氣乾燥，沙塵漫天飛揚，我從鬍子上清洗下來的塵土之多，都可以拿去修路了。

然而，若非沙塵蒙蔽視線，北京街景倒是十分美麗而吸引人。前門大街兩旁都有商鋪攤位無限延伸，中國天底下的一切事物幾乎都能在這裡找到。這些攤位後頭有步道，步道後邊的商店才是眞正的街道邊界。畫面實在相當複雜，我已經不只一次在這個迷宮中迷路，只希望讀者別和我一樣。

我對商店情有獨鍾。無論內外城的商店幾乎都是漢人所有，因爲即使滿人有錢，也不肯屈就做買賣，而多半沒錢的他們則是既無精力也無能力跨出第一步。反觀漢人多數都能做無本生意，雖然有些人也似乎無以維生，但憑著耐心與勤儉，有朝一日抓住一絲機運也就發達了。

北京的商家，不管店門內外都非常吸引人。許多店家門面雕工華麗，加上彩繪鍍金之美，簡直就應該擺到櫥櫃裡去販售。至於內部的設備裝潢也同樣一絲不苟，在裡頭穿著絲綢等著招呼客人的店主顯得富裕而滿足。我發現官場人士在這些店裡花了不少錢，不僅彌補他們的短缺與需求，也滿足了他們奢華的品味。但另一方面，那些不受歡迎、無人理會的窮人所顯現的污穢困苦景象，卻又無所不在，也或許是在這些財富貴氣的對照下而更加刺眼吧！

限於篇幅之故，我的敘述根本不及我在這個大都城所見所聞的十分之一，例如我便無法詳述：冬天清晨，赤裸的乞丐是如何被人發現死在城門邊；貨車是如何挨家挨戶去載運那些因爲夭折而不能舉行葬禮的幼兒屍體；窮人又是如何湧向一個有如牢房卻已經擠滿人的地方，哀求著希望能挨到牆邊遮個風，以免天還沒亮他們的心已經被冬天寒風給凍僵。

在北京有好幾畝地的簡陋屋舍是八旗兵群居之處，看起來就好像把垃圾當成貢品擺在皇宮門口似的。的確，無論在京城哪個地點，都會讓人渴望看一眼我們年少時期所想像的中國天堂，看一眼亮澄澄的天，看一眼茶園、橘子園、茉莉樹籬和充滿香氣的荷花池。我在中國有一、兩次幾乎圓了這個夢，但完美的景致卻總會被人民本身或他們習性上的某些缺陷所破壞。

對外國人而言，緊鄰在商店前面的步道可說是最奇特的了。每當大雨一過，這些路上就會出現許多水坑，這些水坑很難跨越，除非你涉水而過，要不就是學學北京當地一位老太太隨身帶著兩塊磚頭，凡是遇著水坑便能拿來鋪路。不過水坑還不是交通的唯一障礙。在倫敦商業中心的街道，小販的帳子和攤位前面老是圍著一大堆人，店家也會把商品全擺到外頭來賣，街道就這樣被占去三分之二，在北京也一樣，而且買賣的人數和花樣更多更雜，更是把每個乾燥的地方都占滿了。

有時候想擠過人群，你只能從一群正在煤炭屋前卸貨的駱駝身上蹭過去，不過你可得留神，假如有駱駝趴坐下來，千萬別踩到牠又大又軟的腳，否則可會被狠狠地咬一口。有時候會遇上一匹膽小的騾子被拴在店門口，騾子主人則優哉游哉地在店內抽菸閒聊，那麼你就得等著主人把騾子牽走才能通過。

有一回我夾在人群中，為了走到另一邊的步道不得不爬過一堆木板，爬到頂端時發現可以清楚地拍到對街一間漂亮的商店，便架起相機準備拍照。不料才兩、三分鐘，照片都還沒拍好，整個畫面就在瞬間改變了。好奇但無惡意的圍觀者把每吋地面都占滿了，交通受阻，而正當我要將底片曝光時，突然有個小夥子腦筋一動，把我腳底下的木板抽走，害我狼狽地跌下來，一旁的群眾則看得樂不可支。

步道附近有些攤子是用泥或磚搭造，原本是很堅固持久，但是小販隨時都可能接到命令將攤位撤除，以供皇帝的出巡隊伍通過。我得告訴各位，只要皇帝一走出皇宮圍牆，街道一律得清得乾乾淨淨，絕不能讓聖上瞥見他這繁華都城的眞實面貌。皇帝經過之後，亭、帳、攤位重新搭設，混亂的買賣場面也再次重現。依眼下的情形看來，這些路邊的障礙物其實對人民幫助極大。攤位上什麼東西都買得到，販子也都扯開嗓門賣力地推銷著。在這頭，屠戶和餡餅師傅合夥起來，前者按照客戶的要求將羊肉切塊出售，剩餘的骨頭殘渣則交給後者，當著一群飢腸轆轆的圍觀者製作美味餡餅。師傅在板子上快速地擀著麵糰，一面尖聲叫賣他這兒所有的美食，圍在旁邊的狗兒也眞心實意地引吭相和。

此外，這裡還有價值不菲的珠寶，以及西洋鏡表演、江湖賣藝的、賣彩票的、走唱的和說書的；說書的一面彈著琵琶一面吟唱，聽眾圍坐在長桌邊，全神貫注地聽著這些遊唱詩人的精彩故事。然而，說書的人卻有許多競爭者，其中大概又以賣舊衣的最具威脅。

這些舊衣商說有趣故事的本領是出了名的，當他把衣服遞給出最高價購得的人時，還會爲這套衣服唱首小曲。於是，每件外衣背後都多了一段傳奇故事，並立刻變成無價之寶。若是毛皮大衣，其保暖功能就會被誇張成：「有一年天寒地凍的，就是這張毛皮救了名門張家的主子一命。那年大夥都給凍得成了啞巴，因爲一開口話珠子就結冰懸在嘴邊。人的耳朵也凍得毫無知覺，頭這麼一搖就掉下來了。大街上凍死的人不計其數，可張家過世的老爺子就是披上這件毛皮襖子，全身一下就暖烘烘了。您說它該值多少呀？」諸如此類。而以上這段話確實出自一名出售流當品的人之口。

我看見有兩、三個人做的是魔術圖片和西洋立體相片的生意，其中有些照片藝術格調不高，至於西洋鏡嘛，還是少說爲妙，總之在歐洲人來人往的大街上絕對不可能見到。在北京街頭也有創意十足的木偶戲，師傅躲在幕後以雙手操縱木偶，方式和我們一樣。晚上，我還經常看到精彩絕倫的皮影戲，這是一種從後方以明亮燈光將活動的小木偶投射在一面薄幕上的表演。

在一些攤位上也能買到精美的泥偶，但是這種製作彩色泥人的藝術，中國沒有一個地方比得上天津。天津的小泥偶售價極爲便宜，卻遠比我所見過的其他泥偶更爲精巧，其造型不僅包括栩栩如生的中國男女，還有許多模仿得維妙維肖的滑稽人物。

假如我再在京城這麼漫遊下去，恐怕永遠也到不了旅館，更甭提能受到旅館主人湯瑪斯先生的熱忱招待。湯瑪斯不是個很乾淨的人，但非常彬彬有禮，這點已經十分難得。只不過他上衣的鈕釦都快掉光了，若是能多一件背心、少一點油漬，看起來應該會體面一點，瞧瞧他那身油漬好像很努力地想爬上他的頭髮，只是尚未到達目的地罷了。爲了迎接我們到來，他匆匆洗過手臉，但並未洗乾淨。此外，他倒是個不錯的廚師，當我稱讚他的手藝時，他說要是有一點白蘭地，對於任何傑作都能有畫龍點睛的效果，繪畫如此，烹飪也是如此。其實他如果說需要大量白蘭地，應該比較貼近事實吧！

我的臥室不太舒適，搭建材料主要還是泥土，怎麼舒適得起來？泥土地板上鋪了蓆子，但粉刷過的牆壁黏黏的，還有床和布簾也是，整個房間瀰漫著一股悶熱難聞的味道，打開衣櫃一看，裡頭還有許多發霉的洋式衣服。隔天早上我才知道，那些衣服是一個罹患傳染病的男士留下的，幾天前他差點就因爲天花死在我住的這個房間。幸好我沒有因而染病。

我到滿人住的內城去參觀朝鮮會同館。[5] 朝鮮國王按例每年會派遣使團到北京朝貢，而第一隊貢使團就在我離京之前抵達。我前往參觀時，會同館內只有寥寥數人，他們居住的房間簡直一塵不染，當時我眞想脫下髒鞋留在門口，以免弄髒了潔白的草蓆。我對於他們幾乎一身素白且潔淨無瑕的衣裳也同樣印象深刻。附錄的這張照片可是費了我好大工夫才拍成，但也因此而彌足珍貴，因爲這是我能提供給讀者關於這個遺世獨立的有趣民族的唯一線索。

我從明十三陵回來之後，大英使臣好意邀請我住進會同館，但我已經答應湯瑪斯留在他的旅館，雖然有某些地方不盡完善，但他畢竟非常眞誠，也盡力迎合我了。

我買了一匹蒙古小馬以便節省遊覽的時間，有位好心的朋友還借給我馬鞍和韁轡，但這頭畜生骨架粗、頭顱大，還有個圓滾滾的大肚子，由於沒有馬尾鞦，[6]所以馬鞍的肚帶老是滑脫。小馬的胃口也很大，至少我雇來的馬夫是這麼

朝鮮貢使團人員

說的。第一晚小馬就把自己窩裡的鋪草吃個精光，早上我去看牠的時候牠好像又餓了，不僅把用來拴住牠那棵樹的樹皮啃掉，又呑下價值大約八十五文錢的小米糠等等。不久我便發現我被馬僮給騙了，原來他自己在隔壁養了一匹小馬，花的卻是我的錢。

北京人釘馬蹄鐵的方式很奇怪。他們先把馬的三條腿綁在一起，只留下要裝蹄鐵的那隻腳。然後在兩根柱子中間把馬整個吊起，如附圖所示。

北京的中國人釘馬蹄鐵

北京城從皇宮的主要建築到最外層的防禦城牆，任何細節都經過精心規劃與嚴密執行。皇宮建築群的平面圖和中國各大廟宇與陵墓的平面圖其實大同小異，甚至連建築物的風格與布局都十分類似，因此幾乎無須改建便能立即將皇宮改爲佛寺。例如位於東北城角的蒙古人的雍和宮喇嘛廟，便曾經是康熙皇帝之子兼繼承人的府邸。假如站在城牆頭望向紫禁城高聳的飛簷，可以看出從前門到景山之間共有三大殿，每一殿都只能由一道三門並列的大門進入。明十三陵也是同樣模式：同樣三間大殿，每殿前面有三門並列的大門，至於中國北方的廟宇與住宅建築，也都是採用相同格局。北方的住宅有三進院，院子間分別以廳堂隔開，僕人的住處位在外院，而最內院則供主人家眷使用。

無論在什麼地方，三與九似乎都被公認爲神聖數字，這眞是個有趣的現象。例如在北京，內城門的總數是三的倍數，還有官員不論官階，晉見皇帝時都需行三跪九叩之禮。位於外城的天壇也不例外，除了三重簷、三重石壇之外，其餘一切充滿神祕象徵意義的符號若非與三有關，便是與三的倍數有關。

我想艾約瑟教士是第一位注意到天壇的象徵性建築之人，也是第一位注意到中國人本身不僅看重這個位於南方的祭壇，並視之爲中國最神聖的宗教建築的人。冬至時，皇帝會親自到天壇祭天，就像族長祭祀祖先一樣。在福州府城南側有兩座山，一名烏石山（即烏山），另一名九仙山（即於山）。

在烏石山頂有一祭壇，其實只是以未經切割加工的岩石簡單搭設而成，在岩石表面鑿出的階梯，第一段有十八階，第二段有三階。據說這座祭壇年代相當久遠，福建總督在每年的特定時節都會以欽差大臣的身分至此祭天。這個花崗岩石桌上擺著一個裝滿香灰、造型簡單的方形石器，很可能就是中國最原始的祭壇形式了。北京城南方的祭壇與須彌山極爲相似，須彌山是佛教世界的中心，所有天體均以此爲軸心運行，而天壇第二層祭壇的一重重石板也是依照中國星象學中日月星辰的位置排列。

北京城——或者應該說是滿人居住的內城——幾乎是呈現完美的對稱格局。紫禁城立於中，有三條南北向的主要大街，居中一條直通皇城門，另外兩條分占左右，與其距離相當，雖然有無數街道巷弄交叉其間，但與三條大街若非平行便是成直角相接。站在外城牆上，無論從哪個角度看，整個畫面還是令人失望。除了皇宮建築、寺院廟宇、天壇、羅馬天主教堂和官府衙門之外，所有的房屋都低低矮矮，絕不超過法定高度。放眼所及也有不少傾圮荒廢之地。雖然處處可見寬闊空地，以及綠樹掩映的富人宅第，但是視線很快便淹沒在廣達數百畝卻千篇一律的磚牆瓦海之中，不禁讓人聯想到，中國人的閉關自守其實是從每戶人家開始的。

遠處聳立著高高在上的帝王聖殿，被一重重的城牆包圍著，無數的廣庭與象徵神聖和諧的宮殿將他與外界的目光隔離，而你會發現他所有子民的住處也都如此封閉。每戶人家都關在自家的圍牆內，由外只有一個入口通往各院與廳堂，而內院則是無論什麼貴客也不能擅自進入，以免冒犯了神聖的住所。當然還有數以萬計的房舍與小屋不可能有此布局，但是住在裡面的人還是會擺出一副拒人於千里之外的自負神情，這點有時連街上的乞丐也不例外。如果是滿洲人，自然以身上的羊皮衣爲豪，否則即使赤裸的身子只覆蓋著一層泥巴，他們也依然顯出唯我獨尊的神氣，這些人若非境遇可憐還眞有點可笑。

我在京城時，有幸經人引見認識了恭親王，與中國政府的其他傑出官員，他們也很聰明，利用我來到總理衙門——即中國的外交部——的機會拍了照片。想必大多數讀者都已經知道，恭親王是已故咸豐皇帝的弟弟，也就是如今在位的同治皇帝的叔叔。他位居高職，同時掌管軍事內政等政務，更是軍機處要員——軍機處有點類似英國的內閣。他也十分受人尊敬，不僅理解力強，觀念相當開放，有人甚至視他爲力主中國進步的小政黨的龍頭。

總理衙門的設立是簽訂天津條約的一大成果。在此之前，所有對外的文書往來都由理藩院負責，列強的地位幾乎與中亞那些藩屬國沒有兩樣。總理衙門旁便是同文館，聘請了一群外籍老師教授中國學子外國的語言、文學與科學知識。其中有一位老師自告奮勇擔任我的翻譯，某天早上，他帶著我走進一道低低的窄門，一大片牆上也只有這個開口。我們經過幾個以假山、流水、花草裝飾的庭園，走過幾條陰暗破敗的廊道，最後來到一棵老樹下，眼前便是臣子晉謁皇帝之處，純中國式建築美輪美奐，君臣們經常在此討論廣大民眾的福祉。我還來不及欣賞這裡的雕梁畫棟，便有一名王公大臣從一道窄門的竹簾後面走出，禮數周到地接待我。

恭親王並未出現，但文祥、寶鋆和沈桂芬等軍機大臣都已經到了。文祥在外交界十分出名，是公認最有智慧的政治家與當代最主要的閣員之一。據說有一位外國人當著他的面強硬要求中國進行改革，他以下面這段預言加以回應，只不過預言尚未成真：「給中國一點時間，我們的進步定會快得令你們吃驚，屆時曾經力主我們改革的人恐怕就要悔不當初。」這樣的轉變可能仍遙遙無期，就像某些不知名星辰的光線穿越無限大的空間，至今仍未到達我們的星球。中國已經度過燧石與青銅時期，而從它廣大的礦物資源看來，它是注定要進入一個煤和鐵的時代。

文祥和寶鋆是滿人，沈桂芬則是軍機處的漢人成員之一。

總理衙門的大臣成林、董恂和毛昶熙也都在場。董恂有許多珍貴的著作，我在北京期間，有一部關於華北水利的書籍正在付梓中。相信讀者從我對水患的描述，也能推斷出他的文章應該極具價值，不過書中所建議的排水與整修堤岸工程也得付諸實行才行。大臣們穿著樣式簡單、顏色各異的緞袍，開前襟，腰間繫帶，淺藍色絲領由頸部到肩膀逐漸削尖，腳下是厚底的黑色緞靴。官服非常華麗，但最重要的是多數的大臣都是相貌堂堂，比起我們的內閣官員毫不遜色。他們都有一種安詳高貴的氣質，唯一的原因正是他們經常與具有高度文化素養的人往來。

恭親王的到來打斷了我們閒談。親王愉快地與我交談了幾分鐘，詢問關於我的旅程與攝影，而且似乎對於照相的過程很感興趣。他身材中等，骨架纖細，至於他的外貌，老實說，並未像其他大臣留給我那麼好的印象，不過按人相學的觀點，他確實是相貌出眾。他的目光敏銳，面無表情時也會自然流露出一股剛毅。我看著他的時候暗忖道：他與周圍的大臣共同擔負著數百萬人民的命運，這樣的重擔是否讓他感覺壓力沉重？或者他與其他同僚對於國家與人民的現況已感到志得意滿呢？

這些人面對這個時代有許多困難要一一克服。對外戰爭、國內動亂、飢荒、洪水與各地貪婪的官員，都大大削弱了朝廷的威望與力量；如今也只有利用鐵路與電報系統將每個距離遙遠的省分與北京連結起來，才能讓偏遠地區感受到並臣服於朝廷的權威。

我此時所面對的官員當中，毛昶熙應該是最嚴肅而文雅的一位。此人學問淵博，聲名遠播，並且曾經擔任京師會試的主考官。

中國人非常重視科舉考試，受京城主考官拔擢爲狀元或翰林更是無上的榮耀。在一八七一年三年一度的會試中，狀元頭銜由廣東順德地方一位梁姓人士贏得。廣東省大約在五十年前也有一位士人得此殊榮，而他則是當地兩百年來的第一人，因此廣東人無不將鄉親再次金榜題名視爲歷史大事。然而，據說這位梁先生能點中狀元其實是出於僥倖。梁先生入選三甲之列後，必須再以試卷排定名次。試卷共有九份，由翰林院學士審閱排名之後，再呈交皇太后（因爲皇帝年紀尚幼）欽點。最優秀的作品置於最上方，但是這位老夫人有一種皇室的跋扈，一心想推翻這群學者的決定，巧的是陽光正好落在頭選的文章上，她發現試卷有個地方變薄了，原來是考生擦掉原來的字之後又塡上另一字。太后因此斥責主考大臣不該讓如此邋遢的試卷入選，並改欽定梁先生爲狀元。

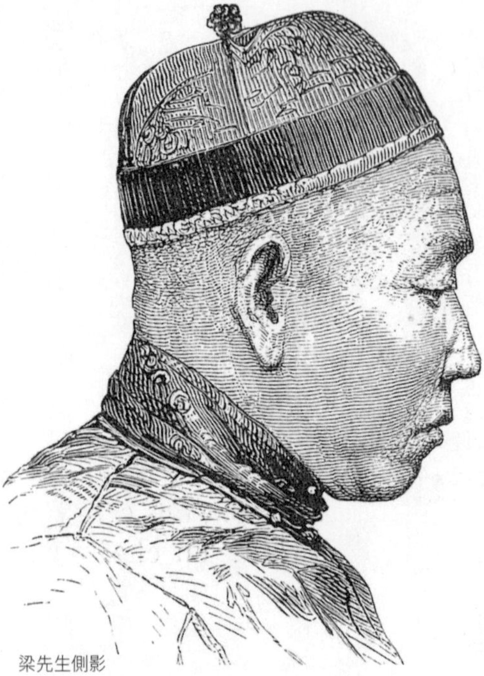
梁先生側影

迷信的廣東人說這是天意，那線陽光便是老天爺派來的使者，以便指出原先頭選試卷中的瑕疵。

梁狀元於一八七二年五月抵達廣東，受到當地官府最隆重的接待。所有（財力雄厚的）梁氏宗親都捐出一大筆錢給狀元，希望能進他的祖先祠堂上香祭拜。他們想藉此攀上關係，一旦儀式過後，便能在自家祠堂的門口掛上寫著狀元頭銜的牌匾了。

這位文科狀元有一位叔父，一方面是與有

榮焉，一方面又急著賺點錢，因此在狀元尚未到達之前，便搶先挨家挨戶去報喜。這份差事有時能讓這名熱心的親戚收到一千銀元，而侄子爲了家聲，也只好容許這種事先爲他揚名的作法。

我再舉個例子，讀者就會更加明白中國人尊崇狀元的程度。梁狀元的一位兄弟原在廣州租屋，後來屋主聽說他是當今狀元的兄弟，立刻將屋子免費奉送。

我和軍機處一兩位大臣喝了會茶，閒聊一陣之後，才起身告辭。

我不得不略過北京的許多寺廟與其他有趣的主題不提，我在此主要想傳達的訊息是今日中國與其人民的概況而非細節，因此只能大略介紹幾個重要地點。孔廟涵蓋的範圍廣闊，而且和所有宮殿、廟宇甚至住家一樣，四面環繞著圍牆。孔廟大門如附圖所示。大門外有一排古柏小徑，和古希臘羅馬神殿一樣，而整體建築可能是京城中最令人印象深刻的純中國式建築群了。三重門與護欄都是大理石雕刻，而柱子和其他部分則使用較不持久的材料，如木頭、琉璃瓦與磚塊。另一側有碑林，立有數百年前翰林院士題名碑，左邊一塊馱在龜背上，是馬可·波羅在中國期間設置的。

這道門內置有著名的石鼓，上面有將近兩千年前以最原始的中國文字形式刻寫的詩文。[7]從這些石鼓一眼便可看出雕刻的詩文與文字有多麼古老。卜士禮（S. W. Bushell）曾經翻譯過這些文字，他也在最近發現了名城上都，這座都城就是柯立芝詩中所提到的「仙納都」（Xanadu），也是馬可·波羅所說元朝的北方都城。大殿內僅供奉著中國這位重要哲人與他二十二位最傑出弟子的牌位。

一般認爲已逝偉人的靈魂還存留在牌位上，因此每年到了春秋分時節，便要在這座文學聖殿前面宰

北京孔廟大門

殺牛羊行祭祀之禮。

國子監（即國立大學）就位於孔廟鄰旁，辟雍殿周圍有兩百塊完整的九經石刻。

觀象臺位於內城的東側城牆上。在這裡，除了耶穌會教士於十七世紀設置的巨大觀星儀器之外，我還在底下的院子裡發現了中國人在十三世紀末，也就是元朝期間，自己發明的另外兩樣儀器。製造這些儀器可能也利用了歐洲科學的某些元素，但美麗銅環上的文字與刻度所顯示的，都是中國曆法與中國當時的天象。不過製造這些儀器之時，馬可．波羅應該就在中國北方，否則至少孟高維諾（John of Montecorvino）也在，因爲他奉教皇克勉五世（Clement V）之命，於一二九〇年左右成爲汗八里（Cambalu，即北京）教區的主教，或許他曾透過手下無數教士引進了某些西方藝術知識吧。

我檢視這些儀器時，偉烈亞力先生也在旁邊（恐怕沒有人比他更權威了），他認爲這些的確是中國的儀器，而且是中國最著名的天文學家之一郭守敬所製造。兩者其中有一個等高儀，下方增設了一個很出色的日晷，不過指時針早已失落。其實整個儀器包括有三個等高儀，第一個部分可移動、部分固定在黃道面上，第二個繞著中心旋轉如同子午環，第三個則是方位圈。

另一樣是以四條鏈起的龍爲底座的渾天儀，其設計與工藝堪稱登峰造極。即使在當時，這個儀器應該也是中國人青銅鑄造藝術的極致之作。地平圈刻著中國人用來區分日夜的十二個時辰。外弧面上，這些文字再次出現，並配上天干中的八干和八卦中的四個卦名，用以指示方位，至於內弧面則刻有古代中國的十二州州名。另外有一個赤道圈、一個雙環黃道圈、一個二分圈和一個雙環二至圈，都配合著地平圈運作。赤道圈上刻著遠古的星宿名，黃道圈上則平均刻著二十四個刻度，對應一年的二十四

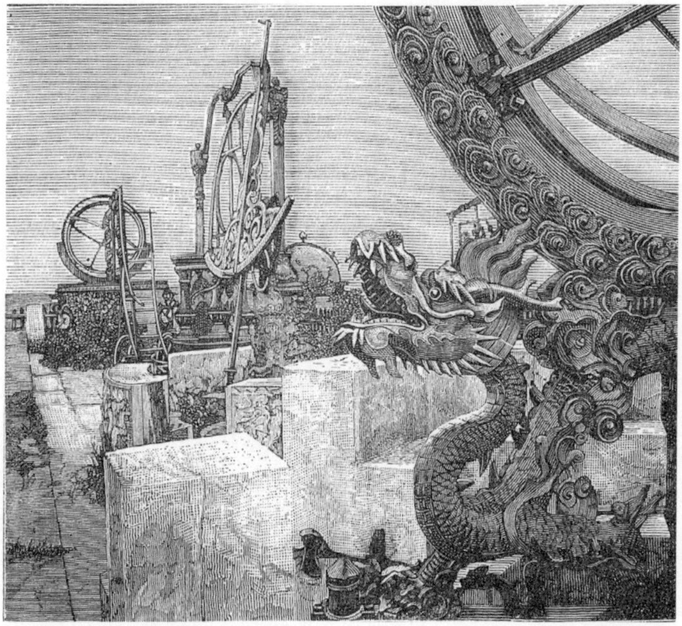

北京觀象臺，耶穌會教士所設置的儀器

北京觀象臺的渾天儀

節氣。每個環圈都有三百六十五又四分之一個刻度，代表一年的天數；每個刻度又分成一百等分，在那個時期凡是不滿一度總時與以百分法表示。一想到這些儀器代表著中國十三世紀末前後的天文科學水準，更令我倍感興趣。

我在北京結識了許多有教養又聰明的當地人，其中一位陪同我與一名英國醫生前往遊覽夏宮遺址。另外還有一位楊先生，後來與我十分熟稔，我也因而有機會一探京城上流人士的宅邸與居家生活。我這兩位友人都熱愛攝影，但楊先生卻不以在這方面的成就為滿足，還經常做一些研究與實驗，令家中龐雜的成員既感不便又驚恐不安。楊先生是個很典型的現代中國學者：肥胖、溫和而知足，但他對科學的求知態度卻常常投機取

北京的楊家花園

巧，還認爲這一知半解、急就章的學識是自己聰穎過人的成果。

他的住宅也和中國多數住家一樣，門外有一條高大磚牆夾起的小巷，因此，除了一扇小門和門檻後方一道低矮的磚牆之外，從外面什麼也看不到——那道磚牆是用來阻擋亡靈的。門內同樣是一連串的院落與廳堂，其間由垂滿藤蔓的狹窄迴廊相連；不過，每個庭院都有假山、花草、魚池、小橋與亭閣等風雅的造景，如附圖所示。整個地方確實相當詩情畫意，也很適合愛好清靜、欲享天倫之樂的人居住，而住在裡頭的人除了自家圍牆內的世界，對外界幾乎一無所知（至少婦女是如此）。

我最後終於得以進入中國人神祕宅邸的神聖範圍。男主人不但是業餘攝影師，對化學與電流實驗也十分熱中，還在女眷住處設置一個實驗室。實驗室的角落裡擺著一張黑色木雕床架，懸著絲綢床帷，床上放著木枕。另外有一張長臺也是黑木雕工，上頭擺放了各式各樣的化學、電氣與攝影儀器，以及中國與歐洲書籍。

牆上掛著幾幅楊先生與親朋好友的放大照片。在外圍小院子的雞舍裡，主人特地裝設一架蒸汽鋸木機，而且還在短短的一天當中製造不少奇蹟。然而，那架機器卻也只神氣過那麼一回，因爲許多北京人聽到機器運轉的轟隆聲，都紛紛架梯爬牆擠到屋頂上看熱鬧，主人驚嚇之餘只好棄之不用。如今鋸木機直挺挺地立在那兒，汽缸上站著一、兩隻垂頭喪氣的雞——龐然怪物一旦被摸透了，連家禽都瞧不起它。我在教導友人調製硝酸銀與其他攝影化學藥劑時，見過女眷們幾次，其中有幾位長得十分漂亮，個個穿著綾羅綢緞。不過，有一位因諸多善行而贏得當地人敬重的英國女士（艾約瑟夫人）提供給我以下訊息，倒是能讓我們更深入瞭解北京富家女子的日常生活。

中國有許多富家女子多半都把時間花在嗑牙、抽菸和賭博上，女性讀者定會驚呼：眞是太不端莊了，然而這些才藝不管是獨自或集體進行，都需要經年累月的訓練才能在中國的上流社會有完美表現。眞沒想到如今最受歡迎的消遣竟是賭博，不過這項惡習並非中國女子的專利，而是老爺們爲她們樹立的榜樣，一思及此，或許能令人聊感安慰吧！她們總是一心想著要賭錢，若是沒有身分相當的客人可以一塊賭，便會召喚僕人來湊數。

較窮的婦女會上賭坊去，結果輸掉一大筆錢，到了年底得清償賭債又還不出錢來，往往逼得自己鍾愛的丈夫走上絕路。

已婚婦女通常都要早起，先爲丈夫張羅茶水，然後爲他準備起床後洗手臉用的熱水。對待婆婆也得如此，因爲她無時無刻不在左右，充當兒子的守護神。不過一般說來，婆婆可不是媳婦的守護神，只要她活著一天，媳婦就得像奴隸一樣辛苦一天。說出來可能有點不厚道，但事實畢竟是事實：主婦們一到清晨，便趿著舊鞋——至少未纏小腳的滿洲婦女是如此——穿著邋遢地奔來跑去，一面吆喝著下人們幹活。總之在許多中國家庭裡，爲主人準備好一切梳洗用具之前，常常是一片騷動。

每位夫人小姐通常有一到兩名貼身婢女，底下還有個小丫鬟負責伺候這些婢女，並爲女主人清菸管、點菸。婢女爲女主人梳頭需要一到兩個小時，然後將一種調成糊狀的白粉塗到臉上和脖子上，乾了之後再磨平擦亮。接著在臉頰和眼瞼刷上粉紅色的

滿人婦女

梳妝打扮的中國婦女

粉，剩餘的胭紅便留在女主人的手掌心，因爲手掌發紅的人會很受敬重。接下來，她們用某種花將指甲染紅，最後才更衣。許多婦女都會梳髮髻、戴假髮，但不染髮，因爲一般人多半頭髮烏黑，金髮並不流行。

多數婦女會利用部分時間來繡鞋子、荷包、巾帕等等。但在成親之前，她們幾乎所有的時間都用在準備可悲的婚禮上，等著嫁給一個自己可能從未謀面、也可能永遠不會喜歡的人。受過教育的婦女——唉！眞是少之又少——偶爾會聘請家境貧苦但念過書的寡婦，來爲她們誦讀小說或戲劇。有這項技能的女子倒是可以不愁吃穿。有些人也會請說書的和賣唱的到家中庭院裡來表演。

晚上，她們通常就在院子裡抽菸，看著孩子們嬉戲，這個時候更少不了變戲法、耍木偶與說腹語等表演。一家人都早早便上床休息，夫人小姐們可不想在燈火下做女紅傷了眼睛。中國也有很多婦女沉迷於鴉片。

在這裡也並非沒有浪漫的戀愛故事，只不過結婚的男女雙方在成親之前，絕大多數都沒

梳髮髻的婦人

廣東船婦

寧波婦人

平埔番

滿人

有感情基礎，甚至沒見過面。

每回離開楊先生的住處時，總要穿過一個淹水的院子，因爲楊先生在這裡架設的蒸汽唧筒一啓動後便停不下來，直到整個內院都給淹沒爲止。我即將啓程之際，我這位友人每天都想著完成一套小小的瓦斯裝置，爲家裡供應瓦斯——我想他應該是成功完成這項壯舉，沒有把房子給炸了。

北京景泰藍工藝——北京僅剩一、兩家作坊仍繼續製作景泰藍。最古老的景泰藍花瓶製作於三百年前左右的明朝期間，但據說在兩百年後乾隆年間的製品更爲精巧。在過去二十五年當中，這項藝術再度復甦。其中手藝最好的一家作坊距離法國會同館不遠，奇怪的是作坊主人竟是個姓關的滿人。

製作景泰藍的第一道程序是以半敲打、半焊接的方式做出理想形狀的銅瓶，再由當地藝匠將花卉人物的設計圖樣描繪到銅胎上，然後將銅絲依著圖案黏貼上去，再加以焊接固定，而且銅絲要比所需容納的釉料量粗一點。用以焊接的材料是硼砂和銀，其熔燒的溫度比釉料本身的熔化溫度還要高。接下來要將各種顏色的釉料磨成粉，再加水調製成糊。據說粉狀釉料的製作過程十分祕密，全北京只有一個人知道，他將釉粉製成固體形狀後出售，看起來有如各種顏色的玻璃片。

在圖案空隙中塡入各色釉粉的細活主要都是由小夥子負責，他們總能把色彩調拌得十分完美。塡完釉料之後，便將整只銅胎置於高溫下燒熔，過程中還會出現縫隙，便再塡滿、再燒熔。這道程序重複三次之後，即可進行銼工、刮平、磨亮。打磨的程序在一個簡陋的車床上進行，完成後接著便是鍍金。有些大型精美的花瓶可以賣到數千兩，但是在中國人和外國人圈子裡卻是同樣搶手。

北京製作景泰藍的作坊

十月十八日，我和兩位友人啓程前往位於北京西北八十哩〔約一百三十公里〕左右的夏宮圓明園。其中一位是我先前提過的王先生，他是北京工部一名官員，搭乘官車，後面跟著一隊騎馬隨從，而我和德貞醫師則騎乘小馬。途中到了紫禁城附近，我們遇見一支隊伍，其中有一頂六十四人抬的大轎子，坐在裡面的十四個人都是王先生的工部同僚。

這些人準備用這頂轎子將某位公主的遺骸送到埋葬地點，此時正在測試轎椅的載重力，這就和讓鐵路局長站到每列火車頭去是同樣道理！轎子中央放著一只裝滿水的大盆，以便訓練轎夫保持平衡。茶點招待和眾人的喧騰叫鬧是否也是測試過程的一部分，我無法確定，總之工部的職責除了非常實用之外，似乎也有趣得很。稍後，我和一名騎兵軍官賽馬，最後雖然是我贏了，但我的馬鞍卻已幾乎滑到我這匹寶馬的肩膀處。

四點左右我們到達夏宮的庭園，卻只見一片殘破荒廢的景象，眞叫人難過。此地曾是中國最美的園林之一，一度妝點其中的大理石板與精美雕飾，如今卻四處散落在斷垣殘壁與荒煙蔓草之中。不過還是有幾棟建築逃過了侵略者之手，但願是建築之美使得侵略者不忍摧殘。其中之一是跨越在蓮花池上的一座十七拱石橋，除了這座橋完好無缺，遠處萬壽山上的大寺也同樣毫髮未傷地在陽光下熠熠生輝。寺廟下方遍布著美麗的雕像、寶塔與其他裝飾，都在聯軍無情的侵略下毀於一旦。然而，殘留下來的部分也足以讓人對這座夏宮所耗費的無數財富與人力略有概念。

傾圮在圍牆內的夏宮，還是當初被劫掠後遺留下來的模樣。令人遺憾的是，中國政府未履行條約義務，我們爲什麼不能用較不具毀滅性的方式來求償呢？爲什麼不能以眞正偉大的成就，讓中國人對我們的高度文明刮目相看，卻要以可怕的強權暴力讓他們心生恐懼？比方說，如果能在占領京城期間讓百姓明瞭：即使時間短暫，明智與開明的統治方式還是能大幅改善國家與人民的情況，那麼在我們被迫給予教訓並取得適當的補償之後，依然可以堂而皇之地離去，而不至於留下根深柢固、刻骨銘心的仇恨。這股恨意很可能不久便會顯現出來，我指的不是外國旅客與商人目前所遭遇的小小阻礙，而是他們會抱著決絕的心，想盡辦法將外國人趕出中國領土。

王先生對於四周的廢墟隻字未提，只是讚嘆這座華麗宮殿僅存的一小部分。但是我無法探知他眞正的想法，因爲即便開口詢問，以中國人的習性還是不會坦白相告。

北京的夏宮、萬壽山

我們在臥佛寺找到過夜的地方。廟裡的老喇嘛慨嘆時局不好，他說雖然禮部每年會發給每位僧人十二兩，但還是沒有足夠的人口來供養他們。只可惜近幾年皇室舉行葬禮的人不多，這項儀式可是能讓廟方賺得三百兩左右呢！

臥佛寺是個非常美麗的地方，僧人的住處雖然一樣簡樸，卻是極為乾淨也維護得極好。

北京有許多有趣的設施與題材，但即使只是描述重點也得寫上一大本。

班禪喇嘛的衣冠塔是全中國最獨特、也可以說是最精美的建築。這座塔建於北京北城牆外約一哩（約一點六公里）處的黃寺殿外。前往參觀的途中，我在安定門外的校場上，看見駐防京城北方的軍隊正在進行操練，數千步兵與騎兵隊伍，遠遠望去顯得十分英勇神武，但是有許多人類機制在就近細看後，偉大的感覺似乎總會打點折扣，涉及中國人尤其如此。

因此，當我仔細看看其中一艘河上砲船，便發現甲板上一整排醒目的槍砲全是木頭做的。其實古代中國人作戰也是如此，當你小心翼翼欺近敵方營區企圖偷襲時，才發現那些帳棚原來是將田野上的土堆刷白所僞造。另外在安定門的校場上，我看見士兵們在飄揚的旗幟底下，手持舊式火繩槍或弓箭，以及巨大的竹編盾牌，盾牌上還畫著惡魔面孔以便讓敵人心生畏懼。

儘管如此，軍隊也並非完全沒有改革，他們還是擁有現代化野砲、現代化步槍，勤於射擊練習，最重要的是盡最大的努力維持軍紀。在此同時，我不禁想起李鴻章（在天津有幸經人爲我引見）——中國境內洋式兵工廠的首創者，戈登上校與曾國藩的戰友。李鴻章本人一看就是軍事將才，高大、剛毅、冷靜、意志堅定，長相外貌是我所見過的中國人當中最出色的。他對同胞的進步與命運的影響力，恐怕當今世上無任何漢人子孫可及。他對自己國家的能力或許太過自負，但他卻也深刻體悟到西方王國的勢力，並且急於推斷這些優越民族的祕密。

有一回，他看到一件既美麗又精巧的外國機械，不禁眞誠地讚嘆道：太奇妙了！爲何此等發明與發現總是來自外國？我們之所以迥異必定因爲在心性本質上有所不同。不過他也許只是爲了恭維一旁的人，而不是發表自己眞實的想法。他應該知道中國人已經有數百年幾乎或根本沒有機會展現特殊天賦，他們只曾在歷史上的幾段黑暗時期尋求過眞理之光，但他們力求效法神話中的先王、體現古聖先賢的教誨，在如此嚴格的約束下，創意與發明自然會被視爲有害的雜草而遭連根拔起。

我們現在到達了偉大的紀念塔。然而，這座塔的巨大規模、奇特雕刻、黃金冠頂以及松柏成蔭，又怎有一時半刻能比得上那些前來大殿瞻仰、做微薄奉獻的貧苦工人的日常生活與願望來得有趣呢！此建築的故事不長。在陽光下閃耀的寬闊白色石基底下，放置著一位被視爲佛陀再世的蒙古喇嘛的遺物。那邊是黃寺大殿裡空出的寶座，這位神人曾經面朝東方坐在上頭。在另一室中，我們見到了聖人斷氣時睡的床，據說他是遭十八世紀末一位帝王嫉妒而被毒害，而這位帝王在祕密殺人之後，還以最隆重的禮節爲受害者送終，甚至公開拜祭褒揚。

倫敦聖經協會會員偉烈亞力先生此時正在北方各省遊歷，便陪我一同前往長城，另外有一位俄國人威瑪先生（Welmer）也加入我們的行列。出了安定門外的校場後，我們在一家名叫「榮寶」的客棧落腳。偉大的工部呀！我們發現工人正在那兒修路。到了馬甸有一個羊市，蒙古人都把羊隻帶到這裡來賣。奇怪的是，這個民族有一種堅定的遊牧天性。我在北京的蒙古區裡，就親眼見到他們將運貨的畜生安置在租來的屋內，然後自己在院子裡搭帳棚。羊隻的狀態證明蒙古的牧草確實肥美，至於穿著羊皮外套的牧人則是看起來強健但骨瘦如柴。

我們第二個落腳處是沙河村的「忠善」客棧。房間裡有塊木板上寫著一句格言：「謀財有道，終必得之。」由此看來，客棧老闆必定是個不老實的無賴，看他生活環境如此貧苦，想必是謀財之道有問題。我們在南口的「隨善」客棧過夜。此地實在簡陋之至，上等房約有八呎（約二點五公尺）寬，裡頭只有一般的暖炕。這種房間通常會在夜裡生炭火，睡在裡頭的人可能會被煙燻死。這類不幸的意外有時候還眞可能發生。就其他方面而言，習慣於暖炕和木枕的人或許能睡得十分安穩，只是萬一碰上磚頭燒得熾熱，就可能被烤得焦黑。

我們在翌日清晨六點離開南口，循著舊時以斑岩與大理石板鋪成的蒙古驛道而行。我們通過隘口時搭乘的交通工具是一頂轎子，由兩頭毛驢一前一後地扛著。儘管此地往來西藏、蒙古、俄國與中國之間的交通十分頻繁，但仍有多處道路無法通行，危險就更不用說了，路徑緊貼著陡峭崖壁，只要有一隻驢子腳下一滑就可能出人命。我們經常會遇上長長的駱駝、騾子和毛驢隊伍，牲畜背上全都駝著重重的貨物，有些是要運到蒙古與俄國市場去的茶磚，有些則是從偏遠藩屬國要送進京城的產品。

到了居庸關，長城的一道內側垛壁橫掃過隘口，而這裡也正是我上文中曾經提及的古拱門，由於偉烈亞力先生成功翻譯出拱門內壁上以六種不同語言刻寫的佛偈，而使其聲名大噪。此外，在這座拱門上，還有描繪佛教神話中聖天諸神的淺浮雕。該拱門應該是建於元朝，據說拱門上端原有一座寶塔，但後來毀於明朝人之手，以安撫蒙古各部落。我在前文中曾特別提到這道拱門上雕飾的印度神像，此外偉烈亞力先生對刻文所做的評介亦可參閱《皇家亞洲協會雜誌》（*Journal of the Royal Asiatic Society*）第五卷第一部第十四頁起。

雇人帶領通過這個隘口時，一定要特別討價還價，否則他們會巧立各種名目來揩外國人的油。例如當外國人在全世界最艱險的道路上費力想要通過驚險路段時，會各自要求找一名嚮導帶領他們走過每塊岩石、每座石堆，而偏偏這些嚮導又全是敲詐高手，既然路愈來愈難走，就鐵定少不了要加價。離開北京之前，威瑪先生雖然已經都和這些人講好價錢，他們卻仍費盡心思想從我們這裡訛錢。

到長城之後，我依依不捨與偉烈亞力先生道別，能遇到像他這般傑出而謙遜的旅途同伴，眞是我的福氣。

從前經常看到關於長城的描述，但如今一見，坦白說很令我失望。這充其量不過是一道盤山踞谷、巨大而無用的石圍欄。我參觀的地點曾屢經重修，直到明朝期間才達到目前如此龐大的規模。外城牆乃是秦始皇於西元前二一三年所建，[8]我們在南口隘口八達嶺所看到的部分卻比外城牆晚了數百年。

長逾一千哩（一千六百公里）的路徑上，有些地方的城牆由於疏於照護已然毀損，但無論如何，這都只是一堆土，只不過在最完善的部分覆以晒乾的磚塊，在隘口內的八達嶺則覆以石塊。如今這座巨大建築紀念的只是被誤用的人力，以及中國人最擅長的一件事，那就是耗費龐大的人力物力築起障礙，將蠻夷摒斥於中華疆土之外。其實這些勞民傷財的舉動根本多餘！他們一直無法防範國內的危機，也正因爲如此，漢人的皇朝終究得落到外族手中。

關於這點大家應該沒忘記，前朝末代皇帝遭叛軍奪取皇位，後來竄位者又被推翻，而滿洲人便是趁此混亂時局進軍征服了中國。

我在回程途中，遇見一群鏈著手鐐腳銬、遭到流放的罪犯。他們在此隘口度日，遠離其他村落與人群。帶頭的人騎著一頭驢，他身上的鐵鍊把那頭可憐畜生的毛都給剃掉了一大半，以至於其他體面的驢子成列前進時，甚至不屑與其爲伍。路上遇見的商人大都長得不錯，經過我們身旁幾乎沒有不和善打招呼的。

我又回到南口的客棧過夜，發現上房已經被當地一名商人租走了，他很客氣地要將房間讓給我，我當然沒有答應。後來我住的房間，可是阿洪好不容易徵得店老闆同意，和一名打赤膊的下人一塊打掃之後，才恢復了桌椅原來的木頭本色。房間裡也有不少蜘蛛網，不過我們沒去碰，因爲蜘蛛網主人正在大快朵頤，把房中肆虐的蒼蠅吞下肚去。那名商人的商隊共有十四頭騾子、一頂高雅的轎子和一群正在隔壁房間喧鬧的騾夫。他們鬧得眞盡興呀！我朦朧入睡之際，還有個人在表演武旦角色呢！

翌日早晨，我被打鐵的聲音吵醒，才發現來了名鐵匠，在中國有很多像這樣的遊方工匠。他正在製造刀子和鐮刀，還有一個構造簡單的自製熔爐：他先在土裡挖洞生火，接著把管子的一頭接上風箱後，再將另一頭插入土中，接上地洞裡的火。

在南口還有一間回教徒客棧，主人和侍者的長相都像極了印度人。就在這裡，我碰見一名曾經帶領遊客通過隘口的嚮導。這個人從旅客那兒接收了一雙巨大的外國靴子，穿在腳上不僅要墊厚，還塞了許多布頭。此外，他還有幾份雇主所寫的保證書，幾乎張張都把他形容成一個大無賴。他得意洋洋地把證書拿給我看，對我說他並不認同中國人，並指著靴子說他也和我一樣是外國人。

我從南口前往明十三陵。讀者之中或許有人對這座埋葬著明朝十三位帝王的大陵墓尙不熟悉，因此我還是簡述一下在此的經歷。

大家應該記得這些帝王的第一座陵寢坐落於古都南京，也就是明朝開國君主所立之都，而南方那座陵寢與位於北京北方三十哩〔約四十八公里〕外谷地內的陵墓同屬一脈，建造的細節也幾乎如出一轍。明十三陵坐落於一處半圓形的山脈腳下，其半徑大約有三哩〔約五公里〕長。

明成祖年號永樂，在位期間一四〇三年至一四二四年駕崩為止，他的陵墓遠比其他帝王墓穴更為精美。陵前有一整排動物與武士的巨型石雕，雖然有些雕像顯得極為沉靜祥和，守護墓中身分顯赫的死者倒也不失應有的氣度，但若將這些視為中國最精美的雕刻，我們則不得不承認中國古代工藝其實遠遠不及我們的現代藝術。

然而，我也懷疑現今的中國藝術家是否還能製造出像明朝的這些雕像，不要說更好了，恐怕連同樣的水準都難以企及。此陵寢的建築結構在許多方面都和中國的廟宇、宮殿，甚至住家，十分相似。特別令我高興的是，辛普森先生在他趣味十足的世界遊記[9]中，也提到這一點。這是理所當然的吧，因為中國人正是將這座陵寢視為永樂帝靈魂的宮殿，除了有動物與武士充當侍衛，大殿還會每年舉行祭典祭祀他的亡靈。而神明也是一樣：廟宇就是神祇居住的宮殿，而道教的廟宇也正是以「宮」為名。[10]

推翻明朝統治的清朝帝王，至今仍會在這些陵寢舉行祭典，這番舉動或許純粹只是治國策略，也或許他們認為先王們的魂魄可能影響到清室皇位的安穩。

儘管中國式建築的整體布局有許多相似處，但是院落數目與各類建築物的細節仍有不同。例如官府衙門通常有四院，前三院與附屬廂房作為各種行政辦公用途，第四院則是官員與家眷住的地方。不過在本章結束之前，實在不可能以短短幾句話，討論一個需要寫上一整本書的主題，因此關於前朝帝王安息的陵寢谷地，我也只能匆匆帶過。

總而言之，我竊自希望以我多年的旅遊經驗與個人的觀察，能讓讀者對於廣大中華帝國居民的現況多一分瞭解。整體的感覺是陰鬱的，雖然偶有一絲陽光照亮，但斷斷續續的散漫光線卻反而使得陰暗的氣氛更加濃厚。在我們家鄉英國也存在有貧窮與無知，卻不似千萬中國人這般悲慘、如此昏昧。

註解

1 原書註：*Journal of the Royal Geographical Society*, xl. 5.
2 原書註：*Journal of the Royal Geographical Society*, xl. 19.
3 原書註：參閱《辟邪實錄》，後一段摘自該書收錄之〈湖南逐異類公呈〉。
4 編註：作者在原文中常以「Tartar」（韃靼）指稱滿人。英語中「Tartar」取「韃靼」之廣義，囊括較多不同的遊牧民族，指的可能是蒙古人、突厥人、滿洲人等族群，故此處將不同民族的征戰事蹟混談。
5 譯註：會同館是各國進貢使者下榻之處。
6 編註：繫在馬尾下防止馬鞍在馬背上向前滑的皮帶。
7 譯註：這幾枚石鼓其實是乾隆年間仿製的。
8 原書註：*Journeys in North China*, Rev. Dr. Williamson, ii. 390.
9 編註：作者所指的可能是蘇格蘭戰地記者、藝術家威廉・辛普森（William Simpson，一八二三－一八九九）所著的《迎接太陽：環遊世界各地的埃及、中國、日本和加州之旅，包括中國皇帝的婚禮儀式》（*Meeting the Sun: a Journey all round the World through Egypt, China, Japan and California, including an account of the marriage ceremonies of the emperor of China, 1874*）。
10 原書註：Joseph Edkins, *The Reigious Condition of the Chinese*, p.42.

附錄一：福爾摩沙原住民方言

各半開化的部落都曾使用羅馬字母與中文字，除此之外，似乎找不到任何跡象顯示，福爾摩沙島上的原住民擁有書面語言。

而這些原住民所使用的羅馬字母，是由兩個多世紀前占領這座島的荷蘭人所教授。有些採用羅馬字母記錄的獨立馬來語文件，至今仍珍藏在各部落內，只是族人都不會翻譯，因此對內容的價值所知有限。這些文件主要是財產所有權狀，或百姓之間的簡易商業協議。

中文從荷據時期就開始深深地影響著平埔族的書面語言和口語，因此，我必須透過木柵平埔部落內最年長的族人，才能找到詞彙表中所列的那些字詞。木柵部落中，白話中文已經取代了原住民母語。

巴宰族[1]是一個較北方的半開化原住民大型部落。狡詐的中國人迅速入侵肥沃富饒的山谷，試圖教化他們，並讓他們捨棄原有居住地、甚至祖先傳承下來的語言，但他們仍保留著原始的母語。

茂密森林、崎嶇岩石、湍急溪流、幽深山谷，還有無盡戰事，隔開了福爾摩沙島上的原始高山部落，而我們因此找到了實例，說明一個種族如因無法避免的因素而分化成不同部落，至少兩百年間幾乎沒有交流，各部落內僅靠著口語相傳來保留母語知識，那麼語言可能發生變化。數字可能是語言中最常使用的聲音，而我們發現數字的改變極小，其中「五」甚至保留了原始的發音。這可能是因爲原始部落內因沒有文字化的數字，五隻手指便成了族人解決簡單算術問題的萬用工具，所以在許多方言中，「五」和「手」語意相近，換言之，手也可以算是表示「五」的原始象形文字。同理，眼睛（Mata）的發音也相當簡單且容易記憶，由於眼睛是視覺器官，不僅在人臉上有對應的符號，而且是野蠻族群和文明人類在直覺上都會注視的部位，因此在許多方言中，這個字詞也保留了下來，發音幾乎完全沒有改變。我還會再挑出一些字詞作爲例子，我認爲它們保留了原始的發音，單純是因爲族人在簡樸的居住環境中可以看到這些字所代表的物品。

但各位讀者可以在參閱詞彙表[2]之後自行總結想法，找出福爾摩沙島上相近或疏遠的方言，並觀察島上方言與玻里尼西亞語系有多麼相近（請見克勞佛〔Crawford〕先生的《印度群島》〔*Indian Archipelago*〕第三冊中的玻里尼西亞語系詞彙表，以及表三中所標註的字詞）。

曾在一八七二年到訪新幾內亞三次的吉爾牧師（Rev. W. W. Gill），提出了新的證據，證明這個島嶼沿海地區確實有說著玻里尼西亞語系方言的族群。[3]他告訴我們，有兩個獨立部落用以表示眼睛的字是Mata，而耳朵分別是Taringa和Taia，手則是Ima-ima和Rima-rima。福爾摩沙島的方言也都有這些字詞，確實有可能來源於此。如果沒有各種方言所提供更直接的證據，福爾摩沙原住民所使用的數字，或許仍可說明他們源自玻里尼西亞語系的族群。

註解

1 譯註：原文為「Shekhoan」音近「熟番」，原泛指高度漢化的平埔族，但相關文獻指出，使用這種方言的族群即分布於南投、臺中、苗栗地區的巴宰族。

2 編註：以下詞彙表原為英文與原住民方言對照，譯文中將英文全數代換為中文，以便讀者閱讀。詞彙表拼音方式參照原書，可能與現今寫法或實際發音有異。

3 原書註：*Proceedings of the Royal Geographical Society*, xviii. 45.

福爾摩沙原住民方言口語詞彙表 [1]

表一之一

	方言名稱					
中文	拉阿魯哇語	布農語 Sibucoon[2]	鄒語	魯凱語 Banga[3]	魯凱語 Bantanlang	新加坡馬來語
男人	Lalusa	Lamoosa	-	Sarellai	Aoolai	Orang
女人	Atlain	Maou-spingth	-	Abaia	Abaia	Prampaun
頭	Bangoo	Bangoo	Sapchi	Kapallu	Kapallu	Kapala
髮	-	-	-	Ussioi	-	Rambut
牙	-	-	Nganon	-	-	Gigit
頸	Guon-gorath	-	-	Oorohu	Oorohu	Leher
耳	Charunga	-	-	Charinga	Charinga	Talinga
口	Mussoo	Nipoon	-	Didisi	Muto-mytoo	Mulut
鼻	Ngoon-goro	Muttus	Nguchu	Coomonu	Ongoho	Idung
眼	Ooraitla	Mata	Muchen	Macha	Macha	Mata
心	Takaru	Kanum	-	Kasso	Tookuho	Janteng
手	Ramucho	Tarima	Ramucha	Arema	-	Tangan
腳	Sapatl	Ktlapa	Sapchi	Tsapku	Amoo	Kaki
大腿	Bannen	Pinassan	Tangigya	Danoosa	Laloohe	Pauh
腿	-	-	-	Tiboo-sabossa	-	Betis
膝	Anasatoo	Khap	-	Pookuro	Sakaho	Lūtut
豹	Lakotl	-	-	Likalao	Rikoslao	Animau Kambang
熊	Chumatu	-	-	Choomatu	Choomai	Bruang
鹿	Putooru	-	-	Silappu	Caliche	Rusa
野豬	Aroomthi	-	-	-	Babooy	Babi-outan
猴	-	-	-	-	Mararooko	Monyet
野羊	Okin	-	-	-	Kehe	Kambing-outan
家禽	Turhook	-	-	Turkook	Turkook	Ayam
房屋	-	-	-	Dami	Dami	Ruma
酋長	-	Titan-garchu	-	Tital-abahi	Tallai	Rajah
竹	Baswera	-	-	-	Taroo-lahiroi	Bulah
肉桂	-	-	-	Tara-inai	-	Kūlit Manas
茶	-	-	-	Lang-lang	-	Daun Teh

接下頁

表一之二

承上頁

	方言名稱					
中文	拉阿魯哇語	布農語 Sibucoon	鄒語	魯凱語 Banga	魯凱語 Bantanlang	新加坡馬來語
平底鍋	Kusang	-	-	-	Palangu	Kwali-Masak
南瓜	-	-	-	Tangu-tangu	-	Lābū Fringgi
香	-	-	-	-	Anaremu	Wangie
米	-	-	-	-	Chiluco	Bras
飯	Oaro	-	-	Curao	Ba-ooro	Nasi
火	Apooth	Sapooth	Pooju	Apoolu	Apooy	Api
水	Satloom	Manum	Choomai	Achilai	Achilai	Ayer
戒指	Tujana	Paklis	-	Tarra	Mata-na	Chin-chin
耳環	-	-	-	Chin-gari	Ang-choy	Krabu
手環	Pitoka	Push-tonna	-	Uliule	Issaise	Galang
菸斗	Katsap	Kaconan	-	Ang-choy	Ang-choy	Pipa
槍	Taklito	Pavak-sapum	-	Guang	Guangu	Sanapang
皮外套	Nicaroota	Shiddi	-	Amalin	Carridha	Bajo-kulet
帽	Sarapun	Tamoking	-	Tara-pung	Torra-pungu	Topie
信	-	-	-	Senna	Uraome	Surat
煙	Worlbooro	Khosalt	-	Uburon	-	Asap
稍後	Chuden	-	-	-	Churana	Lao-sabuntar
暖	Machechu	-	-	Mechechi	Mechechi	Panas
冷	Matilku	-	-	Matilku	Malilku	Sajuk
雨	-	-	-	-	Maisang	Ugan

1 原書註：除木柵平埔族之外，所有福爾摩沙詞彙表均由馬雅各醫生和李庥牧師提供。木柵族群方言的詞彙表則是作者與平埔族人相處時所收集。

2 譯註：僅知為今布農語之屬種，且可能分布於臺灣島南部，但無法明確依現代布農語歸類，故保留原文羅馬拼音。現今布農語分為卓群、郡群、卡群、丹群、巒群五種。

3 譯註：僅知為今魯凱語之屬種，且可能分布於臺灣島南部，但無法明確依現代魯凱語歸類，故保留原文羅馬拼音。右欄 Bantanlang 亦同。現今魯凱語分為霧臺、大武、多納、茂林、萬山、東魯凱語六種。

表二

	方言名稱			方言名稱	
中文	巴宰語	馬來語	中文	巴宰語	馬來語
男人	Mamalung	Orang	你	Isu	Inkang
女人	Mameoss	Prampaun	好	Riak	Biak
小孩	Lakehan	Anak	壞	Satdeal	Jăhat
兒子	Lakehan Mamalung	Ano	日	Liddock	Mata-hari
女兒或女孩	Mamaop	Anak dara	月	Illas	Bulan
父	Aba	Bapa	星	Bintool	Bintang
母	Inna	Ma	天	Babu-kanas	Surga
兄	Abusan	Abang	高	Baban	Tingi
弟	Soaip	Adik	山	Binaiss	Bukit
姊妹	Mamaop	-	海	Anass	Laut
頭	Poonat	Kăpala	自由	Katxaney	Mardika
髮	Bakus	Rambut	大	Matalah	Besar
口	Lahar	Mulut	小	Tateng	Kechil
眼	Darik	Mata	晝	Lahan	Hari
鼻	Mooding	Idung	夜	Hinien	Malum
臂	Limat	-	一	Ida	Satu
腿	Karan	-	二	Doosah	Dua
生	Meirad	Idup	三	Tooro	Tiga
死	Polekat	Mati	四	Supat	Ampat
吃	Makan	Mukanan	五	Hassub	Lima
吃飯	Makan-somai	Makan-nasi	六	Boodah	Anăm
喝	Mudauch	Menam	七	Bi-doosut	Tngu
喝酒	Mudauch inunsat	Menam-angur	八	Bi-tooro	Da-lapan
我	Iakok	Aku	九	Bi-supat	Sambilan
			十	Isid	Sa-puluh

表三

	方言名稱			方言名稱	
中文	卑南部落	馬來語	中文	卑南部落	馬來語
男人	Atinbe	Orang	冷	Litak	Sajuk
男性	Mainaen	Jantan	海	A-nik	Laut
女性	Babaian	Batena	地	Darak	Tana 或 darat
父	Amoko	Bapa	火	Apui	Api
母	Abu	Ma	山	Adenan	Bukit
兒子	Alak	Anak	米	Rumai	Bras
女兒	Abavi	Anak dara	好	Inava	Biak
頭	Tungrow	Kapala	壞	Kaotish	Jahat
眼	Mata	Mata	暗	Aruning	Galap
鼻	Atingran	Idung	明	Pulalauit	Dapat-api
口	Indan	Mulut	北	Loud	Utara
臉	Tungur	Muka	南	Daiah	Salalan
耳	Tungila	Talinga	東	Ameh	Tmur
手	A-lima	Tangan	西	Timur	Barat
身	A-liduk	Badan	一	Itu	Satu
腳	Lapar	Kaki	二	Lusa	Dua
心	Ne-rung-arung	Jantong	三	Taloh	Tiga
房屋	A-ruma	Ruma	四	Sepat	Ampat
庭院	A-uma	Cabun	五	Lima	Lima
蔬菜	A-ropan	Siuer	六	Onam	Anam
村莊	A-tikal	Campong	七	Pitu	Tugu
木	Kiau	Kiau	八	Aloo	Da-lupan
水	A-tuei	Ayer	九	Siva	Sambilan
熱	Beaus	Panas	十	Pelapsang	Sa-puluh

表四

	方言名稱			方言名稱	
中文	木柵平埔族語	馬來語	中文	木柵平埔族語	馬來語
男人	Kaguling-ma	Orang	熱	Ma-kinku	Panas
男性	Ama	Jantan	冷	Ma-hunmoon	Sajuk
女性	Enina	Batina	雨	Mudan	Ugim
兒子	Alak	Anak	石	Batu	Batu
女兒	Yugant nina	Anak-dara	木	Kiau	Kiau
小孩	Yugant	Anik	鐵	Mani	Bisi
父	Ima	Bapa	花	Eseep	Bunga
母	Ina	Ma	水果	Toto	Bua
兄	Jaka	Abang	地	Ni	Tana
弟	Ebe	Adik	水	Jalum	Ayer
姊	Jaka	-	風	Bali	Angin
妹	Ebe	-	煙	Atu	Asap
夫妻	Maka-kaja	-	乾淨	Ma-kupti	Brisi
頭	Mongong	Kapala	骯髒	Ma-luksung	Cotor
身	Bwan	Badan	黑	Ma-edum	Etam
腹	Ebuk	Prut	白	Ma-puli	Puti
鬍鬚	Ngih	Jangut	紅	Ma-epong	Mera
牙	Wali	Gigi	米	Dak	Bras
口	Mutut	Mulut	飯	Rudak	Bras-masa
喉	Luak	Lhaer	河	Mutu	Sungi
髮	Bukaun	Rambut	天	Towin	Langit
手	Lima	Tangan	海	Baung	Laut
腳	Lapan	Kaki	吹	Ayu	Teop
指甲	Ku-rung-kung	Kooku	推	Dudung	Kaki
眼	Mata	Mata	香蕉	Bunbun	Pisang
耳	Tangela	Talinga	椰子	Agubung	Kalapa
鼻	Togunut	Idung	芒果	Mangut	Mampalam
死亡	Ilapati	Mati	橘子	Busilam	Lemo
生命	Maonga	Idup	馬鈴薯	Tamami	Obie
火	Apoi	Api	壞	Masari	Jahat
菸	Tabacow	Timbacu	好	Magani	Biak
菸斗	Timbakang	Pepo	疾病	Maalam	Sackit
站	Netuku	Burderi	殺	Lumpo	Kasa-mati 或 Bono
走	Daran	Jalan	日	Wali	Mata-hari
唱	Mururou	Ngnia	月	Buran	Bulan

福爾摩沙、菲律賓、新加坡、紐西蘭等地之語言比較表

中文	福爾摩沙拉阿魯哇語	福爾摩沙布農語 Sibucoon	福爾摩沙鄒語	福爾摩沙魯凱語 Banga	福爾摩沙魯凱語 Bantanlang	福爾摩沙排灣語 Samobi	福爾摩沙木柵平埔族語	菲律賓哈古羅語（Jagulo）[2]
一	Saou	Tashang	Chum	Denga	Denga	Itsa	Saat	Isa
二	Soo	Lusha	Lusa	Noosa	Noosa	Lusa	Duha	Dalaua
三	Torò	Taoo	Tooloo	Torò	Torò	Toroo	Turò	Tallo
四	Pati	P'at	Supat	Patù	Patù	Sipat	Da-pat	Apat
五	Rimà	Timà	Limà	Limà	Limà	Limà	Da-rima	Limà
六	Neum	Noom	Nauma	Neuma	Neum	Unum	Danum	Anim
七	Pitò	Pitò	Pitò	Pitò	Pitò	Pitò	Dapitò	Pitò
八	Mivaroo	Awoo	Mevaroo	Mevaroo	Mevaroo	Aloo	Kuipat	Ualò
九	Siwà	Sivà	Chuga	Bangatò	Bangatu	Sivà	-	Siam
十	Koomath	Basau	Matl	Poorookoo	Poorooku	Porò	Kating	Sampu
手[1]	-	-	-	-	-	-	Lima	-

中文	菲律賓毗舍耶語[2]	紐西蘭[3]	蒂蔻皮亞島民[4]	印尼衛吉島巴布亞人	東加語	莫肯語	印尼蘇拉威西島美娜多赫爾弗語（Harfour）[4]	新加坡馬來語
一	Usa	Tahi	Tassa	Saï	Taha	Tahi	Essa	Satu
二	Duha	Rua	Roua	Douï	Oua	Doua	Roua	Dua
三	Tatò	Toro	Torou	Kior	Tolou	Todou	Talou	Tiga
四	Upat	Wa	Fa	Fiak	Fa	Wa	Apat	Ampat
五	Limà	Rima	Lima	Rim	Nima	Dima	Lima	Lima
六	Uniam	Ono	Ono	Onem	Ono	Ono	Anam	Anam
七	Pitò	Witu	Fitou	Fik	Fitou	Witou	Piton	Tugo
八	Ualò	Waru	Warou	War	Valou	Wadou	Walou	Da-lapan
九	Siam	Iwa	Siva	Sion	Hiva	Iwa	Sio	Sambilan
十	Napulo	Nga-huru	Anhafouro	Somfour	Oulou	Nga Oudon	Poulou	Sa-puluh
手	-	-	-	-	-	-	-	-

1 原書註：我加上了木柵平埔族語的 Lima（意為「手」），因為這個字也表示數字五。（「在許多黑人語言中，Lima 也是指手。」摘自已故克勞佛先生的《馬來語相關論文》〔*Dissertation on the Malay Language*〕等，第二三六頁。）

2 原書註：*Essays Ethnological and Linguistic*, by the late James Kennedy, p.74.

3 原書註：*Du Dialecte de Tahiti, de celui des iles Marquises, et en géneral, de la Langue Polynésienne*, Table, p.101.

4 原書註：*Voyage de L'Astrolabe*, par M. D'Urville. Paris, 1834.

附錄二：暹羅的日行性鱗翅目昆蟲

——作者收集，倫敦林奈學會的貝茲先生（H. W. Bates）等人命名

斑蝶亞科

Ideopsis daos (Boisduval)，一例。

Danais meleneus (Cramer)，數例。

Danais aglea (Cramer)，相當普遍。

Danais similis (Lin.)，與 *Danais aglea* 同樣普遍。

Danais plexippus (Lin.)，二例。

Euploea superba (Herbst)，一對。

Euploea eunice (Godart)，一例。

Euploea midamus (Lin.)，數例。

眼蝶亞科

Cyllo leda (Lin.)，數件標本。

Mycalesis mineus (Lin.)，數件標本。

蛺蝶科

Melanitis undularis (Drury)，數件標本，含有變種。

Cethosia cyane (Drury)，二例。

Terinos clarissa (Boisd.)，一例。

Cirrhochroa thais (Fab.)，一例。

Messaras erymanthis (Drury)，數例。

Atella phalanta (Drury)，數例。

Precis ida (Cramer)，一對。

Diadema bolina (Lin., Cram.)，數例，雌雄皆有。

Athyma leucothoe (Lin.)，二例。

Adolias monina (F.)，數件標本。

Minetra sylvia (Cram.)，二例。

粉蝶亞科

Pontia nina (F.)。

Terias hecabe (L.)，數例，含有變種。

Pieris nerissa (Fab.)。

Tachyris lyncida (Cram.)，數例。

Tachyris paulina (Cram.)，一例。

Eronia valeria (Cram.)，數例。

鳳蝶科

Ornithoptera rhadamanthus (Boisd.)，變種名 thomsonii。

湯姆生先生在暹羅採集到的那一隻雄蝶樣本，有別於其他在菲律賓群島上所採集的樣本：該雄蝶的前翅較長、較偏鐮刀狀，後翅有明顯的黃色斑紋，而且只有後翅臀角附近的三個邊緣黑點，周圍有帶黑色的印記；前翅上帶黃色的灰條紋，只出現在中翅脈的分支邊緣。

這隻當地亞種與 *Ornithoptera rhadamanthus* 的北印度亞種不同，在頸部有一圈特別的紅色環狀，（雄蝶）腹部那節是黃色的，只有兩個背板中央有一片暗色斑紋；腹部的基部兩側各有一個粉紅色的斑點。

有些屬的物種，如此處提及的鳥翼蝶（*Ornithoptera*）有頗高機率在分布範圍內形成當地亞種，這類亞種都需要額外命名，多數昆蟲學家也都採取了這種作法，所以湯姆生先生採集的這個暹羅亞種或可依其名命名為 *Ornithoptera thomsonii*。

Papilio macareus (Godt.)，一例。

Papilio diphilus (Esper)，數例。

Papilio erithonius (Cramer)，數例。

Papilio pammon (Lin,)，數例。

Papilio helenus (Lin.)，二例。

Papilio memnon (Lin.)，數例。

Papilio antiphates (Cram.)，一例。

Papilio agamemnon (Lin.)，數例。

Papilio sarpedon (Lin.)，數例。

國家圖書館出版品預行編目資料

十載遊記 :現代西方對古東亞的第一眼：麻六甲海峽、中南半島、臺灣與中國 / 約翰.湯姆生(John Thomson)著 ; 顏湘如, 黃詩涵, 黃逸涵譯. -- 初版. -- 臺北市 : 網路與書出版 : 大塊文化發行, 2019.02 472 面 ; 17*23公分. -- (Spot ; 23)
譯自 : The Straits of Malacca, Indo-China, and China, or, Ten years' travels, adventures, and residence abroad
ISBN 978-986-96168-6-7(平裝)

1.遊記 2.世界地理

719 107023737